W0371723
S A M A I T E N
Memel
E
KURISCHES HAFF
Memel
Tilsit
Ragnit
Rudau
Germau
Thierenberg
Schaaken
Labiau
Wargen
Neuhausen
Kaimen
Deime
Inster
Königsberg
Waldau
Arnau
Tapiau
Taplacken
Saalau
Georgenburg
Pregel
Rominte
Brandenburg
Wehlau
Insterburg
HAFF
Balga
Kreuzburg
Allenburg
Groß Wohnsdorf
Dommau
Braunsberg
Preußisch Eylau
Angerapp
Gerdauen
Bartenstein
Alle
Mehlsack
Leunenburg
Barten
Angerburg
Wormditt
Heilsberg
Lamgarben
Lötzen
Rastenburg
Liebstadt
Rössel
Bäslack
Seeburg
Mohrungen
Rhein
Seehesten
Lyck
Wartenburg
Eckersberg
Allenstein
Osterode
Johannisburg
Passenheim
Hohenstein
Ortelsburg
Gilgenburg
Neidenburg
Soldau
M A S O W I E N
N
W
O
S

Friedrich Borchert

BURGEN
STÄDTE
DEUTSCHES
LAND

Märtyrertod des Missionars Adalbert von Prag im Jahre 997 an der Samlandküste. Relief in der Bronzetür des Doms zu Gnesen, gegossen um 1130 in Magdeburg. (Foto: F. Borchert, 1983)

Friedrich Borchert

BURGEN STÄDTE DEUTSCHES LAND

Baudenkmäler in Ost- und Westpreußen und ihre Geschichte

Mitarbeit für Nordostpreußen
Ronald Heidemann

Mit 305 Abbildungen,
zum Teil in Farbe

Mahnert-Lueg

Motiv des Schutzumschlages:
Haupthaus der Georgenburg (Foto: R. Heinemann, 1989)

Umschlaggestaltung, Vorsatzkarten und
»altpreußische Landschaften«:
Christel Aumann, München
Herstellung: VerlagsService Dr. Helmut Neuberger
& Karl Schaumann GmbH, Heimstetten
Satz: Filmsatz Schröter GmbH, München
Gesetzt aus 11 Punkt Sabon
Druck: Jos. C. Huber, Dießen
Binden: R. Oldenbourg, Heimstetten
Printed in Germany
ISBN 3-922170-72-2

Inhalt

Vorwort

Die Geschichte und die kulturellen Leistungen des Deutschen Ordens im Preußenland lassen sich an den Beispielen der großen und bedeutenden Burgen und Städte in Ost- und Westpreußen am besten verdeutlichen. Das ist in dem 1987 herausgegebenen Text-Bildband »Burgenland Preußen« anhand der Beschreibungen von 38 repräsentativen Ordens- und Bischofsburgen versucht worden.
Unser Preußenland bestand jedoch nicht nur aus den größeren Städten mit berühmten, klangvollen Namen wie Thorn, Marienburg, Elbing, Königsberg und Danzig. Ganz wesentlichen Anteil an der Kolonisierung des vor 750 Jahren noch unterentwickelten Stammesgebiets der Prussen und an der Entwicklung des vorbildlichen Staatsgefüges hatten auch die kleineren Städte und die Dörfer. Sie wurden kontinuierlich in die eroberten Gebiete und in die große Wildnis vorgeschoben, und ihre Neusiedler machten das Land urbar und verteidigungsbereit. Fast überall gab es nach Abklingen des Widerstands und der gegenseitigen Vorbehalte eine sich ergänzende Zusammenarbeit und später eine Vermischung der Bevölkerungsteile unterschiedlicher Herkunft. Trotzdem haben sich die nach den Ursprungsgebieten der deutschen Siedler jeweils dominierenden spezifischen Mentalitäten, Sprachidiome und Bräuche in der neuen Heimat zum Teil bis in die jüngste Zeit erhalten. Sie prägten das Gesicht der Siedlungen und ganzer Landstriche.
Es sind die Bauwerke, an denen wir noch heute das Vordringen der deutschen Besiedlung im Spätmittelalter vom Kulmerland beginnend und weiter zur Haff- und Seeküste fortschreitend ablesen können. Weil die ersten öffentlichen Bauten die Burgen und wenig später die Kirchen waren, geben ihre Beschreibungen zugleich die Entwicklung des Landes wieder. Sie sind auch im zweiten Band der ost- und westpreußischen Burgengeschichte Ausgangs- und Ordnungspunkt der Darstellung und wurden jeweils nach ihrer landschaftlichen Lage zusammengefaßt. Dabei dienten die alten prussischen Landschaftsnamen für die Bezeichnung der Abschnitte.
Der Titel »Burgen, Städte, Deutsches Land« soll schon beim ersten Kontakt mit dem neuen Buch erkennen lassen, daß es sich nicht ausschließlich um eine Burgen-Enzyklopädie handelt. Vielmehr ist dem Wachsen der Städte und Gemeinwesen, den historischen und landeskundlichen Aspekten sowie der kulturellen Durchdringung des Landes viel Raum gewidmet worden. Vieles kann der Autor auch noch aus dem eigenen Erleben beitragen. Dazu gehört selbstverständlich auch die erlebte Erkenntnis, daß Preußen über viele Jahrhunderte ein deutsches Land war, dessen Bevölkerung und Kultur ihre Quellen in Deutschland, aber auch im Siedlungsgebiet hatten.
Von den 54 Burgen, die in diesem Band in Text und Bild vorgestellt werden, bestehen die meisten nur noch aus Ruinen, ein Teil von ihnen lediglich aus spärlichen Resten, die als Fundamente oder verschüttete Keller im Erdreich

stecken. Von einigen gibt es sogar nur noch die verbale Überlieferung.
Trotzdem hatte die deutsche Bevölkerung vor der fremden Okkupation noch eine lebendige Verbindung zu diesen Baudenkmälern und ihrer Geschichte. Sie dokumentierte sich in mündlich und schriftlich überlieferten Berichten, Legenden und Volkssagen, deren historische Substanz und deren Grundmuster meist aus den ordenszeitlichen Chroniken des Peter von Dusburg, Johannes von der Posilge und anderer stammte. Jene Chroniken und Legenden sind deshalb zur Abrundung bewußt eingefügt worden, weil sie häufig das Wesentliche besser einfangen als noch so fundierte wissenschaftliche Teilerforschungen. Vielleicht ergeben erst beide zusammen das rechte Bild.
Aus eigenem Erleben wissen wir Älteren noch, wie eng die Beziehung unserer Bevölkerung zur Geschichte des Landes gewesen ist. Wie sorgsam barg der Bauer die beim Pflügen gelegentlich zutage tretenden Funde aus alter Zeit, brachte sie zum Dorflehrer oder Heimatforscher und nahm Anteil an ihrer archäologischen und historischen Bestimmung, bis sie schließlich im Heimatmuseum oder gar im Prussia-Museum der Provinzhauptstadt ihre Aufbewahrungsstätte fanden. Städtische und regionale Zeitungen sowie Mitteilungsblätter der wissenschaftlichen Gesellschaften gaben ihre Erkenntnisse an die Menschen des Landes weiter, die sie als Bausteine ihrer Geschichte begriffen.
Heute lebt eine fremde Bevölkerung in unserem Preußenland, die aus anderen Kulturkreisen und anderen Gesellschaftssystemen kommt und der der natürliche Zugang zur Geschichte und Kultur ihres Aufenthaltslandes völlig fehlt. Die Bewahrung des Übernommenen durch sie kann, wenn überhaupt, nur und ausschließlich aus rationalen Gründen erwartet werden.
Aber auch die Deutschen der 90er Jahre haben durch die jahrzehntelange gewaltsame Verweigerung jedes Zugangs zu diesem Teil ihres Vaterlands das Andenken und die Verbundenheit zu ihm nur zum Teil bewahren können. Bei den nach dem Kriege in der Bundesrepublik aufgewachsenen Generationen fehlt leider eine Beziehung zu Ostdeutschland weitgehend. Die politische Entwicklung und insbesondere die schrittweise erzwungene Preisgabe unseres Landes jenseits von Oder und Neiße taten ein übriges.
Es ist deshalb wichtig, daß Angehörige der Erlebnisgeneration ihr Wissen und die verstreut und zum Teil schwer zugänglichen Überlieferungen zusammentragen und weitergeben. Auch wenn jetzt endlich nach mehr als 45 Jahren der Zutritt nach Nordostpreußen zögernd zugelassen wird, erwartet den Besucher ein stark verändertes Land mit einer bewußt verzerrten Geschichtsdarstellung. Diesen Besuchern, den Heimatverbundenen und den historisch Interessierten will der vorgelegte neue Band Festpunkte in die Hand geben, damit sie sich orientieren können.
Besondere Berücksichtigung findet in diesem Band das nordostpreußische Gebiet jenseits der polnisch-sowjetischen Demarkationslinie. Die Hälfte der insgesamt beschriebenen 54 Burgen und Städte liegt in dem sowjetisch als »Kaliningradskaja Oblast« bezeichneten Gebiet. Es umfaßt die alten Landschaften Samland, Nadrauen und Schalauen sowie einen Teil von Natangen. Von diesen 27 Burgen und Städten sind neueste Fotos aus den Jahren 1989/91 eingefügt, die den aktuellen Zustand der alten Baudenkmäler dokumentieren. Aus den Texten und Bildern ergibt sich ein trauriges Bild der Zerstörung, Verwahrlosung und Entfremdung unseres ostpreußischen Landes.
Die Beiträge über das bis vor kurzem unzugängliche Nordostpreußen sind im wesentlichen durch die aktuellen Fotos und Informationen von Ronald Heidemann ermöglicht worden. Seine unter schwierigen Bedingungen geleistete Arbeit soll an dieser Stelle mit großer Anerkennung und Dankbarkeit hervorgehoben werden.
Dankbar ist der Verfasser auch den landsmannschaftlichen Wochenzeitungen, die in den zurückliegenden Jahren Vorabdrucke der Texte veröffentlichten und die Vorarbeiten dadurch unterstützten.

Dem Verleger, Herrn Dr. Herbert Fleissner, und den beteiligten Mitarbeitern der Buchverlage Ullstein Langen Müller gebührt der besondere Dank des Autors für die erneute angenehme und verständnisvolle Zusammenarbeit. Es muß an dieser Stelle dankbar festgestellt werden, daß die Herausgabe eines solchen Buches weniger aus kommerziellen Gründen als vielmehr aus patriotischer Verpflichtung vorgenommen worden ist.
Wesentliche Intention dieses Bandes ist die Bewahrung der Geschichte der kleineren, weniger bekannten Burgen und Städte des Preußenlandes. Die Erinnerung an sie soll nicht mit dem Abgang der Erlebnisgeneration in Vergessenheit geraten. Generationen deutscher Menschen haben in diesen Orten viele Jahrhunderte gelebt, sie mit ihrer Arbeit und ihrem Fleiß aufgebaut und erhalten und sie als Heimat geliebt. Kaum einer von ihnen hätte sich jemals vorstellen können, dieses Land für immer zu verlassen und aufzugeben. Das blieb unserer schwergeprüften Generation nicht erspart.

Kelkheim (Taunus) im Mai 1991

Friedrich Borchert

I. Samland

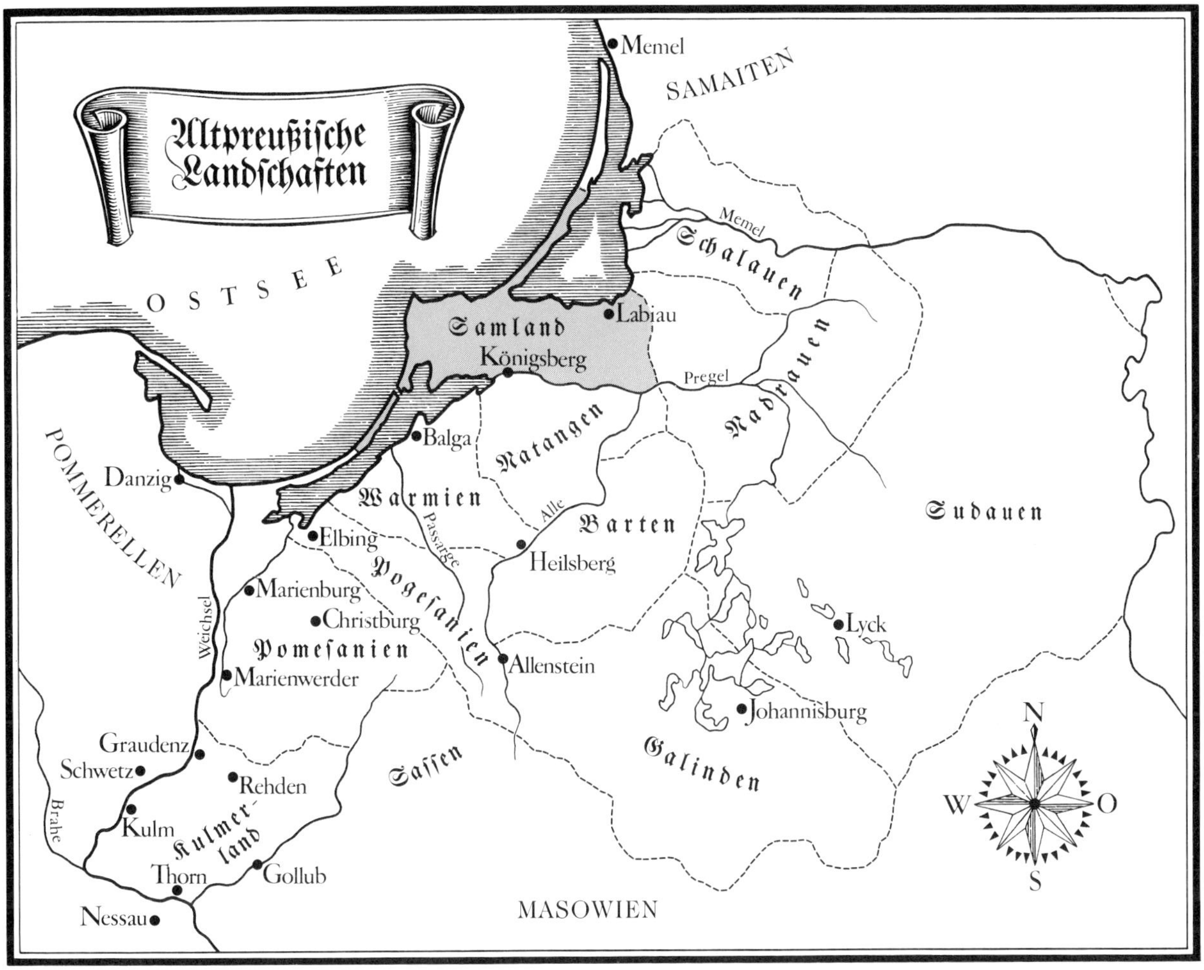

Samland.

SAmland latinè Sambia hat bey den Alten viel namen: Plinius sagt die Barbari heissen sie Austrasiam / Er aber heisset sie Glessariam / vmb des Börnsteins willen / wie auch der meinung halben So wird das Samland offt in Preussischen Chronicken / Witland / das ist Weitland / vnd der ort bey Lochstetten Witlandes ort genent. Es wird aber Samland genant vom Samo des Königs Widiwuti Son / der seine Festung auff einem Hohen berge / so zum theil geschüttet ward / hatte: der Galtagarbe genant wurd / vnd ist das Land begrentzet im Westen vnd Norden mit der gesaltzenen See vnd auch Curischem Haff / Jm Osten von Nadrawen durch die Deme den flus. Jm Mittage von Natangen durch den Flus Pregel vnd das Frische Haff / ist vngefehrlich zehen meilen lang vnd 4. breit.

(Original-Ausschnitt aus Caspar Hennenberger »Kurcze und warhafftige Beschreibung des Landes zu Preussen«, Königsberg, 1584)

Fischhausen

Stadtsiegel vom 16. Jh.

Bischofsburg und Residenz an der schönen Wiek

Das schöne, hügelige Samland mit seinem langen Küstenstreifen war schon in vorgeschichtlicher Zeit besiedelt. Funde aus der jüngeren Bronzezeit um 1000 v. Chr. deuten auf baltische Ureinwohner hin. Das fruchtbare Land in seiner verkehrsgünstigen Lage und die fischreichen Gewässer, vor allem aber die einzigartigen Bernsteinfunde, bildeten einst die Basis für den relativen Bevölkerungsreichtum dieses Gaus. Im 9. bis 11. Jahrhundert haben die Wikinger in den Küsten- und Flußgebieten des Samlands Niederlassungen gegründet und Handelsverbindungen aufgebaut. Hierzu gehört insbesondere der nahe Cranz gelegene Handelsplatz Wiskiauten.

An einer weiten Bucht der südlichen Haffküste Witlands, wie der ursprüngliche Name des Samlands lautete, lag einst ein Fernhandelsplatz für Wanderkaufleute, den man Sconewic oder Schonewik nannte. Von dort war die alte Durchfahrt vom Frischen Haff in die Ostsee, das Lochstädter Tief, nur vier Kilometer entfernt.

In fast gleicher Entfernung lag an der Ostseeküste die Stätte, an der nach der legendenhaften Überlieferung der Missionar Adalbert von Prag im Jahre 997 durch die heidnischen Samländer den Märtyrertod gefunden haben soll. Noch heute kann man die bildliche Darstellung seiner Geschichte im Dom von Gnesen auf der um 1130 in Magdeburg gegossenen Bronzetür finden (vgl. Abb. Frontispiz).

Nach der Eroberung des Samlands durch den Deutschen Orden im Jahre 1255 wurde in Preußen ein viertes Bistum eingerichtet, das dem Erzbischof von Riga als Metropoliten unterstellt war. Das samländische Domkapitel war in den Deutschen Orden inkorporiert und hatte sich statutenmäßig zur Wahl von Deutschordensbrüdern zum Bischof verpflichtet. Erster Bischof von Samland wurde der fränkische Ordensritter Heinrich von Strittberg, der im Gefolge des Kreuzfahrerheers von König Ottokar von Böhmen ins Land gekommen war. Nachdem er dem Deutschen Orden die Verwaltung des Landes gegen eine Pacht von achtzig Mark Silber übertragen hatte, lebte er überwiegend in seiner Heimat.

Die Teilung des eroberten Samlands zwischen dem Deutschen Orden und der Kirche, der nach Weisung des Papstes das übliche Drittel zufiel, fand am 3. Mai 1258 statt, war aber in der Folgezeit noch einigen Wandlungen unterworfen, insbesondere hinsichtlich des Besitzes der bernsteinreichen Küste. Im Gegensatz zu den geschlossenen Territorien der Bistümer Ermland und Pomesanien, zerfiel das Gebiet des Bistums Samland in drei Teile. Der westliche Gebietsteil erstreckte sich von der Haffküste im Süden in zwei Zipfeln zur westlichen Seeküste, der Bernsteinküste. Hier lagen die Hauptburg Fischhausen/Schonewik sowie die Burgen Medenau, Rinau, Thierenberg und Ziegenberg.

Außerdem gehörte noch das nordöstliche Ende der Frischen Nehrung zum bischöflichen Territorium.

Im mittleren bischöflichen Samland, das von der Küste des Kurischen Haffs in einem schmalen

Streifen bis zum Pregel östlich von Königsberg reichte, erbaute das Domkapitel die Burg Neuhausen, während die Burgen Laptau und Powunden der bischöflichen Verwaltung dienten.
Das größte Teilstück des Bistums lag östlich im Gau Nadrauen zwischen Pregel und Inster. Dort mußte das Bistum seinen Beitrag zur Verteidigung gegen die aggressiven Litauer leisten und errichtete die Georgenburg, während das Domkapitel die kleine Burg Saalau am Rande des Pregeltals anlegte.
Hauptort und Bischofssitz wurde 1264 Fischhausen, nachdem der ursprüngliche Sitz in Königsberg wegen ständiger Reibereien mit dem Orden nur noch dem Domkapitel erhalten blieb. Bereits 1263 gab der Bischof das »castrum Kunigisberch cum allodio juxta castrum« gegen Entschädigung an anderer Stelle an den Orden zu rück, der sich nun beim Aufbau der Bischofsburg Schonewik beteiligte. Im Juli 1264 wurde in

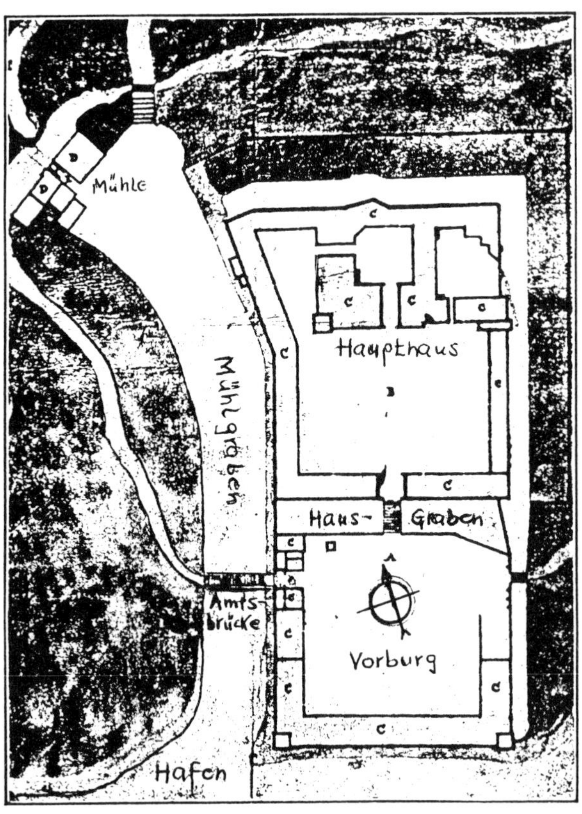

Grundriß der Burg (Zeichnung: de Kemp, 1603)

einem Tauschvertrag der Besitz am Seetief bei Witlandsort gegen einen Platz für den beabsichtigten Dombau abgegeben. Dort entstand fast gleichzeitig mit der Burg Schonewik die Ordensburg Lochstädt.
Die erste Bischofsburg war das castrum Schonewik, bestehend aus zwei Holzhäusern innerhalb einer Umwallung mit festen Planken und Gräben. Auf der Burgfreiheit wurden fünf Lehnsmannen mit der Verpflichtung angesiedelt, das castrum im Notfalle zu verteidigen. Es ist anzunehmen, daß die erste Burg auf dem Gelände der späteren Vorburg gelegen hat, und daß die Plankenzäune schon in früher Zeit durch Mauern ersetzt worden sind.
Der Ausbau in Stein erfolgte in der Regierungszeit des Bischofs Kristan von Mühlhausen, etwa um 1280. Weil der Bischof die meiste Zeit in seiner thüringischen Heimat lebte und wegen der engen Verflechtung mit dem Orden, übte letzterer einen starken Einfluß auf den Bau aus. Im Grundriß entspricht die Anlage weitgehend der Ordensburg Königsberg. Allerdings ist er hier regelmäßiger und in der haffseitigen Vorburg fast quadratisch.
Der auf einem niedrigen Landvorsprung an der Fischhausener Wiek gelegene langgestreckte Burgplatz war durch das Mühlenfließ vom Ort abgetrennt, jedoch nicht als Abschnittsbefestigung gegliedert. Die Hauptburg lag zur Landseite und war von der zur Haffseite liegenden Vorburg durch einen Quergraben getrennt. Wie in Königsberg stand das vierflügelige quadratische Haupthaus in dem großen Hof und war an einer Seite an die Hofmauer angelehnt.
In dem 1826 von J. M. Giese gezeichneten Lageplan sind Vorburg und Hauptburg gegeneinander vertauscht. Die aus verteidigungsmäßiger Sicht grundsätzlich richtige Vermutung, daß die Hauptburg haffseitig besser geschützt gelegen hätte, ist durch alte Grundrisse von 1603 sowie durch Ruinenreste widerlegt. Es ist ferner zu berücksichtigen, daß das Haupthaus früher auch von aufgestauten Gräben umgeben war.
Stilistisch ist die Bischofsburg Fischhausen dem Konventshaustyp in seiner stilbildenden Ent-

wicklungsstufe zuzuordnen. Die potentielle Beziehung zu den Haffburgen wird durch die enge Verwandtschaft mit Königsberg abgeschwächt. Auffällig ist die große Ähnlichkeit der überlieferten Gewölbekonsolen mit denjenigen der Firmariekapelle St. Anna in Königsberg.
Bei den wenigen erhaltenen Teilen stößt die kunstgeschichtliche Zuordnung dieser Burg auf besondere Schwierigkeiten. In jedem Falle muß man bei den zum Teil altertümlich wirkenden Formen die bei den Bischofsburgen vorherrschende nachahmende Baugestaltung berücksichtigen.
Es ist anzunehmen, daß über eine längere Bauzeit hin die einzelnen Ausbauten des zweigeteilten Burgplatzes entstanden. Die Burghöfe waren wohl bereits durch Randgebäude festgelegt, als das kastellartige Haupthaus als Abschluß hineingebaut wurde. Sein südlicher Eingangsflügel war vierundvierzig Meter lang. Leicht nach Osten versetzt lag in diesem Flügel der Torweg mit Tonnengewölbe und an der Südwestecke ein quadratischer bergfriedartiger Eckturm. Von der Raumeinteilung wissen wir nur, daß in diesem Flügel mehrere große Säle, darunter im Ostteil die St.-Annen-Kapelle sowie ein Gemach gelegen haben. In der von vier Jochen Kreuzrippen überwölbten Kapelle fanden sich noch Reste figürlicher Wandmalereien aus dem 14. Jahrhundert. Ein verstümmeltes Portal, Teile profilierter Fensterlaibungen und mächtige Keller mit gewaltigen Grundmauern haben sich bis 1945 in dem als Speicher der Domäne benutzten Gebäudeteil erhalten.
In späterer Zeit verband diesen Flügel ein hinzugebautes Gebäude mit der östlichen Wehrmauer, so daß ein weiterer kleiner Innenhof in der Nordostecke der Hauptburg entstand.
Von den anderen Flügeln des Haupthauses, die um 1701 abgerissen worden sind, wissen wir keine Einzelheiten. Vermutlich befinden sich ihre schweren Fundamente auch heute noch in der Erde, so wie die um 1920 entdeckten Fundamente des großen Uhrturms, der am Hausgraben gestanden hat und das Tor zur Vorburg enthielt. Er fiel 1776 einem Blitzschlag zum Opfer, nachdem er zuvor lange Zeit den Pillau ansegelnden Schiffen als Landpeilung gedient hatte. Der große Hof war ringsum von niedrigen Gebäuden umstanden, die sich an die äußeren Wehrmauern anlehnten.

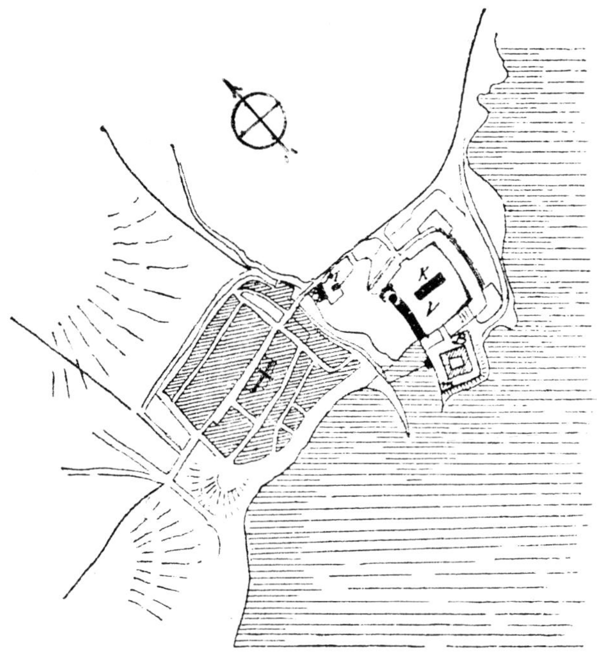

Lageplan von Stadt und Burg (Lage von Haupt- und Vorburg vertauscht) (Zeichnung: J. M. Giese, 1826)

Die quadratische Vorburg schloß sich im Süden jenseits des Hausgrabens an. Auch sie war von schmalen Randgebäuden umgeben, und ihre Wehrmauern hatten an der Haffseite zwei flankierende quadratische Mauertürme. Der Zugang führte vom Westen über den breiten Mühlgraben durch ein Torhaus in die Vorburg. Diese Stelle hat sich bis in die jüngste Vergangenheit als Amtsbrücke erhalten. Auch die Lage der bei fast allen Burgen obligatorischen Wassermühle im Nordwesten wurde noch in der Neuzeit markiert durch die Überquerung der Reichsstraße 131 von Königsberg über das Wischrodter Mühlenfließ.
Nach der Landverschreibung als Burglehn an fünf Bürger am 11. August 1268 wurde in der Urkunde vom 7. April 1299 die Vollmacht an die vier Lokatoren Bernhard von Barte, Hermann

Bischofsburg Fischhausen – Rekonstruktion (Zeichnung: F. Lahrs, 1922)

von Grimm, Hennekin Kruse und Hennekin von Backendorb erteilt, in Schönewik eine Gemeinde zu errichten. Unterzeichnet war diese Urkunde von Bischof Siegfried von Reinstein, der einem Grafengeschlecht aus Regenstein im Harz entstammte. Gleichzeitig erteilte der Bischof der neuen Stadt die erste Handfeste, in der neben der eigenen Gerichtsbarkeit auch Regelungen über Land-, Wald- und Gewässernutzung sowie über das Erbrecht getroffen worden sind. Diese Handfeste entsprach dem Kulmer Recht und wurde bereits am 19. 8. 1305 mit einigen Änderungen erneuert.

Kurz nach der Gründung der Stadt errichtete die Gemeinde um 1310 die markante Backsteinkirche, die nach der Thierenberger die älteste des Samlandes war und der Gemeinde bis 1945 als Stadtkirche diente.

Der Name der Stadt entwickelte sich erst allmählich zu der uns geläufigen und seit dem 16. Jahrhundert gebräuchlichen Bezeichnung Fischhausen. Im 13. Jahrhundert hieß der Ort noch Sconewic oder Schonewik, worin eine Ableitung von der Bezeichnung »schöne Wiek« für die Haffbucht vermutet wird, die auch auf neuzeitlichen Landkarten noch als »Fischhausener Wiek« bezeichnet wurde. Im 14. Jahrhundert setzte dann die Neubenennung stufenweise ein, und zwar beginnend im Jahr 1305 mit Vyschuzin, sodann über castrum Vischhausen um 1320, Bischoveshusen um 1436, Bischhusen und Vischhusen, bis 1474 der Name Fischhausen gebräuchlich wurde.

Die Namen aller 20 samländischen Bischöfe sind überliefert; sie sollen hier wiedergegeben werden, weil man eine zusammengefaßte Aufstellung ihrer Namen und Amtszeiten anderweitig kaum findet:

1. Johannes von Dist, 1252–1254
2. Heinrich von Strittberg 1255–1274
3. Kristan v. Mühlhausen 1276–1295
4. Siegfried v. Reinstein 1296–1310
5. Johannes I. Clare 1321–1344
6. Jacobus I. 1345–1358
7. Bartholomäus 1359–1378
8. Dytherich Tylo 1378–1386
9. Heinrich II. Kuwal 1387–1395
10. Heinrich III. v. Seefeld 1395–1414
11. Heinrich IV. v. Schaumburg 1414–1416
12. Johannes II. 1417–1425
13. Michael Junge 1425–1441

14. Nicolaus v. Schöneck 1442–1470
15. Dietrich v. Cuba 1470–1474
16. Johannes III. Rehwinkel 1474–1497
17. Nicolaus Kreuder 1497–1503
18. Paul v. Wath 1503–1505
19. Günther v. Bühnau 1505–1518
20. Georg v. Polentz 1518–1525

In bezug auf die Geschichte des Ordenslandes sind einige der samländischen Bischöfe hervorgetreten, wie etwa Johannes Clare, der sich als Kolonisator und Kirchengründer auszeichnete; er gründete u. a. den Dom zu Königsberg. Die Bischöfe Bartholomäus und Heinrich III. von Seefeld waren auf Kriegszügen oft im Gefolge des Hochmeisters; letzterer führte das bischöfliche Treffen in der Schlacht von Tannenberg am 15. Juli 1410 unter dem weißen Banner mit gekreuztem roten Bischofsstab und Schwert. Nicolaus von Schöneck hielt nach anfänglichem Bündnis mit den Aufständischen seit 1455 treu zum Deutschen Orden. Paul von Wath erwarb sich als hochgelehrter Kanzler großes Ansehen. Der letzte Bischof von Samland, Georg von Polentz, war ein Freund des letzten Hochmeisters und ersten Herzogs Albrecht; als Landesverweser duldete er um 1523 die Ausbreitung der Reformation in Preußen und trat gemeinsam mit Bischof Erhard Queis von Pomesanien seine Herrschaftsrechte und Gebiete an den neuen Herzog ab.

Zur Verwaltung der bischöflichen Territorien im Samland waren von 1255 bis 1525 Bischofsvögte bestellt. Durch die Inkorporation des samländischen Domkapitels in den Deutschen Orden ergab sich, daß diese Oberbeamten des Bischofs aus der Ordensritterschaft stammten. Viele der 46 uns namentlich bekannten Bischofsvögte waren vor oder nach dieser Tätigkeit als Komture, Vögte oder Pfleger im Ordensstaat eingesetzt, wie z. B. Günther von Arnstein, Vollrad von Liedelau, Heinrich Marschalk oder Rudolf von Tippelskirch.

In der Zeit des Niedergangs des Deutschen Ordens um die Mitte des 15. Jahrhunderts kam es durch den Beitritt der samländischen Bischöfe Michael Junge und seines Nachfolgers Nicolaus von Schöneck zum Preußischen Bund zum zeitweiligen Bruch mit dem Orden. Am 29. April 1454 huldigte im Städtekrieg die Stadt Fischhausen dem polnischen König. Daraufhin belegte der Papst Bischof Nicolaus mit dem Kirchenbann und erteilte ihm erst Absolution, als er bereits 1455 das Treueverhältnis zum Orden wiederhergestellt hatte. Fortan war Bischof Nicolaus ein zuverlässiger Verbündeter des Hochmeisters, was er und seine Untertanen mit heftigen Angriffen der Aufständischen und der Polen bezahlen mußten. Mehrfach griffen die aufständischen Danziger, die die Frische Nehrung in Besitz genommen hatten, vom Haff her die Stadt Fischhausen an. An der Haffküste gelandete Polen, Danziger und Elbinger plünderten Stadt und Umgebung im Jahre 1456. Zwei Jahre später plünderten sie Fischhausen und brannten die Stadt bis auf die Burg und die Kirche völlig nieder.

Von Fischhausen aus unternahm der Orden Angriffe gegen die Aufständischen in Königsberg. Eine Befriedung im Städtekrieg trat erst durch die Vermittlung des dänischen Königs ein. Einige Jahre später wurde Fischhausen wieder aufgebaut und die verlorene Handfeste durch Bischof Johannes III. Rehwinkel im Jahr 1475 erneuert.

Alter Stich der Burg und Stadt Fischhausen (Zeichnung: bei Hartknoch, 1684)

Stadtpfarrkirche Fischhausen aus dem 14. Jh. (Foto: Samland-Museum, Pinneberg)

Umgewühlte Fundamenttrümmer kennzeichnen 1991 den Standort der alten Kirche (Foto: R. Heidemann, 1991)

Nach der Umwandlung des Ordenslandes in ein Herzogtum im Jahre 1525 richtete man in Fischhausen anstelle der Bischofsvogtei ein herzogliches Hauptamt ein, dessen Hauptmann zusammen mit den Hauptleuten von Brandenburg, Tapiau und Schaaken als Landesrat zu den Beratern des Herzogs gehörte.

Herzog Albrecht hielt sich häufig in der Burg zu Fischhausen auf und benutzte sie insbesondere als Sommerresidenz. In der Burgkapelle wurde er 1525 mit der Prinzessin Dorothea von Dänemark getraut, und ihre Tochter Anna Sophie erblickte hier das Licht der Welt. Die enge Beziehung zu Fischhausen übertrug sich wohl auch auf den geisteskranken Sohn des Herzogs, denn Albrecht Friedrich hielt sich die längste Zeit seines Lebens hier auf, wo er auch 1618 verstarb.

Die Stadt Fischhausen blieb, wie so viele ostpreußische Gemeinden, von den vielfältigen Besetzungen durch feindliche Truppen nicht verschont. Im schwedisch-polnischen Krieg war sie zwischen 1627 und 1635 mehrmals von den Schweden besetzt worden, im siebenjährigen Krieg erhielt sie eine russische Besatzung und zu Beginn des 19. Jahrhunderts quartierten sich napoleonische Truppen in dem Städtchen ein.

Unter diesen ungünstigen Bedingungen und nach dem Ausbau von Pillau als Seehafen und Festung entwickelte sich Fischhausen nur sehr langsam. Erst Mitte des vorigen Jahrhunderts wurden 2000 Einwohner erreicht und bis 1939 stieg die Zahl lediglich auf 3879 Bürger.

Die Burg hat unter der fremden Besatzung und unter mangelnder Pflege sehr gelitten. Bereits zu Beginn des 17. Jahrhunderts ist vom baufälligen Zustand die Rede, obwohl um diese Zeit die Dachstühle erneuert worden sind. Die Schweden legten bei ihren Befestigungsarbeiten mehr Wert auf Wälle und Gräben als auf die Erhaltung der Gebäude. Am Ende des 17. Jahrhunderts waren Teile der Burg verfallen und die Gräben versumpft.

König Friedrich I. in Preußen ließ in den Jahren 1701 bis 1705 gegen Einspruch der Bevölkerung die alte Burg abreißen und die Steine für den Ausbau der Festung Pillau verwenden, die auch

Ruinenreste der einstigen Bischofsburg Fischhausen: Backsteinmauerwerk vom Mitteltrakt des Haupthauses (Foto: R. Heidemann, 1991)

Die beschädigte Amtsbrücke führt auch heute noch über den Mühlgraben (Foto: R. Heidemann, 1991)

die Reste der Ordensburgen Balga, Brandenburg und Lochstädt verschlang. Für den Königsberger Baudirektor Schultheiß von Unfriedt, der den Umbau des dortigen Schlosses leitete, war dies eine traurige Aufgabe. Es gelang ihm jedoch, den großen Uhrturm der Burg zu erhalten, der leider 70 Jahre später durch einen Blitzschlag ausbrannte.

Von der einstigen imposanten Bischofsburg, die zu den besten Wehrbauten auf bischöflichen Territorien zählte, sind nur kärgliche Reste bis in unsere Tage erhalten geblieben. Dazu gehörten zwei Geschosse des ehemaligen Hauptflügels sowie die westliche Parchammauer, die in den Wirtschaftshof der Domäne einbezogen worden ist.

Bei den schweren Kämpfen um das Samland sind in den letzten Wochen des Zweiten Weltkriegs die Reste der Burg Fischhausen zusammen mit der Stadt untergegangen. Pausenlose Luftangriffe und anhaltende Beschießungen legten die Stadt in kurzer Zeit in Schutt und Asche, bevor sie am 16. April 1945 von der Roten Armee eingenommen wurde. Der tapfere und opferreiche Widerstand deutscher Truppen, zu denen insbesondere die in Ostpreußen beheimatete 1. Infanterie-Division gehörte, brach unter dem Ansturm der großen Übermacht zusammen, nachdem ihr letzter Kommandeur, General von Thadden, gefallen war.

Nach dem Kriege wurde von den Sowjets der weitgehend zerstörte Stadtkern von Fischhausen südlich der Reichsstraße 131 (Königsberg – Pillau) bis auf einige Häuser eingeebnet. Von der altehrwürdigen Stadtpfarrkirche aus dem frühen 14. Jahrhundert blieben lediglich die Feldsteinfundamente stehen.

In der heute dort vorhandenen Wüstenei kann man das einstige Burggelände nur durch den in den kleinen Hafen einmündenden Mühlengraben wiederentdecken, über den noch heute die alte Amtsbrücke führt. Die Ufermauer aus Feldstein an der Westseite des ehemaligen Burgplatzes blieb fast auf ihrer ganzen Länge erhalten. Auf dem Burgplatz steht im Bereich des alten Haupthauses noch ein Teil des Mitteltraktes. Dieses Ruinenstück reicht bis zum Hauptgeschoß und läßt noch die Reste der Fensterlaibungen erkennen.

Das Burggelände wird jetzt nicht mehr genutzt und ist auch nicht in den militärischen Bereich einbezogen, der anstelle des früheren Sportplatzes westlich des Hafens beginnt.

Die kleine Kreisstadt Fischhausen gibt es heute nicht mehr. Aus dem schmucken Städtchen von fast 4000 Einwohnern ist ein elender kleiner Ort geworden, der der massiv ausgebauten Stadt Zimmerbude am Königsberger Seekanal angegliedert worden ist, in der sich die Verwaltungen für den Rayon Svetlyj (= Lichtort!) befinden.

Mit Fischhausen ist ein wesentliches Stück deutscher Geschichte der ostpreußischen Landschaft Samland unwiederbringlich verlorengegangen, verschlungen vom sowjetischen Moloch, der keinerlei Beziehung zur alten Tradition und Historie dieses schönen Landes hat.

Medenau und Ziegenberg

Zwei feste Häuser des Bischofs von Samland

Weihekreuz an der Medenauer Kirche

Den südwestlichen Teil des Samlands erwähnte bereits der Ordenschronist Peter von Dusburg in seiner um 1326 herausgegebenen »Chronica terre Prussie«. Im dritten Teil des Buchs berichtet er über die Kämpfe der Brüder des Deutschen Ordens gegen die Prussen und über die Unterwerfung der Samländer, die er Sambiten nennt, folgendes:
Zur Winterzeit des Jahres 1254 sammelte sich in Elbing ein großes Heer von Kreuzfahrern aus Sachsen, Thüringen, Meißen, dem Rheinland und Österreich unter dem Oberbefehl König Ottokars II. von Böhmen, der zugleich Herzog von Österreich und Markgraf von Mähren war. Als Befehlshaber und Marschall führte die Streitmacht der kampferprobte Markgraf Otto III. von Brandenburg. Neben Fürsten, Grafen, Rittern und Edelleuten aus dem ganzen Reich nahmen auch die Bischöfe Heidenreich von Kulm, Anselm von Ermland und Bruno von Olmütz an diesem Zug gegen die Heiden teil.
Auf der Burg Balga traf König Ottokar einen alten Samländer namens Gedune, den Vater des Wissegaudus von Medenau, der die samländischen Streitkräfte genau kannte. Als ihn der König angesichts des großen Heeres, welches das Eis des Haffs bedeckte wie Heuschrecken die Erde, fragte, ob er damit im Samland etwas erreichen könne, antwortete dieser: »Das genügt, ziehe wohin es dir gefällt. Du wirst erlangen was du willst.«
Nach Überquerung des zugefrorenen Haffs drang der König mit seinem Heer im Gebiet von Medenau ins Samland ein, schlug die Samländer dort und zog am nächsten Tag nach Rudau, wo er die Burg eroberte. Nachdem die Verteidiger auch dort eine Niederlage mit großen Verlusten erlitten hatten, baten die Adligen des Samlands den König, sie in Gnaden aufzunehmen und nicht ihr ganzes Volk zu vernichten. Sie stellten Geiseln und verpflichteten sich, den Geboten des Glaubens und der Ordensbrüder zu gehorchen. Der Siegeszug führte das Ordensheer weiter über Quednau, Waldau, Kaimen und Tapiau bis zu dem Berg, auf dem auf Anraten des Königs die Burg Königsberg errichtet wurde.
Das Gebiet »Medenowe«, was auf deutsch Waldort bedeutet, hatte eine recht starke prussische Bevölkerung, die in die neue Landesordnung einbezogen wurde. Auch die Einheimischen wurden in einer vernünftigen Politik als Bauern oder Gefolgsleute mit Land belehnt und mit Rechten ausgestattet. Der Erfolg dieser Politik zeigte sich bereits in dem 1260 ausbrechenden großen Preußenaufstand, in dem ein großer Teil der Samländer zum Orden hielt. Insbesondere in Medenau gab es allein 18 Witinge, die der Königsberger Komtur Berthold Brühaven später namentlich nannte und die für ihre Treue belohnt wurden. Im Gebiet von Medenau war der Aufstand bereits 1263 zu Ende, während er in den anderen preußischen Gauen erst zehn Jahre später zusammenbrach.
Wie in den anderen eroberten Gebieten, so wurde auf der Grundlage der bereits 1243 vom päpstlichen Legaten Wilhelm von Modena fest-

gelegten Modalitäten auch das Samland zwischen dem Orden und der Kirche aufgeteilt. Allerdings mußte die Teilungsübereinkunft vom 3. Mai 1258 im Lauf der Zeit wiederholt geändert werden. Der Bischof von Samland erhielt zwei voneinander getrennt liegende Gebiete im Samland und später ein Territorium in Nadrauen, das vom samländischen Domkapitel verwaltet wurde. Medenau lag am Ostrand des westlichen Bischofsgebiets mit dem Hauptort Fischhausen.

Frühzeitig begann das Bistum Samland mit der Besiedlung des Landes, wobei auch Samländer bei der Landvergabe berücksichtigt wurden. Im Jahre 1263 verlieh Bischof Heinrich von Strittberg (1255–1274), der Gründer der Bischofsburg Fischhausen, dem Deutschen Heinrich Stubeck die Hälfte des Platzes vor dem »Burgstadel« nebst 40 Hufen (= 672 ha) Land und 20 prussische Familien. Als Lokator war dieser mit dem Schulzenamt und der niederen Gerichtsbarkeit ausgestattet und hatte die Aufgabe, Bauern und Landleute in einer Dorfgemeinschaft anzusiedeln. In Medenau wurden auch die Samländer nach deutschem Recht gerichtet, woraus man ihre weitgehende Gleichstellung ableiten kann.

Zum Schulzenhof gehörte auch die Wassermühle am Mühlenteich. Der Hof lag nördlich an die Burg anschließend. Wohl wegen der Ausübung des Richteramts durch seine Besitzer bildete sich im Sprachgebrauch die Bezeichnung als

Alte Wassermühle in Medenau (Zeichnung: bei Schlicht, 1920)

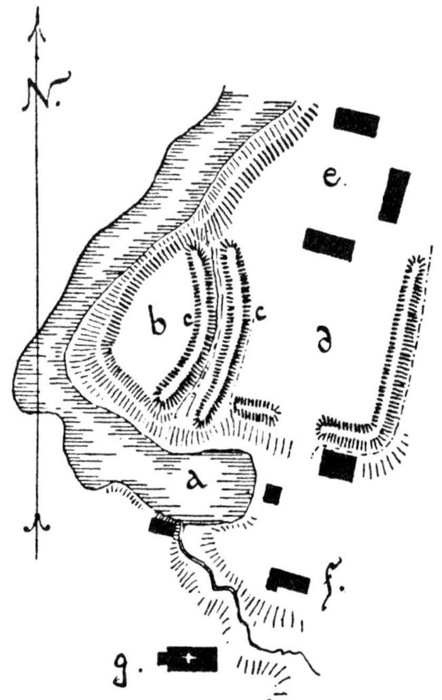

Grundriß der Burg Medenau (Zeichnung: bei A. Boetticher, 1891)

Richthof heraus. Dieser Name hat sich bis in die Neuzeit für das zum Rittergut Adlig Medenau gehörende Vorwerk Richthof erhalten. Der Richtplatz war bis in unsere Tage von vier großen Linden umstanden.

Nach der Landesteilung von 1258 übernahm der samländische Bischof die auf dem Wallberg gelegene prussische Befestigung und baute sie aus. Sie war ursprünglich von sumpfigen Wiesen gedeckt, die die Deutschen durch Aufstauen des Fließes in einen langen Mühlenteich verwandelten, der nun die entstehende Holz-/Erdburg umfassend sicherte. Die offene Ostflanke erhielt Wall und Graben sowie einen als Hackelwerk bezeichneten dichten Gürtel aus Dornengestrüpp.

Nach vorzeitiger Beendigung des hier gedämpft verlaufenden Preußenaufstands wurde gegen Ende des 13. Jahrhunderts mit dem Ausbau der Burg in Stein begonnen. Da es sich hier nur um eine kleine regionale Verwaltungsburg, weitab von der Grenze des noch unbefriedeten Gebiets handelte, kann davon ausgegangen werden, daß

Das blieb von der alten Medenauer Pfarrkirche: Tür- und Fensteröffnung vom Eingangsportal in schwerem Feld- und Backsteinmauerwerk. (Foto: R. Heidemann, 1991)

sich der Ausbau sehr langsam und stufenweise vollzog. Zuerst dürfte der neue unmittelbar östlich an den Wallberg anschließende Burgplatz mit Graben und Wehrmauer versehen worden sein. Noch in der Neuzeit konnte man den rechtwinkligen Verlauf und die später von den Schweden durch Wallaufschüttungen verdeckten Fundamente der Mauer erkennen. Die Zufahrt zur Burg lag im Süden, im Anschluß an den späteren Gutshof.

Von dem »festen Haus« blieb nichts erhalten. Man darf sich diese kleine bischöfliche Verwal-

Die Kirche zu Medenau wurde zu Beginn des 14. Jh.s unter Verwendung vieler Feldsteine errichtet. Nur der Turm und der Chorabschluß sind aus Backstein. (Foto: Bildarchiv Foto Marburg)

tungsburg, das Kammeramt, nicht als Burg in der Form kastellartiger Ordensburgen vorstellen. Sie ist sicher einflügelig gewesen. Beim Richthof wurden um 1840 Überreste bedeutender Kellerräume aus alter Zeit zugeschüttet, von denen nicht sicher ist, ob sie zur Burg oder zur Vorburg gehört haben. Angeblich soll sich in ihnen ein großer steinerner Tisch befunden haben.

Die älteste überlieferte Nachricht von der Burg Medenau ist in der bischöflichen Handfeste von 1258 enthalten, in der die Rede vom »Burgstadel« ist. Viel später, nämlich um 1327, spricht eine alte Urkunde vom »castrum Medenow«. Doch bereits im Vertrag über den Zweiten Thorner Frieden von 1466, in dem sonst alle beim Deutschen Orden verbleibenden Burgen und Schlösser gewissenhaft aufgeführt sind, findet man Medenau nicht mehr. Vermutlich ist die kleine Burg bereits damals nicht mehr in verteidigungsfähigem Zustand gewesen.

Um 1580 berichtet der Historiker Lucas David von der fast verfallenen Burg Medenau. Im 17. Jahrhundert benutzten die Schweden das gut zu verteidigende Burgterrain als befestigtes Lager und zerstörten beim Aufwerfen der Schanzen die Ruine und ihre Umfassungsmauern. So blieben nur wenige Mauerreste sowie die verschütteten Fundamente und Keller übrig, jedoch ließen die abgeflachten Bodenwellen der Schanzen und Gräben noch in unserer Zeit Lage und Umfang der alten Burg erkennen.

Mit seiner Handfeste vom 10. Januar 1326 erneuerte Bischof Johannes I. Clare von Samland (1321–1344) alte Verschreibungen für 20 deutsche und prussische Hofbesitzer, wobei die letzteren ausdrücklich in das deutsche Recht und in die deutsche Gerichtsbarkeit einbezogen waren. Zweieinhalb Hufen Ackerland waren als Schulzengut abgesondert worden, aus dem sich später das Rittergut Adlig Medenau entwickelte. Andere Urkunden aus dieser Zeit erwähnen bereits die Parochialkirche sowie den Plebanus Syffridus, der vermutlich der erste Dorfpfarrer in Medenau war.

Man kann also davon ausgehen, daß die Medenauer Pfarrkirche um die Wende vom 13. zum 14. Jahrhundert entstanden ist. Grundsätzlich ließen die Bischöfe sogleich bei der Anlage eines Dorfes die Kirche erbauen, während im Ordensgebiet die Gottesdienste zunächst in der Burgkapelle abgehalten wurden.

Die Medenauer Kirche lag südlich des Mühlenteichs und des Gutes auf einer Anhöhe. Starke Mauern aus Findlingsgestein, die von Backsteinecken eingefaßt waren, gaben ihr ein wehrhaftes Aussehen.

Der Westturm mit vorgelegten Strebepfeilern hatte eine bis zur Traufe des Langhauses reichende Feldsteinbasis und war darüber quadratisch aus Ziegeln aufgemauert. Sein abschließendes Satteldach zierten an beiden Seiten Blendengiebel mit je fünf aufgemauerten Übereckfialen. Ursprünglich hatte das Kirchenschiff nur auf der Südseite Fenster mit flachen Spitzbögen. Als eine der wenigen samländischen Kirchen war die Medenauer Kirche mit einem polygonalen Chorabschluß versehen, wie er sich sonst nur noch in Arnau, Schaaken und Wargen findet. Aus der ursprünglich eingezogenen flachen Holzdecke entstand schon in früherer Zeit ein prächtiges fünfjochiges Sterngewölbe. Von der spätgotischen Wandmalerei im Kircheninnern ist lediglich ein mehrfarbiges Weihekreuz erhalten geblieben.

Die Medenauer Kirche bewahrte einige wertvolle Kunstwerke, von denen insbesondere die Madonna auf der Mondsichel (um 1480) und zwei spätgotische Altarschreine zu nennen sind. Bemerkenswert war auch die in die Eichenholztür der Nordseite eingeschnittene alte Inschrift, von der nur mit Mühe die Jahreszahl MCCCCXXVIII (1428) zu entziffern ist.

Aus dem 16. Jahrhundert ist überliefert, daß das Herbstgericht des Kammeramts Medenau je-

Altarschrein in der Kirche zu Medenau (Zeichnung: bei A. Boetticher, 1891)

weils an drei Tagen im Richthof zusammentrat. Später sammelte der Bischofsvogt aus Fischhausen hier die Landgeschworenen zum Gerichtstag. 1619 ging das Kammeramt auf den Ort Kobbelbude über.

Im 19. Jahrhundert fanden in Medenau zwei Besuche deutscher Monarchen statt. König Friedrich Wilhelm III. von Preußen besuchte 1809 den Gutsbesitzer Barclay auf Adlig Medenau, worauf eine hundert Jahre später am Gutshaus angebrachte Erinnerungstafel hinwies. Auf dem Pfarracker in der Feldmark stand seit 1881 ein Granitobelisk mit der Inschrift: »S. Majestät Kaiser und König Wilhelm I. beobachtete von dieser Feldmark das Manöver des I. Armeekorps am 9. September 1879.« Das Denkmal hatte der damalige Besitzer des Guts Adlig Medenau, G. W. Loewner, gestiftet.

In dem Hügelland mit regellos verteilten Bergkuppen und Waldstücken liegt etwa 6 km westlich von Medenau zwischen den Dörfern Wischehnen und Ponacken der Ziegenberg. Dieser regelmäßig geformte Berg von 42 m Höhe, der auch Ziegenberger Schanze genannt wird, hat eine abgeflachte Kuppe von 80 m Länge und 40 m Breite. Seine Hänge steigen verhältnismäßig steil aus der umgebenden Talfläche auf, die aus zwei einst unmittelbar angrenzenden, inzwischen längst verlandeten Teichen entstanden ist. Dort, wo aus dem westlichen Teich das Mühlenfließ austrat und bis zur Jahrhundertwende eine Wassermühle antrieb, lag in unserer Zeit das Gut Ziegenberg.

Allein die Gestalt des Berges, an dessen Nordostseite eine Auffahrtrampe und um dessen Kuppe zwei parallel verlaufende Wälle sich noch deutlich abzeichneten, lassen auf das Vorhandensein einer Burg schließen. So soll hier die prussische Burg Wosepile gelegen haben. Vermutlich hat der Orden diese prussische Befestigung, die nach Lage und Größe einer Fliehburg entspricht, nach der Eroberung weiterbenutzt und ausgebaut, wie ähnliche Verteidigungsanlagen auf den nördlich von Germau gelegenen, etwa doppelt so hohen, beiden Hausenbergen.

Seit 1309 werden in verschiedenen Urkunden wiederholt die Burg Ziegenberg, die Burgmühle und ein Blockhaus zur Sicherung der Zufahrt erwähnt. Der samländische Bischof Siegfried von Reinstein (1296–1310) nennt in einer Verschreibung von 1309 das »castrum nostrum dictum Cygenberch«, und noch im Jahr 1539 taucht in bischöflichen Schreiben »unser Schloß Ziegenberg« auf. Obwohl auch in Sagen darüber berichtet wird, bleibt doch eine gewisse Unsicherheit, denn es fanden sich weder Steine noch sonstige Bodenspuren, die auf eine Bebauung der Bergkuppe mit massiven Gebäuden schließen ließen. Angeblich sollen die Steine anderweitig als Baumaterial verwendet worden sein.

Der aus dem vorigen Jahrhundert stammende Lageplan des Ziegenbergs mit der Auffahrtrampe, den beiden verbundenen Teichen an seinem Fuß und der im Westen am Mühlenfließ liegenden Wassermühle vermittelt eigentlich das Idealbild eines Burgterrains.

Wassermühle und Krug wurden 1325 erwähnt, als Tylo sie an den Fischhausener Bürger Heinrich Kruse verkaufte. Aus den Verkaufsunter-

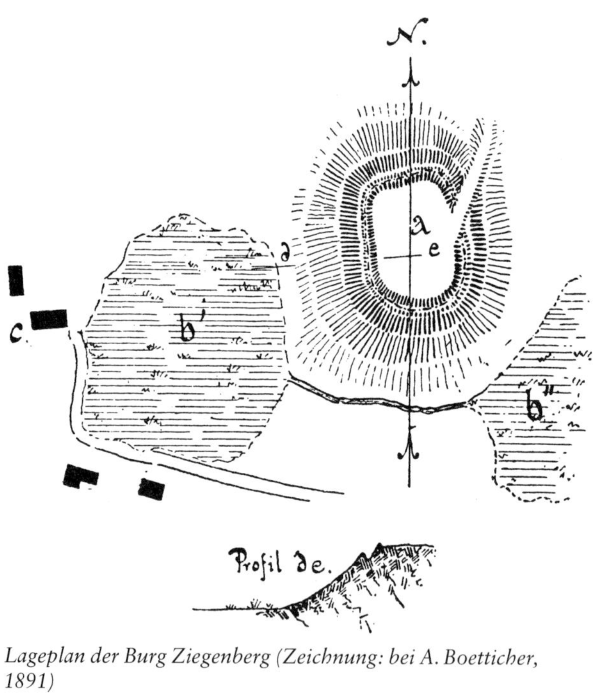

Lageplan der Burg Ziegenberg (Zeichnung: bei A. Boetticher, 1891)

lagen gehen die an das Bistum zu leistenden Abgaben hervor. Für Mühle und Krug mußten jährlich je zwei Mark abgeführt werden. Außerdem mußte die Mühle für den Bischof unentgeltlich mahlen.

Später wurde aus der alten Burgmühle eine Erbmühle und schließlich ein Mühlengut, zu dem auch eine Windmühle gehörte. Die alte Wassermühle ist seit 1900 außer Betrieb. Sie wurde vom letzten Besitzer des Guts Ziegenberg in ein kleines Heimatmuseum umgewandelt, das am Rand des schönen, vom Mühlenfließ durchflossenen Gutsparks lag.

Der Verfasser hat dieses Gut in der anmutigen Landschaft in seiner Jugend wiederholt besucht. Er war mit dem Sohn des Besitzers befreundet. Einmal war auch die ganze Klasse der Königsberger Burgschule dort zu Gast, und der Ausflug bildete das Thema für die Schulaufsätze. Es war eine schöne unbeschwerte Jugendzeit, in die jäh der Krieg hineinbrach und den Menschen und dem Land Leid und Not brachte.

Unmittelbar wurde Ostpreußen erst im letzten Kriegsjahr von den Kampfhandlungen getroffen. Dann allerdings erlebte gerade der Südwesten des Samlands die letzten Kämpfe um den Brückenkopf Pillau, nachdem Königsberg am 9. April 1945 kapituliert hatte. Unter den massierten Angriffen weit überlegener feindlicher Truppen mußte sich die verbissen kämpfende deutsche Wehrmacht immer weiter auf Pillau zurückziehen.

Am 14. April fielen Medenau und Ziegenberg in Feindeshand, der dort wie überall grausam wütete. Der aufopfernde, hinhaltende Kampf der deutschen Soldaten hat vielen Flüchtlingen das Leben gerettet, denn noch im April konnten 82000 der insgesamt 420000 von Pillau aus über See Abtransportierten verschifft werden.

Der heutige Besucher dieser Landschaft muß fast archäologische Methoden anwenden, um anhand von alten Karten in dem verwüsteten und verwilderten Land noch Spuren aus deutscher Zeit zu finden.

In Medenau sind alte Gebäude und Stallungen noch vorhanden, jedoch durch Verwahrlosung und mangelhafte Reparaturen so entstellt, daß sie nur nach ihrer Lage und mit Phantasie dem Gut und dem einstigen Richthof zugeordnet werden können. Es ist erstaunlich, daß trotz der heftigen Kämpfe bei Kriegsende eine ganze Reihe deutscher Häuser erhalten geblieben ist.

Die trutzige, alte Pfarrkirche steht nur noch als Ruinenrest da, obwohl sie den Krieg mit verhältnismäßig wenigen Beschädigungen überstanden hatte. Nach Aussagen der jetzigen Einwohner ist sie erst später allmählich verfallen und schließlich nach Ausbeutung der Baumaterialien zum größten Teil abgetragen worden. Zwischen Trümmerhaufen und aufgebrochenen, verwüsteten Gräbern steht noch die Feldsteinmauer des Turmunterbaus mit dem gedrungenen, gestuften Spitzbogenportal wie ein Mahnmal in der wüsten Umgebung. Da und dort kündet ein schiefes oder umgebrochenes Grabkreuz von besseren Zeiten, als hier eine große Gemeinde friedlich ihrer Arbeit nachging und über viele Generationen in Medenau lebte.

Germau

Ordenshaus und Bernsteinamt

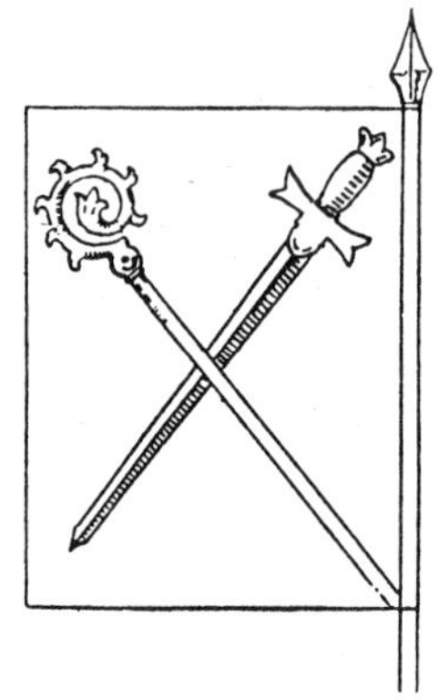

Banner des Bistums Samland

Die Küsten des Samlands waren schon in geschichtlicher Frühzeit Ansteuerungspunkte für Schiffe aus den germanischen Ländern, aber auch aus dem römischen Imperium. Dabei spielte neben den mit Eroberungszügen verbundenen Völkerwanderungen und den um das Jahr 1000 n. Chr. hinzutretenden Missionierungsversuchen dort auch der friedliche Handel eine besondere Rolle. Ziel der Händler war der Aufkauf des begehrten Bernsteins, dessen Wert im hochzivilisierten, dem Luxus ergebenen Rom den des Goldes übertraf. Mehr noch als über das Meer bewegten sich die Züge der Kaufleute über den beschwerlichen Landweg, die sogenannten Bernsteinstraßen.

Zeitgenössische Darstellung »Wie man die Augstein schöpffet« (Bernsteinfischerei) (Zeichnung: bei Sebastian Münster, um 1550)

Die Gewinnung des Bernsteins hat sich vom Fischen am Strand und Graben im Binnenland bis in die Neuzeit fortentwickelt. Seit etwa hundert Jahren wird mit Schwerpunkt bei Palmnikken im Samland die Förderung des »samländischen Goldes« im Bergbau vorgenommen.

Sebastian Münster berichtet um 1550 in seiner Schrift »Von dem Teutschen Landt« über den Bernstein.

Der Chronist kam wohl auf die Bezeichnung des Samlands als Sudauen durch den Sudauer Winkel in der Nordwestecke des Samlandes, wohin um 1283 vom Deutschen Orden Völkerschaften der unterworfenen Sudauer in die Gegend von St. Lorenz und Heiligkreutz umgesiedelt worden waren.

Im Hügelland, etwa sechs Kilometer südlich von Heiligkreutz, liegt Germau nahe dem Großen Hausen-Berg (89 m ü. M.) und nur vier Kilometer von der Ostseeküste entfernt. Die Hauptfundorte des Bernsteins, Palmnicken und Kraxtepellen, sind zwischen Germau und Heiligkreutz unmittelbar an der See zu finden. Dieses Gebiet ist seit alters her mit der Bernsteingewinnung eng verbunden.

Nach Ausgang der Ordenszeit verlegte Herzog Albrecht Friedrich von Preußen um 1581 den Sitz des Bernsteinmeisters und die Bernsteinkammer von der Ordensburg Lochstädt nach Germau. 1693 wurde dann Palmnicken Sitz des Bernsteinmeisters, und in Fischhausen tagte fortan das Bernsteingericht.

Zu allen Zeiten haben die Landesherren das

Monopol der Bernsteingewinnung entweder selber ausgeübt oder verpachtet, wie das auch bei anderen Bodenschätzen üblich war. Die mittelalterliche Justiz sah harte exemplarische Strafen bei Übertretungen vor, weil doch hier das Geld geradezu auf der Straße lag. Selbst die Todesstrafe konnte verhängt werden, wie die zur Abschreckung auf einem Hügel bei Germau errichteten Galgen des Bernsteingerichts erkennen lassen. Seinen Namen Galgenberg hat dieser Hügel bis in die Neuzeit behalten. Auch noch in unserer Zeit waren Bernsteinfunde von einer bestimmten Größe an ablieferungspflichtig.

In der Ordenszeit wurde der Rohbernstein vom Königsberger Großschäffer vorwiegend nach Brügge oder nach Lübeck verkauft. Später bearbeiteten Bernsteinschnitzer und -schleifer in Ost- und Westpreußen das kostbare Fundgut, bis 1899 die königliche, später Staatliche Bernstein-Manufaktur in Königsberg diese Arbeiten zentral übernahm, sie künstlerisch gestaltete und damit Weltruf erlangte. Heute beuten die Sowjets die in dem von ihnen besetzten Gebiet liegenden Bernsteinvorkommen mit großem industriellen Aufwand rücksichtlos aus, wobei der früher unter Naturschutz gestandene Samländische Küstenhain irreparable Schäden erleidet.

Das Dorf Germau bestand schon in prussischer Zeit unter dem Namen Girmowe. Östlich des Orts lag auf dem als Germauer Hausen bezeichneten Hügelrücken eine alte Wallburg. Hier scheiterte der im Winter 1252 von Balga aus über das Eis des Frischen Haffs vorgetragene Kriegszug einer Ordensstreitmacht. Unter hohen Verlusten wurde sie zurückgeschlagen, wobei der Komtur von Christburg, Heinrich Stange, und sein Bruder Hermann, die den Rückzug deckten, fielen. Aber im zweiten Anlauf gelang es einem starken Kreuzfahrerheer unter König Ottokar von Böhmen, das ganze Samland zu erobern. Dabei kam auch Germau unter Ordensherrschaft und blieb nach der Teilung des Landes zwischen Orden und Bistum in seinem Besitz.

Beim großen Preußenaufstand hielten viele Samländer treu zum Orden. Diese als Witinge bezeichneten samländischen Edlen erhielten als Dank für ihre Treue Landbesitz und Ämter. In einem Verzeichnis der alten Witinge nennt der Königsberger Komtur Berthold von Brühaven 1299 unter anderen drei samländische Freie, von denen Lunkite mit dem unter dem Namen Leykaute erwähnten ersten Kämmerer von Germau identisch sein kann. Urkundlich erwähnt wird ferner der plebanus Reynherr, der als Leutepriester für die Einwohner von Germau in der Burgkapelle Gottesdienste abhielt.

In Gymre, wie man 1258 Germau nannte, legte der Orden um 1270 auf den alten prussischen Wallanlagen eine Holz-Erde-Befestigung an, wie sie damals ringsum im Samland entstanden. Zur Gruppe dieser frühen Befestigungen gehörten u. a. Medenau, Thierenberg, Galtgarben-Rinau, Pobethen, Rudau, Schaaken und Kaimen. Germau wurde zum Hauptwaffenplatz im westlichen Samland wie andererseits Rudau für den östlichen Teil. Sie waren sowohl als regionale Verteidigungsbastionen als auch als Kammerämter mit administrativen Aufgaben erforderlich und wurden entsprechend ihren strategischen Positionen im 14. Jahrhundert in Stein ausgebaut.

Wie wichtig solche Verteidigungsbauwerke noch im 14. und 15. Jahrhundert waren, zeigt beispielhaft der weite Vorstoß zweier Litauerheere über das Eis des Kurischen Haffs bis tief ins Samland im Jahr 1370, der erst in einer Abwehrschlacht des Deutschen Ordens bei Rudau gestoppt werden konnte. Ähnliche Einfälle litauischen und später auch polnischen Kriegsvolks, das mordend, brennend und beutemachend tief ins Land vorstieß, waren bei den langen ungeschützten Grenzen häufig.

Die Burgen, Wildhäuser und kleinen Verteidigungsanlagen bewährten sich dabei als Stützpunkte der Abwehr und Zufluchtstätten der Bevölkerung. Es ist deshalb unrichtig, wenn »moderne« Historiker und Autoren in tendenzieller Verdrehung der Tatsachen die Ordensburgen heute als »Zwingburgen der Kreuzherren« bezeichnen. Sie übernehmen diese Vokabeln ausgerechnet von den Ländern, deren »Liberalität« sich jedem zeigt, der diese Länder betritt.

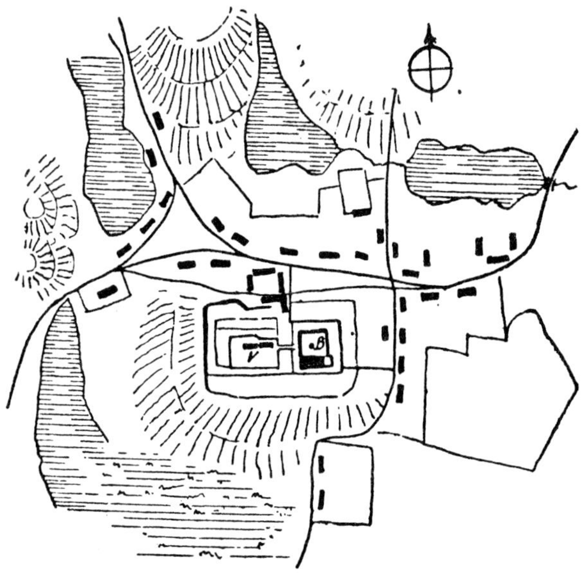

Lageplan von Burg und Dorf Germau (Zeichnung: J. M. Giese, 1828)

In der Mitte des 14. Jahrhunderts wurde die Burg Germau in Stein ausgebaut. Es entstand westlich der alten Befestigung eine recht umfangreiche rechteckige Burganlage mit westlich vorgelagerter Vorburg. Beherrschend lagen Haupthaus und Vorburg auf einem Hügelrükken am Südrand des Dorfs und wurden an drei Seiten von sumpfigen Wiesen gesichert, die bei Gefahr durch Aufstauen von Bachläufen in ausgedehnte Teiche verwandelt werden konnten. Im Osten lag der Germauer Hausen, ein Strauchberg mit alten Wällen, dessen östlicher Rand steil zu einem langgestreckten Teich abfiel. So bestanden nach allen Seiten natürliche Sicherungen für Burg und Dorf.

Die gesamte Burganlage war von einem wahrscheinlich trockenen Burggraben umgeben. Ein Quergraben trennte die Vorburg vom Haupthaus, das über eine Zugbrücke zu erreichen war. An der Westseite einer umlaufenden Ringmauer lag der Eingang zur Vorburg, dessen Torhaus alte Leute zu unserer Zeit noch mit »Torbude« sowie auch hinsichtlich seiner Lage bezeichnen konnten.

Das Burghaus der einflügeligen Anlage bildete die Südfront des fast quadratischen, ummauerten Hofs. Es war 43 m lang und 9 m breit. In seinem schweren Fundament befanden sich mächtige Kellergewölbe, die später verschüttet waren. Das aus lagerechtem Feldstein mit Backsteinecken bis zur Wehrganghöhe aufgeführte schwere Mauerwerk wurde in beiden Giebeln und im Turmbereich von Backsteinmauern abgelöst.

In der Mauerdicke führten Treppen nach oben zum Wehrgang und nach unten zu den Wirtschaftsräumen. Der Wehrgang, der auch den Eckturm durchlief, war im Inneren des Gebäudes durch kräftige Wandvorlagen untermauert. In diesem Burgflügel lagen früher der Speiseremter, die Burgkapelle sowie Amts- und Wohnräume.

Außer dem Mauerwerk und Turm haben sich im Ostchor zwei Joche achtzackige Kreuzgewölbe erhalten, deren Rippen mit bunten Ornamenten bemalt waren. Dort entdeckte man 1939 in drei Meter Höhe auf den Wandvorlagen, die den Wehrgang trugen, frühe Wandmalereien aus der zweiten Hälfte des 14. Jahrhunderts. Sie stellten lebensgroße Apostelfiguren dar und waren mit Spruchbändern versehen. Es handelte sich um Werke des sogenannten Arnauer Meisters. Dessen Frischputzmalereien in der Kirche zu Arnau wurden »zu dem besten, was im Ordenslande bis jetzt an figürlichen Freskomalereien gefunden worden ist«, gerechnet.

In die Südwestecke des Burghauses war der nur wenig aus der Hausfront vorspringende quadratische Wehrturm fest eingemauert. Nach seinen geringen Dimensionen entspricht er den an den kastellförmigen Ordensburgen häufig anzutreffenden Ecktürmen. Es ist nicht auszuschließen, daß er an einer anderen Ecke der Burg ein Pendant gehabt hat. Seine Einbeziehung in den westlichen Halbgiebel mit den gestaffelten Blenden ist recht ungewöhnlich und kann bei dem 1565 vorgenommenen Umbau zum Glockenturm der Pfarrkirche erfolgt sein.

Der Giebel an der östlichen Chorseite entspricht dagegen in seiner strengen Form mit fünf Spitzbogenblenden über den durchlaufenden Wehrgangluken ganz der üblichen Ordensarchitektur.

Aus der kleinen Ordensburg Germau wurde im 16. Jh. die Pfarrkirche. Nur die Mauerruine der Apsis überlebte die Nachkriegszeit. (Foto: R. Heidemann, 1991)

Auch die Auflösung der Außenmauer des Chors durch tiefe Mauerblenden entspringt der zeitgemäßen Baukunst.

Von der Bebauung und Befestigung des Burghofs liegen keine Baunachrichten vor. Lediglich auf der Zeichnung von Johann Michael Giese von 1826 erkennt man im Vordergrund einen Mauerklotz, der als Sockel eines Turms an der Nordostecke der Ringmauer angesprochen werden könnte. Der vom selben Verfasser stammende Lageplan von Burg und Dorf Germau gibt einen guten Überblick.

Die Geschichte der kleinen Ordensburg weist keine herausragenden Höhepunkte auf. Sie lag, ähnlich wie Lochstädt, im Hinterlandsbereich, den die Kriegszüge der Litauer nicht mehr erreichten. Von der See her drohten dem Orden, dank seiner Freundschaft mit der vorherrschenden Seemacht Lübeck, keine Angriffe.

Natürlich machten sich der Niedergang des Ordens im 15. Jahrhundert und der Städtekrieg auch in Germau bemerkbar. Die aufständischen Elbinger überfielen den Ort im 13jährigen Krieg und beschädigten die Burg schwer. Sie wurde danach nicht wieder voll instand gesetzt und galt bereits 1507 als nicht mehr verteidigungsfähig.

Auch das 1525 gegründete Herzogtum Preußen war aus Geldmangel nicht in der Lage, diese für die Verteidigung nun unwichtige Burg zu unterhalten. Bereits um 1580 wurden die Gebäude als verfallen bezeichnet, obwohl sie dem Kurfürsten noch gelegentlich als Jagdaufenthalt dienten. Vielleicht sollte die der Burg 1581 zugewiesene Funktion für das Bernsteinregal ihre Erhaltung sichern, denn 1586 begann eine Teilrestaurierung.

Schließlich wurde der Südflügel 1610 in die Pfarrkirche umgewandelt, nachdem der Turm 1596 durch Blitzschlag ausgebrannt und anschließend repariert worden war. Um 1720 nannte der königliche Baumeister de Collas die Burg ein altes, verfallenes Gebäude, das um diese Zeit bis auf den als Kirche genutzten Südflügel abgebrochen wurde. Aus seinen Steinen entstand das neue Bernsteinmeisterhaus in Palmnicken.

Beim Umbau von 1890 wurde das alte Burghaus durch willkürliche Fernstereinbrüche verstümmelt und dem Zeitgeschmack entsprechend verputzt. Vieles von dem konnte bei der umfassenden Restaurierung des altehrwürdigen Bauwerks 1936 bis 1942 wieder behoben werden. Es entstand ein Bauwerk, das ein seinen kunsthistorischen Überlieferungen entsprechendes Aussehen zurückerhalten hatte.

Am Ende des Zweiten Weltkriegs war die Burg/Kirche den Sowjets in die Hände gefallen. Sie diente als Gefangenensammelstelle für die zusammmengetriebenen Bevölkerungsreste, die dort schwer unter der unmenschlichen Behandlung der Sieger zu leiden hatten.

In der Nachkriegszeit war das beschädigte Bau-

Burgruine und Kirche zu Germau (Zeichnung: bei A. Boetticher, 1891)

denkmal durch Fremdnutzung und mangelnde Unterhaltung dem Verfall preisgegeben und wurde zum Teil abgetragen. Den größten Eingriff erlitt das historische Gebäude, als die gierige Suche nach dem verschollenen Bernsteinzimmer aus dem Königsberger Schloß vor nichts haltmachte. Mit Schaufelbagger und schwerem Gerät wurde der Boden unter dem Kirchenschiff tief ausgeschachtet, um den kostbaren Schatz zu heben. Wie andernorts blieb auch hier die Suche vergeblich und ließ schwere Zerstörungen und ein tiefes Loch zwischen den Mauerresten zurück. Heute erinnert noch ein Mauerstück von der Rückwand der Apsis an die schöne, alte Kirche, die einst Teil der Burg gewesen ist.

Auf dem umgebenden Kirchhof fanden sich neben den obligatorischen Spuren ausgeplünderter Gräber noch ein Grabstein von 1635 mit der lateinischen Inschrift zu Ehren des Pfarrers Ernestus Fredericus Kessler sowie ein Taufbecken aus gotländischem Kalkstein, dessen abgetrennter Fuß an anderer Stelle im Geröll lag.

Es sind in Germau eine Reihe von Wohnhäusern aus deutscher Zeit vorhanden, so daß vielleicht noch mancher »Heimwehtourist« sein Elternhaus in einer völlig veränderten Umgebung wiederfindet. Jeder Reisende in die Vergangenheit sollte sich jedoch vor Antritt einer solchen Fahrt darüber im klaren sein, daß ihn dort viele schmerzliche Anblicke erwarten.

Thierenberg

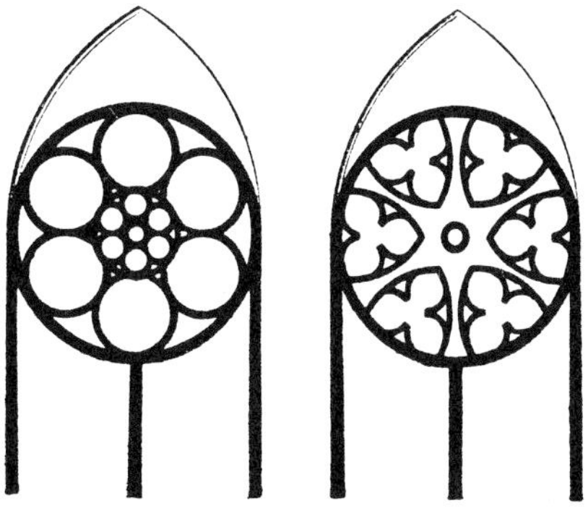

Muster der Blenden an der Kirche von Thierenberg

Burg und Ordensritter gleichen Namens

Aus der welligen Ebene des westlichen Samlands steigt etwa in der Mitte dieser schönen, in die Ostsee hineinragenden Halbinsel ein Höhenrücken auf, der den etwas martialisch klingenden Namen Alkgebirge trägt. Mit seinen weilligen Konturen und den schön ausgeformten Kuppen bildet dieser Höhenzug ein landschaftlich reizvolles Gebiet, dessen höchste Erhebung der Galtgarben ist.

Von seinem Gipfel in 111 m Höhe, der seit 1905 einen Bismarck-Turm mit Aussichtsplattform trägt, bietet sich ein herrlicher Rundblick. Große Ackerbreiten, die von den Baumreihen der Straßen durchschnitten werden, grüne Wiesen, glitzernde Teiche und dunkle Waldstücke schaffen in buntem Wechsel mit Dörfern und Gehöften ein malerisches Landschaftsbild. Fern im Südosten tauchen die Türme von Königsberg auf; anschließend geht der Blick ganz im Süden über den mächtigen dunklen Waldstreifen der Kaporner Heide zur weiten Wasserfläche des Frischen Haffs bis zu seinem jenseitigen Ufer, wo man die alten Ordensburgen Brandenburg und Balga erahnt.

Eingerahmt von den Leuchttürmen von Pillau und Brüsterort ist in der Ferne ein Streifen der Ostsee sichtbar, der je nach Beleuchtung und Tageszeit glitzert oder in grünlich-blauem Dunst liegt. In einem Mosaik von Äckern und Wiesen, das von großen Waldschlägen unterbrochen wird, tauchen im Vordergrund die Kirchtürme von Thierenberg und Kumehnen auf.

Ob der Galtgarben einst eine prussische Feste getragen hat, läßt sich nicht mit Sicherheit bestimmen. Es ist jedoch kaum anzunehmen, daß die Samländer einen von Natur zur Verteidigung so begünstigten Platz ungenutzt gelassen haben. Fest steht, daß der Deutsche Orden sehr bald nach Unterwerfung des Samlands Befestigungen auf dem Berg angelegt hat. Am südlichen Bergrücken sind die Hänge steil abgegraben, und ein Teil des Bodens ist zu einem doppelten Wall von bis zu 5 m Höhe aufgeworfen worden. An der Ostseite führte ein steiler Pfad, der Katzensteig, geradewegs zur Anhöhe hinauf.

Bereits 1278 wurde das »castrum Rinow« erwähnt und kommt danach einige Male in Verschreibungen vor. Aber schon um 1399 wurde von der ehemaligen Burg Galtgarben gesprochen.

Im 13. Jahrhundert hieß dieser Berg lange Zeit Rinauer Berg, bis er seinen alten Namen Galtgarben wiederbekam. Auch das nahegelegene Dorf Rinau verlor bei der Vereinigung mit dem Ort Pojerstieten seinen Namen. Dennoch lebte die Erinnerung an Landschaft und Berg Rinau bis in unsere Tage in den Volkssagen fort, in denen von einem Heiligtum mit ewiger Flamme berichtet wird oder von kostbaren Schätzen, die von schwarzen Hunden bewacht wurden, aus deren Mäulern tödlicher Brodem hervorströmte.

Auf dem Gipfel des Galtgarbens wurde 1818 auf Initiative von Johann Georg Scheffner ein eisernes Landwehrkreuz zum Gedenken an die Befreiungskriege gegen Napoleon errichtet. Am 18. Juni, dem Tag von Waterloo, traf sich die patriotische Jugend der Königsberger Albertina zum Gedenken an den Aufstand der deutschen Jugend und feierte das Galtgarbenfest. Die Flammen der großen Scheiterhaufen auf der Höhe des Bergs leuchteten weit in die Nacht hinaus.

Wenige Kilometer nordwestlich vom Galtgarben liegt das Dorf Thierenberg, dessen Kirchturm wir bereits beim Rundblick sahen. Ort und Burg erhielten ihren Namen von ihrem Gründer, dem Marschall und späteren Landmeister in Preußen Konrad von Tierberg dem Älteren. Diese Namengebung war in der Ordenszeit häufig, wie wir von den Beispielen Hohenstein, Ortelsburg und Passenheim wissen.

In der Chronik des Preußenlands von Peter von Dusburg werden Konrad von Tierberg (1273–1276) und sein gleichnamiger jüngerer Bruder als tüchtige Männer, mit der Waffe wie in all ihrem Tun, bezeichnet, und diesem Urteil schloß sich 500 Jahre später sogar der sonst nicht ordensfreundliche deutsche Bühnendichter August von Kotzebue (1761–1819) an.

Auf den Resten einer alten Prussenfeste erbaute Landmeister Konrad von Tierberg d. Ä. um 1270 eine Holz-Erde-Befestigung in dem Territorium des Bischofs von Samland, nur 15 km vom Bischofssitz Fischhausen entfernt. Der damalige Bischof Heinrich von Strittberg (1255–1274) und sein Nachfolger Kristan von Mühlhausen (1276–1295) waren meistens außer Landes und lebten überwiegend in ihrer thüringischen Heimat. Während ihrer Abwesenheit hatten sie dem Orden alle Machtbefugnisse übertragen.

Auf einem abgeflachten, kegeligen Hügel am Steilufer des aufgestauten Mühlenteichs wurden die Haupt- und Vorburg errichtet. Die ursprünglichen Palisaden mit Erdaufwurf wurden später durch Wehrmauern aus Feldstein mit Ziegelaufbau ersetzt. Die Burg bestand immer aus einem einflügeligen Haupthaus mit umschlossenem Hof. Auch das urprünglich hölzerne Haupthaus dürfte Anfang des 14. Jahrhunderts in Stein aufgeführt worden sein.

Der um 1826 entstandene Lageplan des preußischen Leutnants Giese zeigt uns recht gut die Gliederung der Burg und ihre Lage. Damals fanden sich noch Mauerreste des Haupthauses, aber vor allem aufsteigende Ruinenteile der Vorburgmauer aus Feldstein, die sogar noch in unserer Zeit vorhanden waren. Die äußere Vorburg war von Wällen umschlossen. Am Ausfluß des Mühlenfließes aus dem aufgestauten Teich wurde eine Wassermühle betrieben.

Die Burg Thierenberg ist den kleinen Verwaltungsburgen zuzurechnen, die in den bischöf-

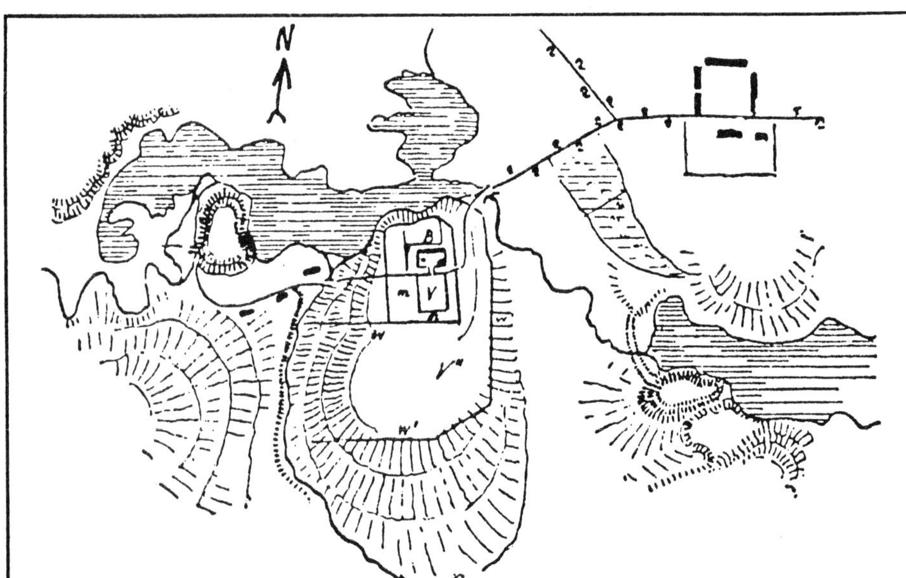

Lageplan der Burg Thierenberg (Zeichnung: J. M. Giese, 1826)

Die alte Pfarrkirche von Thierenberg (Foto: Samland-Museum, Pinneberg, um 1936)

lichen Gebieten noch kleiner waren als beim Orden. Sie war Sitz eines bedeutenden bischöflichen Kammeramts, was bereits um 1300 zur Gründung eines deutschen Dorfs führte, das etwa einen Kilometer westlich der Burg angelegt wurde. Der um 1325 erwähnte Dorfschulze übernahm damals die üblichen vier Schulzenhufen Acker von seinem Vorgänger.

Im Gegensatz zum Brauch in den Ordensgebieten, wo zu Beginn der dörflichen Ansiedlung die Gottesdienste für die Bevölkerung in der Burgkapelle abgehalten wurden, strebte man im bischöflichen Gebiet schon bald nach Gründung des Dorfs den Bau der Dorfkirche an. Das scheint in Thierenberg auch so verlaufen zu sein, denn um 1335 wurde bereits ein plebanus, ein Leutepriester, erwähnt und etwa um diese Zeit ist auch der Bau der Kirche anzusetzen. Die bis in die Neuzeit erhaltene Backsteinkirche war mit ihrem trutzigen Westturm in der für die Ordenszeit typischen Bauweise mit Mauerblenden, schweren Strebepfeilern und gerade abschließendem Ostchor ausgeführt. Auffällig sind die in rotem gotischen Maßwerk ausgemalten weißen Mauerblenden.

Das Kirchenschiff war innen von vier Jochen eines zwölfteiligen Sterngewölbes mit Birnstabrippen überspannt, die auf skulpierten Kalksteinkonsolen ansetzten.

Der vorletzte samländische Bischof, Günther von Bühnau (1505–1518), hatte der Kirche einen wertvollen spätgotischen Altar gestiftet, der oben sein Wappen trug. Die Altarmalerei war von einem Dürer-Schüler mit Szenen aus Dürers Marienleben ausgeführt worden. Zu den schönsten Kanzeln des Landes zählte das Werk von Melchior Breuer von 1581.

Auf der Burg saßen um 1500 nacheinander mehrere Generationen des Adelsgeschlechts von Niederbach. Jedoch ließ sich das Haus auf die Dauer nicht halten und verfiel teilweise. In der Kriegsordnung des vorletzten Hochmeisters Friedrich von Sachsen von 1507 wurde die Burg bereits als nicht mehr verteidigungsfähig bezeichnet. Sie mußte 1620 bis auf die Umfassungsmauern abgebrochen werden. Diese Mauern umschlossen 1890 noch den herrschaftlichen Garten.

Im Kircheninnern fand sich ein schönes zwölfteiliges Sterngewölbe und der wertvolle spätgotische Altar von 1510. (Foto: Samland-Museum, Pinneberg)

Wargen

Kleine Ordensburg und Kirche mitten im Samland

Gewölbeabschlußstein aus der Kirche in Wargen (Zeichnung: bei A. Boetticher, 1891)

Im anmutigen Hügelland rund um den Galtgarben, der mit seiner Höhe von 111 m die höchste Erhebung des Samlands ist, lag die prussische Landschaft Rinau (prussisch Ereyno), die bereits im ersten vorchristlichen Jahrtausend von den baltischen Prussen und von kleineren Gruppen germanischer Einwanderer besiedelt war. Im Raum westlich von Wargen fanden sich bei Greibau Urnen sowie Arm- und Fingerringe aus der Bronzezeit.

Aber auch aus der sogenannten heidnischen Zeit vor 1255 sind sowohl südlich des Wargener Kirchenteichs bei Preil als auch nördlich bei Mednicken Überlieferungen in Form von Gräben und Wällen vorhanden, die von der Abwehrbereitschaft der prussischen Samländer gegen kriegerische Eindringlinge zeugen.

Während die wiederkehrenden Wellen germanischer Eroberer, die von Skandinavien über die Ostsee kamen, vorwiegend im Raum des Weichseldeltas landeten und stromaufwärts vordrangen, scheint die Zuwanderung germanischer Volksgruppen ins Samland friedlicher verlaufen zu sein. Das gilt insbesondere für die im 9. bis 11. Jahrhundert von den Wikingern angelegten Handelsniederlassungen in Wiskiauten und Linkuhnen, wohl aber auch irgendwo an der samländischen Haffküste im Bereich der Pregelmündung. In diesem Gebiet jedenfalls muß vor 1246 auch der erste lübische Stadtgründungsversuch von Pregelmünde erfolgt sein, der aber vom Deutschen Orden unterbunden wurde.

Beim Vorstoß vom Januar 1255 über das vereiste Frische Haff gelang es dem Kreuzfahrerheer unter Beteiligung König Ottokars von Böhmen die samländischen Gebiete rund um den Galtgarben und weiter im Bogen bis nach Tapiau zu unterwerfen und in wenigen Jahren zu befrieden. Bereits vor der Eroberung des Samlands waren die in den Grenzkämpfen gefangengenommenen jungen Samen zur Ausbildung und Taufe nach Lübeck geschickt worden; sie halfen später, die Bevölkerung mit der neuen Landesherrschaft auszusöhnen. Eine kluge Politik des Ordens, die besonders in diesem Landesteil Altpreußens Früchte trug.

In Wargen, das etwa in der Mitte zwischen dem Galtgarben und Königsberg liegt, wurden einige als Witinge bezeichnete samländische Edle für ihre Treue zum Orden mit Land belehnt. Dort entstand um 1270 das feste Haus Wargen als Amtshof für einen regionalen Ordensbeamten. Es lag an einer scharfen Biegung des Flüßchens, aus dem durch den Bau eines Staus sodann der große Wargener Kirchenteich entstanden ist. Vermutlich wurde dort wie bei vielen anderen Ordensburgen der Stau zunächst zum Schutz der Burg und zum Betreiben einer Wassermühle angelegt. Fast hundert Jahre später entstand der sogenannte Landgraben, der Burg und Stadt Königsberg über Jahrhunderte mit Wasser versorgte.

Auf der am Ostufer des Stausees vorspringenden Landzunge entwickelte sich aus dem Amtshof eine der kleinen Ordensburgen, wie sie im Samland besonders häufig anzutreffen sind. Das ein-

Der idyllische Platz der einstigen Ordensburg auf einer Landzunge im Wargener Mühlenteich ist Standort der alten Pfarrkirche. (Foto: Samland-Museum, Pinneberg, um 1910)

Die Pfarrkirche zu Wargen vor der Restaurierung (Foto: Samland-Museum, Pinneberg, um 1930)

flügelige Burghaus lag auf der Spitze der Landzunge parallel zum Ufer, dort wo später das Pfarrhaus errichtet worden ist. Dieses Hauptgebäude erhielt landseitig vorgelegte Wehrmauern und Gräben.

Als Schutz der östlichen Angriffsseite errichtete man eine rechteckige Vorburg, die die Wurzel der Landzunge ausfüllte und absicherte. Ihre umlaufende Wehrmauer hatte an beiden nördlichen Ecken wighausartig vorspringende Flankierungswerke. Der Aufgabe als Fliehburg für die Bevölkerung entsprach ihre beachtliche Ausdehnung mit einer Länge von 140 m und einer Breite von 80 m. Sie wurde deshalb um 1388 als »flyhus« bezeichnet. Welche Gebäude die Vorburg enthielt, ist nicht überliefert, jedoch wurden Teile oder Fundamente der Wehrmauer bis in die Neuzeit als Einfriedigung des Kirchhofs verwendet.

Die um 1330 inmitten des Vorburgterrains erbaute stattliche Pfarrkirche in ihrem wehrhaften Turm könnte einst aus Burggebäuden entstanden oder auf deren Fundamenten errichtet worden sein. Dafür sprechen außer dem Wehrturm und der Lage auch die unterschiedlichen Bauzeiten von Chor und Langhaus. Im offensichtlich zuerst gebauten Chor, in dem einige Forscher die alte Burgkapelle vermuten, bestechen vor allem die schönen achtteiligen Sterngewölbe und ihre wertvollen Schlußsteine mit Ordens-, Kirchen- und Tiermotiven. Aber auch die in einem halben Achteck abschließende Apsis ist für samländische Dorfkirchen ungewöhnlich und findet sich nur noch in Medenau, ebenfalls einem Ort mit einer Burg.

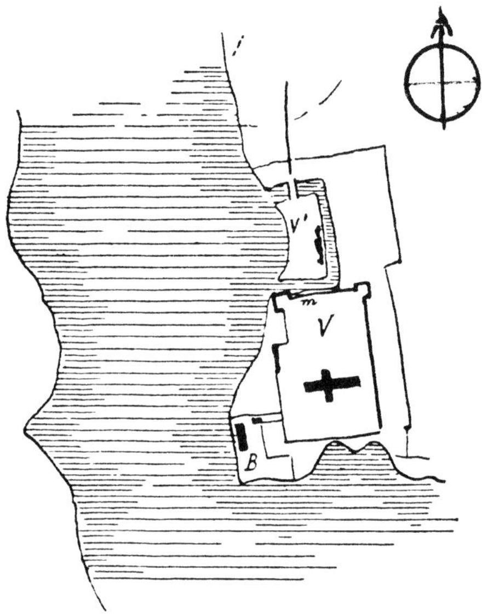

Lageplan der Ordensburg Wargen mit zwei Vorburgen (Zeichnung: J. M. Giese, 1828)

Johann Michael Giese zeichnete in seinen Lageplan von 1828 nördlich von der oben beschriebenen Vorburg eine zweite Vorburg ein, die längs des Seeufers angeordnet und von einem Wassergraben umgeben war. Sowohl die Anordnung zum Haupthaus wie auch der aufwendige Schutz durch einen Wassergraben sind für eine Vorburg recht ungewöhnlich. Das hat bei den Kunsthistorikern zu Meinungsunterschieden geführt. Einige neigen der Ansicht zu, daß die Pfarrkirche aus dem Südflügel der Hauptburg entstanden und daß der nach Osten gerichtete Chor die alte Burgkapelle gewesen sei. Damit ist die außergewöhnlich gut gesicherte nördliche Vorburg aber nicht erklärt, es sei denn, es handelte sich um eine vorgefundene prussische Wall- und Grabenanlage, die vom Orden für ihre neue Aufgabe als Vorburg umfunktioniert worden ist.

Die Geschichte dieser kleinen samländischen Ordensburg enthält keine herausragenden Ereignisse. Nachdem sie im Zweiten Thorner Friedensvertrag vom 19. Oktober 1466 als ein dem Orden verbleibender Besitz genannt worden war, muß bereits um 1500 der Verfall eingesetzt haben, denn 1507 wird sie als nicht mehr zur Verteidigung geeignet befunden. Das aus dem ausgebluteten und verarmten Ordensland hervorgegangene Herzogtum konnte die hohen Unterhaltskosten nicht mehr aufbringen und verschrieb das Haus dem Jorgen von Canitz auf Mednicken mit der Auflage, daß er es in gutem Zustand erhalten und für Besuche des Herzogs und des Landvogts Gemächer in der Burg bereithalten solle. Außerdem mußte er für die Bewachung und Verpflegung der dort befindlichen Gefangenen sorgen.

Aus der Zeit des beginnenden 16. Jahrhunderts

Die Wargener Pfarrkirche von 1330 (Foto: Archiv Ostpreußenblatt, um 1938)

sind folgende Namen von Wargener Adelsgeschlechtern überliefert: Canitz, Eysak, Gaudecker, Hirsch, Mericke, Röder, Taubenheim, Tranckwitz, Wargelitten und Zweiffel, von denen sich einige als Familien- und Ortsnamen bis heute erhalten haben.

Um 1561 ging das wüst gewordene Amtshaus für 30 Jahre in den Besitz des Wilhelm Thiesel von Taltitz über. Der nachfolgende Christoph von Kanitz schenkte 1611 das »an die Kirche anstoßende Schlößlein« der Kirchgemeinde Wargen. Aus der »Acta Borussica« geht hervor, daß Caspar Stein die alte Burg Wargen noch 1621 gesehen hat. Auch um 1780 waren noch Reste vorhanden, die wohl auch von Giese in seinem Lageplan hervorgehoben worden sind.

Ein wichtiges technisch-zivilisatorisches Baudenkmal der Ordenszeit, das im Galtgarbengebiet seine Quellen hatte, war das im 14. Jahrhundert geschaffene Wassergewinnungs- und -zuführungssystem für Burg und Stadt Königsberg. Von der Hochfläche des Alkgebirges, eines das Samland diagonal durchlaufenden Höhenrükkens, kommende Wasserläufe wurden in einem Komplex von elf Teichen aufgestaut, zu denen außer dem Wargener Kirchenteich auch der Pilzen-, Philipps- und Fürstenteich gehörten. Damit erreichte man eine kontinuierliche Wasserversorgung und Bevorratung.

Die Teiche verband man durch einen künstlich angelegten, etwa 3 m breiten Kanal, den sogenannten Landgraben, der das Wasser über eine Entfernung von 15 km Burg, Stadt und Mühlen von Königsberg zuführte. Im Stadtbereich dienten der 41 ha große Oberteich und der tiefer liegende und kleinere Schloßteich als Wasserreservoir. Vom letzteren führte der z. T. unterirdische Mühlenkanal den drei an der Nord- bzw. Ostseite der Burg liegenden Mühlen das für ihren Betrieb erforderliche Wasser zu, das dann von der Katzbach in den Pregel geleitet wurde.

Im waldreichen Gebiet der Kaporner Heide zwischen der Pregelmündung und Groß Heydekrug soll einst das längst untergegangene feste Haus Conowedit »am Haffufer, Brandenburg gegenüber« gelegen haben. Dieses Ordenshaus steht in der sagenhaften Überlieferung eng mit der mitten im Wald gelegenen Vierbrüdersäule (sieben Kilometer südlich von Wargen) in Verbindung, die alle Königsberger von ihren Ausflügen nach dem Vierbrüderkrug kennen.

Um diese Säule rankten sich die unterschiedlichsten Legenden. Die eine handelt von einer vierzweigigen großen Eiche, die den Prussen heilig gewesen sein soll; eine andere berichtet von vier Straßenräubern, die angeblich auf diesem Platz gevierteilt wurden. Zwei Legenden machen die Vierbrüdersäule zum Treffpunkt, und zwar einmal von vier Brüdern, die sich nach jahrelangen Reisen durch die Welt dort wieder trafen, und zum anderen von vier Fürsten, die auf diesem Platz bei einer großen Jagdgesellschaft Herzog Albrechts Brüderschaft getrunken haben sollen.

Zutreffender ist sicher der Bericht Peter von Dusburgs in seiner Chronik von 1325 über den deutschen Ritter Martin von Golin, der als Anführer einer Gruppe samländischer Getreuer erfolgreich im Kampf gegen die aufständischen Sudauer eingesetzt war. Golins Gruppe soll um 1295 an dieser Stelle von Aufständischen überfallen worden sein, wobei seine vier Gefährten getötet wurden. Golin entkam und errichtete für die Gefallenen ein Kreuz, das Landmeister Meinhard von Querfurt durch eine Holzsäule ergänzen ließ.

Dieses Denkmal bestand noch im 18. Jahrhundert aus einer Holzsäule, von der vier gebogene Arme ausgingen, deren jeder einen behelmten Kriegerkopf trug. Die wiederholt erneuerte Säule bestand in unserer Zeit aus Beton und trug über einem Ordensschild auf einer Tafel folgende Inschrift:

»Zwölfhundertfünfundneunzig – die Chronik nennt dies Jahr
Zur Zeit als Ordens-Meister Meinhard von Querfurt war,
Da ruhten hier im Haine vier Waffenbrüder aus,
Von Sudau'n siegreich kehrend zurück nach blutgem Strauß.
Da war der wackre Dyvel, der rüstge Kobenzell
Und Stobemehl und Röder, ein mutiger Gesell.

Die Vierbrüdersäule in der Kaporner Heide, links um 1700, rechts in der Neuzeit (Zeichnung und Foto: Samland-Museum, Pinneberg)

Die Treue, die dem Orden sie hatten angelobt,
War schon in Gau'n voll Aufstands im Kampfe oft erprobt.
Sie saßen froh beim Mahle, nah Conovedits Schloß,
Da stürzte aus dem Dickicht hervor der Feinde Troß.
Mit Schwert und Spieß und Keule streckt nieder er die Vier,
– Und zum Gedenk der Toten steht diese Säule hier.«

650 Jahre später, im Frühjahr 1945, bewiesen die ostpreußischen Soldaten der 1. Infanterie-Division genau in diesem Waldgebiet westlich von Königsberg noch einmal ihre Liebe zur Heimat in einem letzten, verzweifelten Kampf gegen die erdrückende Rote Armee. Mit vorbildlicher Einsatzbereitschaft und großer Tapferkeit sprengten sie am 20. Februar 1945 den Einschließungsring um ihre Garnisonstadt. Aber die Festung mußte angesichts der gewaltigen Übermacht in der Nacht zum 10. April kapitulieren.

Rudau

Schlachtfeld im Kampf um das Samland

Siegel des Ordensmarschalls, das auch der gefallene Henning Schindekopf um 1370 führte.

In seinem 1584 in Königsberg erschienenen Buch »Kurcze und wahrhafftige Beschreibung des Landes zu Preussen« nennt der Mühlhausener Pfarrer Caspar Hennenberger die kleinen Burgen im Samland und ihren bereits damals schlechten Zustand; er schrieb in der Sprache seiner Zeit: »Girmaw, Bobetten, Tyrenberg, Rudaw, Laptaw, Bobunden, Wargen, Kremitten, Kaymen, Waldaw, Geilgarb, Rositten, und Newhaus auff der Curischen Neerung sein kleine Schlösser, sein etzliche jtzunder darunter bawfellig, auch ein theil lang vergangen.«

Wenn auch von der Ordensburg Rudau nur Bruchstücke der Mauer und eine etwa einen Meter hohe Granitsäule sowie der Burggraben erhalten geblieben sind, so bietet die Betrachtung dieses Landstrichs eine Fülle von historischen und prähistorischen Überlieferungen.

Das prussische Ländchen Rudaw hat seinen Namen von dem gleichnamigen Flüßchen, das, nachdem es den Rudauer und den Laptauer Mühlenteich gespeist hat, als Bledauer Beek und dann gemeinsam mit anderen Flüßchen als Beek in die sumpfige Westecke des Kurischen Haffs mündet.

Dort lag in vorgeschichtlicher Zeit das Cranzer Tief, das die Kurische Nehrung vom Festland trennte und bei einer Breite von fast zwei Kilometern eine gute Fahrrinne besaß. Es ist unbekannt, wann dieses Tief verlandete und allmählich das jetzt 12 m mächtige Moor entstand. Dennoch ereignete sich auch noch in der Neuzeit bei Hochwasser und Stürmen wiederholt die Vereinigung von Haff und See an dieser Stelle, so z. B. in den Jahren 1818, 1830, 1874 und 1889. Die binnenländische Haffbucht am Tief reichte einst südlich vom heutigen Cranz über Cranzbeek hinaus bis kurz vor Wosegau und bis östlich von Wiskiauten.

Die vorzeitliche Küstenstruktur mit geschützter Hafenbucht am Seetief erklärt die frühen Siedlungsspuren im Raum Rudau/Wiskiauten, die bis in das 2. Jahrtausend vor Christi zurückreichen. Auf dem Gräberfeld Kaup bei Wiskiauten fanden sich in einem Hügelgrab übereinander Skelette und Beigaben aus der Jungsteinzeit (etwa 2000 v. Chr.), aus der älteren Bronzezeit (1500 v. Chr.) und aus vorrömischer Zeit (700 v. Chr.), als dort Prussen lebten.

Die Masse der umliegenden Grabhügel stammte aber von einem Wikingerfriedhof aus dem 9./10. Jahrhundert n. Chr., wie die zahlreichen Grabbeigaben nordgermanischer Art, wie verzierte Schwerter, Lanzenspitzen und Schmuck, erwiesen haben. Obwohl die nahe gelegene Wikingersiedlung mit Hafen und Handelsplatz noch nicht entdeckt worden ist, kann man davon ausgehen, daß sie mit den anderen preußischen Handelsplätzen der Wikinger in Truso und Linkuhnen viele Übereinstimmungen hat.

Die strategisch wichtige Lage dieses Landstrichs bestand außer der einstigen Bedeutung des Hafenplatzes am Seetief in dem Übergang zur Kurischen Nehrung und dem Zugang zum Memeldelta. Außerdem konnten hier Einbrüche in das Kerngebiet des Samlands am besten abgewehrt

Ausschnitt aus Caspar Hennenbergers Karte von 1638 mit dem eingezeichneten Streitplatz bei Rudau und den samländischen Burgen. (Zeichnung: C. Hennenberger, 1638)

werden. Deshalb hatten die Prussen auf dem Amtsberg nordwestlich der späteren Rudauer Kirche eine Wallburg angelegt, die vermutlich Nagympten hieß und die 1255 von einem Kreuzheer unter Führung von König Ottokar II. von Böhmen erobert worden ist.

Soweit die ansässigen Samländer nicht geflohen waren, unterwarfen sie sich der Herrschaft des Deutschen Ordens, leisteten ihm Dienste und wurden mit Gütern belehnt. Bei den Aufständen im 13. Jahrhundert blieben viele Samländer dem Orden treu, insbesondere aus dem Gebiet Rudau die Geschlechter Gedune, Stantete, Bayse, Santirne, Dywote, Pagaule, Sambil und Glande. Man nannte sie Witinge.

Um 1270 baute der Deutsche Orden am aufgestauten Mühlenteich von Rudau, nur wenig südöstlich der alten Prussenburg, ein festes Haus, das aus Haupt- und Vorburg bestand und von einem Wassergraben umgeben war. Pläne oder nähere Baunachrichten über diese Burg liegen nicht vor, jedoch lassen Bodenspuren, Graben-

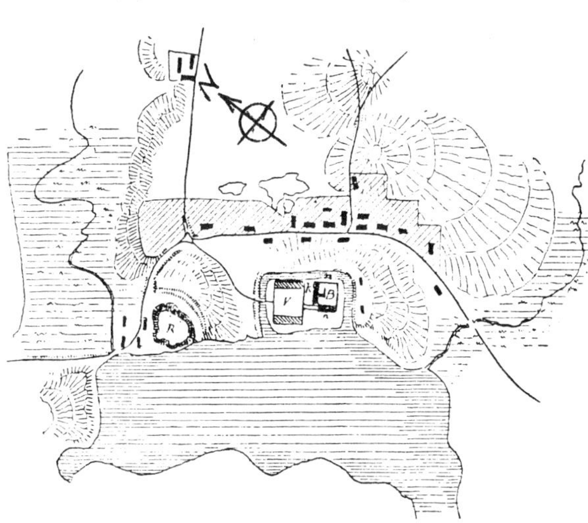

Lageplan der Burg Rudau (Zeichnung: J. M. Giese, 1828)

höhlungen und Mauerreste die Ausmaße und Gestalt der Burganlage einigermaßen erkennen. Nur wenige Mauerreste und ein Stück einer Granitsäule blieben erhalten, jedoch stecken die Fundamente der Burghäuser und Mauern noch in der Erde, wie sich beim Ausheben von Gräbern wiederholt erwiesen hat.

Kirche, Kirchhof und Pfarrhaus liegen auf dem ehemaligen Burggelände, letzteres im Vorburgbereich. Die Kirchhofsmauer ist 1856 aus den Steinen der Ordensburg errichtet worden. Als die bereits 1354 urkundlich erwähnte Rudauer Kirche im Jahr 1818 bei einem Orkan einstürzte, entdeckte man bei dem bald folgenden Wiederaufbau tiefe Kellergewölbe der Burg, die jedoch zugeschüttet wurden.

Die Burg Rudau war Sitz eines der drei samländischen Kammerämter; die anderen beiden lagen in Pobethen und in Wargen. Von der Mitte des 16. Jahrhunderts an lag die Verwaltung des mit Pobethen-Grünhoff vereinigten Kammeramts mehr als zwei Jahrhunderte in den Händen der Familie von Hundertmarck. Weitere Rudauer Adelsgeschlechter waren in dieser Zeit die Familie von Oelssen, von Sergitten, von Wayssel und von Zincken.

Am Nordostufer des Rudauer Mühlenteichs, nahe der ehemaligen Prussenburg auf dem Amtsberg, baute man 1291 am Ausfluß des Rudau-Flüßchens aus dem Teich eine Ordensmühle. Dieser Wassermühle kam der wohl insbesondere aus Gründen der Verteidigung aufgestaute Teich mit seinem großen Wasservorrat zugute.

Das bedeutendste historische Ereignis in diesem Landesteil war die Schlacht bei Rudau am 17. Februar 1370. Sie fand auf der Ebene zwischen Tranßau und Mülsen (nördlich von Rudau) zwischen dem Deutschen Orden und zwei litauischen Heeren unter dem Befehl der beiden Litauerfürsten Kynstut und Olgierd statt, die aus Litauern, Schamaiten, Russen und Tataren bestanden.

Die Litauer waren in zwei Abteilungen in das Ordensgebiet eingedrungen. Die eine Heeresabteilung kam durch das Memeltal und überschritt den Fluß unweit von Ragnit. Die andere hatte versucht, von Memel aus über das Eis des Kurischen Haffs vorzugehen, mußte aber wegen der mangelnden Tragfähigkeit des Eises einen Umweg entlang der Küste machen. Beide Heere vereinigten sich im Raum des Deime-Flusses und drangen brandschatzend und verheerend über Kaimen, Schaaken, Powunden und Laptau bis Rudau vor.

Nachdem die Burg Rudau ihrem ersten Ansturm standgehalten hatte, lagerten die Litauer in der Nacht von Fastnachtssonnabend zum Sonntag in jener Gegend. Das aufgrund von Spähernachrichten bereits in Bereitschaft stehende Ordensheer rückte auf den Alarm des Rudauer Kämmerers hin von Königsberg und vom Raum Lochstädt aus an und prallte am Sonntagmorgen zuerst mit den Reitern Kynstuts zusammen, die in die Flucht geschlagen wurden. Auch die Truppen Olgierds, der den Rückzug seines Bruders decken wollte, wurden nach schweren, hin- und herwogenden Kämpfen geworfen und auf der Flucht aufgerieben. Doch auch das Ordensheer erlitt schwere Verluste.

Der zeitgenössische Chronist, Johannes von der Posilge, berichtet in der Sprache seiner Zeit über die Schlacht: »... sie hatten sich nicht dovor gehut, das der Meister Winrich also no was, unde do sie ansichtig wordin die Colmischen Banyr, do warth kynstot flochtig mit den seinen, unde koning Algart mit den Russen bederbten ire sporne gar wol in der flucht; also wurdin ir geslagin so vil, das is unczelich was unde die sich vorrant hattin, wurden gefangen in den welden, unde die koninge kume do von qwomen; unde yn den anrynnen, als sich der strit hub, wart der Marschalk geslagen, her Schindekop, unde vaste ander heren unde ir lüte; doch gewonnen sie den strit mit der hülffe unsers heren; unde der littowen unde der Russin vortrunken vil in der Deyme, als sie flogen, unde yn wart nochgefolget ummer die Mymmel uff, das ir gar vil wart geslagen unde gefangen ...«

Wenn auch in manchen Überlieferungen die angegebenen Zahlen über die Heeresstärke und über die Gefallenen übertrieben sind, so waren die Verluste recht hoch, und auch der Orden

Die Rudauer Säule um 1723 (Zeichnung: Petersen)

Die erneuerte Säule mit dem Ordenskreuz um 1835 (Zeichnung: bei Schlicht, 1922)

mußte einen schmerzlichen Blutzoll zahlen. Außer dem tapferen Ordensmarschall Henning Schindekopf sind uns die Namen einiger in der Schlacht gefallener Ritter überliefert, so die Komture Kuno von Hattenstein und Petzold von Korbis sowie die Ritter Erwin von Stockheim, Salentius von Ysenburg, Diepold von Hatzenstein, Albrecht von Sangershausen und Ulrich von Stockheim.

Marschall Henning Schindekopf, der auf dem Verwundetentransport nach Königsberg im Krug Matzkahlen bei Quednau starb, wurde in der St.-Magdalenen-Klosterkapelle auf dem späteren Münzplatz in Königsberg beigesetzt. Die bei der Verlegung des Klosters um 1522 verlorengegangene Grabplatte trug die Inschrift »Schindekop benignus, terrae Samland bene dignus«, frei übersetzt: »(Hier ruht) der gütige

Die Pfarrkirche von Laptau vor dem Kriege (Foto: Samland-Museum, Pinneberg, um 1920)

Die verfallene Rudauer Kirche zeugt vom Zustand des Landes. (Foto: R. Heidemann, 1991)

Die Ruine der Rudauer Kirche steht noch heute auf dem alten Burgplatz. (Foto: R. Heidemann, 1991)

Schindekop, des Landes Samland sehr würdiger (Sohn).«

An der Stelle der einstigen Kapelle fand man 1735 bei einem Umbau neben einem Skelett ein silbernes Amulett mit den Buchstaben B. H. (Bruder Henning), was vermuten läßt, daß dies die Gebeine des Ordensmarschalls waren.

Auf dem Schlachtfeld von Rudau ehrte ihn und die anderen Gefallenen der Hochmeister durch eine Gedenksäule, von der Teile auf unsere Zeit überliefert worden sind. Diese Säule wurde mehrmals erneuert, und zwar in der Neuzeit in den Jahren 1723, 1835 und 1870. Der achteckige Säulenschaft, dem bei der Renovierung von 1835 ein Ordenskreuz mit dem Kreuz von Jerusalem und dem Reichsadler aufgesetzt worden war, wurde auch in das 1870 neu aufgebaute Denkmal einbezogen und stand in unserer Zeit noch an seinem Platz auf dem Schlachtfeld.

Ferner befand sich früher in der Laptauer Kirche (Mitte 14. Jahrhundert) eine Gedenktafel, von der allerdings nur die Inschrift überliefert ist.

Wie alle großen Ereignisse, so regte auch die Schlacht bei Rudau zu Legendenbildungen an. Die schöne Volkssage von dem tapferen Schustergesellen Hans von Sagan aus Königsberg, der den Sieg für den Orden durch sein tapferes Eintreten in der Schlacht gerettet haben soll, hatte mehrere spätere historische Ereignisse als Vorlage.

Nach der Schlacht bei Rudau wagten die Litauer keine größeren Überfälle mehr auf das Ordensland. Dieser Sieg, der insbesondere auch von Königsberger und samländischen Truppen errungen worden war, lebte noch jahrhundertelang im Bewußtsein der ostpreußischen Bevölkerung fort.

Der heutige Besucher findet auf dem Rudauer Schlachtfeld lediglich den Sockel der beseitigten Gedenksäule. Auch hier vermuteten Grabräuber Beute und gruben den Boden unter dem Fundament tief aber erfolglos auf.

Das Dorf Rudau ist weitgehend erhalten und heute zum Teil von Deutschen aus der Sowjetunion bewohnt.

Im benachbarten Laptau stand noch lange nach dem Krieg die dachlose Kirche, deren Turm 1987 abgetragen worden ist. Aus dem Kirchenschiff machte man nach Reparatur und Anbringen eines Behelfsdaches einen Lagerraum. Im umgewühlten und verwilderten Friedhof fanden sich Teile des Taufbeckens aus der alten Kirche.

Auch dieser Ort macht den Eindruck einer gesichtlosen Siedlung in einem entlegenen Land.

Schaaken

Prussen, Ritter und eine kleine Burg

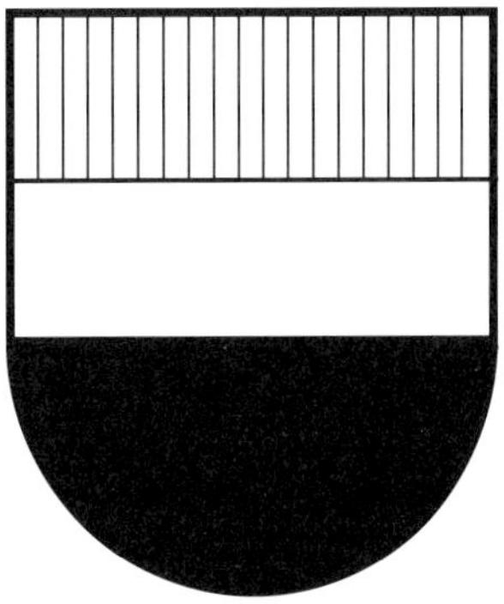

Wappen des ersten Pflegers von Schaaken Nicolaus von Viltz (1397–1399)

Es ist eine entlegene, flache Küste, an der die kleinen Wellen im Kieselstrand auslaufen. Die Trennung von Wasser und Land verschwimmt häufig in den breiten Schilf- und Binsenstreifen. Aber dort, wo der Strand frei ist, kann man Hunderte Schritte weit durch das seichte Wasser waten, bevor es nach mehr als tausend Metern manntief wird. Ein idealer Laichplatz für die vielen Fische, die den Reichtum des Kurischen Haffs bilden.

Wenn aber ein Sturm von Nordosten heranfegt, bewähren sich die großen Steinblöcke und ausgedehnten Steinlager vor der flachen Küste. Sie nehmen den hohen Wellen die Kraft, und hochaufspritzende Gischt zeugt vom Kampf der Gewalten. Überall, wo Steinlager vorhanden sind, hat das Land dem gefräßigen Haff weit ins Wasser vorspringende Spitzen abgetrotzt, die von den Küstenbewohnern mit dem niederdeutschen Wort Ort bezeichnet werden. Steinort, Pusterort

Steine an der Ostsee (Radierung von Norbert E. Dolezich, 1944)

und Rinderort sind die kleinen Kaps der Nordküste des Samlands am Kurischen Haff, die dann jenseits der Nehrungswurzel als Ostseeküste bis zum weit im Westen gelegenen großen Kap des Samlands, bis nach Brüsterort, weiterläuft.

Diese nasse Nordflanke bot dem Samland im 13. und 14. Jahrhundert wirksamen Schutz gegen die immer wieder plündernd und brandschatzend über die Grenzen einfallenden Litauer. Im Winter jedoch war der Weg der Angreifer über das Eis des Haffs möglich, und außerdem gab es zwei offene Flanken. Litauische Reiterscharen drangen sowohl über die Kurische Nehrung wie auch durch das unerschlossene nadrauische Gebiet östlich der Deime ins Samland ein. Deshalb bauten der Deutsche Orden und das Bistum Samland eine Reihe von Burgen als Verteidigungsbastionen. Die Mehrzahl von ihnen entstand auf alten Burgplätzen der regionalen samländischen Stammesführer.

Im Teilungsvertrag zwischen Orden und samländischem Bischof von 1258 fiel das Gebiet um Schaaken, hier als »Soke« und später als Schokin bezeichnet, an den Orden. Eins der beiden bischöflichen Territorien im Samland begann westlich von Schaaken und schloß bereits das 6 km westlich liegende Powunden in den nach Süden bis zum Pregel verlaufenden kirchlichen Gebietsstreifen ein.

Nach chronikalischen Überlieferungen soll die Ordensburg Schaaken bereits um 1270 auf dem Platz der eroberten prussischen Wallburg gegründet worden sein. Dieser Zeitpunkt erscheint naheliegend, denn er markiert die Wende zwischen dem im Samland bereits niedergeworfenen großen Preußenaufstand und der um 1273 beginnenden Eroberung der benachbarten Länder Nadrauen, Sudauen und Schalauen. Für diesen Feldzug war eine rückwärtige Bastion unverzichtbar.

Zunächst wurden die fast kreisrund verlaufenden Wälle der Prussenfeste wiederhergestellt und durch Palisaden gesichert. Wahrscheinlich bauten die Ordensleute auch das schützende Grabensystem aus, das wohl vorher lediglich aus dem natürlichen Verlauf der Schaakener Beek in ihrem breiten, sumpfigen Bett bestanden hat. Einige wenige Holzgebäude im Inneren des umwallten Burgplatzes dienten der Wohnung der Ordensritter, ihrer Kriegsknechte und des Gesindes sowie der Unterbringung von Pferden, Geräten und Vorräten.

Man muß sich diese erste Burganlage eher als ein befestigtes Heerlager vorstellen. Sicher waren im Burgbereich und seiner unmittelbaren Nachbarschaft Lagerplätze für die Heerhaufen vorhanden, die von hier aus ihre Vorstöße nach Nadrauen und weiter nach Schalauen unternahmen. Das geschah zum Teil auch mit Schiffen über das Haff, so daß vielleicht bereits damals ein kleiner Hafen bei dem späteren Fischerort Schaaksvitte bestanden haben kann.

Wo sich viel Kriegsvolk sammelt, da sind Marketender, Händler und Handwerker erforderlich. Ganz besonders aber siedelten sich im Schatten der Burg Krüger und Gärtner an und bildeten als Vorstufe zu einer sich häufig später daraus entwickelnden Dorf- oder Stadtgemeinde eine sogenannte Lischke (von prussisch liskis = Lager). Dort hat sich diese Bezeichnung bis in die Neuzeit in dem Dorfnamen Liska-Schaaken erhalten. Es war später eine weit auseinandergezogene Gemeinde, die sich von Kirchschaaken über Liska-Schaaken und Schaaken bis zum Fischer- und Hafenort Schaaksvitte am Haff ausdehnte.

Lischken gab es aber auch neben anderen Burgen, wie z. B. in Barten, Labiau, Tapiau und Johannisburg.

Die Ordensburg wurde 1328 zum ersten Mal urkundlich erwähnt und um diese Zeit schrittweise in Stein ausgebaut. Offensichtlich begann man mit dem Steinbau der umlaufenden Wehrmauer und hielt sich dabei an den fast kreisrunden Grundriß des alten Burgplatzes sowie der ihn umgebenden Wälle. Es entstand so eine völlige Ausnahme gegenüber der landesüblichen Ordensarchitektur, die ausschließlich rechtwinklige und quadratische Grundrisse bevorzugte. Lediglich im benachbarten bischöflichen Powunden gab es eine ähnliche runde Burg auf dem vorgegebenen alten Terrain.

An die achteckige oder besser gesagt polygonale

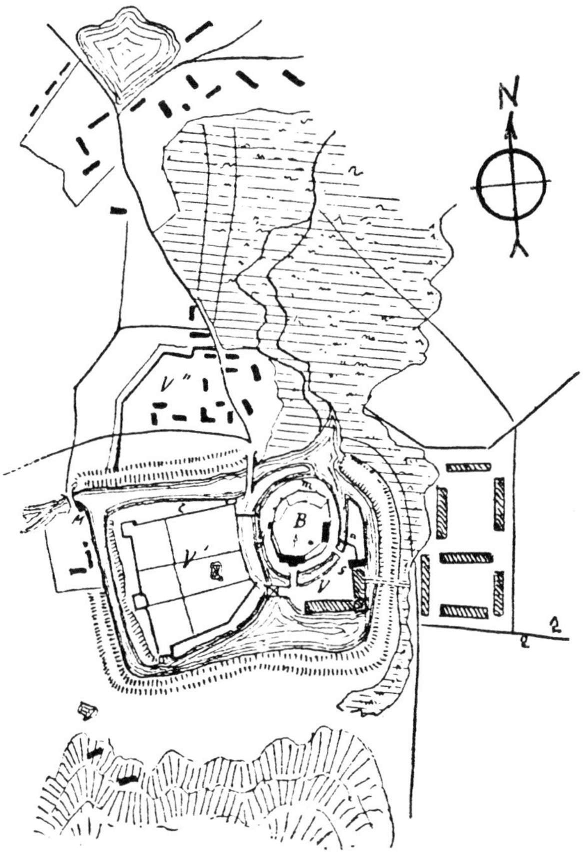

Lageplan der Burg Schaaken (Zeichnung: J. M. Giese, 1826)

Wehrmauer wurden innen zur Hofseite unregelmäßige Anbauten angesetzt. Es waren Burghäuser mit Wohnräumen, Remter, Küche, Wirtschaftsräumen und auch einer Burgkapelle. An der Westseite sprang aus der Mauerflucht ein quadratischer Torturm vor, der wohl der Sicherung der Brücke über den Graben zur westlichen Vorburg diente. Im Süden könnte das Haupthaus mit dem Eingangsportal gelegen haben, das durch einen Zwinger und zwei vorgeschobene Mauertürme gesichert war. Über eine Zugbrücke gelangte man in die erste Vorburg.

Es gab also zwei Vorburgen; manche Historiker zählen auch noch den im Nordwesten gelegenen Ortsteil zu den Vorburgen, weil auch er durch Mauer und Graben gesichert war. Im Norden lag vor der Burg am Ausfluß des durch die Beek gespeisten Grabensystems eine Wassermühle, von deren Gemäuer sich noch Teile bis in die Neuzeit gehalten haben.

Die erste Vorburg im Südosten war von der Hauptburg durch den umlaufenden Hausgraben getrennt und über die vorgenannte Zugbrücke zu erreichen. Als dreieckige Insel im umfangreichen Grabensystem hatte sie zwei Ausgänge über Brücken nach Südosten zur vorgelagerten Lischke sowie zur zweiten Vorburg im Westen. An den beiden geraden Feldseiten waren zwei lange schmale Wirtschaftsgebäude an die Außenmauer angelehnt. Sie lagen im rechten Winkel zueinander und trugen im Schnittpunkt einen Mauerturm. An der Stirnseite des östlichen Wirtschaftsgebäudes befand sich ein kleineres Haus, das erhalten blieb und später ausgebaut worden ist.

Die erheblich größere, trapezförmige zweite Vorburg war von Wehrmauern und Gräben eingefaßt. Für die Verteidigung der westlichen Front hatte man die Westmauer mit drei wighausähnlichen Mauertürmen besetzt, die aus der Flucht hervorsprangen. Außer den beiden erwähnten Verbindungen mit der Hauptburg und der anderen Vorburg gab es noch einen Ausgang über den nördlichen Graben zu dem dort anschließenden Ortsteil. Auch dieser Ausgang war durch eine Sperrmauer mit Wachthaus sowie von einem eingeschobenen Mauerturm gesichert.

Es gibt zwei Lagepläne der Burg Schaaken, und zwar von John von Collas vom Beginn des 18. Jahrhunderts sowie von Johann Michael Giese von 1826. Sie geben nicht den Zustand der Burg zur Ordenszeit wieder, denn sie wurde nach dem Brand von 1606 mit erheblichen entstellenden Veränderungen wiederhergestellt. Dennoch sind die wesentlichen Grundzüge der Gesamtanlage zu erkennen.

Die Burg war Sitz des Kammeramts, dessen Hauptmann sich Landvogt von Samland nannte. Später diente sie nach weiteren Umbauten als Wohnhaus des Domänenpächters. Es blieben bis in die Neuzeit beträchtliche Teile der Burghäuser und vor allem der schweren Wehrmauern aus Feldsteinen erhalten.

Innenhof der Domäne Schaaken mit alter Feldsteinmauer der Burg (Foto: Krauskopf, 1933)

Giebel eines alten Burghauses mit gotisierenden Ecktürmchen (Foto: Krauskopf, 1933)

Aus der überlieferten Geschichte kennen wir die Namen von 21 Ordensrittern, die zwischen 1397 und 1503 das Amt des Pflegers zu Schaaken innehatten. Sicher gab es bereits vorher eine Reihe von Statthaltern auf dieser Burg, deren Namen im Dunkel der Vergangenheit untergegangen sind. Der erste namentlich überlieferte Pfleger um 1397 hieß Nicolaus von Viltsch, auch Feilitsch genannt; er war vorher Pfleger auf den Burgen Tapiau und Insterburg.
Am bekanntesten unter den Schaakener Gebietigern waren Heinrich Hold um 1402 und Wilhelm von Eppingen um 1421, die zu hohen Ämtern eines Obersten Marschalls bzw. des Großkomturs aufstiegen. Aber auch die Namen der Pfleger Hans von Stetten, Ludwig von Dobeneck und Wilhelm von Rosenberg tauchen in der Geschichte des Ordenslands Preußen als Komture anderer Burgen wiederholt auf.
In diesem Landstrich hielten sich Sprache und Gebräuche, aber auch der Aberglaube der prussischen Bevölkerungsteile noch über Jahrhunderte. Der Chronist Peter von Dusburg berichtet um 1326 in seiner Chronik des Preußenlands folgendes:
»Im Samland, im Gebiet von Schaaken, lebte ein Pruße namens Dorge, der weiße Pferde verabscheute. Bruder Dietrich (von Liedelau, 1278–1292), Vogt des Samlandes, wollte ihn von diesem Wahn heilen und kaufte ihm ein weißes Pferd; als das gegen Dorges Willen eine Nacht im Stall gestanden hatte, fand er es mor-

Die Dorfkirche von Schaaken in guten Zeiten (Foto: Krauskopf, 1933)

Die Ruine der Schaakener Kirche im Jahre 1991 (Foto: R. Heidemann, 1991)

Verwüstet und verwildert stehen die Reste der altehrwürdigen Kirche heute da. (Foto: R. Heidemann, 1991)

Die Burgruine Schaaken wirkt mit ihren starken Mauern noch immer wie ein Bollwerk. (Foto: R. Heidemann, 1991)

gens erwürgt und sein ganzes Vieh tot. Noch dreimal wurde derselbe Versuch gemacht, immer mit demselben Ergebnis. Da kaufte der Vogt dem Prußen zum vierten Mal ein weißes Pferd und versicherte, er wolle das so oft wiederholen, bis er ihn von seiner Verblendung abgebracht habe. Jetzt endlich, als das vierte Pferd nicht vom Teufel erwürgt wurde, fand Dorge den Glauben und bekannte demütig seinen Irrtum; er wurde ein großer Eiferer für den Glauben und stärkte viele Neubekehrte ...«

Die Kirche berücksichtigte die Bedürfnise der alteingesessenen Bevölkerung, versuchte aber andererseits mit missionarischem Eifer, sie von den seit Generationen überlieferten »heidnischen Sitten« abzubringen. Es ist jedoch nicht zutreffend, wenn behauptet wird, daß auch die prussische Sprache unterdrückt worden ist.

Im Gegenteil geht aus dem Visitationsbericht des Bischofs Joachim Mörlin von 1569 hervor, daß in Schaaken bei den Gottesdiensten dem Pfarrer ein Tolke als Übersetzer in die prussische Sprache zur Seite stand. Das wissen wir auch aus anderen Orten. Darüber hinaus sprechen die zwischen 1546 und 1561 in mehreren Auflagen herausgegebenen Übersetzungen des kleinen Katechismus ins Prussische durch den Pobethener Pfarrer Abel Will gegen eine solche Behauptung.

Nachdem bereits um 1320 ein Pfarrer in Schaaken erwähnt worden ist, der wohl zuerst die Gottesdienste in der Burgkapelle abgehalten hat, entstand in der ersten Hälfte des 14. Jahrhunderts die bis in unsere Tage erhalten gebliebene schöne alte Dorfkirche. Sie gehörte zu den wenigen samländischen Kirchen mit polygonalem Chorabschluß. Ihr Standort war am Ende des ausgedehnten Dorfs, 2 km südöstlich der Burg, am Schnittpunkt der Straßen von Liska-Schaaken und von Schaaksvitte. Dort wehte der frische Wind vom nahen Haff, und Möwen und Störche umkreisten den ehrwürdigen Kirchturm.

Der Kirchturm von Schaaken hat den Krieg beschädigt überstanden, während das Kirchenschiff nur noch aus den Außenmauern besteht. Zwischen den Mauern hat man auf der Suche nach Beute den Fußboden ausgeschachtet und die Ruine dem fortschreitenden Verfall überlassen. Der überwiegende Teil des Dorfes ist erhalten geblieben und befindet sich in dem hier jetzt üblichen schlechten Zustand.

Auch die auf dem Gelände der einstigen Ordensburg gelegene Domäne hat nach ihrer Umwandlung in eine Kolchose überlebt. Sie ist jedoch zunehmend dem Verfall ausgesetzt. Bei genauerer Betrachtung finden sich an einigen Stellen Mauerreste aus Feldstein mit aufgesetzem Backsteinmauerwerk, die von der alten Ordensburg stammen. Daneben stehen Gebäude der ehemaligen Domäne, die im vorigen Jahrhundert mit neugotischen Ecktürmchen, Zinnen und anderem Zierat nach dem Geschmack der damaligen Zeit versehen worden sind.

Wer beim Anflug auf den im benachbarten Powunden gelegenen Kaliningrader Flugplatz den Ort Schaaken aus der Luft betrachtet, erkennt sehr deutlich die außergewöhnliche runde Anordnung der alten Ordensburg Schaaken, die man vor mehr als 700 Jahren vom prussischen Vorgängerbau übernommen hatte.

Labiau

Wasserburg am Kurischen Haff

Stadtwappen von 1642

Das Samland wurde im Osten von der Deime begrenzt und gesichert. An beiden Endpunkten dieses früher Laba genannten Mündungsflusses des Pregels legte der Deutsche Orden gleich nach der Eroberung des Landes um 1255 die Burgen Labiau und Tapiau als hölzerne Grenzfesten gegen Nadrauen, Litauen und Schalauen an. Dieses Wildnisgebiet war noch bis zum Ende des 14. Jahrhunderts häufigen Angriffen und Streifzügen der ungebärdigen Litauer ausgesetzt. Andererseits waren beide Burgen Ausgangs- und Nachschuborte für die als Litauerreisen bezeichneten Feldzüge des Ordens und seiner Gäste aus der europäischen Ritterschaft gegen die heidnischen Litauer. Die weit ins Hinterland vorgetragenen Vorstöße der Litauer, die mit Mord und Brand das Ordensland verheerten, kamen nach der Schlacht bei Rudau seltener vor. Dort wurde am 17. Februar 1370 ein großes Litauerheer unter den Fürsten Kynstut und Olgierd vernichtend geschlagen.

Doch auch der Orden hatte schmerzliche Verluste, denn außer vielen Rittern und Kriegern erlitt auch der tapfere Ordensmarschall Henning Schindekopf tödliche Wunden. Hochmeister Winrich von Kniprode, der selber in der Schlacht am Arm verwundet worden war, stiftete zum Andenken an den Marschall und die anderen Gefallenen eine Gedenksäule, die später immer wieder erneuert wurde und deren Reste noch in unserer Zeit das Schlachtfeld bezeichneten. Es lag 42 km westlich von Labiau. So tief waren die Litauer ins samländische Gebiet eingedrungen.

Der Name der prussischen Ansiedlung Labigowe wurde 1258 im Teilungsvertrag zwischen Vizelandmeister Gerhard von Hirzberg und dem samländischen Bischof Heinrich von Strittberg erstmals erwähnt. Er bezeichnete die vom Orden eroberte Prussenburg an der Deime, die nur drei km vom Haff entfernt lag. Abgeleitet vom Fluß Laba erfuhr der Name viele Wandlungen in Labigowe, Lobiaw um 1330, Labiow um 1436 bis schließlich Labiaw um 1625, woraus der endgültige Name Labiau entstand. Sicher hat die Entwicklung des Ortes die verkehrsgünstige Lage an der Deime, die der Orden schon früh als Schiffahrtsweg ausbaute, und am Kurischen Haff mit den Zugängen zu den Deltaarmen des Memelstroms gefördert.

Damals wurde der alte Ordensgraben am Haffufer angelegt, um den gefahrvollen Seeweg über das unruhige Haff zu vermeiden. Im 17. Jahrhundert entwickelten sich daraus der große und kleine Friedrichsgraben, die der Schiffahrt zur Memel ein leistungsfähiges Kanalsystem boten.

Noch in dieser Zeit pflegten vorüberreisende litauische Schiffer dem heiligen Jodocus ein Scherflein zu opfern. Nahe der Burg Labiau stand eine große Eiche, die dem prussischen Heiligen gewidmet war und deren hohler Stamm die zugeworfenen Münzen barg.

Ein streunender Heerhaufen der Schalauer brannte um 1277 die alte Holzburg nieder. Doch bereits drei Jahre später erstand sie neu in massiver Bauweise, denn ihre Bedeutung als Grenzsicherung des Samlands, als Schutz des wichti-

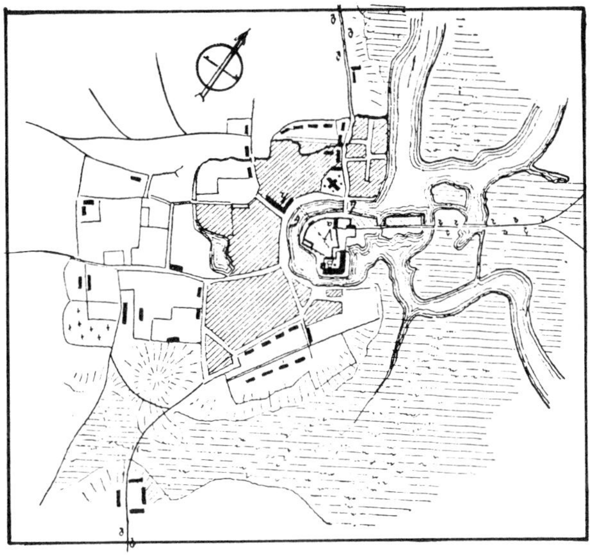

Lageplan von Burg und Stadt Labiau (Zeichnung: J. M. Giese, 1826)

gen Wasserwegs von Königsberg zum Haff und Memelstrom sowie als Sammel- und Nachschubort für die Litauerkämpfe, war damals groß. Aus dieser Zeit stammen der von der Prussenburg übernommene schiefwinklige Grundriß und die in Resten erhaltene Außenmauer der Burg. Der hufeisenförmige Burggraben bildete zusammen mit der Deime eine Insel, auf der die Wasserburg in der damaligen Zeit fast uneinnehmbar war.

Dennoch blieb die Burg Labiau in der Folge nach Rang und Stellung in der Ordenshierarchie von untergeordneter Bedeutung. Pfleger oder Statthalter verwalteten dieses Ordenshaus; lediglich der erste um 1288 namentlich überlieferte Burghauptmann Wernicke nannte sich Komtur.

Als die Schalauer im letzten Viertel des 13. Jahrhunderts unterworfen und die Burg Landeshut anstelle der Prussenburg Raganita erbaut worden war, kam Labiau in den Befehlsbereich der Komturei Ragnit und diente dieser gefährdeten Grenzburg als Karwan. Diese Funktion als unselbständiger Wirtschaftshof und Versorgungsbasis behielt das Haus bis zum Ende der Ordenszeit.

Fast gleichzeitig mit der zweiten, intensiveren Deimeregulierung ab 1360 wurde die Burg Labiau in der überlieferten Gestalt nach hundertjährigem Bestehen nun voll in Stein ausgebaut. Man wählte das durch die Platzverhältnisse unregelmäßig veränderte Schema des viereckigen Konventshauses, ohne daß dort je eine Komturei mit Konvent bestand. Wahrscheinlich wollte man die alte Bauform für den neuen Zweck der Kasernenburg verwenden, in der viel Kriegsvolk und Gäste untergebracht werden konnten. Man mag den Grund für diesen späten Ausbau in Planungen des Ordens zur endlichen Niederringung des litauisch-samaitischen Widerstands vermuten. Jedenfalls entstand unter Einsatz von über fünfhundert Arbeitern ein vierflügeliges Haus mit Türmen und Wehrmauern.

Deutlich hebt sich aber dieser Bau des reduzierten, schematischen Stils von den früheren Ordensburgen ab, denn es fehlte ihm u. a. der Hauptturm und der Hausgraben zur Vorburg. Auffällig ist auch die wieder zunehmende Verwendung von Feldsteinen im Fundamentsockel aller Flügel sowie der fehlende Wehrgang. An seine Stelle traten Wehrnischen mit Wehrfenstern, die direkt vom Speichergeschoß ausgin-

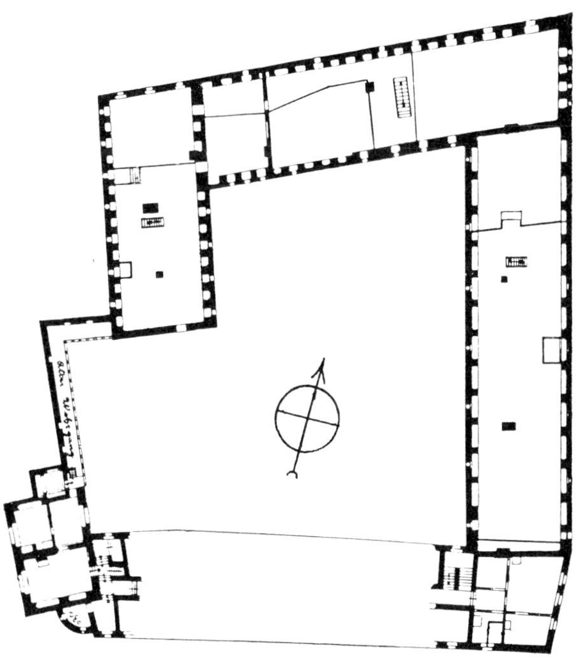

Grundriß der Burg Labiau (Dachgeschoß, ohne Gefängnisflügel) (Zeichnung: bei K. H. Clasen, 1927)

gen. Die wenigen ärmlichen Zierformen deuten auf eine vollständige Beschränkung auf das Notwendige und auf eine fortschreitende Loslösung von den alten Bauprinzipien hin.

Den weitgehend überlieferten Nordflügel durchbricht am Ostende der tonnengewölbte Torweg, der durch Fallgatter und vorgelegten Torzwinger gesichert war. Hier zog sich wie in Tapiau unter den Wehrfenstern ein schmales Putzband hin. Seine Keller sind alt, und im Erdgeschoß finden sich Räume mit Tonnengewölben.

Im Hauptgeschoß ist ein Raum mit zwei Kreuzrippengewölben erhalten, die Gewölben der Burg Ragnit ähnlich sind und deren Wanddienste auf Konsolen aufliegen. Dieser Raum gehörte in der Neuzeit zur Wohnung des Landrats. Vielleicht lag er früher in der im Nordflügel vermuteten Wohnung des Pflegers. Ebenso stützt sich die Vermutung, daß hier die St. Nikolaus gewidmete Burgkapelle gelegen hat und daß im Erdgeschoß darunter Küche und Backhaus lagen, auf unsichere Hinweise.

In der Nord-West-Ecke, dort, wo der später verkürzte Westflügel ansetzte, läßt die bis zu drei Meter starke Fundamentmauer einen Turmunterbau vermuten. Dieser Flügel lief ursprünglich bis zum Südflügel durch und enthielt im Hauptgeschoß tonnengewölbte Räume, die durch eine Heizkammmeranlage mit Luftschächten beheizbar waren.

Nach Abbruch der südlichen Flügelhälfte wurde an seiner Stelle eine Bastion für Feuergeschütze mit vorgeschobener Wehrmauer, die einige Kanonenscharten enthielt, errichtet. Von hier aus konnte die Straße nach Königsberg beherrscht werden.

Daneben entstand gleichzeitig ein rechteckiger schwachwandiger Turm, dessen starke Fundamente allerdings von einem älteren Vorgänger herrühren können.

Die Verbindung zu dem bei Einrichtung des Gefängnisses völlig umgestalteten Südflügel wirkt unorganisch. Es ist möglich, daß dieser trapezförmige Flügel erst um 1550 errichtet worden ist. Seine Südost-Ecke, die um 1860 mit einem neugotischen Stufengiebel mit fünf Blenden versehen worden ist, könnte früher einen Turmaufbau gehabt haben.

Im langen Ostflügel lag bereits vor Umbau zum Gericht ein großer Saal, der 1832 wegen seiner Malereien und Wappen als Kapitelsaal bezeichnet wurde. Andere Quellen sprechen von einem Rittersaal, den Herzog Albrecht um 1564 von Johann Baptista und Johann von Braun heraldisch ausmalen ließ. Ob dieser Saal noch aus der Ordenszeit stammt, kann mit Sicherheit nicht nachgewiesen werden.

Die 1517 erwähnte Vorburg wurde in der überlieferten, ungewöhnlichen Form sicher erst im Zusammenhang mit der Feuerwaffenbastion gebaut oder umgebaut. Sie setzte westlich vom Torweg an, ohne diesen einzubeziehen, und verlief dann in weitem Bogen am Burggraben entlang bis zum Ende des verkürzten Westflügels, wo sich ein Verbindungstor zur Hauptburg befand. Der alte Burgweg führte über eine Brücke und durch ein Tor aus nordwestlicher Richtung durch die Vorburg zum früher an der Nordfront des Haupthauses befindlichen Torzwinger.

In der Mitte der bogig verlaufenden Vorburgmauer lag ein achteckiger Uhrenturm auf quadratischem Sockel. Von den anderen Vorburggebäuden ist noch die Georgskirche bekannt, die nach Säkularisierung als Brauerei und danach als Salzmagazin verwendet und schließlich 1880 abgebrochen worden ist. Durch Zuschütten von Teilen des Burggrabens und Abbruch von Gebäuden hat sich das Gelände gegenüber der mittelalterlichen Wasserburganlage stark verändert.

Nach Umwandlung des Ordensstaats in das Herzogtum Preußen wurde Labiau um 1525 herzogliches Hauptamt. Herzog Albrecht übertrug 1526 den Labiauer Besitz seiner Gemahlin, Prinzessin Dorothea von Dänemark, als Leibgedinge. Nach deren Tod ging der Besitz 1565 auf seine zweite Frau, Anna Maria von Braunschweig-Lüneburg, über, wobei unter Leitung des Baumeisters Christian Römer erhebliche Umbauten vorgenommen wurden, um die Burg als Wohnsitz für die Herzogin herzurichten.

Am 28. Juli 1642 erhielt Labiau vom Großen

Die Ordensburg Labiau vor dem Kriege (Foto: Archiv Ostpreußenblatt, 1935)

Reste der Burg fünfzig Jahre später vom gleichen Standort: Das gesichtslose Gebäude eines sowjetischen Maschinenkombinats (an der vorderen Ecke: Blendenansätze). (Foto: R. Heidemann, 1991)

Die alte Ordensburg mit schützenden Wassergräben um 1910 (Foto: Archiv Ostpreußenblatt, um 1910)

Heute ist das Baudenkmal nicht wiederzuerkennen (Foto: R. Heidemann, 1991)

Kurfürsten das Stadtrecht und wurde bald darauf durch Errichtung von sechszackigen Wall- und Grabenanlagen zur Festung ausgebaut.
Der Labiauer Vertrag vom 20. November 1656 zwischen Brandenburg-Preußen und Schweden gab zusammen mit dem ein Jahr später folgenden Wehlauer Vertrag Preußen die volle Souveränität zurück, die 1525 durch Abschluß des Friedens von Krakau und Anerkennung der polnischen Lehnshoheit verlorengegangen war.
Ende des 17. Jahrhunderts gelangte die Stadt zu einer gewissen Blüte. Mit Ausbau des Kanalsystems durch Begradigung der Deime und Ausbau des Friedrichsgrabens stieg der Schiffsverkehr zwischen Königsberg und dem Memelgebiet und belebte Handel und Gewerbe. Aber schon bald, in den Jahren 1709/10, entvölkerte die Pest die Stadt Labiau fast ganz. Sie erholte sich nur sehr langsam und wurde immer wieder heimgesucht, im Siebenjährigen Krieg um 1757 von den Russen und 1813 von französischen Truppen.
Seit 1818 Kreisstadt, wuchs die Bevölkerung allmählich bis zum Ende unserer Zeit auf knapp 6000 Einwohner.
Das alte Ordenshaus erlebte nach Abbruch der Festung im Jahre 1700 viele Umbauten, bis es in der Neuzeit als Sitz des Landratsamts, des Amtsgerichts und einer Strafvollzugsanstalt eine neue Verwendung fand.
Heute ist die Labiauer Burg nicht wiederzuerkennen. Nachdem sie den Krieg in der stark zerstörten Stadt leidlich überstanden hatte, wurde sie als Sitz eines regionalen sowjetischen Militärkommandos verwendet. Nach einem Brand Ende der 60er Jahre mußte das Gebäude bis zum Hauptgeschoß abgetragen werden. Es blieb ein völlig entstellter niedriger Backsteinklotz über, dem man seine frühere Gestalt auch mit viel Phantasie nicht mehr ansieht. Er dient nunmehr einem Maschinenkombinat als Betriebsgebäude. Durch die Vorburg verläuft jetzt eine Verbindungsstraße von der einstigen Königsberger Straße zur Adler-Brücke. Der alte Seigerturm in der Vorburg ist verschwunden.
Die alte dreischiffige Pfarrkirche mit ihren schönen Gewölben ist zerstört und durch ein Lenin-Denkmal ersetzt worden. Eine Reihe von Industrie- und Gewerbebetrieben aus den Bereichen Fischerei und Fischverarbeitung wurde in der entfremdeten Stadt angesiedelt. Ihre Existenz ist nunmehr gefährdet, weil die Fangergebnisse wegen jahrelangem ungezügelten Überfischen des Kurischen Haffs ständig zurückgehen.
Die Stadt ist Verwaltungszentrum des Rayons Polessk.

Kaimen

Ordenshaus im weiten Land

Es lag schon immer etwas abseits von den großen Straßen, das Gebiet im östlichen Samland. Weder die alte Bernsteinstraße noch die Einzugsgebiete des Wikingerhandels, weder die Ausstrahlung der Hochmeister-, Herzogs- und Königsresidenz noch die sich von Jahrhundert zu Jahrhundert ausbreitenden Verkehrswege berührten es unmittelbar. Es blieb verhaftet in der altpreußischen Tradition, in der erdgebundenen Heimatliebe von rustikaler Herbheit, die durch die lebenslange schwere Landarbeit seiner Menschen wenig Sinn aufkommen ließ für Schnörkel und bunte Wörter. Ihr Leben und ihre Arbeit waren zielgerichtet und ließen kaum Bewegungsspielraum. Die Prussen nannten dieses Gebiet »Caym«, das in der Mitte zwischen Kurischem Haff und Pregeltal lag.

Es tauchte aus dem vorgeschichtlichen Dunkel im Januar 1255 auf, als das Kreuzheer Ottokars von Böhmen nach Eroberung der Burg Rudau in das Gebiet von Kaimen eindrang und bis nach Tapiau vorstieß. Um den furchtbaren, blutigen Kampf für das samländische Volk zu beenden, unterwarfen sich die Edlen des Landes den Eroberern, nahmen den christlichen Glauben an und stellten Geiseln.

Die eroberte prussische Wallburg Caym wurde von den Ordenskriegern in Besitz genommen und als festes Lager für die Truppen verwendet. Sie soll bald danach um 1261/62 nach Hennenbergers »Erklärungen« von 1595 »anders gebaut«, d.h. umgebaut und erweitert worden sein. Das geschah aber erst, nachdem durch den Teilungsvertrag mit dem samländischen Bischof von 1258 entschieden war, daß dieses Gebiet beim Orden verblieb.

Bei der Übernahme hatten die prussischen Befestigungen aus vier umwallten Bastionen bestanden, die im Verein mit dem Bachlauf und seinem sumpfigen Wiesengelände zwei flache Hügel als Sitz des Stammesältesten und als Platz der Ansiedlung gegen Angriffe sicherten. Die Ordensleute stauten sogleich den später als Kaimener Mühlenfließ bezeichneten Bach auf und schufen einen ausgedehnten Teich, der seine Sicherungsfunktion nach Westen besser erfüllte. Auf einer durch einen Stichgraben geschaffenen kleinen Insel errichteten sie ein Blockhaus, das

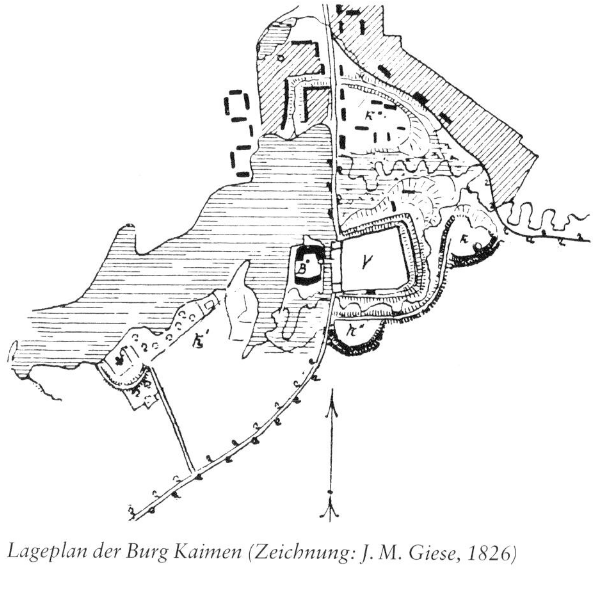

Lageplan der Burg Kaimen (Zeichnung: J. M. Giese, 1826)

durch die umwallte Vorburg und die alten Schanzen gut gesichert war.
Bei einem der vielen Litauereinfälle fiel die Burg Kaimen im Jahre 1308 den Litauern in die Hände, die sie vorübergehend besetzt hielten, aber bei ihrem erzwungenen Abzug niederbrannten. Burg und Ansiedlung, die überwiegend von ordenstreuen Samländern bewohnt waren, wurden wieder aufgebaut. Vier von den Witingen aus Kaimen sind in einem Verzeichnis des Königsberger Ordenskomturs von 1299 genannt, wobei drei Namen überliefert wurden, nämlich Geidute sowie die christlichen Namen Philippus und Theodoricus. Um 1320 findet der Pfarrer Conradus Erwähnung, der wohl seine Gottesdienste in einer kleinen Kapelle abhielt, die irgendwo auf dem Burggelände gelegen hat.
Bis zu seiner vernichtenden Niederlage bei Rudau im Jahre 1370 verheerte der Litauerfürst Kynstut fast jedes Jahr Teile des preußischen Landes, tötete die männlichen Einwohner, brannte die Häuser nieder und führte Frauen und Kinder in die Gefangenschaft und Sklaverei. Kaimen muß um 1350 erneut zerstört worden sein. Deshalb entschloß sich der damalige Komtur von Königsberg und gleichzeitige Ordensmarschall Siegfried von Dahenfeld (1347–1359), die Burg des Kammeramts Kaimen in Stein aufzubauen. Er hatte zuvor als Komtur von Ragnit die Hartnäckigkeit der aggressiven Litauer an vorderster Front kennengelernt.
Nun entstand auf der Insel im Mühlenteich eine kleine Burg, deren Grundriß schon weitgehend der geradlinigen, rechteckigen Form anderer Ordenshäuser angepaßt war. Lediglich die Nord- und Südmauer folgten noch dem unregelmäßigen Verlauf des Geländes und paßten sich ihm durch Knicke und Ausbuchtungen an. Die äußere Wehrmauer bestand aus Feldstein; in sie war auf der Ostseite das Eingangsportal eingebaut, dem ein zwingerartiger Torturm mit umlaufendem Wehrgang bis an den Rand des Hausgrabens vorgelegt war. Über den Graben führte eine Zugbrücke hinüber zur großen Vorburg an der Ostseite.

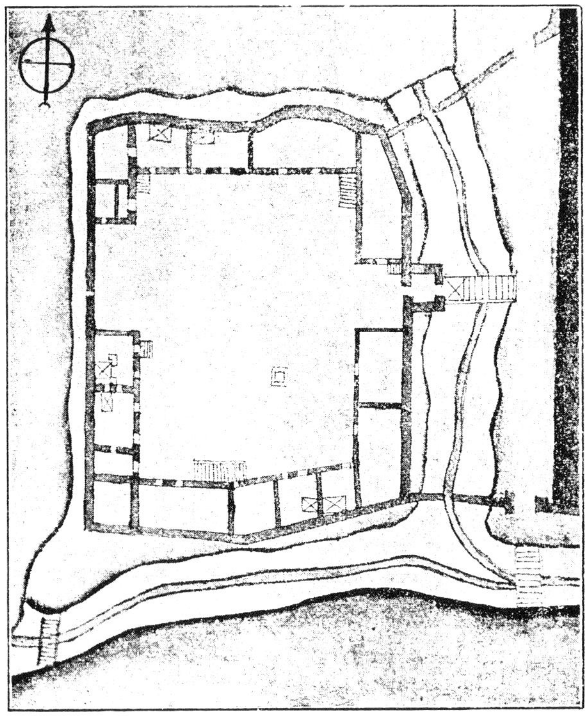

Grundriß der Burg um 1700 (Zeichnung: J. v. Collas, um 1700)

Neben dem Haupthaus lag ein in die Mauerecke eingebauter hoher Turm, der wohl als Wachturm diente, denn Flankierungs- und Sicherungsaufgaben waren auf der Seeseite kaum erkennbar. Über die Raumaufteilung und die innere Beschaffenheit des Burghauses wissen wir nichts. Im Burghof lag ein Brunnen, der bei Belagerungen für Mensch und Tier wichtig war. An der Mauer lehnten innen Wirtschaftsgebäude, während die östliche Wehrmauer erst in neuerer Zeit bei den mehrfachen Umbauten beiderseits des Eingangs Anbauten erhielt.
Viermal so groß wie die Hauptburg ist das von Mauer und Graben umgebene trapezförmige Vorburgterrain im Osten gewesen. Unmittelbar vor der Brücke über den Hausgraben lag ein Zwinger mit jeweils einem bewehrten Tor nach Norden und Süden. Im Vorburghof gab es wohl die üblichen Wohn- und Stallgebäude. Sie diente sicher auch als Fluchtburg für die Siedler sowie für die vorübergehende Aufnahme durchziehender Truppen. Sehr geschickt sind die Wälle und

die beiden halbrunden Schanzen aus der Prussenzeit auf der Süd- und Ostseite in die Verteidigungsanlagen eingezogen worden.
Nördlich der Vorburg, wo der Staudamm des Mühlenteichs den Durchlaß für den Ablauf des Fließes in östlicher Richtung hat, stand früher die Wassermühle. Auf der gleich nördlich anschließenden Geländewelle befand sich die Dorfsiedlung. Auch sie war durch einen Graben gesichert.
In der Burg wohnten die Kämmerer des Deutschen Ordens, die der Komturei Königsberg unterstanden. Als regionale Ordensbeamte hatten sie die Aufsicht über einen kleineren Bezirk. In aller Regel gehörte zu einem Kammeramt ein landwirtschaftlicher Ordenshof, der hier den Ordenskonvent in Königsberg mit Nahrungsmitteln versorgte. In anderen Gegenden war der Kämmerer zugleich Wald- und Fischmeister.
Um 1424 war Kämmerer in Kaimen der Prusse von der Trenk. Häufig wurden die Kämmererposten mit Einheimischen besetzt, weil diese die Sitten, Gewohnheiten und die Sprache der Landesbewohner kannten. Der prussische Bevölkerungsanteil war in diesem östlichen Teil des Samlandes besonders groß, wie auch die Adelsgeschlechter mit prussischen Namen, wie z. B. von Sergitten, von Sallet und von Thüngen, belegen, denen hier nur die adligen deutschen Familien von Döbner und von Götzen gegenüberstanden.
Die Beendigung der Ordensherrschaft und die Umwandlung des Staats in ein erbliches Herzogtum unter Lehnshoheit der polnischen Krone 1525 brachte dem Preußenland zusammen mit der Reformation gravierende Veränderungen, die die gesamte Bevölkerung betrafen und bewegten. Von ihren strengen Ordensregeln befreit, durften die bisherigen Ordensritter fortan wie die anderen weltlichen Herren im Lande leben. In der Kirche verkündeten die protestantischen Prediger eine neue Lehre, die frei war von manchem Zwang der alten Kirche.
Wie nun die Bauern überall im Land uralte Einrichtungen fallen sahen, da meinten sie, nun werde auch für sie die Stunde der Befreiung aus Leibeigenschaft und Scharwerksdienst gekommmen sein. Als sich dann diese Hoffnung nicht erfüllte, ging eine große Erbitterung durch das Land, und die Bauernschaft im Samland trieb zum Aufruhr.
Caspar, der Müller von Kaimen, versammelte heimlich die Bauern der Umgebung in der Nacht zum 1. September 1525 bei einem Kreuz, das zwischen Burg und Kirche von Kaimen stand. Der wortgewandte Müller mit prophetischen Gesichten machte sich zum Führer des Bauernhaufens. Vor Tagesanbruch führte er über hundert Bauern zur Burg Kaimen, um den verhaßten Amtmann Andreas von Rippe zu fangen. Der soll ein herrischer Leuteschinder gewesen sein. Die Bauern nahmen ihn gefangen und plünderten die Burg. Dann zogen sie zur Kirche und zwangen den Pfarrer Paul Sommer, sich ihnen anzuschließen. Seine Warnungen zu den Gefahren des Aufstands fanden kein Gehör.
Der Bauernhaufe zog nun nach Labiau, wohin sich viele Gutsbesitzer geflüchtet hatten. Unterwegs nahm man noch einige Adlige gefangen und zwang auch den Pfarrer Valentin aus Legitten zum Mitziehen. Seiner eindringlichen Fürbitte ist zu verdanken, daß es nicht zu argen Mißhandlungen der Gefangenen gekommen ist. In die gesicherte Burg Labiau konnten sich die Aufständischen keinen Eingang verschaffen. Ein Versuch, die Bürger von Königsberg mit in die Erhebung zu ziehen, mißlang.
Schaaken, Tapiau, Kremitten, Waldau, Neuhausen und Wargen waren weitere Ziele der Bauernhaufen. In Wargen verhandelten die Abgeordneten der Stadt Königsberg mit den Anführern, deren zweiter Hauptmann inzwischen der Krüger Hans Gericke aus Schaaken geworden war. Am 8. September wurde ein Waffenstillstand bis zur Rückkehr des Herzogs von einer Reise nach Schlesien geschlossen, in dem den Bauern die Scharwerksfreiheit zugesagt wurde, während die Bauern die Gefangenen freigaben.
Im Oktober kehrte der Herzog nach Preußen zurück, sammelte für alle Fälle seine Truppen in Brandenburg und befahl alle Bauern zu einem genannten Tag auf das Feld bei Lauth. Es fanden

Mit hohem Feldsteinmauerwerk der Außenwände ragt die Ruine des Haupthauses aus dem Gestrüpp von Büschen und Bäumen. (Foto: R. Heidemann, 1991)

Vom verwahrlosten Hof aus erkennt man in der verfallenen Hausruine noch die Tonnengewölbe im Erdgeschoß und die massive Außenwand aus Feldstein. (Foto: R. Heidemann, 1991)

sich etwa 4000 Bauern dort ein. Der Herzog erschien mit seiner Streitmacht und forderte die Bauern zum Niederlegen der Waffen auf, was sie angesichts der sie umzingelnden Truppen auch taten. Dann warf der Herzog den Bauern ihre schweren Verfehlungen vor, ließ sie einen Treueid schwören und ließ 87 Rädelsführer gefangennehmen.
Zum Schrecken der Bauern wurden drei am schwersten Beschuldigte auf der Stelle enthauptet. Wenige Tage später fielen in Königsberg elf weitere Aufwiegler dem Henker zum Opfer. Einige erhielten Haft- oder Geldstrafen. Insgesamt war aber das Gericht des Herzogs verhältnismäßig milde, denn er verschloß sich nicht der Einsicht, daß den Bauern durch den Adel allzuoft Unrecht geschehen sei.
Die Burg Kaimen war später Jagdschloß Herzog Albrechts. Noch fünfzig Jahre später erlegte Markgraf Johann Sigismund bei einem Jagdaufenthalt in Kaimen im Jahre 1595 in der Nähe von Laukischken ein Wisent. Der Große Kurfürst ließ die Burg umbauen und dort eine Domäne errichten. Durch Baumeister Blasius Berwart erfuhr die Burg 1782/83 erneute Umbauten und eine Erweiterung. Sie wurde schließlich im 19. Jahrhundert als Wohnung des Domänenpächters aufgebraucht.
Kaimen ist eine der wenigen in der Gesamtanlage erhaltenen Wasserburgen, wobei aus der Ordenszeit der Grundriß und die Außenmauern der Gebäude stammen. Im Vorburgbereich sind die mächtigen Feldsteinmauern noch vorhanden, aber an den Außenseiten durch Erdaufwurf verschüttet.
Kaimen besaß auch eine stattliche Pfarrkirche aus der Ordenszeit, die in der Ansiedlung rund um das Gut Kaimen etwa einen Kilometer nördlich der Burg stand und zu dem im 19. Jahrhundert umbenannten Dorf Bothenen gehörte. Es war eine der künstlerisch bedeutenden Dorfkirchen, die in ihrer herben Form Anmut und Würde in wohltuender Vereinigung zeigen. Sie legten Zeugnis ab für den Geist dieses Landesherrn, der Macht und Kultur in hohem Maße verband.
Burg und Vorburg Kaimen dienten nach dem Krieg der Kolchose als Betriebsstätte. Die Gebäude bestehen aus den Resten der alten Außenmauern der Burg mit neuzeitlichen Anbauten.
Von der bemerkenswerten Dorfkirche blieb der Turm erhalten, während das Langschiff durch Raubgrabungen und Ausbeutung von Baumaterial weitgehend zerstört worden ist.
Wie im ganzen Land herrscht auch hier Verfall und Verwahrlosung. Man kann die heutigen Bilder kaum noch mit den Erinnerungen aus der Vorkriegszeit in Übereinstimmung bringen.

Von der stattlichen Ordenskirche blieb nur die Turmruine stehen (Foto: R. Heidemann, 1991)

Neuhausen

Burg der samländischen Domherren

Siegel der samländischen Kurie (15. Jh.)

Es ist nicht häufig und kann wohl als besondere Gnade gelten, wenn beide Partner einer Ehe nach erfülltem Leben am selben Tag sterben. Das geschah, als am 20. März 1568 der Herzog von Preußen und vormalige Hochmeister des Deutschen Ordens, Albrecht von Brandenburg-Ansbach, in der Ordensburg Tapiau starb. Ihm folgte noch am selben Tag seine zweite Gemahlin, Herzogin Anna Maria von Braunschweig, im nahe gelegenen Neuhausen, das ihr seit 1550 als Leibgedinge gehörte.
Trotz des gemeinsamen Todes war der 78jährige Herzog nicht zufrieden im Bewußtsein eines für sein Land erfolg- und segensreichen Lebens gestorben, sondern gebrochen an Leib und Seele. Unablässig hatte er nach Förderung der inneren Wohlfahrt Preußens gestrebt, hatte geschickt die schwierige Außenpolitik des kleinen, abhängigen Landes geleitet und auch den mit der Reformation einsetzenden Kirchenstreit schlichten können. Seine Zuwendung und Unterstützung der Kunst und Wissenschaften ließen das Kulturleben in Preußen aufblühen, was letztlich besonderen Ausdruck in der Gründung der mit seinem Namen begabten Königsberger Universität im Jahr 1544 fand.
Gegen Ende seiner Regierungszeit rächte sich die Nachgiebigkeit des feinsinnigen und liebenswürdigen Herzogs gegenüber dem Adel und die Zurücksetzung der Stände. Mit Hilfe des polnischen Königs errangen die Stände die Macht im Staat, so daß dem Herzog fast nur die nominelle Position eines konstitutionellen Fürsten blieb. Er mußte von den selbstsüchtigen Ständen, die ihre Macht nunmehr schrankenlos ausnutzten, entehrende persönliche Demütigungen erdulden, die das Ende des Schwerkranken herbeiführten.
In diese Situation fiel der Beginn der Regierung des 15jährigen kränklichen Sohns Albrecht Friedrich unter der Vormundschaft der ständischen Oberräte. Wahrlich kein Signal der Zuversicht. Der junge Herzog, der am 29. April 1553 auf der Burg Neuhausen geboren worden war, lebte dort nach dem Ausbruch seiner ererbten Geisteskrankheit zurückgezogen und von der Welt abgeschlossen. Er war von beiden Elternlinien mit der schlimmen Krankheit belastet, und zwar durch seinen Großvater väterlicherseits, Markgraf Friedrich von Ansbach-Bayreuth, aber auch durch seine Mutter, die zeitweise an epileptischen Anfällen litt. Dennoch heiratete der Zwanzigjährige 1573 die Herzogin Marie Eleonore von Jülich-Kleve-Berg und hatte mit ihr sieben Kinder, von denen jedoch die beiden Söhne im Säuglingsalter starben.
Das Kollegium der Oberräte hatte aus durchsichtigen Gründen lange Zeit die zur völligen Regierungsunfähigkeit führende Krankheit des jungen Herzogs verheimlicht. Erst 1577 gelang es dem mitbelehnten, energischen Markgrafen Georg Friedrich von Ansbach-Bayreuth-Jägerndorf, einem Neffen Herzog Albrechts, seine Vormundschaft und Regentschaft durchzusetzen. Kraftvoll und mit ökonomischem Geschick führte er das Land aus der durch die eigennützige Ständewirtschaft hervorgerufenen Krise heraus.

In Preußen blühten Wirtschaft und Handel, Kunst und Wissenschaften wieder auf. Mit dem Bau der Schloßkirche durch Blasius Berwart anstelle des Westflügels der alten Ordensburg zu Königsberg setzte sich der inzwischen als Herzog von Preußen anerkannte Fürst ein bleibendes Denkmal.

Das mit der Geschichte der Herzöge von Preußen sehr verbundene Schloß Neuhausen, etwa elf Kilometer nordöstlich von Königsberg gelegen, war um 1292 als Burg des samländischen Domkapitels errichtet worden. In der zweiten Hälfte des 14. Jahrhunderts fand der Ausbau in Stein statt. Nach 1525 ließ Herzog Albrecht die alte Kapitelsburg in eine Sommerresidenz umbauen und einen großen Tiergarten anlegen. Diese tiefgehenden Veränderungen und eine um 1550 vorgenommene Renovierung des älteren Burgteils lassen eine zweifelsfreie Bestimmung der alten Bauformen und der Raumgestaltung nicht mehr zu.

Die alte Burg war in Kastellform als langgestrecktes Rechteck in lockerer Anordnung gebaut. An ihrer Westseite lag das 57 m lange Haupthaus, während die rechtwinklig anschließenden schmaleren Nord- und Südflügel etwa 90 m lang waren. Man muß allerdings berücksichtigen, daß der Südflügel mit dem mittig angeordneten Torhaus eigentlich aus drei aneinandergereihten Gebäuden bestand und auch der

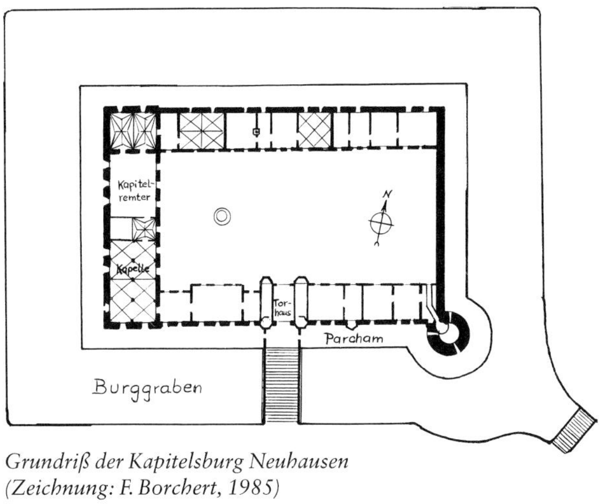

Grundriß der Kapitelsburg Neuhausen (Zeichnung: F. Borchert, 1985)

Nordflügel sich urspünglich aus mehreren Wirtschaftsgebäuden zusammensetzte, die an die Wehrmauer angebaut waren.

Die Burg war von einem Parcham mit einer Ringmauer sowie von einem breiten Wassergraben umgeben. Aus dem vom Nordwesten kommenden Mühlenfließ und einem aus Osten zulaufenden Bach ließen sich für Verteidigungszwecke Staus anlegen, wie sie permanent im Süden in Form des Mühlenteichs bestanden. Der Zugang zur Burg, der im Südosten den Zulauf zum Burggraben überquerte und dort von dem aus dem Mauergeviert vorspringenden Rundturm gesichert wurde, führte auf einer Zugbrücke über den Burggraben, durch einen Torzwinger zum Hauptportal im Südflügel, das durch ein starkes Fallgatter geschützt war.

Das im voll ausgebauten Westflügel befindliche Haupthaus übertraf hinsichtlich seiner Größe und Gestaltung die einflügeligen Anlagen der Pflegeämter des Ordens. Es war zweistöckig mit einem unter der Traufe des Satteldachs aufgesetzten halben Geschoß für den Wehrgang. Im Erd- und Hauptgeschoß befanden sich zu beiden Seiten eines schmalen gangartigen Mittelraums je zwei Räume. Dieses Raumschema entspricht im wesentlichen dem symmetrischen Ausbau der Ordenshäuser. In beiden Erdgeschoßräumen an der SW-Ecke dieses Flügels haben sich noch alte Kreuzgewölbe erhalten, deren Rippen unmittelbar vom Fußboden aufsteigen; auch ein kleines Joch Sterngewölbe blieb im Mittelraum erhalten. Fraglich ist, ob hofseitig früher ein hölzerner Laubengang vorhanden war oder ob der gangartige Mittelraum wie jetzt auch früher eine Treppe enthielt.

Im Hauptgeschoß des Westflügels lagen früher die vornehmsten Räume. Im Südostteil haben sich zwei Räume mit Kreuzgewölben auf Mittelstützen erhalten. Die achteckigen Stützpfeiler und die schönen figürlich ausgeschmückten Konsolen, von denen aus die Gewölberippen aufsteigen, zeichnen diese Räume aus. Auch nach der Lage mit der Giebelwand nach Südosten ist zu vermuten, daß ursprünglich beide Räume zusammen die Burgkapelle bildeten.

Die andere Hälfte des Westflügels enthielt einen großen, 1827 als Trinkstube bezeichneten, und einen kleineren, damals als Albrecht-Friedrich-Saal benannten Raum. Letzterer Eckraum hatte im anschließenden Nordflügel einen Vorraum und könnte als Amtszimmer des Vorstehers der Chorherren gedient haben. Sein zwölfteiliges Sterngewölbe in Verbindung mit spitzbogigen Wandblenden gab diesem Repräsentationsraum Würde und angemessene Eleganz. Aus der überlieferten Bezeichnung kann wohl geschlossen werden, daß dieser Raum später dem unglücklichen, kranken Herzog Albrecht Friedrich als Empfangsraum gedient haben mag.

Der größere anschließende Saal, dessen Gewölbe und Ausstattung nicht erhalten blieben, könnte der Kapitelsremter gewesen sein, in dem die Domherren aßen, aber auch ihre geselligen Zusammenkünfte hatten.

Solche Feste fanden dort wohl statt, wenn man die alte überlieferte Bezeichnung der Burg als »der Thumherren von Königsberg Lusthaus« richtig deutet.

Als Neuhausen im 17. Jahrhundert Jagdschloß von Kurfürst Georg Wilhelm und danach seines Sohns Friedrich Wilhelm, des Großen Kurfürsten, war, fanden in diesem als Trinkstube bezeichneten Raum nach großen Jagden manche Trinkgelage statt, von denen die im ehemaligen Hohenzollernmuseum in Berlin erhaltenen mächtigen Trinkgeschirre künden. Es waren dort ausgestellt ein Silberpokal in Form einer Pulverflasche mit Jagdemblemen aus dem Jahr 1627 sowie ein großes silbernes Gefäß in Form

Die Kapitelsburg Neuhausen um 1900 als Herrenhaus eines Guts (Foto: Archiv Ostpreußenblatt)

Mauerblenden, Putzbänder, Übereckfialen, aber auch Granateinschläge zieren den Turm der verfallenden Pfarrkirche in Neuhausen. (Foto: R. Heidemann, 1990)

einer Muskete, die jeder Teilnehmer der Jagdgesellschaften in Neuhausen leeren mußte.
So schrieb am 1. Februar 1649 Andreas Bernhard von Königseck folgenden Vers ins Gästebuch:
»Wer in das Ambt Newhausen kombt,
der muß entweder tapfer saufen
oder zum Tor hinauslaufen.«
Nach mehrfachen Umbauten wurde der Westflügel bei einer Explosion 1920 stark zerstört. Aus den erhaltenen Außenmauern baute man das Gebäude im neugotischen Stil wieder auf.
Der gut erhaltene Südflügel bestand ursprünglich aus drei Gebäudeteilen, von denen das stattliche Torhaus aus dem 14. Jahrhundert am interessantesten ist. Über dem Rundbogenportal lag eine hohe Fallgatternische, die von zwei achteckigen, schlanken Türmchen eingerahmt war und noch in unserer Zeit bestanden hat.
Ungewöhnliches barg der an der Ostecke vorspringende Rundturm in seinem Keller, nämlich eine prachtvoll gewölbte Kuppel. Der spätere Batterieturm erhielt bei seinem Umbau in der Herzogszeit einen Abschluß mit welscher Haube und Laterne. Im schmalen Nordflügel lagen nur Wirtschaftsräume, wie Küche, Back- und Brauhaus, Vorratskammern und der Marstall. Bemerkenswert ist dort in der Hofwand das 1540 eingefügte Sgraffito-Gemälde, das die Justitia mit Schwert und Waage sowie einen Pelikan darstellt.
An der Ostseite der Burg verlief eine starke Wehrmauer, die in der Neuzeit neugotisch mit Tor, Zinnen und Wohnräumen verbaut worden ist.
Bemerkenswert war die südlich der Burg am anderen Ende des Mühlenteichs liegende Hausmühle aus der Ordenszeit. Sie war als einzige in Ostpreußen weitgehend im ursprünglichen Zustand bis in die Neuzeit erhalten geblieben.
Man kann die erste Burg Neuhausen dem weiten Ring von samländischen Vorburgen um Königsberg hinzurechnen, die hinter der Deime-Linie lagen. Im Süden waren die festen Häuser Waldau und Arnau und im Norden die alten Burgen Laptau, Powunden und Schaaken in diesen Ring

Die alte Pfarrkirche aus dem 14. Jh. (Zeichnung: bei A. Boetticher, 1891)

der Bastionen im Vorfeld einbezogen, der lange als Schutz gegen die aggressiven Litauer erforderlich war. Noch in der zweiten Hälfte des 14. Jahrhunderts drangen sie tief ins Samland vor und erlitten dabei am 17. Februar 1370 bei Rudau eine vernichtende Niederlage.
Gegen Ende der Regierungszeit Herzog Albrechts fiel auf Neuhausen ein politischer Schlagschatten, als von dort aus der Günstling des Herzogs, Paul Skalich, floh, nachdem seine konspirativen Pläne aufgedeckt worden waren. Skalich, ein Sohn armer Bauersleute aus dem kroatischen Agram, hatte sich anhand gefälschter Dokumente als »Markgraf von Verona« in das Vertrauen des greisen Herzogs eingeschlichen und als fürstlicher Rat unter Beteiligung einiger anderer Räte versucht, das Adelsregiment zu stürzen und ein absolutistisches Fürstenregime aufzurichten.
Während Skalich die Flucht gelang, endeten seine Mitverschwörer unter dem Beil des Henkers.

Pfarrkirche von Neuhausen um 1930 (Foto: Archiv Ostpreußenblatt, um 1930)

Der eigentliche Urheber des geplanten Staatsstreichs, der ehrgeizige Schwiegersohn des ehemaligen Landesherrn, Herzog Johann Albrecht von Mecklenburg, wollte unter Umgehung der hohenzollerschen Vormundschaft und Nachfolge die Herrschaft von Preußen erringen. Ihm wurde vom neu erstarkten Kollegium der Oberräte fortan die Einreise in das Herzogtum Preußen verweigert.

Nach Verwendung als kurfürstliches Jagdschloß im 17. Jahrhundert wurde Neuhausen 1770 Sitz von Domänenverwaltung und Justizamt. 1814 verlieh König Friedrich Wilhelm III. von Preußen dem Feldmarschall Graf Bülow von Dennewitz für seine Verdienste in den Befreiungskriegen diesen Besitz. Seine Erben verkauften 1842 das Schloß an einen Grafen Luckner, der es neugotisch umbaute. Seitdem haben die Besitzer mehrfach gewechselt.

Der schöne Schloßpark und der Forst des ehemaligen Tiergartens zogen die Städter des nahen Königsberg auch in unseren Tagen stark an, die hier nicht nur wanderten, sondern in der landschaftlich bevorzugten Lage eine Villenkolonie anlegten.

Neuhausen lag am Kriegsende im hart umkämpften Einschließungsring um Königsberg und fiel am 13. März 1945 stark zerstört in die Hände der Sowjets. Obwohl eine ganze Reihe alter Häuser erhalten blieb, hat sich das Ortsbild sehr verändert. Durch Einrichtung einer Rayonsverwaltung wurde aus dem früheren Vorort eine Kreisstadt und erfuhr dadurch eine überdurchschnittliche Ausstattung mit Neubauten.

Als Relikt aus dem 14. Jahrhundert steht noch der Turm der Pfarrkirche, dessen durch Blenden und Putzbänder stark gegliederter Staffelgiebel mehrere Granattreffer aufweist. Auch das Kirchenschiff hatte die Kämpfe leidlich überstanden und wurde erst viel später nachhaltig zerstört. Jahrelang war es als Haus des Armeeclubs

Die Kapitelsburg Neuhausen um 1989 als sowjetisches Fuhrparkkombinat (Foto: R. Heidemann, 1989)

zweckentfremdet genutzt worden. Danach fiel es durch Verwahrlosung und Ausbeutung der mutwilligen Zerstörung zum Opfer.
Die Kapitelsburg Neuhausen, die durch die Kampfhandlungen und Plünderungen stark beschädigt worden war, wurde in den folgenden Jahren als Steinbruch ausgebeutet. Sie mußte bis zum Hauptgeschoß abgebrochen werden und erhielt ein behelfsmäßiges Wellblechdach. Heute dient der entstellte Bau der Kolchosverwaltung und einem landwirtschaftlichen Fuhrparkkombinat als Betriebsbesitz.
Die alte Burg, die schon früh zur herzoglichen Sommerresidenz umgebaut worden war, danach als kurfürstliches Jagdschloß und später als Domänenamt diente, dann als Gutshaus im Jahre 1920 durch eine schwere Explosion in Rothenstein beschädigt wurde, hat nun wohl die letzte und tiefste Station ihres 700 Jahre langen Bestehens erreicht.

Waldau

Kleine Ordensburg im samländischen Verteidigungsring

Wappen der Adelsfamilie von Waldau

Bis nach Waldau braucht man von Arnau zu Fuß eine knappe Stunde, folgt man der ganz Deutschland durchlaufenden Reichsstraße 1 (Aachen – Eydtkuhnen) in östlicher Richtung.
Das zuletzt rund 800 Einwohner zählende Dorf bestand bereits in prussischer Zeit unter dem Namen Waldowe. Um 1264, als der große Aufstand im samländischen Teil Preußens bereits beendet war, setzte der Orden die ihm treu gebliebenen Prussen Johann Brulant und Conrad Dyabel als Lokatoren für die Neubesiedlung des nördlichen Pregelhochufers ein und belehnte sie mit dem Land. Sie errichteten auf einer alten Wallanlage einen wehrhaften Hof, aus dem sich nach 50 Jahren das feste Ordenshaus Waldau entwickelte.
Schwer zu beantworten ist die Frage, ob der Name des Ortes möglicherweise nicht doch von deutschen Rittern oder Siedlern mitgebracht worden ist. Es gibt nämlich im alten Reichsgebiet zwischen Schlesien und Baden eine ganze Reihe von Orten mit dem Namen Waldau. Unter diesen ist besonders der bei Bernburg an der Saale liegende gleichnamige Ort hervorzuheben, der bereits um 782 als Königshof Waladala mit einer Martinskapelle bestanden hat. Dort sammelte um 806 König Karl, ein Sohn Karls des Großen, ein Heer zum Feldzug gegen die Sorben. Ferner spricht für die Annahme der Übertragung des Ortsnamens, daß Ordenskrieger mit dem Namen von Waldow oder von Waldau zu verschiedenen Zeiten mehrfach erwähnt worden sind. So fiel im Februar 1314 bei einem Vorstoß des Ordensmarschalls Heinrich von Plotzke nach Schamaiten der Ordenskrieger Queram von Waldow bei der Erstürmung der Litauerburg Sisditen. An der Tannenberg-Schlacht nahmen gleich mehrere Mitglieder der sächsisch-meißnerischen Familie, nämlich Heinrich, Hans, Lütke und Heinze von Waldau, als Rottenführer und als Söldner teil. Um 1411 wird Hans von Waldau mit seinen Gesellen in der Liste der gefangenen Ordensstreiter erwähnt, die der Hochmeister mit Geld unterstützte. Auch das Marienburger Tresslerbuch erwähnt diesen Namen mehrfach. Letztlich befanden sich unter den Ordenssöldnern im 13jährigen Städtekrieg die drei Hauptleute Georg, Heinze und Nicolaus von Waldau.

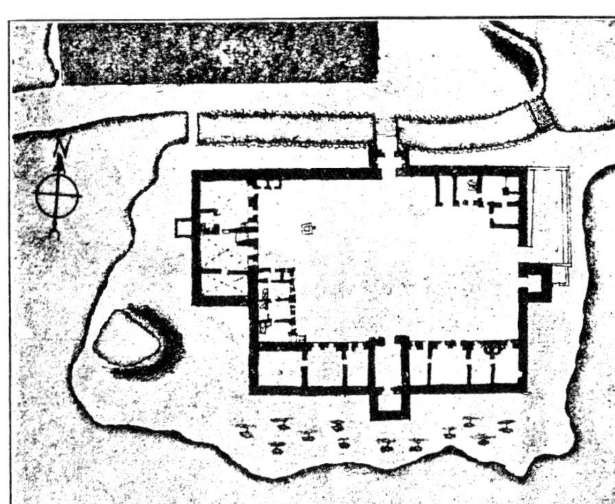

Grundriß der Ordensburg Waldau (Zeichnung J. v. Collas, 1713)

Kurz nach 1300 baute der Deutsche Orden diesen Wehrhof zum Kammeramt aus, das als untere Verwaltungsinstanz zur Komturei Königsberg gehörte. Ein rechteckiger Hof mit starken Wehrmauern, in die an drei Seiten jeweils mittig ein rechteckiger, vorspringender Turm eingefügt war, bildete das Grundschema der Burg. An der vierten, westlichen Seite lag das außen in den Parcham gebaute Burghaus, das diese Front nur zu zwei Dritteln ausfüllte. Es hatte starke Außenwände und war in allen Geschossen in drei Räume unterteilt. Man kann annehmen, daß im Burghaus außer den Amts- und Wohnräumen des Burghauptmanns auch eine kleine Burgkapelle untergebracht war. Von der Inneneinrichtung blieben lediglich die Kreuzgewölbe des Erdgeschosses und die Tonnengewölbe der Keller erhalten.

An die Innenseite der Südmauer war auf ihrer ganzen Länge ein etwas schmaleres, langes Gebäude angebaut worden, das Wirtschafts- und Gerätehaus, Stallungen und Gesindewohnungen enthielt. Man nannte es später das Brauhaus, wodurch außer auf Braueinrichtungen auch auf Küche und Backhaus in diesem Flügel geschlossen werden kann. Der ganze Südflügel war mit Ausnahme seines Mittelteils im Turmbereich unterkellert. Nach ihrer Bauart stammen die Tonnengewölbe der Keller aus der Zeit Herzog Albrechts.

Die Ordensburg lag in der Art einer Wasserburg auf einer kleinen Insel in einem Stausee von erheblicher Ausdehnung. Er wurde in der Neuzeit trockengelegt. Lediglich auf der Nordseite war die allseits von Wasser umgebene Burg über einen Abschnittsgraben mit Zugbrücke zu erreichen. Diese Gefahrenstelle war durch einen wehrhaften Torturm in der Nordmauer und einen auf den Parcham vorgelegten Zwinger sorgfältig gesichert.

Ansicht der umgebauten Burg Waldau (Zeichnung: J. v. Collas, 1713)

Kleine Burgen in dieser Lage und Bedeutung dienten als untergeordnete Verwaltungssitze und zugleich als Zwischenwerke in den Verteidigungslinien. Demgegenüber war Waldau als östliche Bastion des Verteidigungsrings um Königsberg, das als Sitz des Marschalls und ab 1457 sogar als Hochmeisterresidenz große Bedeutung hatte, stärker ausgebaut als vergleichbare Häuser. Ferner genoß es als zeitweiliger Sommersitz der genannten hohen Ordensgebietiger sicher zusätzliche Förderung. Dennoch ist diese Anlage dem kleinsten Burgentyp zuzuordnen, der mit den Wildhäusern vergleichbar ist, die später in der kleinen Burg Bäslack (bei Rastenburg) den Endpunkt ihrer Entwicklung fanden.

In der Herzogszeit wurde Waldau als Vorwerk des Domänenamts Neuhausen von einem Burghauptmann verwaltet. Herzog Albrecht ließ um 1530 das Haus von seinem Architekten Christoph Römer als Sommersitz für seine Gattin umbauen. Um 1630 zwang die schlechte Finanzlage den Kurfürsten Georg Wilhelm, den Besitz an den polnischen Obersten Graf Magnus Ernst von Dönhoff zu verpfänden. Aber bereits nach 20 Jahren wurde das Pfand vom Großen Kurfürsten wieder eingelöst.

Das 19. Jahrhundert brachte der alten Burg viele Umbauten und Veränderungen, als sie 1858 als Landwirtschaftliche Akademie eingerichtet wurde. Dabei trug man die Nord- und Ostmauer samt ihren Mitteltürmen ab. Aber die Akademie wurde nicht ausreichend besucht, so daß man sie 1870 in ein Lehrerseminar umwandelte, das in mehr als fünfzigjähriger Tätigkeit viele tüchtige Volksschullehrer hervorbrachte, die durch ihre praxisnahe, naturverbundene Ausbildung für den Unterricht an dörflichen Grundschulen in der Provinz ganz besonders qualifiziert waren.

Die ehemalige Ordensburg ist trotz vieler Umbauten auch heute noch in ihrer Grundsubstanz zu erkennen. Südflügel mit Vorbau und das durch eine Feldsteinmauer verbundene einstige Burghaus. (Foto: R. Heidemann, 1991)

So fand das alte Ordenshaus auch noch im siebenten Jahrhundert seines Bestehens eine Verwendung zum Wohl des Landes und seiner Menschen.
Neben der alten Reichsstraße 1 ist das Dorf Waldau mit einem großen Teil seiner alten Häuser auch jetzt noch zu erkennen.

Von der Burg blieben nach wiederholten Umbauten noch alte Teile erhalten, darunter die Baukörper zweier Gebäude sowie eine verbindende Feldsteinmauer. Die Sowjets benutzen das Gebäude als Schule und knüpfen damit wohl unbewußt an seine Verwendung im vorigen Jahrhundert an.

Arnau

Alter Burgplatz am Hochufer des Pregels

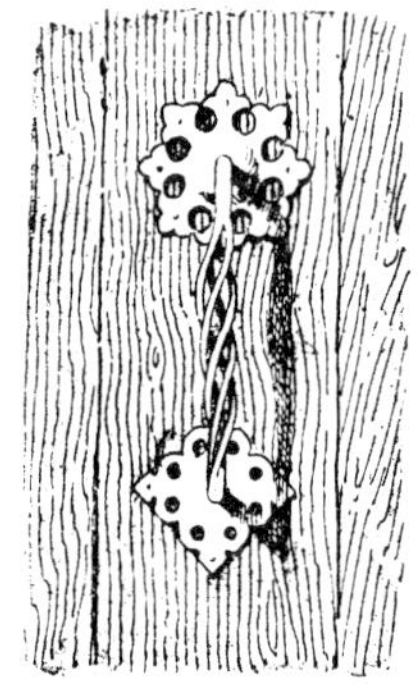

Alter Türgriff von der Kirche

Eine Stunde Fahrt in ihren schlanken Booten, die sie mit weitausholenden Schlägen der Ruder gegen den gemächlich dahinströmenden Fluß angetrieben hatten, lag hinter ihnen. Als die Stadt mit dem Häusermeer und den Brücken, Stegen und Dalben am Ufer nun als Silhouette mit feinem Rauchschleier dem Horizont zuwanderte, da glitten sie an dem flachen Flußufer entlang, das mit Schilf und Kalmus eingefaßt war, und an dem streckenweise Flöße aus großen Baumstämmen lagen. Auf den feuchten, satten Wiesen bewegten sich kaum merklich große Rinderherden. Da und dort lag flach ins Grün geduckt ein Bauernhof oder eine Holländerei. Einmal mußten sie in ihrer zügigen Fahrt innehalten, um einer tiefliegenden, langsamen Fähre nicht den Weg abzuschneiden, die Jungvieh auf die fetten Weiden der langgestreckten Insel zwischen beiden Flußarmen hinüberschaffte.

Auf der nördlichen Flußseite hatte sich kurz vor dem Ziel die Landschaft verändert. Es waren Hügelränder 20 bis 30 Meter hoch emporgewachsen, die bis dicht an das Ufer herantraten und vom niedrigen Standpunkt der Ruderer aus das Steilufer noch schroffer erscheinen ließen. Kaum waren die Boote vorsichtig auf den kiesigen Uferstrand aufgelaufen und von den jungen Leuten noch ein Stück hinaufgezogen worden, da schritten sie schon den steilen Pfad bis zum Rand des Hochufers empor.

Von dem schön gestalteten Friedhof am Abhang hat man einen weiten, köstlichen Blick auf das Pregeltal mit seinen beiden fast parallel verlaufenden silbernen Flußbändern. Am südlichen Uferrand erkennt man im flimmernden Grün von Büschen und Bäumen einzelne Häuser mit ziegelroten Dächern, den stolzen Turm des Kraussener Herrenhauses, daneben den altersgrauen Kirchturm von Neuendorf und ganz im Westen weiß aufleuchtend das Gutshaus von Jerusalem, dicht am Uferrand des Alten Pregel. Daneben verschwimmen in der bläulichen Ferne Häuser und Türme der großen Stadt Königsberg.

Bei dem weiten Blick über das breite Flußtal gewinnt man den Eindruck, daß es wohl für den Pregel etwas zu groß geraten ist. Auch wenn sich der Fluß hier im Unterlauf mit seinen beiden Armen, dem Neuen und dem Alten Pregel – dem Samländischen und dem Natangischen – sehr breit macht, so bleibt doch im Urstromtal viel Platz für Wiesen und Sümpfe, für abgeschnittene alte Flußstücke und für einige Seen und Teiche. Zwischen Heiligenwalde und Groß Ottenhagen liegen die größten von ihnen, der Woriener und der Wusen-See. Die beiden Flußarme sind an mehreren Stellen miteinander verbunden, so bei Arnau im sogenannten Mägdeloch, bis sie sich in Königsberg am Kneiphof dann endgültig vereinigen und die kurze Strecke bis zum Frischen Haff gemeinsam zurücklegen.

Es ist tatsächlich so, daß der Pregel sein zu großes Gewand von einem richtigen Strom geerbt hat, von der Urmemel. Nach der Eiszeit hatten sich die Wassermassen der abtauenden Gletscher vor der Barriere des Willkischker

Höhenzugs, oberhalb vom heutigen Ragnit, zu einem riesigen See, dem Jura-Meer, aufgestaut und fanden nur Abfluß nach Südwesten durch das spätere Inster- und Pregeltal, das sie für ihre Dimensionen aus der Landmasse herausfrästen. Doch später schuf sich das Wasser durch den blockierenden Höhenzug mit dem Memelstrom einen Abfluß nach Westen ins Kurische Haff. Damit versiegte allmählich die starke Wasserzufuhr zum Pregel, der sich von einem Strom zu einem Fluß zurückbildete, wobei weite, nicht genutzte Teile des breiten Urstromtals verlandeten.

Der Aussichtspunkt am Arnauer Friedhof, von dem aus unsere jungen Ruderer und über Jahrhunderte auch viele Königsberger Ausflügler den Blick über das weite Pregeltal genossen, wird von einer der schönsten Dorfkirchen aus der Ordenszeit beherrscht. Dort entstand in den Jahren 1320/40 die gotische Wallfahrtskirche, die der heiligen Katharina geweiht war.

Die Arnauer Kirche am Ende des 19. Jh. (Zeichnung: F. Heitmann, 1891)

Auf einem Feldsteinsockel steht der kraftvolle Backsteinbau mit niedrigem Westturm. Die Wände sind durch spitzbogige Fenster und entsprechende Mauerblenden aufgelockert. Putzbänder, Sockel aus farbigen Glasursteinen und Rauten aus Sintersteinen schmücken das Mauerwerk. Eine Vorhalle vor der Längsfront, abgetreppte Strebepfeiler und ein in Ostpreußen ungewöhnlicher Chorabschluß aus der Hälfte eines Achtecks sind die bestimmenden Elemente dieser Bauart.

Im Inneren schmücken achtteilige Sterngewölbe und ein sehr weit herabgezogener Triumphbogen Chor und Kirchenschiff. Erst 1911 konnten die wertvollen Wandmalereien vom Ende des

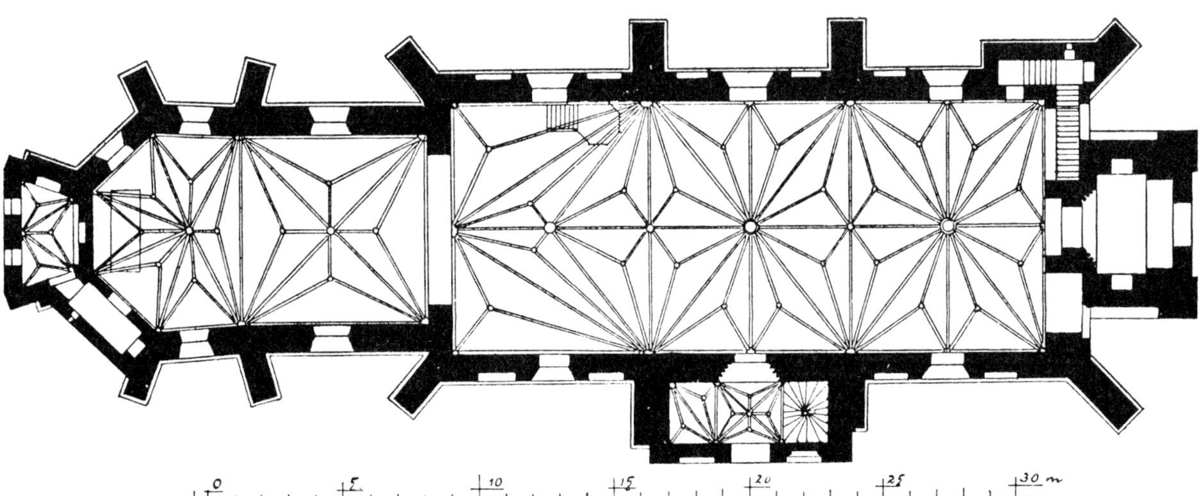

Grundriß der Kirche zu Arnau (Zeichnung: bei A. Boetticher, 1891)

Die wertvollen Fresken aus dem 14. Jh. in der Arnauer Kirche (Reproduktion: bei A. Ulbrich, 1932)

14. Jahrhunderts freigelegt werden, die als doppelter Fries das ganze Schiff umzogen. Nach dem Vorbild der älteren und gröberen Wandgemälde im Chor des Königsberger Doms hat ein unbekannter Meister wohl nach Buchmalereien des Straßburger Heilsspiegels von 1324 Szenen aus der Heilsgeschichte dargestellt. Der Themenkreis reicht vom Sündenfall und der Verkündigung bis zur Auferstehung und dem Jüngsten Gericht. In gotischen Minuskeln sind die lateinischen Beischriften über den Bildern an die Wand geschrieben. Der in Temperatechnik gemalte Zyklus gehört zu den wertvollsten Wandmalereien in Preußen.

Aber noch zwei Kunstwerke dieser Kirche sind bemerkenswert: die aus Holz geschnitzten Tafeln über den Eingangspforten. Sie tragen in niederdeutscher Sprache eine Katharinenanrufung aus dem Jahre 1350, von denen eine den folgenden in gotischen Minuskeln geritzten Text trägt:

»Sv̄te · katrine · sta · vns · by
vn̄ · lat · vns · nicht · vorderve̅
make · vns · va̅ · alle̅ · sūde̅ · vry
we̅ · wi · bigine̅ · to · sterve̅.«
(Santa Katharina steh uns bei
und laß uns nicht verderben,
mach uns von allen Sünden frei,
wenn wir beginnen zu sterben.)

Auf dem idyllischen Friedhof neben der Ordenskirche erinnert ein großer Granitblock an den verdienten preußischen Staatsminister Heinrich Theodor von Schön (1773–1856), der seit 1840 auf seinem Gut Preußisch Arnau gelebt hatte und 1856 dort beigesetzt worden ist. Als Oberpräsident von Ost- und Westpreußen genoß der national-liberale Politiker in weiten Teilen der Bevölkerung hohes Ansehen. Trotz seiner engen Verbundenheit mit dem preußischen Königshaus scheiterte er mit seinen Forderungen nach einer liberalen Verfassung. Er hatte sich um die

Die jetzt turmlose Ruine der Wallfahrtskirche St. Katharina zu Arnau dient heute als Lagerhaus. Sie wurde um 1330 gegenüber dem früh untergegangenen Ordenshaus errichtet. (Foto: R. Heidemann, 1990)

Wiederherstellung der Marienburg sehr verdient gemacht, und ihm wurde bei seinem Abschied zugleich mit dem erblichen Adel der Titel Burggraf von Marienburg von König Friedrich Wilhelm IV. verliehen.

Vom Friedhof aus geht der Blick über eine tiefeingeschnittene Schlucht nach Westen hinüber zum Burghügel, auf dem heute in den Parkanlagen nur noch ein Graben die untergegangene Ordensburg erahnen läßt. Im Erdreich stecken noch ihre Fundamentreste, denn bei Probegrabungen fand man Backsteine, Reste farbiger Kacheln und Tonplattenteile mit gotischen Buchstaben. Dennoch ist von dem bereits 1322 urkundlich erwähnten »castrum Arnow« des Deutschen Ordens so wenig überliefert, daß man sein einstiges Aussehen nicht beschreiben kann.

Inzwischen steht nun auch die im Zweiten Weltkrieg beschädigte Dorfkirche von Arnau vor ihrem Untergang. Vor Jahren hat man bereits ihren wehrhaften Westturm abgebrochen. Das verwahrloste Kirchenschiff, dessen Fenster jeweils zum Teil zugemauert worden sind und dessen abgeflachtes Dach mit Wellplatten abgedeckt wurde, dient als Lagerraum einer Kolchose. Nach Auskunft der Lagerverwalterin, die aber jeglichen Zutritt verwehrte, sind im Inneren des alten Gotteshauses noch Reste der Wandgemälde vorhanden. Vielleicht gelingt es, wenigsten Teile dieses wertvollen Fresken-Zyklus zu retten, nachdem die berühmten Wandmalereien im Königsberger Dom und in der Juditter Kirche ebenso untergegangen sind wie die in der Burg Lochstädt.

Es ist zu befürchten, daß die zwischen der alten Reichsstraße 1 und der Kirche im Bau befindliche autobahnähnliche Rollbahn vielleicht auch die Reste dieses Baudenkmals verschlingt. Mangelnde Pflege und Fremdnutzung fördern den Verfall des Gebäudes, der an vielen Stellen sichtbar ist.

Aus dem Mauerwerk zwischen der Dachtraufe und den Strebepfeilern wachsen inzwischen mannshohe Birken. Das umgebende, verwüstete Friedhofsgelände steigert noch den trostlosen Eindruck dieses einst so idyllischen Platzes auf dem Hochufer des Pregels.

II. Nadrauen und Schalauen

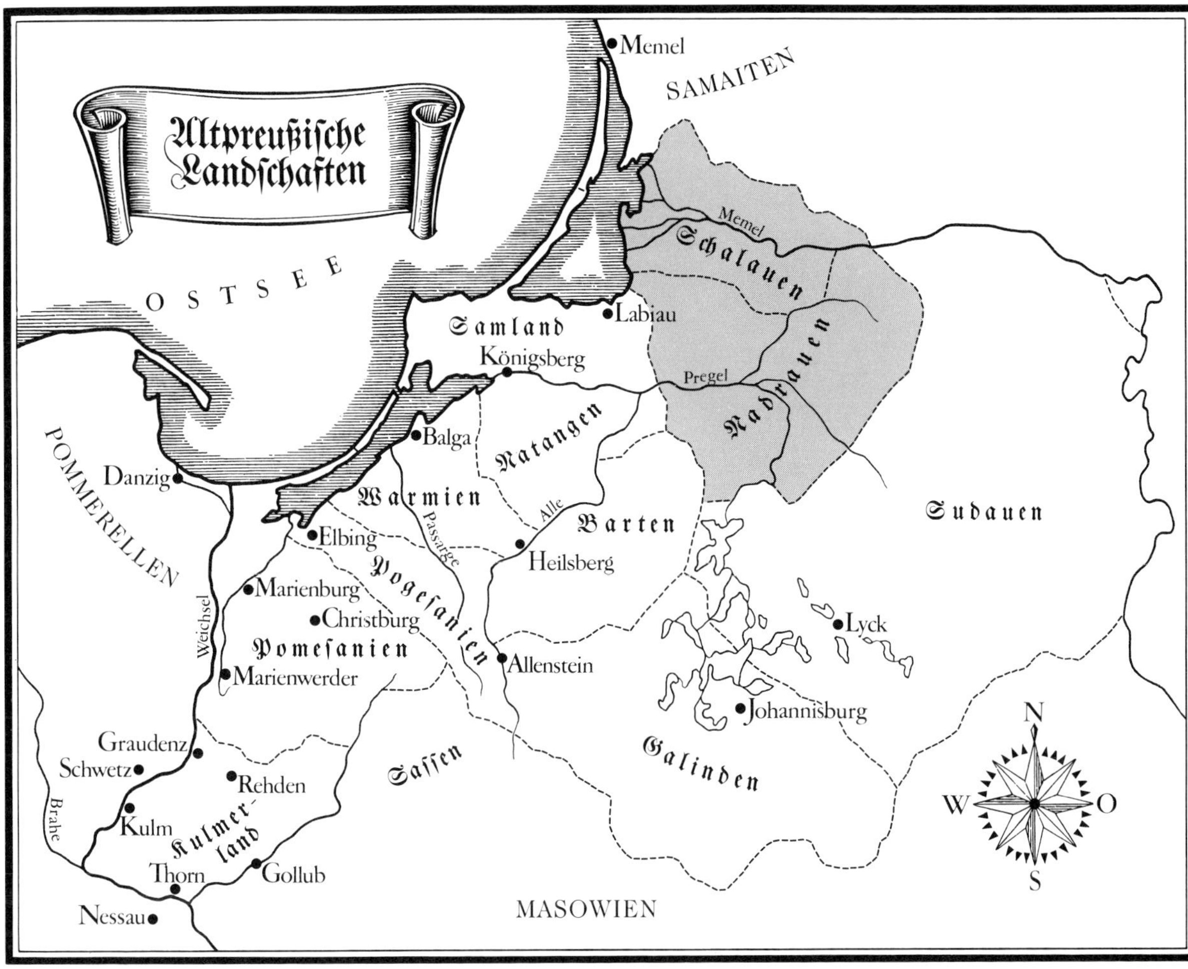

Nadrawen.

NAdrauia oder Nadrawen / dis Land hat seinen Namen von Nadrao des Königs Widiwuti Sone / der jm eine Festung bawete / Staymlo genant. Rants vnd Daubmans Chronicken halten dis für Sudawen / vnd sagen / es scheide es ein gesümpff von Samland / das verstehe ich von der Deime dem Flus / ehe er gegraben vnd zu recht gebracht ist / mit den Schleuſen. Sagen auch Nadraw werde geſcheiden von Sudaw / durch ein Flies Lawo genant.

Schalauner Land.

SChalauonia, Schalauner Land / hat ſeinen namen von Scalawo des Königs Widiwuti Sone. Ranis vnd Daubmans Chronicken ſetzen / das das waſſer die Mümmel / ſoll Schalawonier Land ſcheiden von Littawen. Simon Grynaw Tr. 1. ca. 2. ſchreibet alſo. Dis Land ſcheidet von Littawen ein theil das Flies Memel / vnd ein theil das Flies Rocky / von Bartherland die LXX. See / von Natangen ein geſümpff. Tr. 2. ca. 4. ſetzet er / es lige zwiſchen den Waſſern Pregolla / Curtono / Niemen vnd Rango / vnd ſey heute wüſt.

(Original-Ausschnitt aus Caspar Hennenberger »Kurcze und warhafftige Beschreibung des Landes zu Preussen«, Königsberg, 1584)

Wehlau

Schnittpunkt von Flüssen und Landschaften

Stadtsiegel aus dem 14. Jh.

Wo die prussischen Gaue Natangen, Nadrauen und Samland aneinanderstoßen und im Pregeltal die Alle einmündet, lag das Gebiet von Wehlau, einst Wetalo oder Welaw genannt. In den Jahrhunderten verschoben sich Umfang und Grenzen dieser Landschaften in dem Maße, wie sie politischen Einheiten zugeordnet wurden. Das geschah zuerst durch ihre unterschiedliche Eingliederung in die langausgedehnten Komtureien des Deutschen Ordens, von denen in der Herzogszeit Kreise und Hauptmannschaften abgeleitet wurden und aus denen in der Neuzeit die Landkreise entstanden.

Auch der Chronist Caspar Hennenberger hatte in seiner Beschreibung von 1584 Schwierigkeiten bei der richtigen Zuordnung der Stadt Wehlau in die prussischen Landschaften. Er führt Wehlau im Kapitel »Bartherland« auf und vermerkt: »Welaw ein Stadt meines beduncken / denn sie schon vber die Alla sein / vnd nicht Natangisch / viel weniger Schalauisch sein können.«

Am Anfang seiner Geschichte gehörte Wehlau zur altpreußischen Landschaft Nadrauen und am Ende des 19. Jahrhunderts zu Natangen. Im Ordensland war das Kammeramt Alt Wehlau der Komturei Königsberg unterstellt, wie seine benachbarten Ämter Cremitten, Wohnsdorf, Gerdauen, Taplacken und das Waldamt Tapiau. In der herzoglichen Zeit nach 1525 hatte der »Kreis Natangen« annähernd dieselbe Größe wie zur Ordenszeit. Zum königlich preußischen Land Natangen zählten im 19. Jahrhundert außer dem Kreis Wehlau auch die Landkreise Preußisch Eylau, Heiligenbeil, Friedland, Gerdauen und Rastenburg.

Die erste überlieferte geschichtliche Erwähnung erfuhr Wehlau in Peter von Dusburgs »Chronik des Preußenlandes« von 1326; unter der Jahreszahl 1255 heißt es dort: »Im selben Jahr, in dem Königsberg erbaut wurde, gerieten die benachbarten Völker der Nadrauer, Schalauer und Sudauer in Zorn darüber, daß die Samländer sich dem Glauben und den (Ordens-)Brüdern ergeben hatten; sie befürchteten nämlich, dadurch selbst dem Glauben ebenfalls unterworfen zu werden, wie es später ja auch kam.

Daher durchzogen sie mit großer Heeresmacht raubend und brennend das Samland und fingen und töteten viele Menschen, und als sie abrückten, beschlossen sie, die Burg Wehlau (als Wilow bezeichnet) zu erbauen, damit die (Ordens-)Brüder und die Samländer in Zukunft keinen unüberwachten und leichten Zugang zum Lande Nadrauen mehr hätten. Sie bauten also die Burg, ließen dort den Tirsko und seinen Sohn Maudelus mit vielen Kriegern zurück und zogen in die Heimat ab.«

Weiter berichtet Dusburg, daß der Burghauptmann Tirsko jedoch später zum Christentum übertrat, Streiter für den christlichen Glauben wurde und etliche adelige Männer aus Nadrauen dem neuen Glauben zuführte. Er übergab die Burg Wehlau nach kurzer Belagerung dem Deutschen Orden.

Man muß sich das Gebiet um Wehlau zu jener Zeit anders vorstellen, als wir es in Erinnerung haben. Die Alle hatte im Mittelalter noch mehrere Mündungsarme in den Pregel. Während der östliche Alle-Arm die spätere Stadt im Süden und Osten umfloß und dort in den Pregel mündete, bildeten zwei westliche Flußarme eine längliche Insel, auf deren Bodenwelle wahrscheinlich die alte Nadrauerburg gestanden hat. Sie wurde bald aufgegeben, und die Mündungsarme der Alle legte man bis auf einen trocken, so daß man die Lage der Stadt Wehlau heute eindeutig als auf dem östlichen Alle-Ufer befindlich bezeichnen kann.

Auf der Schroetter-Karte von 1802 fallen noch eine Reihe von Unterschieden gegenüber dem jetzigen Pregellauf und eine wesentlich größere Zahl von kleineren Gewässern auf, die inzwischen z. T. trockengelegt worden sind. Der Ort Alt Wehlau ist in diesen Atlas des Preußenlands eingezeichnet, und zwar etwa zwei Kilometer flußabwärts der Stadt Wehlau, nahe dem rechten Pregelufer. Nach einer scharfen Flußbiegung mündet ein von Oppen kommender Bach ein, der bei Alt Wehlau aufgestaut eine Wassermühle betrieben hat. Es kann angenommen werden, daß dort die erste deutsche Siedlung Alt Wehlau lag, die 1323, wenige Jahre nach ihrer Gründung, bei einem Litauereinfall niedergebrannt worden ist.

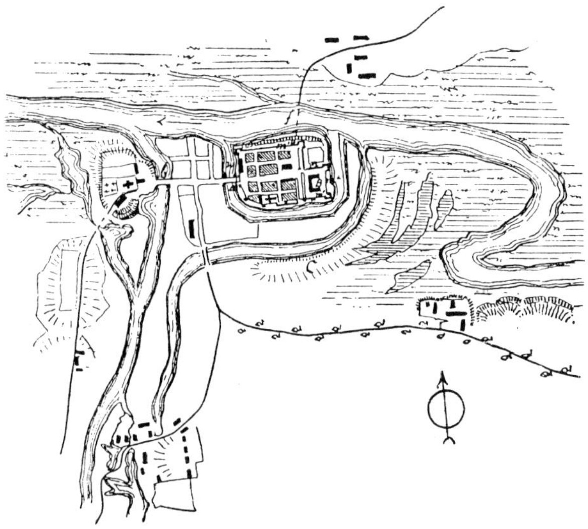

Lageplan der Stadt Wehlau (Zeichnung: J. M. Giese, 1826)

Als der Königsberger Komtur 1256 mit einer Streitmacht nach Labiau vorstieß, wandte er sich auf dem Rückmarsch ins Pregeltal, wo ihm nach kurzer Belagerung die Nadrauerburg von Tirsko (bei Dusburg Kerske genannt) übergeben wurde. Die im Alle-Delta auf einer Insel gelegene Burg wurde vom Orden ausgebaut und bewährte sich im großen Preußenaufstand, als 1264 ein großes Heer der Prussen, Sudauer und Litauer tief ins Ordensland vorstieß und Wehlau mit schwerem Sturmgerät und Steinschleudern berannte.

Unter dem Befehl von Heinrich von Taupadel verteidigte sich die Burgbesatzung tapfer, löschte Brände und schwächte den Gegner durch gezielte Schüsse. Als Taupadel mit der Armbrust einen Anführer der Litauer tödlich verwundete und dem Bediener der Schleudermaschine mit einem Pfeil die Hand an die Schleuder heftete, gaben die Belagerer die achttägige Belagerung auf und zogen ab. Um 1280 gelang es den Sudauern dann doch, die alte Burg Wehlau zu zerstören.

Im Verein mit den Vorbereitungen für die Anlage einer Stadt verlegte der Orden die Burg auf einen neuen Platz. Aus einem vom östlichen Deltaarm der Alle umflossenen Terrain wurde durch Hakengräben der Platz für Burg und Vorburg im Ostteil und für die Stadt im Westteil herausgeschnitten. Das auf allen Seiten durch die Flußläufe gesicherte Gelände hatte den Hauptzugang vom Westen, wo später das Alletor stand. Dem Planungsschema aller Ordensgründungen entsprechend, wurde auch dort ein rechtwinkliges Gitternetz von Straßen vermessen mit einem mittig liegenden Marktplatz.

Durch einen Stichgraben getrennt lag an der Südostecke der Stadt die Burg. Aus dem von Johann Michael Giese um 1826 aufgenommenen Lageplan läßt sich noch deutlich die ursprüngliche Anlage von Burg und Stadt erkennen, die bemerkenswerte Ähnlichkeit mit dem Grundriß von Rastenburg aufweist.

Die Ordensburg Wehlau entstand am Ende des 13. Jahrhunderts in mehreren Baustufen und wurde bereits vor der Besiedlung des eingeplanten Stadtgebiets gebaut. Es ist anzunehmen, daß auch dort zunächst Wallanlagen mit Palisaden und hölzernen Burghäusern entstanden. Der massive Ausbau in Stein fand in der 1. Hälfte des 14. Jahrhunderts statt und wurde ab 1350 mit dem Ausbau der Stadtbefestigung mit Mauern, Türmen und Toren fortgeführt. Aussehen, Grundriß und Einteilung der Burg sind nicht überliefert.

Nach den Fundamenten und Teilen des Mauerwerks, die im Franziskanerkloster erhalten blieben, das bereits in der zweiten Hälfte des 14. Jahrhunderts anstelle der Burg errichtet worden ist, kann man einen quadratischen Grundriß vermuten. Giese fand 1826 nur noch einen Keller der Burg unter dem damaligen Brauhaus und dazu noch eine starke feldseitige Feldsteinmauer. Der frühe Untergang von Burg und Kloster hat die Spuren weitgehend verwischt.

Nach den Verheerungen durch die Sudauer und Litauer in den Jahren 1264, 1280 und 1323 machte die Besiedlung des Raums Wehlau erst wieder Fortschritte, als die Einwanderungswelle aus dem Westen auch diesen Landstrich um 1330 erreichte. So gelang es dem vom Ordensmarschall Heinrich Dusemer als Lokator eingesetzten späteren Erbschulzen Gottfried Hundertmark, am 25. Januar 1336 den Marktflekken Wehlau als Zentrum der umgebenden Dorfsiedlungen zu gründen. Bereits 1339 erhielt die Ansiedlung von Hochmeister Dietrich von Altenburg die Handfeste als Stadt nach kulmischem Recht.

Kaum waren aber die ersten Häuserzeilen und die Kirche auf dem vom Orden vorbereiteten Gelände errichtet worden, als bei einem Einfall der Litauer unter Fürst Kynstut 1347 alles niedergebrannt wurde. Doch die überlebenden Bewohner bauten die Stadt alsbald wieder auf. Hochmeister Winrich von Kniprode sorgte dafür, daß die Stadt nun durch eine massive Mauer mit Wehrgängen, Türmen und festen Toren gesichert wurde. In den Jahrzehnten des Wiederaufbaus entstand die neue Jacobi-Pfarrkirche und auf dem Marktplatz das freistehende Rathaus mit Turm.

An der Westseite erbaute man um diese Zeit

Stadtansicht mit Türmen, Toren und Stadtmauer (Zeichnung: J. M. Giese, 1826)

zwischen dem Alletor und dem Hohen Turm ein festes Haus auf starkem Feldsteinsockel mit zwei Staffelgiebeln. Man nannte es das Witoldsche Haus. In ihm wohnte von 1362 bis zu seinem Tod Kynstuts Sohn, der bei der Belagerung von Kauen/Kowno/Kaunas zum Orden übergelaufen war und das Christentum angenommen hatte. Die Bezeichnung als Witoldsches Haus ist aber offensichtlich falsch, denn Witold war, ebenfalls ein Sohn Kynstuts, nach der Ermordung seines Vaters durch seinen Vetter Jagiello, dem späteren König Wladislaw II. von Polen, Großfürst von Litauen geworden.

Beide betrieben nach dem Vertrag von Wilna von 1401, der Litauen und Polen in einer Union zusammenführte, eine aggressive, hinterhältige Politik gegen den Ordensstaat Preußen, die letztlich zum Krieg und zur Niederlage des Deutschen Ordens in der Schlacht bei Tannenberg am 15. Juli 1410 führte.

Der richtige Name des in Wehlau lebenden Sohns Kynstuts ist Woidat oder Waydoth, wie auch aus Posilges Chronik von 1419 hervorgeht, in der es heißt:

»... der konig Kynstoth verlor uff dem huße zcu Kawin (= Kauen) bobin II tusent man der besten synir lüthe, wend her alle tage, dy wyle man do vor lag, quam rythin vor das hus. Sunder her kunde yn nicht gehelffen, also woren sie belegen vor deme huße und vingen dor uffe Waydotte sinen Son unde vorbrantin daz hus in die grunt...«

Der als Herzog von Litauen bezeichnete Woidat

wurde in dem Haus in Wehlau fürstlich unterhalten und starb dort später völlig vergessen.
Beim Wiederaufbau der Stadt nach 1350 entstand die neue Pfarrkirche mit ihrem mächtigen Turm, die zu den schönsten Ordenskirchen im Preußenland gehörte. Auf dem großen Gewölbebogen zwischen Turmhalle und Kirchenschiff befanden sich wertvolle Fresken der Nürnberger Schule mit Darstellungen aus dem Marienleben und von Christus in Gethsemane.
Bei einem Vorstoß der Litauer im Jahre 1376 konnte die Stadt gehalten werden. Sie erlitt aber Schäden durch Brände, die durch den Beschuß mit Brandpfeilen entfacht worden waren.

Die Pfarrkirche in den 20er Jahren (Foto: Archiv Ostpreußenblatt)

Obwohl Wehlau im 13jährigen Städtekrieg vom Orden abgefallen war und erst 1460 nach dreimonatiger Belagerung wiedergewonnen werden konnte, genoß es in der bald folgenden Herzogszeit die Zuneigung des Landesherrn, der sie »meine liebe Rose« nannte und dort eine Universität gründen wollte. Letztendlich erhielt aber doch die Hauptstadt den Vorrang, wo 1544 die »Albertina« gegründet worden ist.
Von Heimsuchungen war auch die Stadt Wehlau über Jahrhunderte geplagt. Häufige Feuersbrünste, fast regelmäßig eintretende Überschwemmungen und Epidemien machten den Menschen das Leben schwer. Der Höhepunkt war die große Pest von 1709/10, der 1850 Menschen im Raum Wehlau zum Opfer fielen. Besetzungen durch Schweden, Polen, Russen und Franzosen brachten weitere Belastungen und Nöte.
Dem Großen Kurfürsten von Brandenburg gelang es durch seine geschickte Politik, für das Herzogtum die polnische Lehnshoheit abzuwerfen und die 1525 verlorene Souveränität wiederzuerlangen. Am 19. September 1657 wurde im Wehlauer Rathaus der gleichnamige Vertrag (pacta Welawiensa) unterzeichnet, der das Städtchen in die Geschichtsbücher einschrieb. Noch im selben Jahr ratifizierten der Große Kurfürst und König Johann Kasimir von Polen den Vertrag bei einer persönlichen Zusammenkunft in Bromberg.
In der näheren und weiten Umgebung hatte Wehlau seit Jahrhunderten einen guten Ruf als Stadt der großen Märkte, denen sich im vorigen Jahrhundert der in ganz Ostpreußen bekannte Wehlauer Pferdemarkt zugesellte. Ob nun der volkstümliche Spruch mit den Handelsusancen auf den Märkten oder mit dem bis zum Ausbau der Pregelbrücke schwierigen Flußübergang zusammenhing, mag jeder für sich entscheiden, wenn es hieß: »Wer nicht wagt, kommt nicht nach Wehlau«.
Im Zweiten Weltkrieg wurde die sehr zerstörte Kreisstadt Wehlau am 22. Januar 1945 von der Roten Armee erobert. Von der Altstadt im

Von der alten Pfarrkirche in Wehlau stehen nur noch die Außenmauern. (Foto: R. Heidemann, 1991)

Die Pfarrkirche war früher von Häusern der Altstadt umgeben; ihre Ruine steht heute verlassen in einer öden Trümmerlandschaft. (Foto: R. Heidemann, 1991)

Flußknie zwischen Alle und Pregel ist kaum etwas erhalten geblieben. Nachdem das Gebiet jahrelang als Steinbruch ausgebeutet worden war, machten die neuen Behörden mit den stehengebliebenen Gebäuderesten kurzen Prozeß und ließen alles niederwalzen. Es blieben lediglich noch einige alte Häuser am Klosterplatz und in der Vorstadt an der Alle-Brücke stehen. Vom Kloster, das bereits Ende des 14. Jahrhunderts auf den Kellern und Fundamenten der Ordensburg errichtet worden war, scheinen noch Gewölbe der tiefen Keller vorhanden zu sein, die jetzt von einem primitiven Gasthaus benutzt werden.

Die trutzige, alte Pfarrkirche aus dem Jahre 1380 steht nur noch als eine große Ruine.

Trotz einiger Beschädigungen durch Granattreffer hat der massige, solide gemauerte Turm auch ohne Dach bisher Wind und Wetter widerstanden. Dagegen besteht das Kirchenschiff nur noch aus den allmählich bröckelnden Außenmauern. Das schöne alte Bauwerk, das früher von Häusern umgeben war, steht heute verloren in einer öden Trümmerlandschaft.

Taplacken

Eingangstor nach Nadrauen

Spätgotische Altarfigur aus der Kirche von Alt-Wehlau (Zeichnung: bei A. Boetticher, 1891)

Von den zehn altpreußischen Landschaften gehört Nadrauen zu den dreien, die erst nach dem großen Preußenaufstand von 1260 bis 1273 vom Deutschen Orden erobert worden sind. Das östlich der Deime beginnende Gebiet entlang dem Oberlauf des Pregels und seiner Quellflüsse Inster und Angerapp war damals weitgehend unerschlossen. Es wurde von den Nadrauern, die sich auf die Waffenbrüderschaft der Sudauer und der Litauer stützen konnten, mit Hilfe von einigen burgähnlichen Waffenplätzen verteidigt.

Auf Weisung des Landmeisters unternahm bereits 1274 der neue Ordensvogt des Samlands, Dietrich von Liedelau, mehrere Vorstöße nach Nadrauen und eroberte drei Burgen, von denen eine nach Angaben des Chronisten Otholichia geheißen haben soll. Bald darauf drang Landmeister Konrad von Tierberg d. Ä. selber mit einem starken Ordensheer bis an die Angerapp vor und eroberte auf dem Kamsvikus-Berg die Nadrauerfeste Cameniswika. Damit war das Schicksal der Nadrauer besiegelt. Nach dem Bericht des Chronisten Peter von Dusburg »unterwarfen sie sich nach Absagen aller ihrer Wildheit dem Glauben und den (Ordens-)Brüdern, wenige ausgenommen, welche sich nach Litauen wandten«.

Der Glaube der Prussen und die damit eng verbundene soziale und gesellschaftliche Struktur ihres Gemeinwesens beschäftigte nicht nur die modernen Historiker und Soziologen, sondern auch die Ordensführung, ihre Priester und Chronisten. Es ist deshalb nicht verwunderlich, daß der Ordenschronist Peter von Dusburg um 1326 folgende Feststellungen niederschreibt:

»Ferner lag mitten im Gebiet dieses ungläubigen Volkes, nämlich in Nadrauen, ein Ort namens Romow, der seinen Namen von Rom herleitete; hier wohnte einer der Criwe hieß und den sie als Papst verehrten; wie nämlich der Herr Papst die gesamte Kirche der Gläubigen regiert, so lenkte jener mit Wink oder Befehl nicht nur die Prussen, sondern auch die Litauer und die anderen Völker Livlands. Er besaß solches Ansehen, daß er große Verehrung erfuhr. Auch hegte er (...) das ewige Feuer.«

Das prussische Heiligtum Romove mit seinem sakralen Eichenhain hat mehrfacher Überlieferung zufolge in Nadrauen gelegen. Aber auch im natangischen Groß Waldeck (Kreis Preußisch Eylau) wird ebenfalls eine alte heilige Eiche erwähnt, die Hochmeister Winrich von Kniprode auf Bitten des ermländischen Bischofs durch den Ritter Henning Schindekopf fällen ließ. An ihrer Stelle wurde um 1400 ein Eremiten-Kloster errichtet, das später den Namen »Zur Heiligen Dreifaltigkeit« erhielt.

Die heilige Eiche im Land Nadrauen befand sich nördlich von Wehlau im Dorf Oppen, unweit von der Stelle, an der früher Alt Wehlau gelegen hat. Dieser Ort ist in der Schroetter-Karte von 1802 noch verzeichnet. Er muß zur Ordenszeit erhebliche Bedeutung gehabt haben, denn seine Kirche hatte mehrere filiae, darunter auch die Tochterkirche zu Petersdorf.

Über die heilige Eiche von Alt Wehlau berichtet eine alte Volkssage: »Eine andere heilige Eiche, so die heidnischen Prussen verehrten, ist gewesen unweit Wehlau, über dem Pregel, in dem Dorfe Oppen, in einem Garten an der Landstraße von Königsberg nach Ragnit. Sie war von fast unerhörter Dicke und Höhe, so daß ein solcher Baum wohl seit der Sündfluth nicht gewesen ist, sie war inwendig hohl und so weit, daß Einer mit einem großen Gaule sich herumwerfen und tummeln konnte. Unten an der Erde war sie 27 Ellen dick. Unter dieser Eiche wurden viele Götter verehrt, denen man Schlangen hielt und Milch vorsetzte. Sie hat gestanden bis noch vor hundert Jahren; da soll sie, wie man sich erzählt, in einer Nacht plötzlich verdorrt und umgefallen sein.«

Caspar Hennenberger berichtete um 1595 und Christoph Hartknoch um 1679 von dieser Eiche, in deren Hohlraum auch Herzog Albrecht mit seinem Sohn Albrecht Friedrich herumgeritten seien. Es ist möglich, daß an dieser Stelle einst Romowe gelegen hat, der Sitz der höchsten Götter der Prussen Perkunos, Potrimpos und Pikollos.

Doch auch das Christentum hat in diesem Raum eine 600jährige Tradition. Aus der sehr alten Hauptkirche von Alt Wehlau, die 1534 aufgelassen wurde, sind der Altar und andere Kirchengüter in die Tochterkirche zu Petersdorf übergegangen. Das etwa vier Kilometer östlich gelegene Dorf hatte um 1368 seine Handfeste erhalten. Noch zu unserer Zeit konnte man in der Petersdorfer Pfarrkirche die sehr schönen lebensgroßen Altarfiguren des heiligen Petrus und Paulus bewundern. Es sind spätgotische Schnitzwerke der Nürnberger Schule.

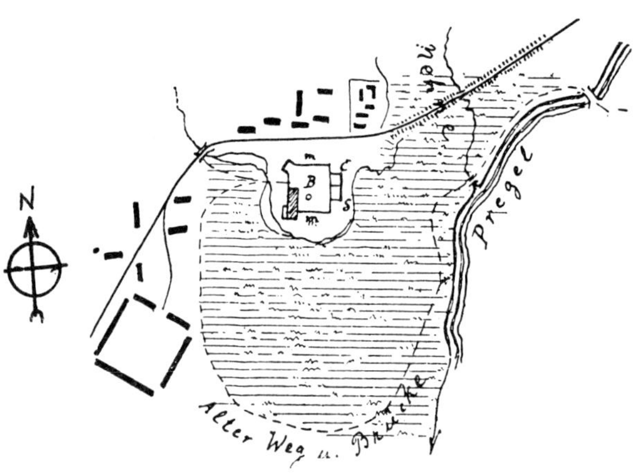

Lageplan der Ordensburg Taplacken (Zeichnung: J. M. Giese, 1826)

Noch weitere vier Kilometer östlich lag Taplakken, wo der Deutsche Orden schon im 13. Jahrhundert einen vorgeschobenen Posten gegen die Sudauer und Litauer anlegte und als Holz/Erdewerk ausbaute. Diese erste Ordensbefestigung lag östlich von Taplacken am rechten Ufer des Flüßchens Nehne auf dem sogenannten Schloßberg. Nach einer vor hundert Jahren durchgeführten Untersuchung war aus dem Talrand ein trockener, etwa vier Meter breiter Graben herausgeschnitten worden, der einen quadratischen Platz von vierzig Meter Seitenlänge umschloß. In dem nach innen aufgeworfenen Wall hatte Giese um 1827 viele gemauerte Feldsteine vorgefunden.

Dieses erste feste Haus Taplawken, wie man den Ort damals nannte, fiel nach Johannes von der Posilges Chronik von 1419 im Jahr 1376 einem Überfall der Litauer zum Opfer; er schrieb darüber: »Item in desim iare quomen die littowen ungewarnet unde hertin die land um welow unde vorbranten das hus zcu Taplawken.«

Unverzüglich baute der Orden in den nächsten Jahren diese wichtige Bastion im Pregeltal als massive Burg aus Stein wieder auf. Er wählte aber einen neuen Platz am Nordrand des sumpfigen Urstromtals. Auf einer in den Morast vorspringenden Landzunge war die neue Burg an drei Seiten von Sumpf umgeben und dadurch natürlich gesichert. Außerdem wurde der den Fuß des Hügels umrundende Bach zu drei Teichen aufgestaut, die im Süden und Westen zusätzlichen Schutz boten.

Den Kern der kleinen Burg bildete ein aus Feldsteinen errichtetes dreigeschossiges Haupthaus, ähnlich den Burghäusern in Waldau, Saalau und Norkitten. Diesem war im Westen ein quadratischer Hof mit Wehrmauern vorgelagert, in dessen südwestlichem Teil der Brunnen lag.

Das Burghaus hatte eine dreiteilige Raumanord-

Ruine des Haupthauses der Ordensburg Taplacken (Foto: R. Heidemann, 1989)

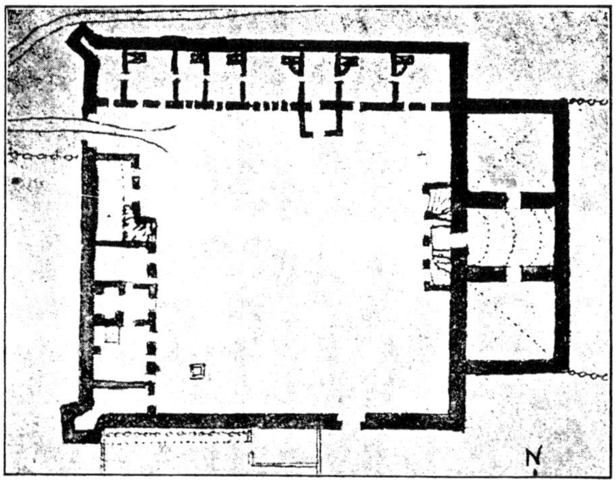

Grundriß der Burg Taplacken (Zeichnung: J. v. Collas, um 1700)

nung und enthielt im Hauptgeschoß Kapelle, kleinen Amtsraum und Remter. Darüber lag der Wehrgang mit einer dichten Reihe von Wehrluken. Wegen des hohen Grundwasserstands im Pregeltal war die Anlage von Kellern unterlassen worden. Man hatte deshalb ein tiefliegendes Erdgeschoß gebaut, dessen Räume mit schönen scharfkantigen Kreuzgewölben auf breiten Bandgurten ausgestattet waren. In der Hausmitte befand sich hofseitig ein Vorbau, der den Eingang schützte. Vom Erdgeschoß führte eine hölzerne Wendeltreppe in die oberen Stockwerke. Das Haupthaus mit seinen massiven Feldsteinmauern sprang nach Osten aus der den Hof umgebenden Ringmauer ganz hervor.

Zum Schutz des an der gegenüberliegenden Westseite liegenden Haupteingangs waren hier an den benachbarten Mauerecken Flankierungstürmchen angeordnet, die übereck gesetzt hervorragten. Vor dem Tor führte eine Zugbrücke über den Graben zwischen zwei Stauwerken. An die Nord- und Westmauer waren hofseitig schmale Wirtschafts- und Stallgebäude angebaut, die auch ein Wehrgeschoß mit Luken für die Verteidigung hatten. Die freistehende südliche Burgmauer trug einen gedeckten Wehrgang. Ferner soll es in der Burg einen unterirdischen Gang als Fluchtweg gegeben haben, wie wir ihn aus der Überlieferung von anderen Ordensburgen kennen, z. B. aus Barten, Preußisch Holland und Mehlsack. Er ist später zugemauert worden.

Skizze der Burg um 1700 (Zeichnung: J. v. Collas, um 1700)

Die ehemalige Ordensburg als Herrenhaus der Domäne (Foto: W. Lippke, um 1935)

Eine Vorburg war in Taplacken nicht vorhanden, wenn auch angenommen werden kann, daß der alte Schloßberg mit Wall und Graben am Rand des Nehnetals in Kriegszeiten als östlicher Vorposten benutzt worden ist.

Wir kennen die kleine Ordensburg Taplacken nicht nur von den Zeichnungen des Baumeisters John von Collas, der in den beiden ersten Jahrzehnten des 18. Jahrhunderts die Barock-Schlösser Carwinden, Friedrichstein, Dönhoffstädt und vermutlich auch Finckenstein nach Plänen Jean de Bodts errichtete. Vielmehr hatten sich Reste der Burg in der Domäne, die später auf ihrem Platz eingerichtet wurde, bis in unsere Zeit erhalten. Vom Haupthaus und vom nördlichen Wirtschaftsflügel waren noch die Baukörper und einige Details am Kriegsende vorhanden. Auf den Fotos jener Zeit erkennt man deutlich die alte Bauform, ihre Anordnung und sogar den etwas veränderten Eingangsvorbau im Hof.

Die Geschichte hat dieses Gebiet zwar häufig gestreift, jedoch nie in ihren Mittelpunkt gezogen. Im Thorner Friedensvertrag von 1466 wurde das Schloß Taplacken ausdrücklich als beim Orden verbleibend bezeichnet. Um diese Zeit war das ganze Land ausgeblutet und verwüstet. In alten Unterlagen aus jener Zeit werden die Bezirke Taplacken und Insterburg als »meisten Teils wüst« genannt. Kriege, Seuchen und Landflucht hatten weite Gebiete entvölkert. Noch 1508 waren in drei Bezirken der Umgebung von Königsberg über 45 Prozent der Bauernhöfe verlassen. Die damaligen Verhältnisse spiegeln die Landesordnungen von 1494 bis 1503 wider, die harte Strafen für Landflüchtige androhen. Ein entlaufener Bauer mußte seinem Herrn ausgeliefert werden, der ihn bestrafen konnte; ein flüchtiger Dienstbote sollte mit einem Ohr an den Schandpfahl genagelt werden; kein Knecht durfte nach Ablauf seines Dienstverhältnisses länger als vierzehn Tage müßig gehen, sondern mußte eine neue Stelle annehmen. Über den Notstand und die Maßnahmen zur Abhilfe berichten die erhaltengebliebenen Akten der Ständetage in Preußen.

Bemerkenswert sind auch die Berichte über die Ausbeutung von Salzquellen in Taplacken und Ponnau, für die man Salzsieder aus Halle angeworben hatte. Die Salzgewinnung wurde jedoch bereits im 16. Jahrhundert wegen Unwirtschaftlichkeit wieder eingestellt.

Taplacken und seine Umgebung erlebten in den folgenden Jahrhunderten, ähnlich wie die meisten anderen ostpreußischen Landstriche, Kriegswirren und den Durchzug fremder Truppen. Zweimal schon hatten russische Truppen das Land überflutet, und zwar am 30. August 1757, als in der Schlacht im nahem Groß Jägersdorf die preußischen Truppen geschlagen worden waren, und im Ersten Weltkrieg, als russische Truppen bis an die Deime vordrangen. Auch damals hatte die Bevölkerung unter den fremden Eroberern gelitten, nur hatten besonnene Truppenführer ihre Soldaten weitgehend diszipliniert und in der Regel von schlimmen Übergriffen gegen die Bevölkerung abgehalten.

Das war am Ende des Zweiten Weltkriegs völlig anders, als die rote Soldateska, aufgeputscht durch die haßerfüllten, fanatischen Aufrufe eines Ilja Ehrenburg sowie der Sowjetkommissare und Befehlshaber, plündernd, mordend und vergewaltigend über die wehrlose Zivilbevölkerung herfiel.

Am 20. Januar 1945 standen die sowjetischen Truppen vor Taplacken. Die deutsche Front war zusammengebrochen. Zwischen den verbissen kämpfenden deutschen Truppenteilen, die der angsterfüllten Bevölkerung die Flucht noch ermöglichen wollten, befanden sich große Lücken, in die der Gegner hineinstieß. Endlose Trecks standen im Forst Kranichbruch, nur wenige Kilometer südöstlich von Taplacken; sie hatten sich auf den völlig verstopften Straßen in Eis und Schnee festgefahren. Doch auch nördlich vom Pregel glückte vielen die rettende Flucht nicht mehr. Sie wurden von den Sowjets überrollt. Furchtbar war ihr Schicksal.

Das Dorf Taplacken ist in den 45 Jahren sowjetischer Herrschaft vergleichsweise gut erhalten geblieben. In den teilweise zerstörten und verfallenden Gebäuden der ehemaligen Domäne, die in ihrer Substanz auf die einstige Ordensburg zurückgehen, ist jetzt eine Kolchose untergebracht. Vom alten Haupthaus der Burg, das später das Herrenhaus des Gutes war, stehen nur noch die alten Außenmauern aus Feldstein. Deutlich zeichnen sich dort die mehrfach veränderten Fensteröffnungen mit ihren in Backstein gemauerten Rundbögen ab. Als aufrecht stehende Ruine erkennt man in der Mitte des Hauses den vorgesetzten Eingangsvorbau mit seinem Staffelgiebel und Blenden. Im alten Nordflügel mit dem noch vorhandenen Unterbau eines Ecktürmchens sind jetzt primitive Landarbeiterwohnungen eingerichtet.

Saalau

Samländische Kapitelsburg in »Dessauischen Landen«

Siegel des Officials der samländischen Kurie

Mit dem Namen des Bischofs Wilhelm von Modena, der 1224 vom Papst zum Legaten für Preußen, Livland und Gotland bestellt wurde, sind die rechtlichen Regelungen zwischen dem Deutschen Orden und der katholischen Kirche eng verbunden. Weisungsgemäß nahm der päpstliche Legat am 30. Juli 1243, also bereits vor Abschluß der Eroberung Preußens, die kirchliche Einteilung des Ordenslands in vier Diözesen vor. Es wurden die Bistümer Kulmerland, Pomesanien, Ermland und Samland eingerichtet, denen mit der Ausnahme einer Sonderregelung für Kulm jeweils ein Drittel des Landes ihrer Diözese als weltliches Territorium zugesprochen wurde. Von diesem Gebiet mußten die Bischöfe wiederum ein Drittel ihrem Domkapitel abtreten. Dank seiner Macht und seiner großartigen Organisation gelang dem Deutschen Orden eine weitgehende Hegemonie, indem die Bistümer auf eigene Außenpolitik verzichteten und automatisch an den Verträgen des Ordens, einschließlich der Verteidigungsaufgaben, teilnahmen.

Der Heilige Stuhl kam den Wünschen des Ordens bei der Besetzung der Bischofsstühle entgegen und übertrug sie lange Zeit ausschließlich Deutschordensbrüdern. Entsprechende päpstliche Aufträge ergingen bereits in den Jahren 1246 und 1249 mit der Einsetzung der Ordensleute Anselm von Meißen als Bischof von Ermland und Heidenreich als Bischof von Kulm. Folgerichtig strebte der Orden auch die Inkorporation der Domkapitel an, um auf die künftigen Bischofswahlen Einfluß nehmen zu können. Das gelang mit Ausnahme des Ermlands in den drei anderen Bistümern im vorletzten Jahrzehnt des 13. Jahrhunderts, als nach Beendigung des großen Preußenaufstands die Bischöfe aus Sicherheitsgründen von sich aus die Inkorporation ihrer Domkapitel in den Orden anboten.

Zwischen dem Orden und dem samländischen Bischof, die beide zuerst in Königsberg auf der alten Burg nebeneinander saßen, kam es zu mancherlei Reibungen und Streitigkeiten über die Gebietsaufteilung, so daß das bischöfliche Territorium erst 1322 seine endgültige Gestalt in drei nicht miteinander verbundenen Teilstücken fand. Auch das später festgelegte Gebiet des samländischen Domkapitels lag über das Samland und Nadrauen verstreut.

Am Oberlauf des Pregels waren nach Abschluß der Eroberung Nadrauens um 1275 bereits mehrere Feldbefestigungen angelegt worden, die in der 2. Hälfte des 14. Jahrhunderts ausgebaut wurden. In einer Doppelreihe mit jeweils 15 bis 20 km Abstand lagen südlich des Flußlaufs Wehlau, Norkitten, Schwägerau, Insterburg und Tammow und an seinem Nordufer Taplacken, Saalau und Georgenburg. Die Häufung der festen Ordenshäuser in diesem nordöstlichen Grenzgebiet gegen Schalauen, Schamaiten und Sudauen war erforderlich, um die bis zu Beginn des 15. Jahrhunderts andauernden Litauereinfälle abzuwehren und Ausgangspunkte für die eigenen Operationen, die sogenannten Litauerreisen, zu haben.

Der Torweg der Kapitelsburg Saalau führt in eine Ruine (Foto: R. Heidemann, 1991)

Etwas abgesetzt vom Nordufer des Pregel, am Rand seines Urstromtals, hat das samländische Domkapitel in der Mitte des 14. Jahrhunderts das feste Haus Saalau errichtet, das nach Brandschatzungen durch die Litauer gegen 1390 als massive Burg ausgebaut worden ist. Das Haus hatte vorher überwiegend der Bewirtschaftung und Verwaltung des dort gelegenen domkapitularischen Gebiets gedient, in dem nachhaltig die Besiedlung durch Deutsche betrieben worden ist. Einst soll an gleicher Stelle die prussische Feste Wostopolo gestanden haben.

Die verteidigungsmäßige Anlage entsprach im wesentlichen der üblichen Ordensbauweise. Ein großer, aus einem Bach aufgestauter Mühlenteich bot der Burg an der Ost- und Nordostflanke natürlichen Schutz und versorgte sowohl das um Haupt- und Vorburg geleitete Grabensystem wie auch die Mühle mit Wasser. Klammerartig wurde das Haupthaus im Süden, Westen und Nordwesten von der ausgedehnten Vorburg umschlossen, die durch einen Graben abgetrennt war.

Die einflügelige Burg mit einem rechteckigen, von starken Wehrmauern eingefaßten Hof hatte eine Ausdehnung von 42 × 46,5 m. In der Mitte des Hofs lag ein Brunnen, und an seinen Seiten waren Wirtschafts- und Stallgebäude an die Mauern angelehnt.

Das Haupthaus an der Südseite war 42 m lang,

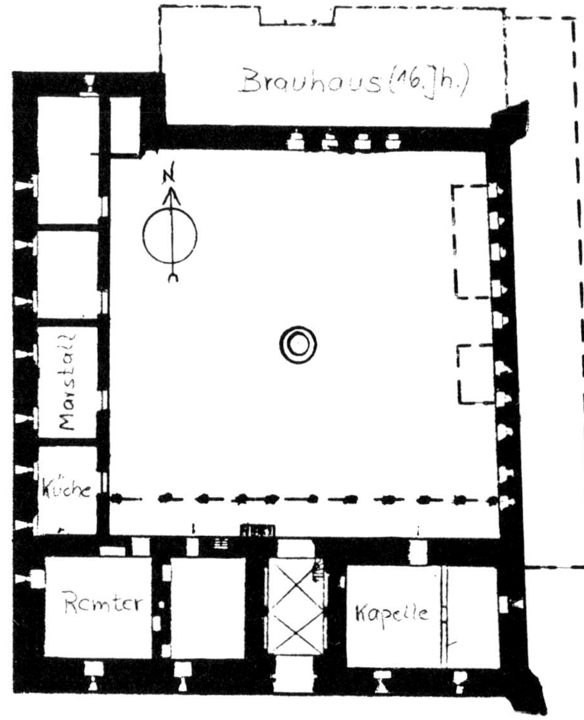

Grundriß der Burg Saalau (Rekonstruktion)
(Zeichnung: F. Borchert, 1986)

12,5 m breit und bestand aus einem leicht aus der Mitte verschobenen Torhaus mit nach beiden Seiten anschließenden Flügeln. Dieses Gebäude war aus Backsteinen auf hohem Feldsteinsockel aufgemauert und trug Rautenmuster aus gesinterten Steinen. An seiner Außenseite betrug die Mauerstärke 2,50 m, an der Innenseite 1,90 m.
Der dreigeschossige Bau hatte mittelgroße Spitzbogenfenster und darüber einen umlaufenden Putzfries, der den Boden des unter der Traufe verlaufenden Wehrgangs mit Luken markierte. Ein hohes Satteldach mit eichenem Dachstuhl, der sich über 500 Jahre gehalten hat, schloß das Haus nach oben ab. Auf der Hofseite verlief als Zugang zum Hauptgeschoß ein hölzerner Laubengang. An beiden Hausenden befanden sich abgetreppte Giebel mit Blenden, die durch Übereckfialen voneinander getrennt waren.
Das in den Südflügel integrierte Torhaus hatte über dem Wehrgeschoß einen Aufbau mit Dach, der das Hausdach leicht überragte. Rechts und links neben dem rundbogigen Portal mit innerer Fallgatterbahn lagen in der Außenmauer zwei hohe, spitzbogige Mauerblenden, die über dem Tor durch ein weißes Rillenband verbunden waren. Der Torweg, dessen runder Außenbogen mit einem Granitgewände eingefaßt war, hatte an seinen Längswänden je zwei Rundbogennischen auf Mittelpfeilern und war gewölbt.
Im Hauptgeschoß lagen früher fünf Räume, nämlich Kapelle mit Sakristei, Remter, kleines Gemach über dem Torweg und Dormitorium. Trotz wiederholter Umbauten der Räume konnten vor hundert Jahren noch unter dem Putz des kleinen Gemachs, aber auch in den anderen Räumen schöne gemalte Wandornamente beobachtet werden.
Rechtwinklig stieß an der Westseite auf den Hauptflügel das sogenannte Marstallgebäude mit einer starken Außenmauer aus Feldsteinen bis über Mannshöhe und darüberliegendem Ziegelmauerwerk mit Rautenmusterung. Spitzbogige Blenden mit darüberliegenden Wehrluken

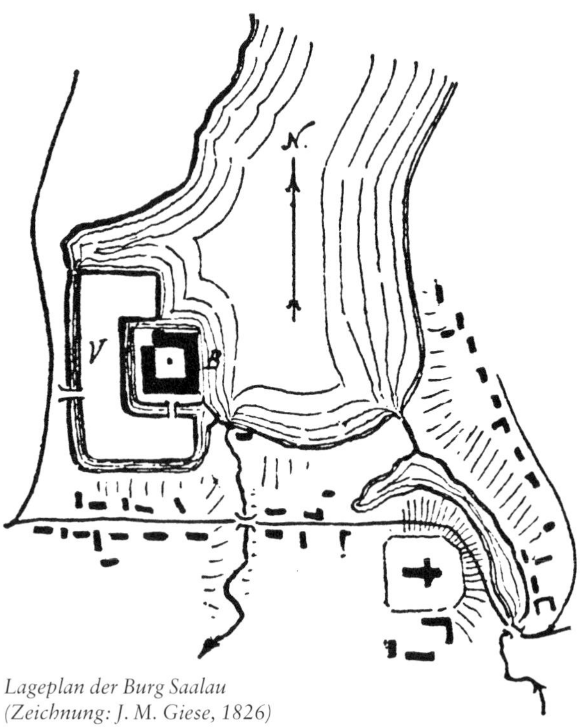

Lageplan der Burg Saalau
(Zeichnung: J. M. Giese, 1826)

Ansicht des Südflügels der Burg (Zeichnung: C. Steinbrecht, 1920)

lockerten die 38 m lange Außenwand des Westflügels auf, an dessen NW-Ecke ein turmartiger Ausbau hervorsprang. Dort lag auch eine kleine Pforte zur Vorburg. Offensichtlich beherbergte das nur 8 m breite Gebäude einst den Pferdestall und Wirtschaftsräume. Es kann vermutet werden, daß dort im Winkel zum Haupthaus die Küche lag, um nahe dem Speiseremter untergebracht zu sein.

Über die Wehrmauer hinausgreifend ist im 16. Jahrhundert an der Nordseite ein Brauhaus angebaut worden, dessen Außenwand bis über das Hauptgeschoß aus Feldsteinen hochgezogen worden ist. Es hatte einen turmähnlichen Vorbau und war später mit einem großen Tor versehen worden. Dort lagen einst die Gesindestuben, vermutlich aber innerhalb der Wehrmauer.

An der Ostseite, zum Teich zu gelegen, verlief eine starke Wehrmauer mit vielen Stichbogennischen für den Wehrgang mit seiner langen Reihe von Schießscharten. Erst lange nach der Ordenszeit wurden auch an dieser Seite von außen verschiedentlich Anbauten für die diversen Wirtschaftsgebäude in Angriff genommen. Neben der Kapitelsburg entwickelte sich südlich des Mühlenteichs eine Lischkensiedlung mit Kirche, Mühle und zwei Krügen. Die Burg wurde 1525 nach der Säkularisation als Kammeramt den früheren Domherren zum Lebensunterhalt eingeräumt, mußte aber wegen der ständigen Finanznot wiederholt an Geldgeber verpfändet werden.

Im Siebenjährigen Krieg benutzten die Russen Kirche und Pfarrhaus als Lazarett und brannten beide Gebäude bei ihrem Abzug nieder.

Nur etwa 12 km südwestlich von Saalau liegt Groß Jägersdorf, wo am 30. August 1757 eine preußische Armee unter Feldmarschall Hans von Lehwaldt einem stark überlegenen russischen Heer unterlag. Anschließend plünderten die Russen die weitere Umgebung aufs grausamste. Sie traten jedoch nicht zum befürchteten Vorstoß auf Königsberg an, sondern zogen sich rätselhafterweise zurück. Leider brannten sie im folgenden Jahr das gerade erst fertiggestellte große Schloß Bubainen, das dem Fürsten von

Anhalt-Dessau gehörte, bis auf die Grundmauern nieder. Es wurde nicht wieder aufgebaut.
Es verwundert sicher, in diesem östlichen Teil Ostpreußens Besitzungen des anhaltinischen Fürstenhauses zu finden. Das hat seinen Ursprung in der Zeit nach der großen Pest von 1708 bis 1711, die diesen Teil des Landes besonders schwer traf und die Bevölkerung halbierte. Die 250000 Opfer konnten auch durch die litauischen, salzburgischen und anderen Einwanderer erst allmählich wieder ersetzt werden.
Bei einer gemeinsamen Bereisung des Notgebiets durch König Friedrich Wilhelm I. mit seinem Freund, Fürst Leopold von Anhalt-Dessau, empfahl der »Soldatenkönig« dem »Alten Dessauer«, hier Land zu erwerben, um dem verarmten Volk durch Wiederaufbau der Landwirtschaft zu helfen. Tausende von Bauernhöfen waren durch die Entvölkerung wüst geworden.
Fürst Leopold kaufte die Güter Bubainen, Schwägerau und Norkitten und bald danach Puschdorf, Stablacken und Piaten sowie Bauernland. Es entstanden musterhafte Güter mit guten Erträgen. Der Fürst ließ das bereits erwähnte große Schloß Bubainen mit 130 Zimmern, in schöner Lage im oberen Pregeltal zwischen Norkitten und Insterburg, als Sommersitz erbauen. Nach seiner Zerstörung wurde Norkitten Mittelpunkt der »Dessauischen Lande«. Wo früher einmal das feste Ordenshaus Norkitten gestanden hatte, auf dem hohen Ufer des Auxinne-Flüßchens, ließen die Nachfahren des Fürsten, die nunmehrigen Herzöge von Anhalt, um 1820 ein repräsentatives Herrenhaus errichten. Die herzoglich Dessauischen Güter blieben bis in die Gegenwart ein Begriff.
Seit dem 19. Jahrhundert war die ehemalige Kapitelsburg Saalau preußische Domäne und noch um 1900 wohnte der Amtmann im Haupthaus der Burg. Ihr Südflügel hatte sich nach Abbruch des zerstörten Ostteils erhalten. Im Nordflügel waren Brauerei und Brennerei untergebracht. Von der östlichen Wehrmauer blieben halbhohe starke Mauerteile mit Zinnen übrig. Trotz vieler Umbauten bot sich die Burg Saalau auch dem Besucher der Neuzeit noch als mächtiges Bauwerk mittelalterlicher Prägung dar.
Nach dem Kriege blieben von der Burg nur die Außenmauern stehen, die zusammen mit einigen alten Häusern im Bereich der Domäne und des Dorfs noch etwas von der früheren Gestalt des Ortes erahnen lassen.

Insterburg

Stadtwappen von Insterburg

Sammel- und Ausgangspunkt der Litauerreisen

Fast zwanzig Jahre nach der Eroberung des Samlands begann der Deutsche Orden am Ende des großen Preußenaufstandes in die Wildnis, einem über hundert Kilometer breiten Urwaldstreifen im östlichen Grenzgebiet zu Litauen, vorzustoßen. Im letzten Viertel des 13. Jahrhunderts sollten die prussischen Gaue Nadrauen, Sudauen und Schalauen unterworfen werden, von denen aus die Litauer und die mit ihnen verbündeten Prussen immer wieder tief ins Ordensland vordrangen und brennend und mordend das soeben Aufgebaute vernichteten. Angst und Schrecken verbreiteten sie in den nur dünn besiedelten Landstrichen zwischen der Ostsee, den beiden Haffen und der Deime. Häufig verschleppten sie bei ihren Raubzügen große Bevölkerungsteile, die sie in langen Elendskolonnen bis tief hinein ins litauische Hinterland mit sich führten.

Im Jahr 1273 unternahm eine Streitmacht unter dem Befehl des Ordensvogts von Samland, Dietrich von Liedelau, einen Kriegszug nach Osten, dem Pregeltal bis zur Vereinigung von Inster und Angerapp folgend. Nicht weit von der Flußgabelung eroberten und verbrannten sie die auf dem Camsvicusberg gelegene Burg der Nadrauer, deren Name »Caminis Wike« übersetzt Steinwohnung bedeutet.

Eine weitere Burg der Prussen wurde weiter oberhalb an der Angerapp erobert und als vorgeschobener Posten an der Grenze der Wildnis mit einer kleinen Ordensbesatzung versehen. So entstanden die Wildhäuser Tammow und Walkow, die nur zeitweise besetzt waren. Zunächst aber stützte sich das Ordensheer auf die eroberte Burg Nettienen, die eben nördlich vom Zusammenfluß von Inster und Angerapp lag.

Das neu eroberte Land war wegen mangelhafter Nachschublinien und schlechter Wegeverhältnisse nur schwer zu halten. Deshalb wurde bereits 1325 von Hochmeister Werner von Orseln die Einrichtung von festen Verteidigungsanlagen am Rand der Wildnis angeordnet. Sie sollten in der Lage sein, einer längeren Belagerung selbständig zu widerstehen. Der von ihm errichteten Burgenkette im Allegebiet mit Gerdauen, Barten, Rastenburg und Leunenburg folgte unter seinem Nachfolger, Dietrich von Altenburg, um 1335 eine weiter in die Wildnis vorgeschobene Burgenreihe mit den neuen Ordenshäusern Lötzen, Angerburg und Insterburg.

Die Insterburg ist um 1335 zunächst als Holzburg erbaut worden, wobei, wie in Barten, ursprünglich ein Konventshaus mit Sitz eines Komturs geplant gewesen sein dürfte. Schon während der Bauzeit überfielen die Litauer mehrmals die noch unfertige Burg und wollten damit das Festsetzen des Ordens an diesem wichtigen Platz verhindern.

Zwischen der festen Ordensburg Tapiau, dem befestigten Platz Wehlau und Insterburg wurde entlang der etwa fünfzig Kilometer langen Uferstrecke des Pregels eine Kette von Dienstgütern angelegt, die die Verbindung und Versorgung des neuen Stützpunkts aufrecht erhalten sollten.

Der ausgewählte Burgplatz am linken Ufer der

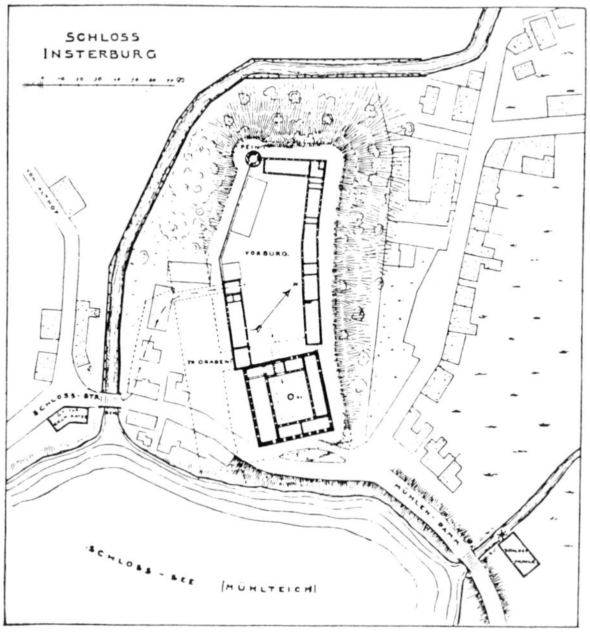

Lageplan der Burg (Zeichnung: C. Steinbrecht, 1920)

Angerapp, kurz vor ihrem Zusammenfluß mit der Inster, war durch die beiden Flüsse und durch ein schmales sumpfiges Tal des Tschernuppe-Flüßchens gesichert. Letzteres wurde zu einem unmittelbar südöstlich vom Ordenshaus gelegenen Mühlenteich aufgestaut, der zusammen mit seinen beiden Abflüssen zusätzliche Flankensicherung gewährte. Wahrscheinlich umgab das auf einer leichten Bodenwelle liegende Haus in der ersten Zeit ein Palisadenzaun, der später von einer schweren Wehrmauer aus Feldsteinen ersetzt worden ist, die sich im Außenmauerwerk des Haupthauses wiederfindet.

Offensichtlich ist die Insterburg entgegen früheren Annahmen erst um 1380 in Stein als vierflügeliges Konventshaus ausgebaut und die massive Vorburg am Ende des 14. Jahrhunderts angefügt worden. Die Baunachrichten aus den siebziger Jahren über mehrfache Belagerungen und Brandschatzungen der Burg, ihren wiederholten Wiederaufbau und um 1377 der Hinweis auf das »neu hausz« machen diese Annahme wahrscheinlich.

Um 1366 überraschte der Litauerfürst Kynstut die Besatzung von Insterburg, der es gerade noch gelang, die Brücke hochzuziehen. Aber bereits 1370 gelang ihm die Einnahme der Burg. Sechs Jahre später brannte sein Sohn Swidrigall Burg und Stuterei (= Gestüt) nieder. Von den alten Chronisten wissen wir, daß die Insterburg verstärkt wiederaufgebaut und erweitert worden ist.

Es ist also anzunehmen, daß das in seiner Grundsubstanz der Neuzeit überlieferte Haupthaus der Insterburg in der Zeit um 1380 massiv in Stein errichtet worden ist. Die vier unterschiedlichen, zu einem Quadrat zusammengeschobenen Flügel mögen nacheinander entstanden sein, gehören jedoch als Einheit zu der bewährten, wenn auch hier reduzierten Form des Konventshauses. Deutlich zeichnet sich der durchgehende, fast vierundvierzig Meter lange südwestliche Flügel als der Hauptflügel ab, der alle anderen an Breite übertrifft und vermutlich die vornehmsten Räume, Kapelle und Remter, enthielt. Wahrscheinlich ist dieser Flügel als erster entstanden und hat bereits die wütenden Angriffe der

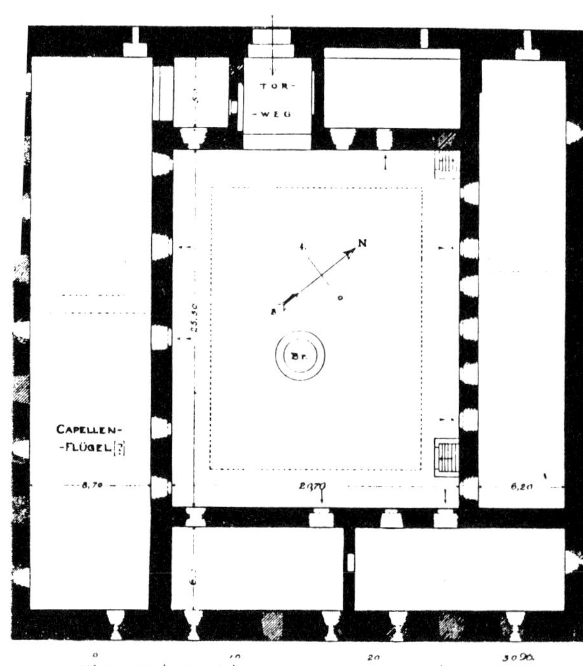

Grundriß der Burg (Erdgeschoß) (Zeichnung: C. Steinbrecht, 1920)

Litauer und ihre Brandschatzungen erlebt. Auffällig ist die reichliche Verwendung von Feldstein, der in den Außenmauern mannshoch bis fast zum Hauptgeschoß reicht; darüber findet sich einfaches Ziegelmauerwerk in gotischem Verband.

Auf den Außenmauern, leicht um Ziegelbreite vorgeschoben, verlief im Obergeschoß der Wehrgang mit seinen aneinandergereihten Luken. Alle Flügel hatten aber auch hofseitig Wehrfenster, die über dem angelehnten Pultdach des hölzernen Hofumgangs lagen. Über Treppen waren vom Laubengang aus die Räume des Hauptgeschosses erreichbar. Wie üblich lag in der Mitte des über fünfhundert Quadratmeter großen Hofs der Brunnen, dessen Wasser aus großer Tiefe mit einem Kettenrad gefördert wurde.

Der rechtwinklig angeschobene Südostflügel war ungewöhnlich schmal und dürfte die Wohngemächer des Pflegers und Gästeräume enthalten haben. In Höhe des Hauptgeschosses fanden sich Reste eines Ausbaues, die möglicherweise einst zum Gang eines zum Teich herausgebauten Danzkers gehört haben. Leider lassen sämtliche Innenräume durch die mehrfachen Umbauten, bei denen die Gewölbe herausgeschlagen, die Raumaufteilung verändert und Fenster und Türen versetzt worden sind, eine zuverlässige Bestimmung ihrer ursprünglichen Verwendung nicht mehr zu.

Am Nordostflügel ist noch der Rest des ursprünglichen Giebels erhalten, der zu den drei Giebeln gehört, die früher die steilen Satteldächer abschlossen. Auch der alte Keller mit einem Tonnengewölbe und seinem Zugang zum Hof hat die Zeit überdauert. Vermutlich lagen in diesem Flügel die Schlafräume für die Burgbesatzung und für das reisige Kriegsvolk.

Von der Vorburg gelangte man durch den Torweg im Nordwestflügel in den Burghof. Das Rundbogenportal war durch ein Fallgatter gesichert, dessen Nische in das Torgewände eingelassen war. Die Torumrandung bestand aus schwarzen Kopfsteinen, die im Bogen von zwei Schichten Flachsteinen mit dazwischenliegen-

Blick auf die Burg von Osten (Foto: Archiv Ostpreußenblatt, um 1925)

dem Stromband zur Mauer abgegrenzt waren. Auch nachdem das rundbogige Granitgewände herausgerissen und durch eine Notmauerung ersetzt war, konnte man sich noch die einstige eindrucksvolle Portalgestaltung vorstellen. Der Eingangsflügel war sehr schmal und hatte als kürzester, eingeschobener Gebäudeteil nur wenig Innenräume. Ob außer der Wachstube im Erdgeschoß darüber Wohnräume für Gäste gelegen haben, kann nur vermutet werden.

Gäste und reisendes Kriegsvolk mußte die Insterburg häufig aufnehmen. Immer, wenn der Winter besonders kalt war, drängten viele Ritter zu den Litauerreisen. Diese Kriegszüge durch die Wildnis in das unwegsame Schalauen und Schamaiten waren nur möglich, wenn die Sümpfe und Wasserläufe zugefroren waren und dadurch ihren Schrecken als unüberbrückbare Hindernisse bei eiligen Rückzügen verloren hatten.

Namen berühmter Ritter und Fürsten finden sich unter den Gästen dieser Burg als Ausgangspunkt der Litauerreisen: Herzog Wilhelm II. von Jülich im Jahr 1365, Graf Dietrich von Moers 1371, Herzog Albrecht III. von Österreich um 1377 und Graf Heinrich von Derby, der spätere englische König Heinrich IV., um 1390. Aber auch französische, böhmische, ungarische und holländische Edle nahmen an den Kriegszügen gegen die heidnischen Litauer teil, um christliche Ritterehre zu gewinnen und zum Ehrentisch des Hochmeisters des Deutschen Ordens geladen zu werden.

Die Vorburg, die dem Haupthaus als längliches Trapez in nordwestlicher Richtung angeschlossen war, diente mit ihren geräumigen Gebäuden um den großen Hof als Sammelpunkt für die Truppen. Weder ihre Placierung auf dem höchsten Punkt der Geländewelle noch ihre Lage zur Hauptangriffsrichtung entsprechen den üblichen militärischen Grundsätzen für Wehranlagen. Sie ist sicher erst gegen Ende des 14. Jahrhunderts aus dem Sammelplatz entstanden, der von einer Ringmauer umgeben war.

Die Nordwestseite der Vorburg war von zwei Türmen eingefaßt. Während sich von dem schmalen, achteckigen Turm an der Nordecke, der Ähnlichkeit mit dem Uhrenturm in Ragnit hatte, nur die Basis erhalten hat, ist der nach Nordwesten vorspringende Peinturm erhalten geblieben. Sein bergfriedartiger Unterbau ist rund und hat sehr dickes Mauerwerk. Der Eingang lag in Obergeschoßhöhe und in der Mauerdicke war eine Schießkammer für Hakenbüchsen eingefügt, von der die ganze Nordseite bestrichen werden konnte. Die drei dünnwandigen Obergeschosse und das Zeltdach sind erst um 1500 entstanden. Im Peinturm befand sich eine Schlaguhr, deren große Glocke in Minuskeln die Inschrift enthielt: »nurmberg und medardus gesus von constantz am Bodensee haben mich gossen anno 1612.«

Gegen das Vorhandensein des von Steinbrecht angenommenen Hausgrabens spricht der fehlende Zwischenraum zwischen Vor- und Hauptburg. Der Zugang zur Burg führte vom Süden über die Brücke beim Gasthof »Zur grünen Katze« durch das in der Südwestfront der Vorburg gelegene Torhaus. Auf der Ostseite lag hinter dem aufgeschütteten Mühlendamm am östlichen Abfluß die alte Ordensmühle.

Für die stilistische Einordnung der Insterburg

Alter Stich von Burg und Stadt (Zeichnung: Chr. Hartknoch, 1684)

In der dachlosen, verfallenen Insterburg wuchern Büsche und Bäume (Foto: R. Heidemann, 1989)

Heute dient die verwahrloste Vorburg einem Fuhrparkkombinat als Betriebsgelände. Die Giebelruinen stammen von der Nordwest-Ecke der Hauptburg. (Foto: R. Heidemann, 1989)

Die Ordensburg am Ufer des gepflegten Schloßteichs um 1920 (Foto: Archiv Ostpreußenblatt, um 1920)

blieben trotz mannigfaltiger tiefgreifender Veränderungen noch maßgebende Einzelheiten erhalten, wie die einfache Ziegeltechnik mit mäßiger Fugung, das Fehlen von dekorativen Formen, der Schematismus der Baugestaltung und die Zuwendung zur praktischen, einfachen Form. Ohne Zweifel gehört diese Burg der ausklingenden Phase des reduzierten, schematischen Konventshausstils an.

Die Stadt Insterburg entstand recht spät aus der Burgfreiheit, dem Hakelwerk und dem Preußendorf Sprange. Die Einrichtung eines herzoglichen Hauptamts im Jahr 1525 förderte den Flekken, dem 1541 der »Zulaß zum Stetlein Inster« durch Herzog Albrecht und am 10. Oktober 1583 durch Markgraf Georg Friedrich von Brandenburg das Stadtrecht verliehen wurde.

Stadt und Burg erlebten in der Folge eine wechselhafte Geschichte. Das zeigt auch die Verwendung der alten Ordensburg als Amtssitz, Hofgericht, Salzmagazin, Getreidespeicher, Ulanenkaserne, Landgericht und Heimatmuseum.

Im Zweiten Weltkrieg fiel Insterburg am 21. Januar 1945 stark zerstört in die Hände der Sowjets, die der Stadt den Namen eines gefallenen Generals gaben. Durch die Zerstörungen, den Abriß vieler Gebäude und die fremdartigen Neubauten hat sich das Gesicht der Stadt sehr verändert. Im Gebiet um den Alten Markt wurden alle alten Häuser und die Lutherkirche abgebrochen und auf der einen Seite durch häßliche Neubauten ersetzt. Auf der anderen unbebauten Seite des Marktes steht ein Denkmal für Lenin.

Das Haupthaus der alten Ordensburg ist bei den Kämpfen im Januar 1945 ausgebrannt. Es steht noch als eine von wild wachsenden Bäumen und Sträuchern überwucherte Ruine an dem völlig versumpften Schloßteich. Man erkennt noch das feste, geradlinige Backsteinmauerwerk, das auf dem schweren Feldsteinfundament hoch aufragt. Die schlecht unterhaltenen Wirtschaftsgebäude der Vorburg dienen einem Fuhrpark-Kombinat mit Reparaturbetrieb als Werksgelände. Teile der Burgmauer umschließen den verwahrlosten Schloßplatz, der früher mit den umgebenden Gebäuden und den gepflegten Anlagen rings um den Schloßteich ein Schmuckstück des einstigen Insterburgs gewesen ist.

Georgenburg

Wehrhafter Vorposten des Bischofs von Samland

Siegel des samländischen Bischofs Heinrich v. Strittberg (um 1255)

Am 7. Mai 1255 wurde der aus Franken gebürtige Ordensbruder Heinrich von Strittberg als erster Bischof von Samland in sein Amt eingeführt. Er war 1254 im Gefolge König Ottokars von Böhmen mit einem Kreuzheer ins Land gekommen und löste den vor der Eroberung des Samlands nur formell zum Bischof bestellten Johannes von Dist ab.

Bereits am 3. Mai 1258 schlossen der Deutsche Orden und der Bischof auf der Basis der vom päpstlichen Legaten Wilhelm von Modena 1243 aufgestellten Teilungsbestimmungen einen Vertrag für das Samland ab, der später mehrfach geändert wurde. Das dem Bischof zufallende Territorium bestand aus zwei, nach Eroberung Nadrauens aus drei Teilen. Der westliche Teil hatte seine Basis an der samländischen Haffküste bei Fischhausen und lief in einem schmalen Streifen zur Ostseeküste, wobei das Gebiet um Palmnicken und Germau sichelförmig umschlossen wurde, um nördlich davon bei Groß Hubnicken wieder die Küste zu erreichen. Diese komplizierte Regelung war wegen des ertragreichen Bernsteinaufkommens an dieser Küste erfolgt.

Im östlichen Teil lag die Südgrenze des bischöflichen Gebiets am Pregel bei Arnau. Seine östliche Begrenzung verlief am Kurischen Haff bei Schaaksvitte, während die westliche bei Quednau nördlich um Königsberg herum verlief, um dann in nördlicher Richtung zwischen Rudau und Laptau hindurch bei Cranzbeek wieder das Haff zu erreichen.

Der Sitz des Bistums Samland befand sich zuerst in Königsberg, wo der Orden und der Bischof nebeneinander ihre Burgen hatten. Als diese Regelung sich nicht bewährte, begann der Bischof nach Geländeaustausch um 1264 mit Unterstützung des Ordens in Schonewic, der Haffbucht bei der späteren Stadt Fischhausen, eine neue Burg als Residenz zu erbauen.

Lange nachdem der Orden um 1274/75 den Prussengau Nadrauen erobert hatte, wurde dem Bistum Samland auch dort das ihm zustehende Drittel des Landes abgetreten. Es handelte sich um einen trapezförmigen Gebietsstreifen am Oberlauf des Pregels, der östlich von der Inster begrenzt wurde. Hier und in den anderen bischöflichen Territorien erhielt das am 26. August 1284 aus sechs thüringischen Ordenspriestern gebildete Domkapitel sein Dritteil des Landes. Das samländische Domkapitel errichtete unter anderem im nahegelegenen Saalau und in Neuhausen, nordöstlich von Königsberg, eigene Burgen.

Zur Sicherung des Bistums gegen die heidnischen Litauer ließ Bischof Jacob I. von Samland (1345–1358) am Nordufer der Inster, kurz vor ihrer Vereinigung mit der Angerapp zum Pregel, eine Burg aus Holz mit Erdwällen errichten. Sie wurde 1364 vom Ordenschronisten Wigand von Marburg als »novum castrum« erwähnt, als sie vom Litauerfürsten Kynstut mit seinen Reiterscharen überfallen und niedergebrannt worden war.

Bald nach dem Wiederaufbau der Georgenburg

fielen die Litauer 1376 erneut tief in Nadrauen ein und verheerten das Land. Der Chronist Johannes von der Posilge, bischöflicher Official in Riesenburg, berichtet in seinen zeitgenössischen Jahrbüchern darüber:
»Item in desim iare in virgilia Trinitatis (Feiertag nach Pfingsten) qwomen die littowen ungewarnet und hertin die land um welow, Insterburg und Jorgenburg (Georgenburg) unde Salow (Saalau) unde tatin grosin schadin an lüthen, die sie slugen unde fingen unde vil vyes unde roubes, das sie von dannen treben ...«
Nach einer abermaligen Zerstörung der Georgenburg 1385 entschloß sich der Bischof, die Burg nunmehr in Stein und mit besseren Befestigungen auszubauen. In dieser Zeit residierten in Bischoveshusen (Fischhausen) nacheinander die Bischöfe Dyterich Tylo (1379–1386), Heinrich II. Kuhwald/Kubal (1387–1395) und Heinrich III. Seefeld (1395–1414). Sie hielten treu zum Orden, auch nach der Niederlage von Tannenberg, wo am 15. Juli 1410 ein bischöflich-samländisches Fähnlein unter dem Banner mit gekreuztem roten Bischofsstab und Schwert mitgekämpft hatte.
Die heute noch vorhandenen Gebäudeteile der Georgenburg stammen aus der Zeit ihres massiven Ausbaus um 1385. Damals entstand ein regelmäßiges, rechteckiges Kastell mit Ecktürmen

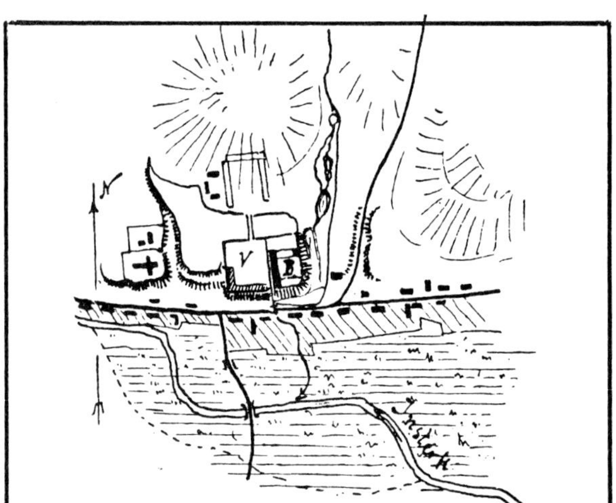

Lageplan von Georgenburg (Zeichnung: J. M. Giese, 1826)

und einer westlich anschließenden Vorburg. Der auf der nördlichen Uferhöhe der Inster gelegene Burgplatz war von einem Wassergraben umgeben, der von zwei Bächen gespeist wurde, die bei Gefahr aufgestaut werden konnten. Der Zugang führte von dem nördlich am Hügelhang gelegenen Wirtschaftshof über eine Zugbrücke zur Vorburg und von dort ins Haupthaus.
Das Haupthaus ist auf hohem Feldsteinsockel in Backstein aufgemauert und besitzt sehr tiefe Keller. Mittelhohe spitzbogige Fenster und Mauerblenden beleben das Mauerwerk, das zusätzlich noch durch Rautenmuster aus Sintersteinen aufgelockert wird. Über dem Hauptgeschoß verläuft unter der Traufe eine gleichmäßige Reihe von Wehrluken, hinter denen innen Stichbogennischen liegen. Der mit Veränderungen überlieferte südliche Staffelgiebel mit Blenden und Übereckfialen läßt erkennen, daß das Haus früher ein hohes Satteldach besaß. Abgeschlossen wird die erhaltene Hälfte des Gebäudes im Norden durch einen 1850 vorgesetzten Staffelgiebel. Die Raumaufteilung des einflügeligen Haupthauses läßt sich nach den vielen Umbauten nicht mehr sicher bestimmen. Es ist zu vermuten, daß die Burgkapelle oder ein Repräsentationsraum im Südteil dieses Flügels gelegen hat, denn in den noch erkennbaren vier Spitzbogenblenden der Giebelseite dürften früher Fenster gewesen sein.
Dem westseitigen Hauptflügel gegenüber lag an der Nordostecke des ummauerten und mit leichten Nebengebäuden umstandenen Hofs ein quadratischer Eckturm von geringem Durchmesser. Dieser hatte sich als Stumpf mit neuer Abdekkung auch bis in die Neuzeit erhalten. Vieles weist darauf hin, daß sich auch an den anderen Ecken Türmchen befunden haben. Einen echten, massiven Bergfried, wie wir ihn aus Königsberg, Rehden oder Graudenz kennen, baute man in dieser späten Stilepoche nicht mehr.
Von der westlich anschließenden Vorburg haben sich Teile der starken südlichen und westlichen Mauerfront erhalten, die zur Hangseite von schweren Strebepfeilern abgestützt werden. Im Mauerwerk sind noch Spitzbogenblenden und alte Fensterlaibungen zu erkennen. In den Jahr-

Giebel des Haupthauses der Georgenburg (Foto: R. Heidemann, 1989)

Die Georgenburg um 1826 (Zeichnung: J. M. Giese, 1826)

hunderten haben sich natürlich die im Vorburgbereich liegenden Wirtschaftsgebäude ihren unterschiedlichen Verwendungszwecken entsprechend verändert.

Auch die neue, wehrhafte Georgenburg mußte bald die Belagerung und Erstürmung durch die Litauer unter dem Großfürsten Witold erleiden. Sein Vater Kynstut, der bereits 1364 Georgenburg niedergebrannt hatte, war 1384 von seinem Neffen Jagiello, dem späteren König Wladislaw II. von Polen, ermordet worden. Jagiello und Witold erreichten als Verbündete 1410 in der Tannenberg-Schlacht den Sieg über den Deutschen Orden. Um 1403 gelang Witold die Einnahme der schwach besetzten Bischofsburg. Darüber berichtet der Chronist Posilge:

»Ouch geschach is uff dese czit, das sich wytowt legiete vor Jorginborg (Georgenburg) das hus, unde gewan is obir houbt, uf dem huse worin wenig lute unde herin, unde als das hus gewonnen wart, do wolde wytowt sin geczogin vor Ragnith. Nu irfur her, das der Marschalk gar stark do lag in der buwunge, unde torste dar nicht komen.«

Nach 1410 schritt die deutsche Besiedlung von Nadrauen noch langsamer voran. Es fehlte dem Ordensland die frühere Kraft und das Anziehungsvermögen, um überragende Kultivierungsleistungen wie bisher zu vollbringen. Innere Widerstände, Führungsschwäche, aber vor allem Erschöpfung der Menschen waren Signale des Niedergangs des einst so vorbildlichen, blühenden Ordensstaats.

Mit der Einführung der Reformation im Gefolge der Umwandlung der Ordensherrschaft in ein weltliches Herzogtum unter dem bisherigen Hochmeister und neuen Herzog Albrecht von Brandenburg-Ansbach 1525 zerfielen auch die dem Orden inkorporierten Bistümer. Der letzte Bischof von Samland, Georg von Polenz, trat zum Protestantismus über und zog sich in die ihm als Abfindung übertragene alte Ordensburg Balga zurück. Georgenburg wurde herzogliches Kammeramt, an dessen Amtshauptleute das schwache und arme Herzogtum es wiederholt verpfänden mußte.

Auch Georgenburg wurde durch den Tataren-einfall von 1656 hart heimgesucht und verlor viele Einwohner durch Tod oder Verschleppung. Es folgten in Intervallen immer wieder Besetzungen durch fremde Truppen sowie Seuchen und Mißernten. 1679 kamen die Schweden, 1757 die Russen und 1812 die Franzosen. Dazwischen lag um 1706 bis 1709 eine verheerende Pestepidemie, die die Bevölkerung von ganz Ostpreußen dezimierte.

Die Georgenburg um 1935 (Foto: Archiv Ostpreußenblatt, 1935)

Der eingetretenen Verarmung und Entvölkerung des Landes stellte sich König Friedrich Wilhelm I. von Preußen mit dem als Retablissement bekannten Reform- und Kolonisationswerk entgegen. Es gelang ihm, neben der umfangreichen Ansiedlung von litauisch-prussischen Bauern, Kolonisten aus der französischen Schweiz, aus Nassau, der Pfalz und dem Magdeburgisch-Halberstädtischen Raum sowie als größte geschlossene Volksgruppe etwa 15 000 Salzburger ins Land zu holen. Letztere wurden insbesondere im Raum nördlich von Georgenburg angesiedelt.

Die Domäne Georgenburg verpachtete der preußische Staat 1709. Bereits fünfzig Jahre später begann dort die Pferdezucht, aus der sich Anfang des 19. Jahrhunderts ein privates Vollblutgestüt entwickelte.

1828 erwarb die Memeler Kaufmannsfamilie Simpson Haus und Gut Georgenburg mit 6000 Hektar Land; sie wurde 1840 in den preußischen Adelsstand erhoben. Der Enkel des Käufers, William von Simpson, machte in seinem großen autobiografischen Familienroman »Die Barrings« Georgenburg unter dem Namen Wiesenburg Millionen von Lesern bekannt. 1899 ging das Gut wieder in Staatsbesitz über und wurde Sitz des alten Landgestüts aus Insterburg.

Georgenburg hat den Zweiten Weltkrieg ausgeplündert, in der Bausubstanz jedoch fast unversehrt, überstanden. Viele deutsche Soldaten haben dort nach 1945 das harte Los der sowjetischen Gefangenschaft erdulden müssen. Die Sowjets hatten den Gebäudekomplex zu einem großen Kriegsgefangenenlager umfunktioniert.

Heute beherbergt die recht gut erhaltene Burg wieder ein Gestüt. Es ist nach den vielen deprimierenden Eindrücken im sowjetisch besetzten Nordostpreußen ein erfreulicher Anblick, endlich einmal ein weitgehend erhaltenes deutsches Baudenkmal zu sehen.

Die Georgenburg blieb weitgehend erhalten; nur auf der Rückseite weisen ein Turmstumpf und bröckelndes Mauerwerk auf Zerstörungen hin. (Foto: R. Heidemann, 1989)

Tilsit

Stadt und Burg am Memelstrom

Stadtwappen von Tilsit

Bis an die Memel, und noch ein Stück darüber hinaus reichte Deutschland über viele Jahrhunderte. Das besang nicht nur Heinrich Hoffmann von Fallersleben in unserer Nationalhymne, sondern das entsprach seit über 650 Jahren den heute so häufig im gegenteiligen Sinn beschworenen »politischen Realitäten«.
Im Frieden vom Melnosee von 1422 mußte die Grenze zu Schamaiten so weit zurückgenommen werden, wie sie dann bis in die Neuzeit, also 500 Jahre unverändert, fortbestanden hat. Vorher gehörte nicht nur der verbliebene 10 bis 20 km breite Streifen des Nordufers der Memel zum deutschen Ordensland, sondern weite Gebiete Schamaitens und Sudauens. In der Glanzzeit des Deutschen Ordens bestand eine durchgehende Landverbindung zum Herrschaftsgebiet des mit ihm vereinigten Schwertbrüderordens in Livland, Kurland und Estland, das bis Narwa und bis an den Peipus-See reichte.
Die Memel gehört zu den sieben europäischen Strömen in Deutschland und ist mit 879 km Gesamtlänge mit der Oder vergleichbar. Allerdings betrug der deutsche Stromanteil vom Eintritt ins Memelland bei Schmalleningken bis zur Mündung ins Kurische Haff nur 111 km. Der Strom hat sich während der mit dem Auftreten des Deutschen Ordens beginnenden geschichtlichen Zeit dieses Landes ganz erheblich verändert. Daran haben, ähnlich wie im Weichselgebiet, die bereits in der Ordenszeit einsetzende Stromregulierung und Eindeichung einen maßgeblichen Anteil.
Die Memel hatte in ihrem früheren, ungeregelten Zustand mehr Verästelungen in ihrem Delta als heute. In der Vorzeit war ihr altes Urstromtal vor dem Durchbruch bei Ragnit nach Südwesten ins Inster- und Pregeltal verlaufen. Von den vielen Delta-Mündungsarmen sind im wesentlichen Gilge und Ruß übriggeblieben.
Noch der Orden benutzte mit seinen Schiffen den breiten Schalteik-Fluß, der unterhalb von Tilsit nach Südwesten abzweigte und viel Wasser führte. Er war vermutlich früher der Hauptmündungsarm der Memel, denn bei seinem Eintritt ins Kurische Haff liegen Ort und Fluß Nemonien, deren Name von Memel/Njemen abgeleitet ist. Der Schalteik-Fluß floß unmittelbar an der Wikinger-Siedlung Linkuhnen vorbei, von wo aus im 9. bis 11. Jahrhundert ein lebhafter Seehandel mit Skandinavien stattfand, wie viele Ausgrabungsfunde belegen. Um 1630 wurde der zunehmend versandende Schalteik-Fluß zugunsten der Gilge von der Memel abgeriegelt.
Interessante Aufschlüsse vermittelt ein Vergleich der Schroetterschen Landkarte von 1796/1802 mit neuzeitlicheren Kartenwerken. Man erkennt auf der alten Karte noch viele Einzelheiten des früheren Stromgebiets, wie alte abgeschnittene Flußstücke, damals noch vorhandene Inseln und unregulierte Stromabschnitte.
Für unsere Thematik bringt die Schroettersche Karte aber vor allem Erkenntnisse über die Lage alter Ordensburgen im Memelgebiet. Der Kartenausschnitt zwischen Ragnit und Tilsit, das hier noch mit seinem alten Namen Tilse bezeich-

net ist, bis zur Gabelung in Gilge und Ruß läßt die in diesem Raum vorliegende Massierung von Ordensburgen erkennen. Wie eine Kette liegen am Memelstrom nebeneinander die Burgen Splitter, Tilsit, Caustritten, Schalauerburg, Ragnit und Alt Ragnit. Vier von ihnen bestanden als vorgeschobene Stützpunkte und vorläufige Grenzbefestigungen aus Wällen und Holzgebäuden nur während der langandauernden Litauerkämpfe.

Splitter und Caustritten wurden 1365 von den Litauern gleichzeitig niedergebrannt, wie der Chronist Posilge mit seinen Worten vermeldet: »Vor vastnacht vorbrante Kynstoth den herren dese dry hüser Splitten, Caustviten unde das hachelwerk vor Rangnith unde fürten die lüthe gefangen von dannen, und daz qwam zcu mit vorretnisse.«

Während Splitter in dem Namen des westlichen Vororts von Tilsit in Erinnerung blieb und auf der alten Karte mit einem Schloßsymbol am aufgestauten Schmalup-Flüßchen zu erkennen ist, hat sich von der Burg Caustritten 4 km östlich von Tilsit auf dem Schloßberg am Memelufer das Burggrabensystem noch erkennbar erhalten.

Ähnliches gilt für die westlich nahe Ragnit gelegene Schalauerburg bei Paskalwen und für Alt Ragnit. Erstere wurde vom Orden um 1293 für die zum Christentum übergetretenen Schalauer als Fluchtburg gebaut und 1365 endgültig zerstört.

Alt Ragnit lag 1 km östlich von Ragnit auf dem Schloßberg. Dort wurde die heidnische Burg Raganita 1277 von einem zu Schiff herangeführten samländischen Ordensaufgebot zerstört. Auf ihrem Platz ließ Landmeister Meinhart von Querfurt 1289 die Burg Landeshut bauen, die von den Litauern 1355/56 zweimal niedergebrannt worden ist. Sie wurde auf dem 1 km westliche gelegenen neuen Burgplatz Ragnit wieder aufgebaut und stand auf dem Platz der späteren Vorburg der Komtursburg Ragnit, die von 1397 bis 1409 massiv erbaut worden ist.

Fast gleichzeitig entstand im 12 km entfernten Tilse oder Tylsat eine kleinere steinerne Burg als Pflegersitz. Sie galt wohl als Ersatz für die auf dem Tilsiter Schloßberg stehende alte Holzburg Caustritten. Der zeitgenössische Chronist Johannes von der Posilge berichtet in seinem Jahrbuch von 1408 darüber: »Item wordin gebuwit in desim zomir eyn hus uff der Mymmel die Tylsat genant.«

Der Burgplatz lag unmittelbar am Südufer des Memelstroms, dort, wo die Tilsete einmündete, die der Burg den Namen gab. Das Flüßchen staute man zu einem Mühlenteich südlich der Burg auf und leitete es in drei breiten Wasser-

Das Gebiet um Tilsit und Ragnit mit einer Ansammlung von 6 Burgen (Zeichnung: Schroetter-Karte, 1796/1802)

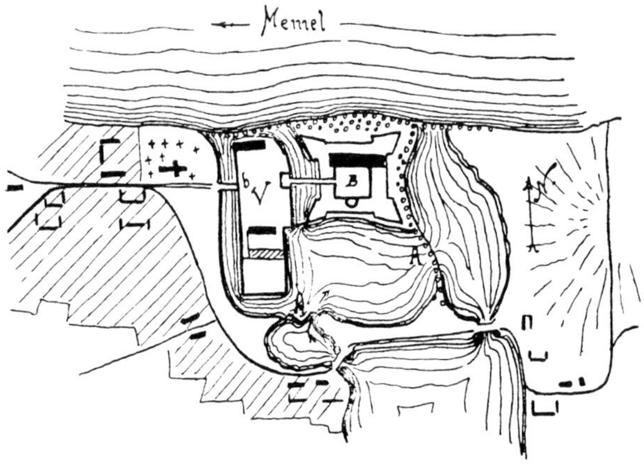

Lageplan der Burg Tilsit (Zeichnung: J. M. Giese, 1826/28)

armen als Burggräben mit Stauwehren kunstvoll um Haupt- und Vorburg. So war das feste Haus auf drei Seiten von der Memel und den Stauen geschützt, während auf der vierten westlichen Seite hinter einem Hausgraben die Vorburg und davor wiederum durch einen gestauten Graben getrennt die Lischkensiedlung lag.
Die Burg bestand aus einem einflügeligen Burghaus am Memelufer mit einem südlich vorgelagerten quadratischen Hof, der mit an Mauern angelehnten Wirtschaftsgebäuden umschlossen war. An der Südseite lag etwa mittig an der Mauer ein halbrunder Turm. Hofseitig hatte der Hauptflügel einen zweigeschossigen massiven Kreuzgang mit Kreuzgewölben.
Das Burghaus stand auf einem Feldsteinfundament über dem Füllmauerwerk, das mit Backsteinen verblendet und mit Rautenmuster verziert war. Außer der Gliederung in Erd-, Haupt- und Wehrgeschoß kennen wir weder die ursprüngliche Lage und Art der Fenster und Türen noch die Raumaufteilung. Alles wurde von den vielen Umbauten überdeckt. Unter der Traufe des hohen Satteldachs verlief eine regelmäßige Reihe von Wehrluken. Im Erdgeschoß führte eine kleine Wasserpforte zum Flußufer. Der Haupteingang zum Burghof befand sich im westseitigen Mauerflügel und war über den Hausgraben von der Vorburg aus zu erreichen.
Von den Vorburggebäuden ist nichts überliefert. Lediglich ein gemauerter Brückenbogen läßt auf eine steinerne Brücke schließen, die zugleich ein Stauwehr enthielt.
Der Bau wurde im Stil der kleineren Verwaltungsburgen der späten Architekturepoche ausgeführt. Verwandtschaft mit den ebenfalls späten Burgbauten in Bütow und Herrengrebin ergeben sich aus einigen Stilelementen und wohl auch daraus, daß der berühmte Ordensbaumeister Nicolaus Fellensteyn die architektonische Oberleitung bei allen drei Burgen innehatte. Das Tresslerbuch und andere Unterlagen haben weitere Baunachrichten überliefert. Einige Pläne, Zeichnungen und Gemälde aus den letzten 200 Jahren lassen Rückschlüsse auf die groben Umrisse der ursprünglichen Anlage zu. Die auf unsere Zeit überkommenen spärlichen Mauerreste geben wenig Aufschluß.
Kurz nach Fertigstellung des Neubaus rannten 1411 die Litauer wütend gegen das Bollwerk an und beschädigten es. Ein Jahr später war der Schaden behoben. Tilsit blieb über drei Jahrhunderte neben der größeren Schwester Ragnit eine wichtige Grenzfeste an der Nordgrenze Preußens.
Wir kennen die Namen einer Reihe von Ordensrittern, die als Pfleger der Burg Tilsit amtierten, wie z. B. Heinrich von Helderich (1449), Sigismund von Wallenrod (1450), Wigand von Gans

Burg Tilsit mit Memel- und Westseite um 1840 (Zeichnung: Gräfin Dohna, 1840)

Die nach dem Krieg wiederaufgebaute Königin-Luise-Brücke über die Memel. Hier lagen die vor 100 Jahren untergegangene Ordensburg und die im Zweiten Weltkrieg zerstörte Deutschordenskirche. (Foto: R. Heidemann, 1989)

(1452), Ludwig von Thalheim (1493), Philipp von Kreutz (1498), Eberhard von Freiberg (1517), um nur einige zu nennen. Ihnen folgten in der Herzogszeit ab 1525 die Amtshauptleute, die bis 1800 in der Burg ihren Sitz hatten.

Mit dem im 16. Jahrhundert aufblühenden Handel mit Litauern entwickelte sich Tilsit von einem Marktflecken zur Stadt, der am 2. November 1552 Herzog Albrecht von Brandenburg das Stadtprivileg samt Wappen verlieh mit folgendem Urkundentext:

»Hieneben geben und zueignen Wir der Stadt Tilse ein gewonlich Insigell, nemblichen einen rothen Thurm mit zween Zinnen in einem weißen Felde, in des Mitte das alte ankommende Marggrevische, das man sonsten das zolerische Wapen nennet, schwartz und weiß und under demselben ein Wasserfluß in massen solchs alhie mit Farben eingelewt.«

Es ist erstaunlich, daß Tilsit im Gegensatz zu den meisten ostpreußischen Städten weder beim Tatareneinfall von 1656 noch im Schwedenkrieg 1678/79, aber auch bei den späteren russischen und französischen Besetzungen von 1758 und 1807 keine nennenswerten Schäden erlitt. Um 1800 hatte die Stadt fast 8000 Einwohner, um 1900 bereits etwa 40000.

1679 schlug der Große Kurfürst bei Splitter mit seinem über das Eis des Haffs herangeführten Heer die Schweden und zwang sie zum Rückzug nach Livland.

Geschichte europäischer Dimension erlebte Tilsit zu Beginn des 19. Jahrhunderts, als am 25./26. Juni 1807 auf einem festlich ausgestatteten Floß auf der Memel Kaiser Napoleon I. mit Zar Alexander I. von Rußland und König Friedrich Wilhelm III. von Preußen verhandelten und am 9. Juli 1807 ein für Preußen schmachvoller Friede geschlossen wurde.

Ein weiterer Meilenstein preußisch-europäischer Geschichte wurde am 30. Dezember 1812 im nahen Tauroggen gesetzt, als der preußische General Yorck von Wartenburg mit dem russischen Oberbefehlshaber auf eigene Faust die berühmte Konvention gegen den Usurpator abschloß und damit seinen schwachen, unentschlossenen König zum Kampf gegen Napoleon zwang.

Die alte um 1537 noch einmal überholte Ordensburg erhielt 1670/71 die damals übliche Bastionärbefestigung mit sternförmigen Mauern und Wällen. Noch 1795 diente sie dem Amtshauptmann und dem Chef des Dragonerregiments als Wohnung.

Zunehmender Verfall führte zum Abriß von Gebäudeteilen, als die Burg 1805 in Privatbesitz übergegangen war. Noch einmal fand das Stadtgericht um 1820 hier Unterkunft, bis das Gebäude nach weiteren Abrissen nur noch für Gewerbezwecke verwertbar war. Einer Dampfmühle um 1842 folgte 1844 eine Maschinenfabrik und 1873 eine Papierfabrik, die bereits drei Jahre später abbrannte. Zuletzt übernahm ein Kalkwerk das Gelände mit wenigen Gebäuderesten.

Eine lange, wechselvolle Geschichte eines historischen Bauwerks führte von Stufe zu Stufe hinunter in die Gewöhnlichkeit eines einfachen Hauses. Seinen übriggebliebenen Trümmern konnte der Untergang der 60000-Einwohner-Stadt am 21. Januar 1945 nichts mehr anhaben.

Die Stadt hat jedoch unter den von Oktober 1944 bis Januar 1945 anhaltenden Kämpfen schwer gelitten. Wer Tilsit vom Nordosten über die neu aufgebaute Königin-Luise-Brücke betritt, findet nicht mehr die abgetragene Deutschordenskirche oder andere vertraute Gebäude. Nur da und dort kann man zwischen Neubauten ein Stückchen vom alten Tilsit wiedererkennen. An den Ufern des schönen Schloßmühlenteichs stellt sich die Erinnerung an die Vorkriegszeit wieder ein, doch nur wenige werden eine Verbindung zur längst untergegangenen Ordensburg finden, die hier am Memelstrom gestanden hat.

Memel

Tor zum Meer und nach Kurland

Siegel der Stadt aus dem 16. Jh.

An der nördlichen Spitze des Kurischen Haffs liegt die seit vielen Jahrhunderten einzige Verbindung dieses großen Boddengewässers mit der Ostsee: das Memeler Tief. Als schmaler Landstreifen von fast hundert Kilometer Länge scheidet die Kurische Nehrung, die in nordöstlicher bis nördlicher Richtung verläuft und die in der Vorzeit mehrere Durchlässe hatte, Haff und See voneinander. Seinen Süßwasserüberschuß bezieht das Haff von den einmündenden Flüssen, von denen der Memelstrom mit seinem stark gefächerten Mündungsdelta der vorherrschende ist. Hier im Seetief laufen die Wasserstraßen der See, des Haffs und des Stroms zusammen und bilden einen Knotenpunkt, der strategisch und verkehrspolitisch von erheblicher Bedeutung ist.

In vorgeschichtlicher Zeit lebte in diesem Küstenbereich bis zur Windau und auf der Kurischen Nehrung der baltisch-indogermanische Volksstamm der Kuren. Das nach ihnen benannte Kurland war schon in sehr früher Zeit den Einflüssen ostgermanischer Völker des Weichselgebiets und vom 9. bis 12. Jahrhundert den germanischen Vorstößen aus Skandinavien ausgesetzt. Vermischungen fanden auch mit den benachbarten Litauern und Letten sowie mit den verwandten prussischen Völkerschaften statt.

Ähnlich wie bei Wiskiauten im Samland fand sich nahe bei der Gabelung der Memel in die beiden Mündungsarme Ruß und Gilge bei Linkuhnen ein vorgeschichtliches Gräberfeld mit vierschichtigem Aufbau. Während die untere Schicht aus dem 6. bis 8. Jahrhundert Baumsärge mit prussischen Grabbeigaben enthielt, fanden sich in den darüberliegenden Brandgräbern Wikingerschwerter und nordgermanischer Schmuck. Offensichtlich hat hier im 10. Jahrhundert eine Wikingersiedlung bestanden, deren Lage die Vermutung fördert, daß gegenüber den Mündungsflüssen der Memel in der Kurischen Nehrung im Raum Sarkau-Rossitten ein schiffbares Seetief vorhanden gewesen ist.

Als nach der Jahrtausendwende als einziger Durchlaß nur noch das Memeler Seetief bestand, stieg die Bedeutung der dortigen Siedlung, die man nach dem lettischen Begriff für flache Gegend Klaipeda nannte. Ausgrabungen und Anschnitte des Geländes legten eine ganze Reihe von Wällen, Schanzen, Burgbergen und Funden frei, die auf altertümliche Besiedlung und auf Befestigungen schließen lassen. Doch hat dieser bevorzugte Platz in alter Zeit nie eine Bedeutung erreicht, die mit der von Truso (bei Elbing) auch nur annähernd vergleichbar wäre.

Nachdem Livland um 1200 von Lübeck aus als überseeische Kolonie deutscher Bürger und Ritter »aufgesegelt« worden war, wurde 1232 das Bistum Kurland errichtet. Von Norden stießen die deutschen Ritter des Ordens »Brüder des Ritterdienstes Christi« aus Livland weiter vor. Ein Ritterorden, der von Bischof Albert von Bremen um 1202 in Riga gestiftet worden war und der wegen des roten Schwertes auf dem weißen Ordensmantel kurz livländischer Schwertbrüderorden genannt wurde. Von Süden drang seit 1231 der Deutsche Orden unaufhörlich ins Preußenland vor und hatte 1237/39 mit der Eroberung der Mündung des Elbing-Flusses und der Burg Honeda (Balga) das Frische Haff auf breiter Front erreicht.

Um diese Zeit erfolgte der Zusammenschluß beider Orden im Deutschen Orden mit dem Ziel, das weitere Vordringen zu koordinieren und auch einen territorialen Zusammenschluß zwischen beiden Gebieten herzustellen. Als erste Maßnahme begann der als Vertreter des Hochmeisters nach Livland entsandte Deutschmeister Eberhard von Sayn im Jahre 1251 einen Vorstoß gegen Samaiten, der bald das an der Nordecke des Kurischen Haffs gelegene Seetief erreichte, ohne allerdings das Hinterland zu erobern. An der Einmündung der Dange in das Seetief entstand eine hölzerne Burg, die man Mimelborgh nannte. Nach den Urkunden vom Juli 1252 kam es zur Teilung des Burgplatzes und der Baukosten zwischen dem Schwertbrüderorden und dem Bischof, indem der Bischof Beihilfen aus Grundabgaben zahlte.

Das »castrum primitum aedificatum Mimelenburch« lag dicht an der Haffküste und war von Palisaden und hölzernen Wachtürmen eingefaßt. Ein Teil des Holzes war über See herbeigeschafft worden, wie überhaupt die Versorgung überwiegend auf dem Seeweg vorgenommen werden mußte.

Die Bedeutung der Memelburg war für den Orden groß, denn sie wurde Stützpunkt für neue Landeroberungen und Ausgangspunkt für Feldzüge gegen Samaiten. Durch die Beherrschung des Seetiefs konnte der Zugang zu den Binnengewässern einschließlich des Memelstroms blokkiert und damit Handel und Zufuhr in das samaitisch-litauische Hinterland unterbunden werden. Dort machten sich bald die fehlenden Einfuhren von Salz, Waffen und Kleidung bemerkbar.

Für die Samländer, die an der Pregellinie und am Frischen Haff gegen den Deutschen Orden kämpften, war durch die neue Burg eine Bedrohung in ihrem Rücken entstanden, die sie schnell zu beseitigen versuchten. So kam es bereits 1252/53 zu einem großen Angriff auf Memel mit samländischen Schiffen und einer Landstreitmacht, der jedoch scheiterte. Auch die Samaiten rannten sogleich gegen den entstehenden Stützpunkt an, und es kam zu einer gemeinsamen Belagerung.

Landmeister Anno von Sangershausen unternahm 1254 einen Entlastungsvorstoß gegen das Samland, der wohl auch dem preußischen Ordensteil half, ein Jahr später das Samland und den Platz von Königsberg zu erobern. Die Kämpfe um Memelburg wogten hin und her. Das Ordensaufgebot unter Meister Burchard von Hornhausen erlitt 1257 in der Nähe von Memel eine empfindliche Niederlage. Danach gelang es, mit den Samaiten einen mehrjährigen Waffenstillstand auszuhandeln.

Schon bald hatte sich herausgestellt, daß der Burgplatz wegen der Brüchigkeit des Grunds, aber auch wegen der Enge den Ausbau der Burg in Stein nicht zuließ. Deshalb wurde bereits 1253 ein höher gelegener Platz abgesteckt und die

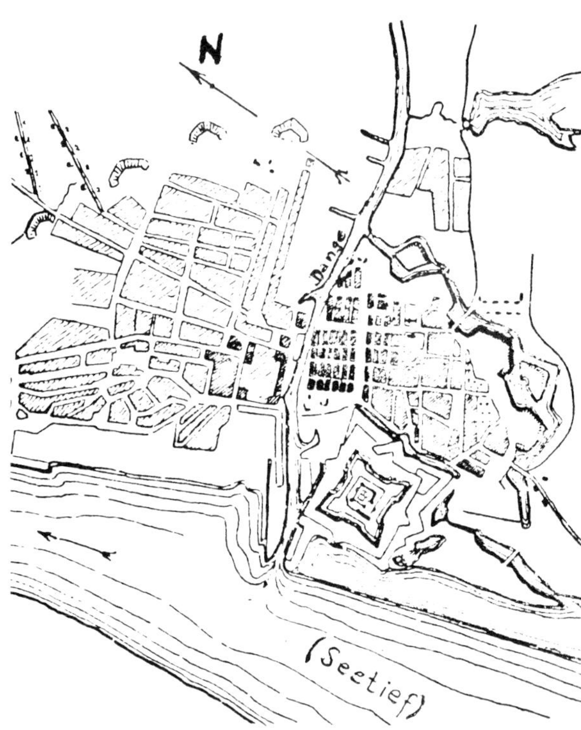

Lageplan der Stadt und der Zitadelle auf dem einstigen Burgplatz (Zeichnung: J. M. Giese, 1828)

Alter Stich der Burg und Stadt Memel (Zeichnung: Joh. J. Vogel, um 1680)

Burg dort allmählich neu errichtet. Es ist dies der später von der Zitadelle eingenommene Platz, auf dem sich bis 1821 zwei Türme der Steinburg erhalten hatten, die wohl erst zu Beginn des 15. Jahrhunderts entstanden ist.

Unsere Kenntnisse von der Beschaffenheit der alten Ordensburg sind denkbar gering, weil sie nach der Ordenszeit in moderne Festungsanlagen einbezogen wurde und dadurch allmählich verschwand. Nach der Überlieferung soll die Burg vierflügelig gewesen sein und an jeder Ecke einen festen Rundturm gehabt haben. In der östlichen Hälfte des Südflügels befand sich die Burgkapelle. Bis 1815 war noch der Ostflügel der Burg mit dem zugehörigen Eckturm erhalten, mußte aber wegen Baufälligkeit abgerissen werden. Dort lagen vermutlich die Wohnräume des Komturs, wie die damalige Raumeinteilung zeigte.

Den Umbau zu einer zeitgemäßen Festung führte nach 1525 auf Anordnung von Herzog Albrecht der Nürnberger Baumeister Christoph Ramers durch. Hundert Jahre später ließ der Große Kurfürst durch den Königsberger Bauingenieur Christian Rose zum Schutz der Haffseite eine Zitadelle anlegen, die um 1686 der Baumeister Nicastre durch Außenbastionen erweiterte. Nur noch wenige Bestandteile stammten von der alten Ordensburg, als 1888 die veralteten Festungsanlagen abgetragen wurden, deren letzte Reste 1940 verschwanden. Die wenigen überlieferten Unterlagen, wie der Lageplan des Leutnants Giese aus dem Jahr 1828 und die Stadtansicht des Landmessers Naronski von 1670, geben nur wenig Aufschluß über die Reste der alten Ordensburg.

Die Vorbereitungen für die Anlage einer Stadt reichen bis 1253 zurück. Man plante, dort den Hauptort für ganz Kurland anzulegen, der auch Sitz des Bischofs und des Domkapitels wurde.

Durch den vorzüglichen Hafen und die günstige geographische Lage schien der Platz als Verkehrsmittelpunkt und zentrale Handelsniederlage für das kurländische und Memelgebiet prädestiniert. Wegen des zunächst in Erwägung gezogenen Dortmunder Stadtrechts sollte die Stadt ursprünglich Neu Dortmund genannt werden. Letztlich erteilte der livländische Landmeister Burchard von Hornhausen der neuen Stadt Memelburg das lübische Stadtrecht, das von Bischof Heinrich von Kurland urkundlich bestätigt wurde.

Durch die ständigen Kämpfe und die anhaltende Bedrohung entwickelte sich die Stadt zunächst sehr gering. Sie wurde 1260 überrollt, als sich die Kuren und Semgallen nach der Niederlage des Ordens bei Durben erhoben. Der Bischof floh und verlegte seine Residenz nach Pilten.

Das Vordringen der preußischen Ordensritter bis an die Memel, das seinen Höhepunkt 1276 mit der Eroberung der Schalauerburg Raganite erreichte, brachte der umkämpften Memelburg Entlastung. Trotzdem blieb Memel ein einsamer, gefährdeter Vorposten, der von außen versorgt werden mußte. Deshalb trat das Domkapitel um 1298 seinen dortigen Besitz an den Orden ab und verlegte seinen Sitz nach Windau.

Die Burg wurde 1323 trotz der inzwischen vorgenommenen Verstärkung von den Samaiten hart bedrängt und konnte nur mit Mühe gehalten werden. Nach Zerstörung der ganzen Siedlung wurden die nicht getöteten Einwohner in die Sklaverei verschleppt.

Nach diesen anhaltenden Mißerfolgen und den dauernden Streitigkeiten mit dem Bischof verzichteten die Schwertbrüder im Jahre 1328 auf Memel und das Gebiet bis zur Heiligen Aa zugunsten ihrer preußischen Ritterbrüder. Man meinte, daß die schwer zu haltende Bastion von Preußen aus besser zu erreichen und damit auch besser zu verteidigen sei. Aber erst der Verzicht des Bischofs auf Memel im Jahr 1393 besserte die Verhältnisse. Trotzdem kam es immer wieder zu Angriffen und Verwüstungen durch die Litauer, wie der Chronist Johannes von der Posilge aus dem Jahr 1402 berichtet:

»Ouch geschach eyne bose geschicht leider der Cristenheit czu schadin von den Samaythen, wend sie ungewarnit qwomen hin czu der Mymmel, unde hubin die stad uff, unde slugin tot man, wib und kint unde vorbranten die stad ...«

Einige Jahre vorher war der Memeler Komtur Marquard von Raschau nach seiner Gefangennahme durch die Samaiten als Götteropfer verbrannt worden.

Anfang des 15. Jahrhunderts begann der Orden mit umfangreichen Bauarbeiten, um die Burg zum Schutz der wiederaufgebauten Stadt massiv zu befestigen. Der Hochmeister Ulrich von Jungingen besuchte Memel noch 1409, aber ein Jahr später machte die Katastrophe von Tannenberg die günstige Entwicklung und alle Hoffnung zunichte. Während der Wirren des Städtekriegs wechselten Burg und Stadt mehrmals den Besitzer, wobei die Danziger den Seeverkehr sperrten und Stadt und Hafen aus Konkurrenzneid verwüsteten. 1520 machten sie den Ausfluß der Dange durch Versenken von Steinen für längere Zeit unbefahrbar.

Erst in der Herzogszeit blühten Handel und Schiffbau endlich auf, so daß Memel die meisten ostpreußischen Städte an Wohlstand überflü-

Stadtpanorama vom Kurischen Haff aus (Zeichnung: bei A. Boetticher, um 1890)

Auf dem jenseitigen Ufer der Dange stand einst die Memelburg. Sie wurde in die Festungsbauten des 17. Jh.s einbezogen und nach und nach abgetragen. (Foto: R. Heidemann, 1989)

gelte. Jedoch traten durch wiederholte schwedische und russische Besetzungen sowie durch schwere Feuersbrünste immer wieder Rückschläge ein, die sie in der Entwicklung gegenüber den anderen preußischen Seestädten bis zuletzt zurückstehen ließen.
Im Ersten Weltkrieg erlitt die Stadt einen kurzen russischen Überfall und wurde 1919 von den Siegermächten durch französische Truppen besetzt. 1923 eroberten litauische Truppen mit Waffengewalt das Memelland. Noch einmal kehrte es am 22. März 1939 aufgrund freier Vereinbarungen in den deutschen Staatsverband zurück.
Ende Januar 1945 eroberten sowjetische Truppen die erheblich zerstörte nördlichste Stadt Deutschlands. Das Memelland wurde der Republik Litauen angegliedert und erfuhr dadurch einen viel umfangreicheren Wiederaufbau als das rückständige, im wesentlichen militärisch genutzte Kaliningrader Gebiet. Dank der traditionellen engeren Verbundenheit der Litauer zur mitteleuropäischen Kultur wurde in Memel auch einige deutsche Gebäude restauriert.
Die Stadt Memel hat ihre Einwohnerzahl in fünfzig Jahren vervierfacht und viele Neubauten erhalten. Hafen und Industrie haben einen starken Aufschwung erlebt. Allgemein fällt auf, daß sich die Gebäude und Straßen, die Einrichtungen und Dienstleistungen hier deutlich positiv von dem sonstigen sowjetischen Standard abheben.
Von der einstigen Ordensburg an der Einmündung der Dange in das Kurische Haff waren bereits vor hundert Jahren beim Schleifen der veralteten Festungsanlagen der Zitadelle die letzten Gebäudereste abgetragen worden. Nur noch Abschnitte des alten Festungsgrabens mit den sternförmig vorspringenden Uferbefestigungen der ehemaligen Zitadelle lassen den Platz des längst verschwundenen Ordenshauses erahnen, wenn man von der Norderhuk am jenseitigen Ufer der Dange aus mit der Fähre zur Süderspitze der Kurischen Nehrung übersetzt, wo noch vor fünfzig Jahren der alte Sandkrug stand.

III. Natangen und Barten

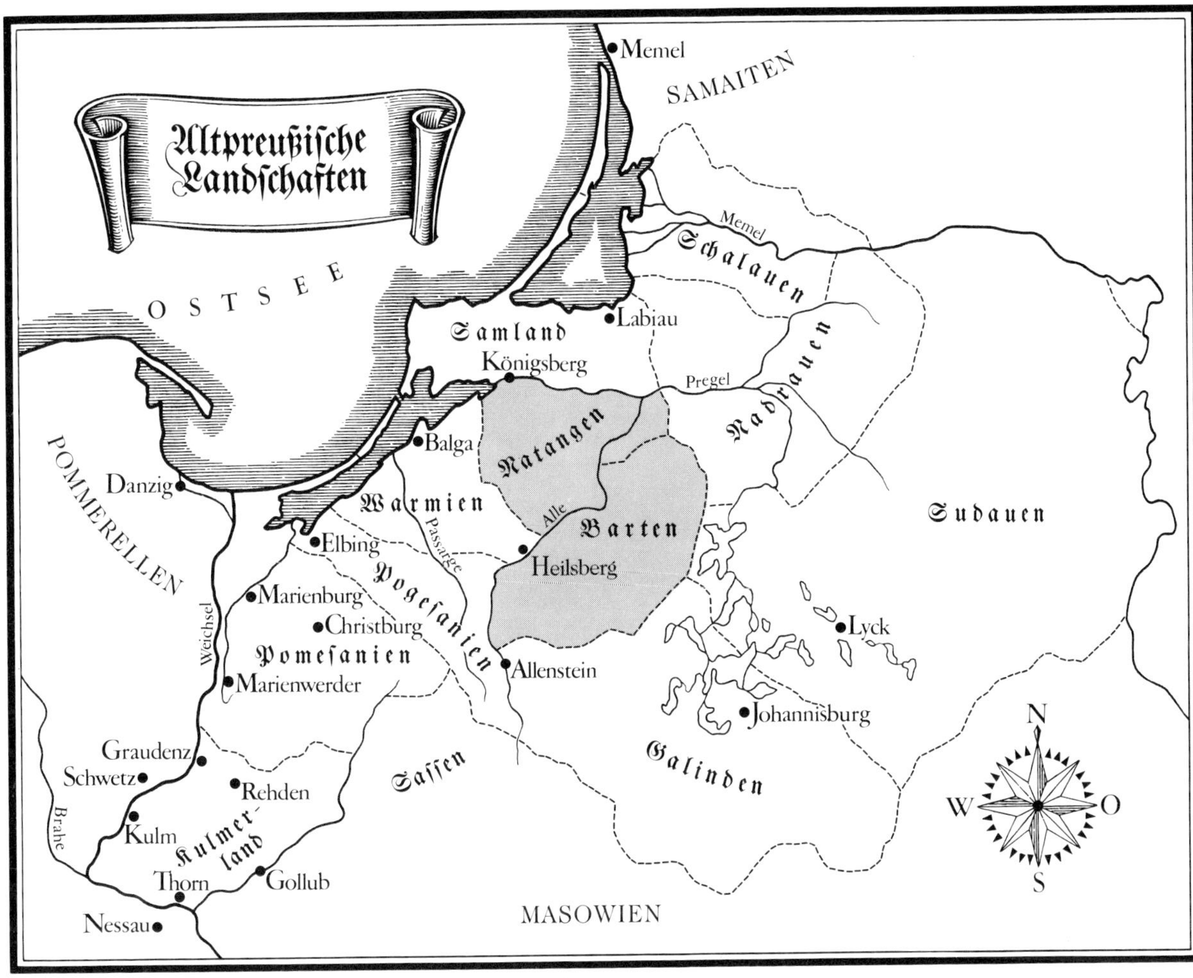

Natangen.

DJs Land hat seinen namen von Natango des Königs Widiwuti Son/ welches Mechouius Nactagam nennet / vnd ligt zwischen den wassern/ dem frischen Haff/ Pregel / Alla vnd zum theil Passerge. Natango hat seinen sitz gehabt auff Honeda / das ist die Balge.

Barthenland.

BArthonia oder Barthenerland hat seinen namen vom Bartho des Königs Widiwuti Son / vnd ist dis Land in Gros / Klein / vnd Plick Barthen getheilet worden. Ist zum theil aus dem Schlos Balge / vnd das ander aus Königsperg vnd Tappiaw bezwungen worden / von Nathangen ists durch die Alla gescheiden / von Littawen /./ gescheiden von einem theil der L X X. See / vnd einer grossen Wildtnis.

(Original-Ausschnitt aus Caspar Hennenberger »Kurcze und warhafftige Beschreibung des Landes zu Preussen«, Königsberg, 1584)

Brandenburg

Haffburg und traditionsreiche Komturei

Komtursiegel aus dem 13. Jh.

Bereits der Name der Burg am Ufer des Frischen Haffs weist auf die enge Verbindung des Ordenslands Preußen mit der Markgrafschaft Brandenburg hin, die im 17. Jahrhundert zur Vereinigung beider Länder unter der Regentschaft der Kurfürsten und später der Könige von Preußen führte. Das Wappen der Komturei sowie des aus einer Lischke entstandenen Marktfleckens zeigen den roten brandenburgischen Adler.

Gründer der Burg war Markgraf Otto III. von Brandenburg, ein Urenkel Albrechts des Bären aus dem Haus der Askanier. Er kam dem Deutschen Orden beim Aufstand der Prussen mit einem Kreuzfahrerheer zu Hilfe, dem auch der Herzog Albrecht von Braunschweig und der Landgraf Albrecht von Thüringen mit einer Streitmacht angehörten.

Alter Stich von Brandenburg (aus Hartknochs Preußischer Historie, 1684)

Die Herrschaft des Ordens in den eroberten Gauen Natangen und Samland, die sich auf die 1239 errichtete Burg Balga und die 1255 gegründete Burg Königsberg stützte, war um jene Zeit keineswegs gesichert. Deshalb ließ Markgraf Otto 1266 auf halbem Weg zwischen diesen beiden Burgen an der Mündung des Frisching-Flusses in das Haff eine Befestigung aus Holz und Erdwällen errichten. Nach Abzug des Kreuzheers wurde diese bereits ein Jahr später von den Warmiern und Natangern zerstört.

Bei einem erneuten Kriegszug Ottos von Brandenburg um 1268 wurden die Natanger weit zurückgeworfen und die Burg Brandenburg neu aufgebaut. Diesmal verwendete man insbesondere für die Wehrmauern Steine und begann alsbald auch das Haupthaus massiv aus Backstein aufzumauern, so daß die Burg den folgenden Angriffen der Prussen widerstand. Immer wieder stürmten sie gegen das Bollwerk an, doch gegen 1273 brach ihr Aufstand zusammen. Der Warmierführer Glappo wurde gefangengenommen und gehängt, weil er sein dem Orden und der Kirche geleistetes Gelöbnis gebrochen hatte.

Für die Härte und Unerbittlichkeit des Kampfes zwischen den heidnischen Ureinwohnern und den christlichen Eroberern gibt es viele Beispiele, die den Menschen unserer Zeit vordergründig zunächst unbegreiflich erscheinen. Dennoch bietet gerade die jüngste Vergangenheit dieses seit fast vierzig Jahren von den Sowjets besetzten

Landesteils eine unvorstellbare Steigerung an Morden, Grausamkeiten und Schändungen im furchtbaren Inferno von 1945.

Den heidnischen Landesbewohnern von vor siebenhundert Jahren kann man dagegen zugute halten, daß sie, in primitivem Denken und Mystifikationen verstrickt, noch Menschen als Götteropfer, inhumane Strafe und Vergeltung sowie brutale Kampfesweise mit Plünderung und Brandschatzung feindlicher Gebiete nach ihrer prämittelalterlichen Weltanschauung für gerechtfertigt hielten.

Aber auch die christlichen Ordensritter und Kreuzfahrer waren im Umgang mit ihren Feinden und den unterworfenen »Heiden« nicht zimperlich. Ihre unnachsichtige Härte war ursächlich von der im Mittelalter allgemein noch unterentwickelten Humanität und der im Christentum verbreiteten Geringschätzung Andersgläubiger bestimmt, aber wohl auch Reaktion auf die brutalen Handlungen der Prussen.

Vor der Gründung von Brandenburg bestand bis zum Jahre 1260 nur gut zwei Kilometer weiter westlich am Haffufer die prussische Lenzenburg. Nach ihrer Eroberung durch den Deutschen Orden übte von hier aus der Vogt von Natangen, Volrad Mirabilis, mit harter Hand die Herrschaft über das unterworfene Land aus. Wiederholt hatten die Natanger aufbegehrt, um das drückende Joch abzuschütteln, und hatten dabei auch zweimal versucht, den Fronvogt durch Meuchelmord zu beseitigen.

Als bei einem Festgelage mit prussischen Oberen in der Lenzenburg ein neuer Mordanschlag auf den Vogt geschah, ließ er das Haus mit den eingeschlossenen Gästen niederbrennen. Diese Untat, für die der Vogt vom Hochmeister zur Rechenschaft gezogen wurde, gab das Signal zum großen Preußenaufstand.

Von der aufgegebenen, verbrannten Anlage waren in jüngster Zeit nur noch Reste von Wällen im Steilufer beim Gut Korschenruh zu erkennen. Auf der Karte ist die Bezeichnung der vorspringenden Uferlinie mit dem Namen Lanskenberg-Haken der einzige Hinweis auf die um 1260 auf schauerliche Weise untergegangene Lenzenburg.

Die zu den Haffburgen zählende Brandenburg ist in den Jahren 1270 bis 1290 fast gleichzeitig mit den Burgen Balga und Lochstädt in Stein ausgebaut worden. Nach dem engen Zusammenhang und der ähnlichen Bauausführung kann vermutet werden, daß bei allen drei Burgen derselbe Baumeister und dieselbe Bauhütte tätig waren. Hier vollzog sich der Umbildungsprozeß von der Abschnittsbefestigung zum geschlossenen Kastell des Konventshauses, das dann für mehr als hundert Jahre die Bauform des Ordens bestimmte. In Brandenburg entstand das größte Konventshaus (Hauptburg) im Ordensland, wenngleich es andere Ordensburgen in der Ausdehnung des gesamten befestigten Burgterrains einschließlich der Vorburg noch übertrafen.

Charakteristisch für Brandenburg und Balga ist der hier feststellbare Übergang von der im Altreich üblichen Hausteintechnik zur Backsteinverarbeitung. Als Belege dafür fanden sich mächtige Gewölbeanfänger, die aus großen Kalksteinblöcken zugehauen worden waren, neben aus Backstein aufgemauerten Pfeilern. Die Baumeister mußten sich in Ermangelung ausreichender Mengen von bearbeitbarem Naturstein, der in Westdeutschland reichlich vorhanden war, auf die Verarbeitung von Backstein umstellen.

Die Lage der Burg in der weiten sumpfigen Niederung des Frisching-Flusses unmittelbar an seiner Mündung in das Frische Haff machte umfangreiche Erdarbeiten für Sicherungsanlagen erforderlich. So wurde von dem westlich vorbeifließenden Frisching ein künstlicher Mündungsarm nach Nordosten abgezweigt. Dieser etwa zwanzig Meter breite, schiffbare Haff-Kanal deckte die Nordseite des gesamten Burgterrains. Ein hufeisenförmiger Graben, der zur Kanalseite von zwei Stauwehren abgeschlossen und von einem Quellbach gespeist wurde, umschloß Haupt- und Vorburg. Beide waren voneinander durch den üblichen ausgemauerten Hausgraben getrennt. Ein sehr breiter Parcham mit umlaufender Mauer umgab den 65 × 52 Meter großen, rechteckigen Häuserblock des Konventshauses allseitig. Außerdem war das feldseitige Ufer des

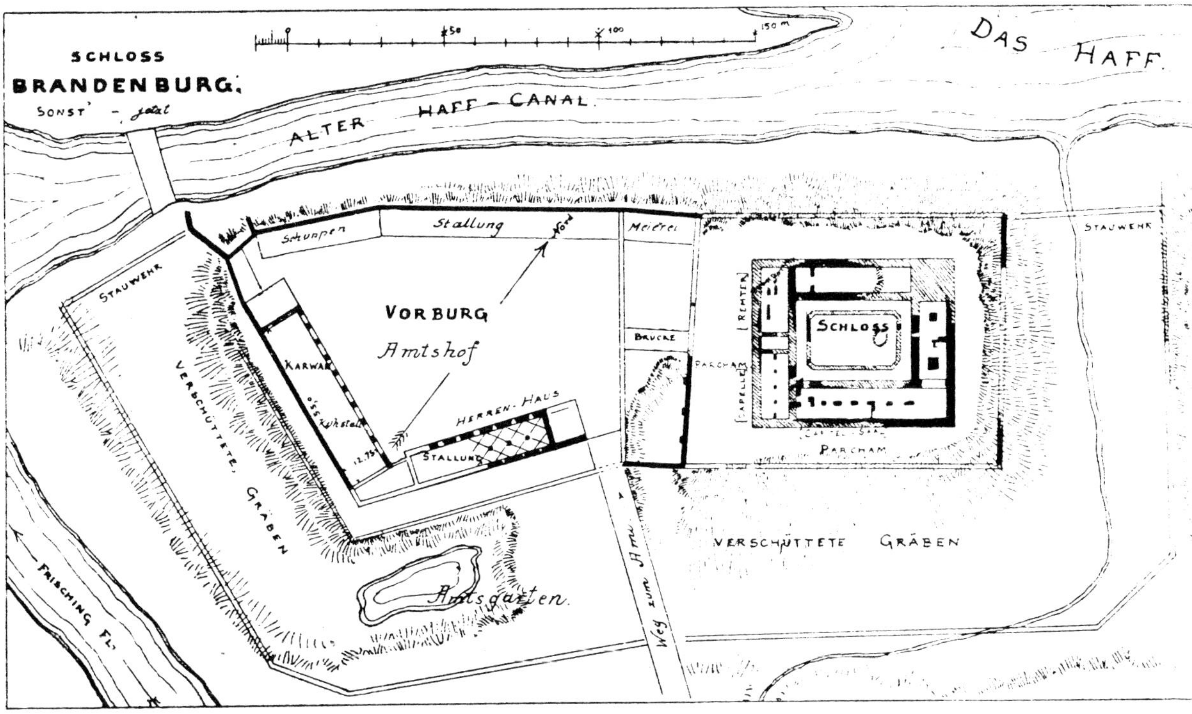

Lageplan der Burg (Zeichnung: C. Steinbrecht, 1888)

Grabensystems ringsum durch Mauern gesichert.

Zur Vorburg gelangte man vom Südosten her auf einer Brücke über den Graben zum Torzwinger. Dort war nach Süden der Vorburg ein Parcham mit Mauer grabenseitig vorgelegt, denn an dieser Seite standen wichtige Gebäude. Zunächst links vom Tor ein über vierzig Meter langes, schmales Gebäude, das an das Wohn- oder Gästehaus der Vorburg des benachbarten Balga erinnert. Die Bauausführung war hier noch aufwendiger, denn es hatte starke Wände und gewölbte Geschosse. Das erhaltene Untergeschoß bestand aus einem zweischiffigen Saal mit steilen Kreuzgewölben auf Granitsäulen. In diesem Bereich aufgefundene Granitwerkstücke, wie Schwellen, Türgewände und Säulen, deuten auf eine gute Ausstattung dieses Gebäudes hin, das nach der Ordenszeit als Amtshaus und bis zuletzt als Herrenhaus des Guts benutzt worden ist.

Im stumpfen Winkel anschließend nahm rund sechzig Meter der Nordwestseite der Karwan ein, das mittelalterliche Zeughaus für Kriegsfahrzeuge, Wurfmaschinen und Gerät. Das Untergeschoß war zum Hof hin nur von Spitzbogenarkaden abgeschlossen. Im hohen Obergeschoß lagen große Speicherräume. An der Westecke der Vorburg entdeckte man bei Hafenbauarbeiten um 1884 starke, bis zum Ufer reichende Substruktionen und Teile einer alten Brücke. An dieser Stelle soll ein hoher Turm gestanden haben, der zur Verteidigung der benachbarten Brücke und des Stauwehrs, aber auch als Gegenstück zum Bergfried des Haupthauses am anderen Ende der Anlage durchaus vorstellbar ist. Im übrigen hat uns Giese, der die Burg um 1826 noch in der Abrißphase gesehen hat, überliefert, daß »zwei sehr hohe Türme und vier kleinere dem Ganzen zum Schmuck und zur Verteidigung dienten«.

Jenseits des Brückenübergangs über den Hausgraben lag der Hauptflügel des kastellartigen Konventshauses, der den rechteckigen Hof an der Südwestseite begrenzte. Dieser Flügel war dreigeteilt, wie Steinbrechts Nachgrabungen von 1887 ergaben. Eine symmetrische Raumaufteilung mit dem mittig gelegenen, nicht unterkellerten Torweg und den beiderseits anschließenden etwa gleichgroßen Räumen setzte sich wie in vielen anderen Burgen im Hauptgeschoß fort. Dort lagen neben dem schmalen Zwischengemach über dem Tor die Kapelle und der Konventsremter. Teile des Kapellengewölbes wurden im Keller gefunden, ein derbes Kreuzgewölbe mit Diensten aus drei Rundsäulen, deren kräftig profilierte Anfänger und Kapitelle aus öländischem Kalkstein hergestellt waren. Auch hier zeigte sich die Verbundenheit mit der Steinmetzarbeit der Hausteintechnik.

Es fanden sich ferner braunglasierte Terracotta-Konsolen mit Laubornamenten, Kacheln mit Tierdarstellungen und gotische Majuskeln auf Tonplatten wie in Birgelau und Lochstädt. Das meiste ist aber beim Abbruch der alten Burg untergegangen und wurde zum Verfüllen der Gräben verwendet. Trotzdem lassen die Funde in der Mannigfaltigkeit ihrer Form und Dekors Rückschlüsse auf die reiche Ausstattung der Burgkapelle zu. In ihr wurde seit 1379 die Reliquie der heiligen Katharina aufbewahrt, die Kaiser Karl IV. dem Brandenburger Komtur Günther von Hohenstein geschenkt hat.

Die Keller dieses und des Südost-Flügels waren zweischiffig und hatten gratige Kreuzgewölbe auf kleinen Granitpfeilern und gemauerten Wandpfeilern. Von dem im Südostflügel gelegenen langen Kapitelsaal hat sich nichts erhalten.

Im Keller des kurzen, eingeschobenen Nordostflügels wurden bei den Ausgrabungen zwei mächtige gemauerte Pfeiler entdeckt, die mit den Seitenwänden verspannt waren und als Stützen für den im Erdgeschoß liegenden Herd und Schlot der Küche dienten. Über der Küche lag das Dormitorium, der gemeinsame Schlafraum.

Die Nordecke des Gevierts war nicht unterkellert. In unmittelbarer Nähe fanden sich Mengen von Feldsteinen, wie sie als Packlage unter Türmen verwendet wurden. Auch Gieses Plan von 1826 zeigt einen leicht aus der Mauerflucht vorspringenden quadratischen Turm, der massig und schwer die Haffecke und das östlich anschließende Stauwehr beherrschte. Man kann davon ausgehen, daß hier der erste Burgfried der älteren Ordensburgen gestanden hat, denn weder für Althaus Kulm noch für Elbing, Balga oder Birgelau ist ein starker Hauptturm bezeugt. Leider wurde der Brandenburger Bergfried bei den Abrißarbeiten gesprengt.

Die Sprengung des Turms hat auch den östlichen Teil des anschließenden Nordwestflügels weggerissen, dessen Reste des einschiffigen Kellers mit seinen 2,80 Meter starken Außenmauern erst in gut zwanzig Metern Entfernung von der Ecke wieder erkennbar sind. Vier Jochen aus plumpem Kreuzgewölbe mit Quergurten folgt ein kleiner Keller mit Tonne, der unmittelbar an die durchgehende Kellerwand des Hauptflügels stößt. In diesem haffseitigen Flügel lagen wahrscheinlich einst die Gemächer des Komturs.

Der große, fast achtunddreißig Meter lange Burghof war von einer massiven Hoflaube aus Pfeilerarkaden umstanden. Funde von Formsteinen und Lisenen deuten auf eine Verwandtschaft mit dem Marienburger Laubengang hin. Der im Hof vor der Küche liegende Brunnen war aus behauenen Quadern gemauert. Er ist 1838 zugeschüttet worden.

Das Gebiet der Komturei Brandenburg zog sich in einem langen Streifen vom Haff bis zur litauischen Grenze und umfaßte die fünf Kammerämter Kreuzburg, Domnau, Friedland, Drengfurt und Lötzen sowie das Waldamt Neuendorf.

In der unglücklichen Schlacht bei Tannenberg im Jahre 1410 wurde der Brandenburger Komtur Marquart von Salzbach gefangengenommen und auf Befehl des Litauerfürsten Witold, dessen Gemahlin zehn Jahre zuvor auf einer Wallfahrt Brandenburg besucht hatte, hingerichtet. Nach der Niederlage blieb Brandenburg von den Plünderungs- und Beutezügen der Polen und Litauer verschont, weil von Norden her der livländische Ordensmarschall mit einem Heer zur Hilfe eilte.

Von 1415 bis 1422 wurde in Brandenburg der tapfere Verteidiger der Marienburg, Heinrich von Plauen, gefangengehalten, nachdem er als

Im Hof der einstigen Vorburg stehen noch die Außenmauern des Karwan, eines Geräte- und Speichergebäudes. (Foto: R. Heidemann, 1989)

Neben dem Eingang zur ehemaligen Vorburg liegt das einstige Herren- und Gästehaus, das spätere Wohnhaus des Domänenpächters. Es ist in jämmerlichem Zustand. (Foto: R. Heidemann, 1989)

Hochmeister an den Intrigen der Führungsschicht des zerfallenden Ordensstaates gescheitert war. Danach verlebte er seine letzten Lebensjahre in Lochstädt.

Der Städtekrieg hinterließ auch hier Zerstörungen. Im Gefolge des Niedergangs des Ordens wurde der Konvent 1499 aufgelöst und Brandenburg als Kammergut dem seit 1457 in Königsberg residierenden Hochmeister unterstellt. Albrecht von Brandenburg, der letzte Hochmeister und spätere Herzog erneuerte 1513 die Handfeste des Ortes, der 1520 im Reiterkrieg zusammen mit der Burg gebrandschatzt wurde.

Die wiederaufgebaute Burg war von 1525 bis 1752 Sitz eines Amtshauptmanns, der im Haupthaus seinen Amtssitz hatte. Nachdem 1776 die Amtswohnungen in die Vorburg verlegt worden waren, begann der Zerfall. Inzwischen hatte sich auch die geplante Verwendung der Gebäude als Justizkolleg zerschlagen und der Abriß begann. Von 1800 bis 1820 wurde die Ruine als Steinbruch benutzt, wobei verwertbare Teile, wie z. B. Granitschäfte und Formsteine, beim Wiederaufbau der Marienburg Verwendung fanden.

Brandenburg lag in den letzten Kriegswochen am Ostrand des Heiligenbeiler Kessels, in dem die 4. Armee ums Überleben kämpfte. Um die Verbindung nach Königsberg offen zu halten, wurden der Ort und die Reichsstraße 1 entlang dem Haffufer heftig umkämpft. Mehrmals wechselte Brandenburg den Besitzer und erlitt schwere Beschädigungen.

Heutige Besucher berichten vom trostlosen Aussehen des Ortes. Als dachlose Ruine steht der Turm der ordenszeitlichen Pfarrkirche neben der unzerstörten Bogenbrücke über den Frisching-Fluß.

In der alten Vorburg, die seit dem 18. Jahrhundert als Domäne diente, haben einige völlig verwahrloste Gemäuer überlebt. Im Süden steht parallel zum verschütteten Graben der einstige Karwan mit seinem hohen Speichergeschoß. Seine Ruine der Außenmauern bis zum Hauptgeschoß kann vom kundigen Besucher nur wegen der hofseitigen spitzbogigen Maueröffnungen identifiziert werden. Durch die ebenerdigen Einfahrten konnten die hier abgestellten Fahrzeuge, Wurfmaschinen und Geräte problemlos ein- und ausgefahren werden. Heute wuchert zwischen den geborstenen Mauern und Trümmern hohes Unkraut.

An der Vorderseite der Vorburg liegt bis zum Eingangstor das langgestreckte ehemalige Herrenhaus. Es diente dem Orden als Wohn- und Gästehaus und war damals im Erdgeschoß mit einem kreuzgewölbten, zweischiffigen Saal ausgestattet.

Später fand das Gebäude als Amtshaus und danach als Wohnhaus des Domänenpächters Verwendung. Auch dieses Gebäude befindet sich heute in jämmerlichem Zustand, obwohl es noch teilweise bewohnt wird. Das Dach ist in der Mitte zusammengebrochen und an mehreren anderen Stellen mit Wellblechplatten behelfsmäßig ausgebessert. Nur ein Teil der Fenster ist noch vorhanden, und an vielen Stellen ist das Mauerwerk schadhaft. Die in der Vorburg untergebrachte Kolchose hat bereits einen Teil ihrer Büros in Wohncontainer verlegt, die auf dem Hof aufgestellt worden sind.

Bei der Fahrt auf der ehemaligen Reichsstraße 1 hat man einen weiten Blick über das Frische Haff hinüber zur Küste des Samlandes. Neben der Straße liegen unbeackerte, versteppte Felder und da und dort entdeckt man einige der seelenlosen Einheitshäuschen für die Kolchosarbeiter. Auf Schritt und Tritt wird man daran erinnert, daß dieses einst blühende deutsche Land seit über vierzig Jahren vom sowjetischen Sozialismus verwaltet wird.

Noch steht der Turm der stark zerstörten Ordenskirche, in der im Jahre 1380 der Komtur Günther von Hohenstein beigesetzt worden ist. (Foto: R. Heidemann, 1990)

Kreuzburg

Natangische Stadt und Vogtei

Stadtsiegel von 1315

Eine der Sagen von der alten Kreuzburg, die von Rittern, einer weißen Jungfrau und von verborgenen Schätzen erzählen, beginnt mit folgender Ortsbeschreibung: »Am Rande eines anmutigen Tales, das die klaren Wasser des Keysters durchziehen, durch eine Schlucht von der fortlaufenden Hügelreihe getrennt, erhebt sich der Berg, auf welchem einst die alte Kreuzburg stand. Aus dem Fuße desselben ergießt sich ein starker Strahl des schönsten Quellwassers. Oben auf der Höhe aber steht noch ein gemauerter Bogen, ein Überbleibsel des Schlosses der Ordensbrüder, von dessen einstiger Festigkeit das noch sichtbare, tief in die Erde hineingelassene Fundament Kunde gibt...«

Wenn man zu dieser alten Schilderung den Hartknochschen Stich von 1684 betrachtet, auf dem hinter dem ummauerten Städtchen mit großem Marktplatz die Ruine des »Alt Schloß« auf einem Hügel hervorragt, so hat man eine romantische, jedoch in den Grundzügen zutreffende Lagebeschreibung von Stadt und Burg Kreuzburg. Die Ordensburg lag nördlich der Stadt, an der Mündung des Keyster-Flüßchens in den Pasmar,

Stich von Stadt und Burg Kreuzburg (aus Hartknochs Preußischer Historie von 1684)

auf einem ins Keystertal vorspringenden Schloßberg. Während die Westseite des Hügels vom Fluß geschützt wurde, fielen nach allen anderen Richtungen die Hänge steil ab. Sie sind beim Bau der Burg sicher zusätzlich abgeschrägt worden. An der Ostseite befand sich am Fuß des Hügels ein trockener Graben. Dem Haupthaus waren auf anschließenden niedrigen Hügeln im Süden bis Osten zwei Vorburgen vorgelegt.
Was an Ruinenresten in der Neuzeit noch sichtbar war, stammt von der im 14. Jahrhundert in Stein ausgebauten Ordensburg, die auf dem Platz ihrer drei Vorgängerburgen gestanden hat. Es handelte sich um Reste der westlichen Ringmauer und um einen Mauerbogen, dessen Durchbruch vermutlich zu einem Fenster gehörte. Dieses Mauerstück besteht unten aus einem Feldsteinsockel, auf den Ziegel in gotischem Verband aufgemauert sind. Ein Gurtstein der Ruine wurde im Prussia-Museum zu Königsberg aufbewahrt. Fundamente und Kellergewölbe stecken sicher auch heute noch im Erdreich, denn sie werden wohl nicht ausgegraben worden sein, als das verfallene Haus um 1531 als Steinbruch freigegeben wurde.
Auch die im 19. Jahrhundert von privater Seite vorgenommenen Ausgrabungen haben nur Teile des Unterbaus freigelegt, sie aber nicht beseitigt. Diesen Suchgrabungen verdanken wir die wenigen bekannten Einzelheiten der Burganlage. Demnach stand im Norden der Hauptburg ein quadratischer Turm, der nach seiner Bauzeit und der Zuordnung des Hauses zu den kleinen Verwaltungsburgen nicht als Bergfried anzusprechen ist. Wahrscheinlich war die Anordnung der Burghäuser rechtwinklig zueinander um einen Hof, wobei nach dem Grabungsergebnis auf der Westseite, also an der Uferböschung des Keyster-Flüßchens, ein halbrunder Ausbau vorhanden war.
Ob es sich hierbei um eine vorgebaute Bastion oder nur um eine dem natürlichen Hangverlauf folgende Mauerausbuchtung handelt, bleibt offen. Jedenfalls kann davon ausgegangen werden, daß außer dem einflügeligen Burghaus nur noch Wirtschafts- oder Speichergebäude, im übrigen aber Wehrmauern den rechteckigen Hof umstanden. Von den nach Süden bis Südosten vorgelegten beiden Vorburgen waren Ende des vorigen Jahrhunderts Gräben und Wälle nur noch schwach in dem allmählich ebener werdenden Gelände zu erkennen.

Burgruine Kreuzburg: Mauerstück mit Fensteröffnung (Foto: J. Hermann, 1929)

Damit endet aber schon unser Wissen über die bauliche Gestalt der Kreuzburg. Demgegenüber sind die Quellen und Nachrichten über die Geschichte von Burg und Stadt wesentlich reichlicher. Von der gerade erst eroberten Burg Balga am Frischen Haff aus unternahmen die Ordensritter Vorstöße in die weitere Umgebung. Ihre Streitmacht war verstärkt durch viele Kreuzfahrer aus Deutschland, unter denen besonders Herzog Otto von Braunschweig-Lüneburg herausragte. Bei einem Vorstoß in das 30 km östlich von Balga gelegene natangische Territorium Sollau (prussisch Solidow) eroberte Herzog Otto im Jahre 1240 die Natangerburg Witige. Unter Verwendung der gewonnenen Festungsanlagen errichtete der Orden alsbald auf dem Burghügel ein Holz-Erde-Werk, das nach dem 1225 im Burzenland (Ungarn/Rumänien) geräumten »castrum cruzeburg« den Namen crucebergk (Kreuzburg) erhielt.
Der Ordenschronist Peter von Dusburg berichtet in seiner Chronik des Preußenlandes darüber:

»Da die Prussen Warmiens, Natangens und Bartens also, nach Gottes Willen durch die Brüder und den Herzog stark geschwächt, nicht länger wiederstehen konnten, machten sie aus der Not eine Tugend, stellten Geiseln und unterwarfen sich dem Glauben und der Herrschaft der Brüder. Um aber künftige Gefahren zu verhüten und den Prussen keinen Anlaß zum Abfall zu geben, erbauten die Brüder im Lande Natangen die Kreuzburg (cruzebergk im Original) an einem Fluß namens Keyster...«

Die erste Burg wurde bereits nach zehn Jahren von den Natangern wieder zerstört, jedoch um 1253 erneut ausgebaut.

Verführt durch die Angriffe des Pommerellenherzogs Swantopolk gegen den Deutschen Orden, erhoben sich die eben erst bekehrten Prussen um 1242. Der Landmeister hatte große Mühe, die überall aufflackernden Aufstände niederzuhalten. Bewaffnete Vorstöße von den Burgen aus sollten die Unruheherde beseitigen und die Ordensherrschaft wieder stabilisieren. So unternahm der Ordensmarschall Heinrich Botel mit einer größeren Streitmacht, der insbesondere Ordensritter- und -krieger aus Balga und Elbing angehörten, Ende November 1249 einen Kriegszug tief nach Natangen hinein.

Auf dem Rückweg fanden sie alle Wege und Dörfer von Aufständischen besetzt und wurden von der Übermacht in das Dorf Krücken, 6 km südlich von Kreuzburg, abgedrängt und dort eingeschlossen. Bei der hohen zahlenmäßigen Überlegenheit der Feinde war ein Ausbruchsversuch aussichtslos. Deshalb schloß der Ordensmarschall mit den Prussen einen Kapitulationsvertrag ab und stellte sich sowie drei weitere Ritter als Geiseln zur Verfügung, um das Leben der übrigen zu retten.

Aber die Natanger brachen den Vertrag, kaum daß er geschlossen war, und machten in einem furchtbaren Gemetzel alle Ordensleute nieder, darunter auch den Marschall. 54 Ordensritter und mehr als 1000 Krieger wurden zum Teil unter unbeschreiblichen Foltern getötet. Den Kopf des Vizekomturs Johann von Balga steckten sie auf einen Speer und verhöhnten ihn.

Erst zwei Jahre später, als ein Kreuzheer unter Beteiligung des Markgrafen von Brandenburg, des Bischofs von Merseburg und des Grafen von Schwarzburg dem bedrängten preußischen Ordensteil zu Hilfe kam, gelang es, den Aufstand niederzuschlagen. Doch hielt auch dieser als Christburger Vertrag in die Geschichte eingegangene Frieden nur etwa ein Jahrzehnt. Im 1260 ausbrechenden großen Preußenaufstand fiel die im Schutz der Burg gegründete erste deutsche Ansiedlung Kreuzburg den Aufständischen zum Opfer, denen es jedoch im ersten Anlauf nicht gelang, auch die Burg zu zerstören. Das schafften sie erst nach einer dreijährigen Belagerung unter Leitung des Natangerführers Herkus Monte.

Der Einsatz schweren Belagerungsgeräts, vor allem aber der unerträgliche Mangel an Nahrungsmitteln, zwang die Burgbesatzung zur Aufgabe, indem sie heimlich zur Nachtzeit abzog. Die Natanger bemerkten den Abzug jedoch so frühzeitig, daß sie den langsamen, durch Entkräftung fast wehrlosen Zug der Flüchtigen noch einholen konnten und alle töteten.

Mit dem Zusammenbruch des fast 13 Jahre dauernden großen Preußenaufstands ging die Rückgewinnung der Herrschaft durch den Deutschen Orden einher. Überall baute er seine Machtposition wieder auf. Um 1270 war die Kreuzburg zurückerobert und als zeitweiliger Sitz des Vogts von Natangen wieder aufgebaut worden. Zwei natangische Vögte mit Sitz in Kreuzburg sind uns namentlich überliefert, nämlich Werner von Grunowen (1257/58) und Friedrich von Holdenstäte (um 1276). Danach ging das Amt des Vogts von Natangen an den Komtur von Balga über.

Der Anfang des 14. Jahrhunderts brachte für Burg und Stadt Kreuzburg einen neuen Aufschwung. Die Burg wurde in Stein ausgebaut und damit widerstandsfähiger. Es war dies die vierte Burg an diesem Platz, von der wir die wenigen Überreste, die bis in unsere Zeit erhalten blieben, eingangs beschrieben haben.

Südlich der Burg legte der Deutsche Orden mit dem für seine Gründungen typischen Grundriß

Die Ruine der Pfarrkirche von Kreuzburg ist ein Mahnmal der untergegangenen Stadt (Foto: R. Heidemann, 1990)

Eingangsportal und Gewölbereste im Inneren der zerstörten Pfarrkirche von 1315 (Foto: R. Heidemann, 1990)

die Stadt Kreuzburg an. Alle Straßen verliefen in einem rechtwinkligen Gitternetz um den großen Marktplatz, in dessen Mitte das Rathaus errichtet wurde. 1315 gründete der Ordensmarschall Heinrich von Plotzke die Stadt »aufs neue« und verschrieb ihr in der Handfeste nach kulmischem Recht 70 Hufen Land.

Die gleichzeitig errichtete Wehrkirche am Südwestrand der Stadt diente sowohl als Fliehburg als auch als Bastion der Stadtbefestigung.

In alter Zeit war die im Süden der Stadt liegende Leonhardskapelle ein vielbesuchter Wallfahrtsort. Wegen Eingriffen des Komturs von Brandenburg belegte der dem Orden nicht gut gesonnene Bischof von Ermland, Lukas von Watzenrode, die Kapelle mit dem Interdikt. Sie wurde nicht mehr gebraucht und verfiel. Nach der Reformation verschwand sie dann völlig.

Im letzten Jahrhundert des Ordensstaats gehörte Kreuzburg zu den Städten, die früh eine Änderung der Landesherrschaft anstrebten. Bereits in dem Jahr, bevor die Stadt dem Preußischen Bund beitrat, hatten sich Bürgermeister und Rat dem Komtur von Brandenburg, der der zuständige Vertreter der Staatsmacht war, widersetzt und waren deswegen kurzerhand gefangengesetzt worden. Gleich bei Ausbruch des Städtekriegs 1454 fiel Kreuzburg vom Orden ab, mußte sich aber im Jahr darauf dem Orden ergeben.

Stadt und Burg verpfändete der finanzschwache Orden nach Beendigung des Krieges dem Söldnerhauptmann von Tettau und Gräusung gegen seine Soldforderungen. Schwer mußte Kreuzburg unter der zunehmenden Wehrlosigkeit des Landes leiden. Die Polen erstürmten 1520 die Burg und brandschatzten die Stadt. Danach verfiel die Burg zusehends und wurde ab 1531 als Steinbruch benutzt. 1580 war sie fast gänzlich abgetragen.

Das Städtchen, das 1876 mit 2123 Bürgern seine höchste Einwohnerzahl erreichte, hat wie fast alle ostpreußischen Städte unter Kriegen und häufigen Besetzungen gelitten.

Grausam war Kreuzburgs Untergang in den Tagen des Januar/Februar 1945. Das wenige, das von den schweren Kämpfen übrig geblieben war, wurde von einer fanatisierten Meute niedergemacht. Kreuzburg fiel fast vollständig zerstört in die Hände der Sowjets, die dieses Städtchen am Rande des Sperrgebiets zur sowjetisch-polnischen Grenze nicht wieder aufbauten, sondern abtrugen und einebneten. Im ehemaligen Stadtzentrum stehen außer der Kirchenruine nur noch ein paar Häuser. Armselige kleine Behelfsheime sind die einzigen »Neubauten« neben einigen heruntergekommenen Häusern in der Vorstadt.

Das frühere Städtchen hat sich in den 45 Jahren sowjetischer Verwaltung zu einem Dorf zurückentwickelt, das zutreffender als unorganische Ansammlung von Kaschemmen und Hütten anzusprechen wäre.

Von der alten Ordensburg, deren letzte Mauerreste auf dem Burghügel neben der Stadt standen, ist jetzt nichts mehr zu sehen. Doch sicher birgt die Erde noch Reste des Fundaments und andere Fundstücke aus der Ordenszeit.

Preußisch Eylau

Siegel der Stadt von 1558 (Nachbildung)

Ordenssiedlung und Schlachtfeld

Ein Schlachtbild von Jean Antoine Gros im Pariser Louvre erinnert an Geschehnisse vor mehr als 180 Jahren. Der Betrachter erkennt einen General, der auf einem Schimmel über ein winterliches Schlachtfeld reitet und stolz über eine Gruppe von Bürgern hinwegblickt, die kniend um Erbarmen flehen. Ein Genrebild aus den einstigen kriegerischen Zeiten, wird der Galeriebesucher noch im Abwenden denken und sich einem anderen, schöneren Motiv zuwenden. Aber halten wir ihn einmal an und versuchen, ihn auf den historischen Hintergrund des Bildes und auf die gleichnishaften Parallelen hinzuweisen, die bis in unsere Gegenwart reichen.
Das Gemälde zeigt Kaiser Napoleon in der Schlacht bei Preußisch Eylau am 7. Februar 1807. Erstmals wurde sein Siegeszug durch Europa abgebremst, als hier den bereits geschlagenen Russen ein kleines ostpreußisches Korps unter General L'Estocq und Generalstabschef Scharnhorst zur Hilfe eilte und die drohende Niederlage in ein Remis umwandelte. Vielleicht zuckte dem Fröstelnden im Augenblick dieses verlustreichen Mißerfolgs eine Ahnung des Kommenden durch sein Hirn. Spontan zog er sich hinter die Passarge zurück, ließ die Truppe Winterquartiere beziehen und bahnte Friedensverhandlungen an, um Preußen von seinem russischen Verbündeten zu trennen.
Durch das Schlachtfeld südöstlich von Preußisch Eylau läuft heute die polnisch-sowjetische Demarkationslinie, quer durch Ostpreußen. Napoleon war ein milder Sieger, gemessen an den heutigen Okkupanten, die die geschundenen und vertriebenen Einwohner mehr als vierzig Jahre lang nicht einmal als Besuch in ihre Heimatstadt einreisen ließen. Beiden Usurpatoren ist aber gemeinsam, daß sie ihr »europäisches Haus« auf Kosten anderer bauen wollten.
Das von Friedrich August Stüler entworfene und 1856 vom König von Preußen eingeweihte Erinnerungsmal an die Schlacht hat Krieg und fortdauernde Besetzung überstanden. Der kunstvoll gegliederte Turmbau aus Sandstein trug die Inschrift »Dem glorreichen Andenken L'Estocqs, Diereckes und ihrer (russischen) Waffengefährten«.
Preußisch Eylau ist aber viel älter als seine Bekanntheit durch die blutige Schlacht von 1807, die insgesamt 50 000 Soldaten auf beiden Seiten Leben oder Gesundheit kostete.
Wie bei vielen anderen Orten hat sich der Name in den Jahrhunderten verändert. Seit der ersten Erwähnung um 1326 als »Yle« wandelte sich die Schreibweise in Yladia (1342), Eylaw (1379), in Prussche Ylow (1400) und noch 1450 erwähnte man »die Lischke czur Ilaw.« Das prussische Wort Ylow bedeutet »im Schlamm«, was der Lage der Burg, die ganz von Sumpf umgeben war, genau entspricht. Das Adjektiv »prussche« in der Ortsbezeichnung weist auf den hohen prussischen Bevölkerungsanteil in dieser Siedlung hin.
Die Kolonisation der Binnenlandschaft Natangen wurde von dem Komtureien Balga und Brandenburg aus zu Beginn des 14. Jahrhunderts vor-

angetrieben. Dabei ging die Besiedlung der Landschaften Huntenau, Sollau und Stablack zeitlich unterschiedlich vor sich, wobei sicher die damals ausgedehnten Sumpfgebiete um das spätere Preußisch Eylau hinderlich waren.
Andererseits bot der für den Bau einer Burg ausgewählte Platz im Bereich des Pasmar-Flüßchens Vorteile. Die Lage auf einem flachen Moränenhügel, ganz umgeben von Sumpf und Gewässern, bot einen natürlichen Schutz, der durch Aufstauen der kleinen Wasserläufe noch verbessert wurde. Dabei konnten am Stau die von den Ordensleuten immer angestrebten Wassermühlen betrieben werden. Zwei von ihnen verzeichnete die Schroetter-Karte von 1804 noch am nordwestlichen Stadtrand zwischen Burgwall und Karlshöfchen. Auf Geheiß des Hochmeisters Werner von Orseln (1324–30) errichtete der Ritter Arnolph von Eylenstein vom Balgaer Konvent um 1325 an dem vorgenannten Platz ein Holz-Erd-Werk, das erste Ordenshaus Ilaw. Da der erste Pfleger bereits für die Zeit von 1320 bis 1325 genannt ist, muß eher mit einem etwas früheren Baubeginn gerechnet werden.
Aus diesem festen Haus entwickelte sich durch den schrittweisen weiteren Ausbau, der vermutlich in der zweiten Hälfte des 14. Jahrhunderts in Stein vorgenommen wurde, die Ordensburg Preußisch Eylau. Sie ist den kleinen Verwaltungsburgen des reduzierten, schematischen Stils zuzurechnen und bildete ein Verbindungsglied zwischen den umliegenden Burgen Kreuzburg, Domnau und Bartenstein.
Neben der Burg siedelten sich eingesessene Prussen und zugewanderte Handwerker in einer Lischke an, die durch den Balgaer Komtur Heinrich von Muro um 1336 als Vorstufe einer Stadtgründung gefördert wurde. Kurz danach entstand die auf einer Anhöhe an der Ausfallstraße nach Bartenstein gelegene Wehrkirche. Bereits um 1348 besaß die Lischke neben der bedeutenden Heerstraße 12 Krüge, denen der später als Oberster Spittler und Gründer von Ortelsburg bekannte Balgaer Komtur Ortolf von Trier Handfesten erteilte, die auch den Handel mit Tuch einschlossen. Um diese Zeit bestand schon das Kammeramt Ylow als Verwaltungsmittelpunkt der Region. 1379 förderte der Deutsche Orden das Gemeinwesen durch eine neue Verschreibung von 7½ Hufen Land für Einwohner »Zur Eylaw«.
Das bis in unsere Zeit fortbestehende Stadtwappen zeigt auf einem schwarz und silber geteilten Schild oben einen wachsenden Löwen und unten drei nebeneinander stehende schwarze Ordenskreuze. Dieses Schildbild findet sich auch auf einem Siegelabdruck mit der Umschrift »+ SIGILLVM + CIVITATIS + EIL ... (AW) ANNO 1558«. Ältere Siegel sind nicht überliefert. Wenn auch der prominente Altmeister der deutschen Wappenkunde, der Heraldiker Prof. Otto Hupp (1859–1949), den Ursprung des Wappentiers nicht erklären konnte, weil der Gründer der »Stadt«, Dietrich von Altenburg, keinen Löwen im Wappen führte, so muß doch angemerkt werden, daß sowohl die Herzöge von Braunschweig wie auch das Adelsgeschlecht Reuß von Plauen ein Wappenschild mit Löwen hatten.
Heinrich Reuß von Plauen war um 1331 Komtur zu Balga, zu dessen Komturei Preußisch Eylau gehörte, und ein gleichnamiger Ritter war von 1490 bis 1512 Pfleger zu Preußisch Eylau, das ihm 1492 als Pfandbesitz auf Lebenszeit verschrieben wurde. In diesem Zusammenhang darf auch nicht übersehen werden, daß ein Angehöriger des welfischen Herzoghauses, Luther von Braunschweig, von 1331 bis 1335 Hochmeister des Deutschen Ordens war, und u. a. der benachbarten Stadt Bartenstein die Handfeste 1332 verliehen hat. Die Ursprünge des Eylauer Löwenwappens können also durchaus von diesen beiden fürstlichen Wappen stammen.
Von der im Lauf des 14. Jahrhunderts in Stein ausgebauten Burg haben sich im Schloß des Ritterguts Henriettenhof beachtliche Gebäudeteile und Anlagen erhalten, die uns eine gewisse Vorstellung von dem alten Ordenshaus geben. An das vierflügelige Haupthaus schloß sich unmittelbar, ohne den früher üblichen trennenden Hausgraben, eine ausgeweitete, z. T. rechtwinklige Vorburg an. Offensichtlich war das Burgviereck von Gräben und Parchammauern um-

Denkmal für General L'Estocq und die Schlacht im Jahre 1807 (Foto: R. Heidemann, 1991)

Der Blendengiebel des Ordenshauses läßt auch heute noch etwas von der Qualität der damaligen Bauausführung erahnen. (Foto: R. Heidemann, 1991)

geben. Ein sehr langer Burgflügel bestand aus Backsteinmauerwerk in sogenanntem wendischen Verband (2 Läufer und 1 Binder). Im Westteil des Haupthauses hatten die Keller steile Kreuzgewölbe, die auf Pfeilerstümpfen auflagen. Im Torbereich wies eine gewölbte Mauer Schießscharten auf. Auch der erhaltene Speicher in der Vorburg besaß ein Wehrgeschoß.

Die 1826/28 von Johann Michael Giese aufgenommenen Reste der Burg sind im Rittergut aufgegangen und verbaut worden. Damals waren das Burgviereck und ein Teil der Gräben bereits mit dem Schutt der Ruine ausgefüllt. Außer dem von Giese skizzierten Grundriß ist eine Rekonstruktionszeichnung nicht vorhanden.

Das Ordenshaus Eylau hatte als Pflegeramt und als Kammeramt erhebliche regionale Bedeutung. Von den Pflegern sind uns etwa 20 Namen überliefert. Unter diesen ragt besonders der hier zwischen 1368 bis 1372 eingesetzte spätere Hochmeister Konrad von Wallenrode (1391–1393) hervor. Wir finden unter ihnen aber auch andere bekannte Ordensritter, wie Dietrich von Röder (um 1365), Wilhelm von Eppingen (1399–1400), Heinrich von Altmannshofen (1483–1487) und Rudolf von Tippelskirch. Der bereits erwähnte Heinrich Reuß von Plauen (1490–1512) nannte sich Vogt und Herr zu Preußisch Eylau und 1492, nach der Übernahme von Schloß und Kammeramt Eylau nebst Amt Worienen, nur noch Herr zu Preußisch Eylau. Er stammte, wie die beiden Hochmeister Heinrich von Plauen (1410–1413) und Heinrich Reuß von Plauen (1469–70) sowie der gleichnamige harte Komtur von Danzig (1410–1413), aus dem verzweigten thüringischen Adelsgeschlecht Reuß (Ruthenus).

Burg und Amt Preußisch Eylau gingen 1521 in den Pfandbesitz des Fabian von Lehndorff und später seines Sohns Kaspar über. Die Burg, jetzt als Schloß bezeichnet und inzwischen erheblich umgebaut, blieb bis zum 18. Jahrhundert Sitz und Wohnung der Amtshauptleute und danach der Generalpächter.

Eintragungen im überlieferten Marienburger Tresslerbuch von 1399–1409 enthalten unter der Position Ylaw (= Preußisch Eylau) Hinweise auf die mildtätigen, sozialen Gaben des Hochmeisters Ulrich von Jungingen an Arme und Hilfsbedürftige auf seiner Reise im Juli 1409 nach Memel und Ragnit, die ihn über Preußisch Eylau führte. Sein »Oberster Kompane« (Adjutant) Bohemund Brendel, der spätere Oberste Tressler, gab für seinen Herrn folgende Zuwendungen in Preußisch Eylau aus (Originaltext):

»– item 3 sol. (solidi-Schillinge) eyme armen manne;
– item 4 m. (Mark) Mikel von Kukeyn, her was vorbrant (abgebrannt);
– item 2 scot. (1 Schoter = 2½ Schillinge) eyme blinden Prusen;
– item 4 scot. eyme Tatern (Tataren) mit syme wybe und 3 Kindern;
– item 2 scot. Cunczen des meysters dyner, dy her armen luten gab;
– item 2 scot. den knechten, dy der Pferde warten;
– item 2 sol. dorch got (Kirchenkollekte).«

Mit dem Niedergang des Deutschen Ordens nach der verlorenen Schlacht bei Tannenberg brach auch für Preußisch Eylau ein Jahrhundert der Not und Heimsuchungen an. Im Jahr 1400

Wehrhaftes Speicher- und Wirtschaftsgebäude der ehemaligen Ordensburg Preußisch Eylau (Foto: R. Heidemann, 1991)

hatte ein Blitz einen Stadtbrand ausgelöst. Im 13jährigen Städtekrieg ergab sich die Stadt nach anfänglichem Abfall 1455 wieder dem Orden, woraufhin die Söldner des Preußischen Bundes bei der Belagerung der Burg den Ort und die Vorburg niederbrannten. Über das ausgeblutete und verarmte Land breitete sich 1505 die Pest aus, die auch in Preußisch Eylau viele Opfer forderte. Schließlich fielen im Reiterkrieg von 1520 mehr als 4000 Polen über den Flecken Eilau her und plünderten und brandschatzten ihn.

Wie die Bevölkerungskurve zeigt, entwickelte sich der um 1585 mit dem gewöhnlichen Stadtrecht versehene Ort nur langsam. Von 1500 Einwohnern im Jahr 1782 verdreifachte sich die Bevölkerung in 150 Jahren und erreichte schließlich bis 1939 mit rund 7500 Einwohnern ihre Höchstzahl. Immerhin hatte sich die Erhebung zur Kreisstadt im Jahr 1819 und die Ende des vorigen Jahrhunderts einsetzende Ansiedlung von Industrie- und Gewerbebetrieben beträchtlich ausgewirkt.

Das Rittergut auf dem Gelände und in Gebäudeteilen der alten Ordensburg erhielt 1817 den Namen Henriettenhof und war seitdem bis zum Kriegsende 1945 im Besitz der Familie Valentini. Erhebliche Teile des Gutes haben den Zweiten Weltkrieg überstanden, unter ihnen vor allem das etwa 100 m lange Gebäude an der (Burg-)Freiheit. Mit seiner hohen Außenmauer aus Feldstein, die von einer langen Reihe Wehrfenster unter der Traufe abgeschlossen wird, macht das Haus auch heute noch einen wehrhaften Eindruck. Allerdings ist das einst hohe, steile Satteldach inzwischen erheblich abgeflacht worden, wie man an den stehengebliebenen Giebel- und Zwischenmauern erkennen kann. Die alten Gutshäuser, die als Wirtschaftsgebäude einer Maschinen- und Traktorenstation genutzt werden, sind 1987/88 zum Teil ausgebrannt.

Die außerhalb der Altstadt neben der Ausfallstraße nach Bartenstein um 1340 errichtete Wehrkirche, von deren Turm aus Napoleon 1807 die Schlacht beobachtete, ist in eine Fabrikanlage einbezogen worden und nicht mehr zu erkennen.

Von der am 9. Februar 1945 von den Sowjets eroberten Stadt steht noch etwa die Hälfte der alten Häuser. Sie beherbergt aber auch in der Nähe der Kasernen als schreckliches Erbe der Nachkriegszeit die Massengräber von Tausenden deutscher Menschen, die dort in den sowjetischen Lagern unter furchtbaren Bedingungen starben oder umgebracht wurden.

Als Bezeichnung der jetzigen Rayonsstadt wählte man in Anknüpfung an die Tradition den Namen des Generals Fürst Bagration, der die russische Armee in der Schlacht von Preußisch Eylau im Jahre 1807 führte.

Die Stadt liegt im Grenzsperrgebiet unmittelbar an der Grenze, wo alle Straßen und Verbindungen enden. Sie hat unter diesen Bedingungen wenig Aussichten sich weiterzuentwickeln.

Domnau

Natangerburg und Schildbürgerstadt

Stadtsiegel von 1400

Bereits im Christburger Vertrag von 1249 wurde der spätere Name der Stadt Domnau als Bezeichnung des sumpfigen Gebiets Tummonis zum ersten Mal erwähnt. Bei den Abwandlungen ins Deutsche hat sich der Name über Domminow und Dompnaw zu seiner jetzigen Form entwickelt. Es war wohl der eigenartige Klang dieses Ortsnamens, der die Bewohner später als ostpreußische Abderiten abstempelte und sie als eine Art Schildbürger mit den angeblich einfältigen Menschen in Schilda in Sachsen oder im hessischen Usingen gleichsetzte. Legendenhafte Schildbürgerstreiche der Domnauer waren in Ostpreußen als spöttelnde Geschichten beliebte Erzählungen, wenngleich sie meistens dem Schildaer Volksbuch aus dem 16. Jahrhundert, also von den »echten« Schildbürgern, entliehen waren.

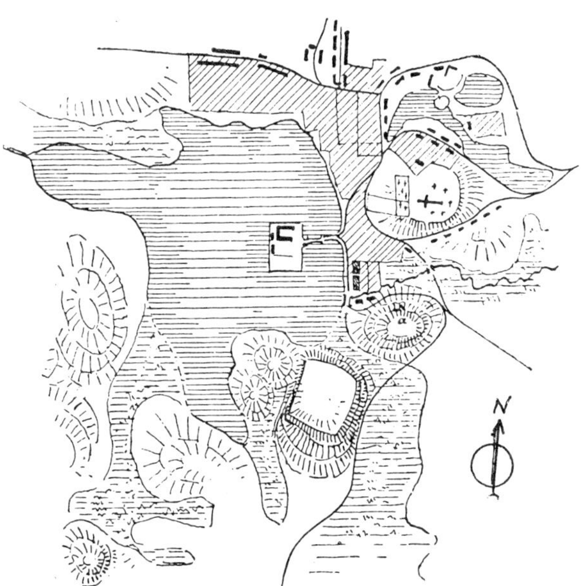

Lageplan von Stadt und Burg Domnau im 17. Jh. (a = Reste der Burg) (Zeichnung: J. M. Giese, 1827)

Das kleine Landstädtchen hat eine über sechshundertjährige Geschichte hinter sich, die mit vielen Heimsuchungen durch große Feuersbrünste, Plünderungen und Besetzungen eigentlich wenig Anlaß zu lustigen Streichen gab. Es wurde 1914 bei der Eroberung durch die russische Armee zu 65 Prozent zerstört, aber gleich darauf mit großzügiger Hilfe seiner Patenstadt Berlin-Schöneberg wieder aufgebaut. Das Schicksal Domnaus nach dem Inferno im Januar 1945 blieb weitgehend unbekannt, obwohl der Ort nur etwa sieben Kilometer von der sowjetisch-polnischen Demarkationslinie entfernt liegt. Entgegen den üblichen Gepflogenheiten der sowjetischen Okkupanten, die annektierten Orte mit den Namen ihrer »Helden« oder solchen aus ihrer Ideologie zu belegen, bildet Domnau eine Ausnahme, denn es wird heute als Domnowo bezeichnet.

Zuerst war eine Burg dort, und zwar die Natangerburg des Stammesedlen Tummo. Sie lag auf einem Hügel im schwer zugänglichen Sumpfgebiet Tummonis und wurde im ausgehenden 13. Jahrhundert vom Deutschen Orden erobert. An gleicher Stelle baute der Orden aus dem vorgefundenen Material eine Holz-/Erde-Befestigung, die durch die Hügellage und die umgebenden Sümpfe einen guten natürlichen Schutz hatte. Zur weiteren Sicherung gegen Angriffe stauten die Ordensleute den unmittelbar am Nordhang des Burgbergs vorbeifließenden Gertlack-Bach zu einem großen Schloßteich auf, der die Westflanke deckte. An diesem Bach lag nahe dem Ordenshaus eine Wassermühle. Über die baulichen Anlagen der kleinen Burg liegen keine Nachrichten vor. Nach der weitgehenden Zerstörung im Städtekrieg um 1458 sind lediglich einige Feldsteinmauerreste und ein verschüttetes Kellergewölbe übrig geblieben. Die fehlenden Überlieferungen lassen außer der Feststellung, daß die Burg wenigsten zu einem Teil aus Stein gebaut war, keine Aussagen über Größe und Gestaltung der Burganlage und der Wehrbauten oder gar eine Rekonstruktion zu.

Das Ordenshaus war Sitz eines untergeordneten Pflegers für das Kammeramt Domnau. Es unterstand der Komturei Brandenburg, deren langgestreckter Bezirk sich vom Frischen Haff bis zur Grenze gegen Sudauen östlich von Lötzen ausdehnte. Wir kennen sogar den Namen des Pflegers Konrad von Heßberg, der das Amt um 1324 inne hatte.

Das Territorium Tummonis war bereits in der preußischen Zeit besiedelt, denn die unterworfenen Natanger hatten im Christburger Vertrag von 1249 gelobt, dort eine Kirche zu errichten. Der Bau kam jedoch nicht sogleich zustande, sondern erst, als sich zu Beginn des 14. Jahrhunderts im Schutz der neuen Ordensburg eine Lischke entwickelt hatte, die um 1400 das Stadtrecht erhielt. Die Kirche wurde auf dem anderen Hügel am Ostufer des aufgestauten Schloßteichs errichtet.

Aus jener Zeit stammt das überlieferte Stadtsiegel mit der Umschrift in gotischen Minuskeln »sigillum domminow«. Es zeigt in einem gegitterten, mit Kreuzen belegten Schild eine Adlerklaue. Dieses Siegel hängt an dem Bundesbrief von 1440, der im Thorner Archiv erhalten geblieben ist. Das heraldische Siegelbild ist auf das bis in die Neuzeit geltende Stadtwappen von Domnau übergegangen. Es zeigt in Rot eine schräg linksgestellte goldene Adlerklaue.

Die Pfarrkirche wurde schon um 1319 erwähnt, scheint aber im Lauf des 14. Jahrhunderts erweitert worden zu sein. Das trifft insbesondere für den hohen Westturm zu, der auf Granitfundamenten aus Ziegeln im Klosterformat in gotischem Verband aufgemauert war und mit einem Staffelgiebel abschloß. Gleichfalls aus Backstein bestand das einfache Langhaus, dessen Ostwand ohne Chor ein schöner Staffelgiebel mit fünf Blenden zierte. Wie ein Burgtor wirkte die schwere Granitumrahmung des spitzbogigen Hauptportals mit seiner Einfassung aus gut geformten Profilsteinen. Neben den alten gotischen Chorstühlen in der Turmvorhalle sollen von der Innenausstattung nur noch die Epitaphien aus dem 16. und 17. Jahrhundert für Angehörige der Familie von Creytzen genannt werden. Von diesen ragt eins durch seinen reichen und schönen Aufbau sowie durch das meisterhafte Ölgemälde »Christus auf dem Ölberge« besonders heraus.

Das Städtchen Domnau ist wiederholt im Ma-

Burgähnliches Westportal der Pfarrkirche in Domnau (Zeichnung: F. Heitmann, 1895)

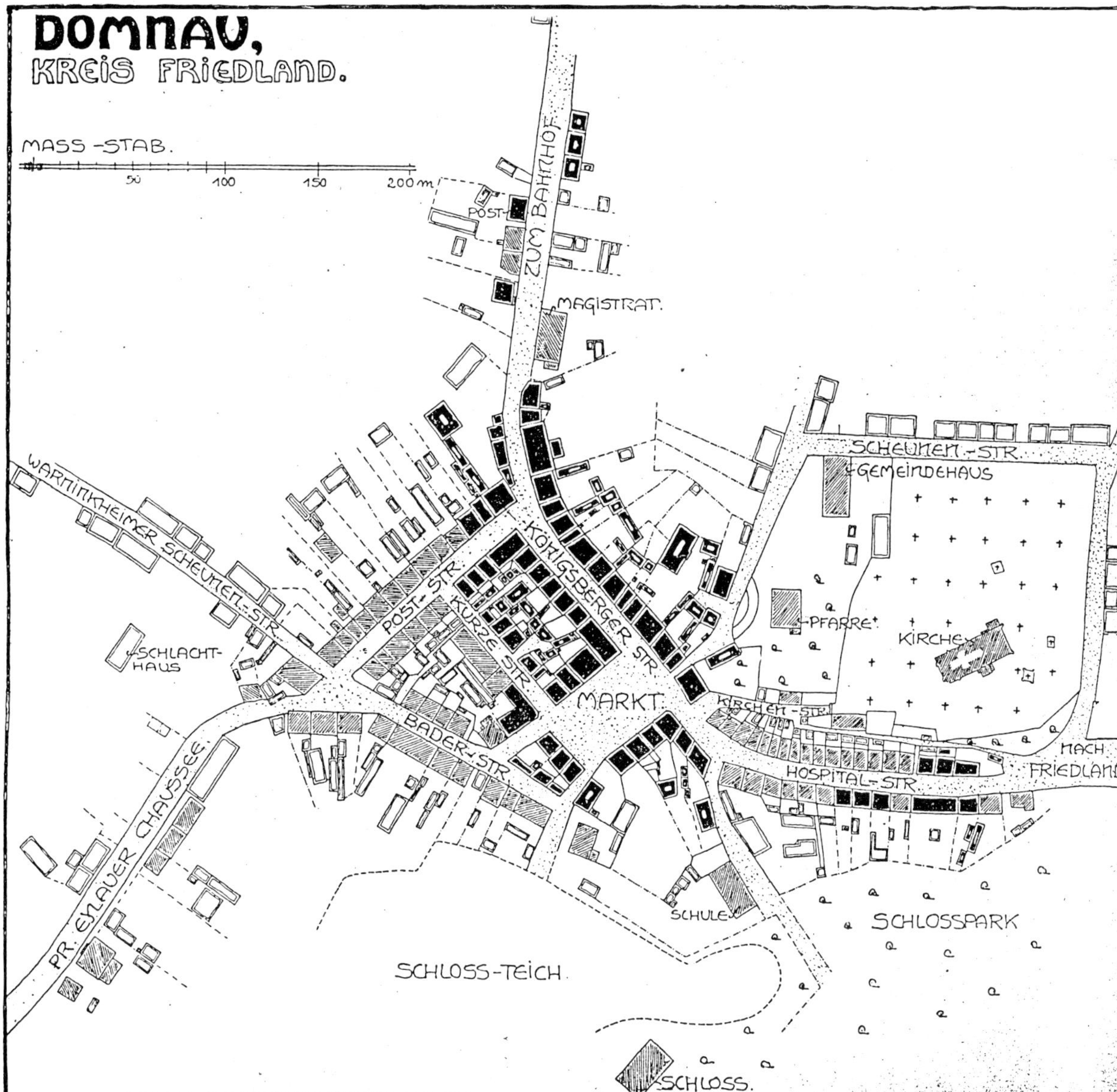

Stadtplan von 1923 (Zeichnung: Fischer/Werner, 1923)

rienburger Tresslerbuch des Deutschen Ordens bei der Buchung von Zahlungen im 15. Jahrhundert erwähnt worden; so finden sich u. a. folgende Eintragungen:
»12. Dez. 1406: – item 6 m. (Mark) der kirchen zu Dompnaw, als unser homeister zu Dompnaw was... – item 2 scot. (= 1/24 Mark) den schulern zu Domnow...
18. Okt. 1407: Ulrich von Jungingen unsers homeisters hulfe deszem nochgeschreben gebiter: – item 71 m. (Mark) zu Dompnaw...
1. Juli 1409: Dompnaw: – item 8 scot. dem potkamer (= Unterkämmerer) mit seynem compan. – item 4 scot. Pennothen dem stalljungen zerunge (= Reisegeld), als her 1 hengist dem kirsberger ken Marienburg furte. – item 4 sol. (= Schillinge) den schulern. – item 2 scot. eyme Prusen mit eyme zubrachen beyne...«

Die alte Ordenskirche ist in ihrer Bausubstanz weitgehend erhalten. (Foto: R. Heidemann, 1991)

Aus diesen Angaben ist zu schließen, daß Domnau bereits um 1406 eine Schule hatte, deren Schüler vom Orden Geldzuwendungen erhielten. Ferner machen diese und viele Eintragungen an anderer Stelle die soziale Haltung der Ordensgebietiger deutlich, wobei insbesondere die häufigen Geldgeschenke an bedürftige Prussen auffallen. Vor diesem Hintergrund kann die in den letzten Jahren von einigen Polit-Historikern aufgestellte These der systematischen Vernichtung des prussischen Volkes durch den Deutschen Orden nicht aufrechterhalten werden. Im übrigen zeigt ein Blick in ostpreußische Namensregister auch jüngster Zeit eine Fülle von prussischen Namen oder von solchen, die aus der prussischen Sprache abgeleitet sind.

Ein aufsehenerregendes Ereignis in Domnau und Umgebung war die Hinrichtung eines Lüneburger Abts im Jahr 1391. Darüber berichtet Johannes von der Posilge in seiner Chronik von 1420 in der Sprache seiner Zeit:

»Uff dese czeit wart gekapt czu dampnaw her otto von Kampe, der ein gecronet apt was von lunenburg, her hatte eyme sin weip von deme lande entpfurt, unde obirgap sin herschaft, das nymant wuste, wo her was geblebin, unde was lange czeit zcu prusin gewest mit dem wibe ...«

Der Entführer verbarg sich in Preußen als armer Mann und arbeitete in Tiergarten als Glöckner, als Hofmeister auf dem Merkelshof und als Mälzer in Friedland. Eine Zeitlang diente er dem Komtur von Brandenburg als Getreideeinkäufer. Gäste aus Niedersachsen, die von seinem Aufenthalt gehört hatten, entdeckten ihn und

Der Staffelgiebel des Kirchturms (Foto: R. Heidemann, 1991)

identifizierten ihn vor Gericht. Entsprechend den damaligen harten Strafen für Entführungen verurteilte das Halsgericht ihn zum Tod. Er wurde in Domnau enthauptet.

Die Stadt schloß sich bereits 1440 dem Preußischen Bund an, blieb aber bei Ausbruch des 13jährigen Städtekriegs im Jahr 1454 dem Orden treu. Deswegen und aus Rache gegen den Orden brannten die bündischen Städte Bartenstein, Friedland und Schippenbeil ihre Nachbarstadt Domnau bis auf die Kirche nieder. Dabei wurde auch die Burg zum größten Teil zerstört.

Dennoch nahm der fränkische Söldnerhauptmann Konrad von Egloffstein, der für seine dem Orden geleisteten Dienste mit Domnau belehnt wurde, zunächst auf dem stark beschädigten Burghaus seinen Wohnsitz.

Egloffstein baute aber bald auf der vor der Stadt im aufgestauten Schloßteich gelegenen Insel ein Schloß, das im 16. Jahrhundert in den Besitz der Familie von Creytzen überging. Nach Umbauten in den Jahren 1678 und 1777 waren nacheinander die Freiherren von Louwitz, von Schlippenbach und von Witten die Schloßherren. Zu Anfang des 19. Jahrhunderts übernahmen die Grafen von Kalnein, die einem alten prussischen Geschlecht entstammten, das Wasserschloß. Der letzte Besitzer war Natango Waidewut Graf Kalnein, dem Ernst Wiechert in seinen Werken ein Denkmal setzte.

Klägliche Reste des Wasserschlosses aus dem 16. Jh. (Man beachte die Stützpfeiler) (Foto: R. Heidemann, 1991)

Der Amtshauptmann Konrad von Egloffstein erneuerte um 1480 die Handfeste der Stadt und erhöhte die Dotation auf 86 Hufen Land. Domnau erlitt in den folgenden drei Jahrhunderten fünf vernichtende Stadtbrände. Außer der schweren Plünderung und Brandschatzung durch die Polen im Hungerkrieg um 1520 erlitt die kleine Stadt in jedem Jahrhundert mindestens eine Besetzung durch fremde Truppen im Gefolge der kriegerischen Ereignisse jener Zeit. Domnaus Entwicklung wurde dadurch stark gehemmt, so daß seine Einwohnerzahl bis zum Jahr 1780 immer unter 1000 Bürgern lag und auch danach nie mehr als 3000 erreichte.

Wenn auch die wirtschaftliche und politische Bedeutung Domnaus nie beträchtlich war, so halten doch zwei Namen aus dem kulturellen Bereich die Erinnerung an die kleine Stadt im Herzen Ostpreußens bis heute und sicher weit darüber hinaus wach:

Caspar Hennenberger, der bekannte Geograph und Chronist Ostpreußens, lebte einige Jahre als Pfarrer in Domnau, bevor er ins nahe Mühlhausen übersiedelte. Seine berühmte Landkarte Preußens von 1576 nebst Erklärung sowie Beschreibungen des Landes gelten bis heute als einmalige Zeugnisse der damaligen Verhältnisse im jungen Herzogtum.

Georg Weissel, der 1590 in Domnau geborene Dichter von Kirchenliedern, dessen bekanntestes Lied noch heute so kraftvoll wie vor 350 Jahren erklingt »Macht hoch die Tür, die Tor macht weit...«

Leider hat diese Verszeile in der Heimat des Dichters ihren Sinngehalt verloren, denn das einstige Städtchen liegt weitgehend zerstört im Grenzgebiet des atheistischen Sowjetstaates, ist von allen Zugängen von außen abgeschnitten und fast entvölkert. Erstaunlicherweise steht die alte Ordenskirche noch auf ihrem Hügel am Ostufer des Schloßteichs, wo man auch Reste des Wasserschlosses der Grafen Kalnein aus dem 16. Jahrhundert findet. Aber der benachbarte alte Burghügel ist schon seit Jahrhunderten verwaist.

Allenburg

Wildhaus am Unterlauf der Alle

Altes Stadtsiegel aus dem 15. Jh.

Bei seinen Vorstößen in das untere Alletal eroberte der Deutsche Orden nach der Kapitulation der Nadrauerburg Wetalo an der Einmündung der Alle in den Pregel im Jahre 1256 eine ganze Kette prussischer Wallburgen. Hierzu gehörte auch der Ringwall auf dem Zickelberg an einer starken Flußbiegung auf dem westlichen Alleufer. Offensichtlich entsprach dieses einfache Bollwerk am steilen, mehrfach terrassierten Uferhang den Anforderungen der Ordensritter an eine Feldbefestigung. Sie bauten es als wehrhaftes Grenzhaus in Holz-Erdebauart aus. Aber das Haus wurde bereits nach wenigen Jahren um 1260 im großen Preußenaufstand von den Nadrauern zerstört.

Nach Niederwerfung des Aufstands wählte der Orden für seine neue Grenzburg zur Wildnis einen neuen Platz auf dem gegenüberliegenden Alleufer. Hier baute er um 1272 ein Wildhaus. Es war der Platz, auf dem sich später aus einer kleinen Siedlung im Schatten des festen Hauses die Stadt Allenburg entwickelte. Sie war in der 2. Hälfte des 14. Jahrhunderts als Mittelpunkt eines neuen bäuerlichen Siedlungsgebiets, das sich in die Wildnis vorschieben sollte, geplant worden. Ihre Entwicklung beruht also nicht auf dem Ausbau einer Lischkensiedlung, sondern es entstand daneben eine geplante, typische Stadtgründung des Ordens nach dem üblichen Muster mit gitterförmigem Straßennetz um einen mittig gelegenen Marktplatz.

Die Lage des neuen Wildhauses war mit Bedacht auf einer etwas erhöhten Halbinsel ausgewählt worden, die im Westen und Süden von der Alle und im Norden vom Swine-Flüßchen gebildet wurde. Nur im Osten bis Südosten blieb ein schmaler Zugang aus Richtung Gerdauen offen. Dort warf man zum Schutz gegen Angriffe Wälle auf, die später durch eine Mauer verstärkt wurden.

Gewissermaßen als Fernsicherung lag weiter im Osten der Alle die große Wildnis, die mit ihrem unwegsamen Wald- und Sumpfgebiet einen breiten Schutzstreifen gegen Litauen bildete und nur auf wenigen Pfaden von geländekundigen Führern durchquert werden konnte. Am Zugang zu diesen sogenannten Friedenswegen waren kleine Befestigungen als Wachtposten angelegt worden, die man Wildhäuser nannte. Zur Gruppe der Wildhäuser im nördlichen Abschnitt gehörte neben Angerburg, Nordenburg, Moltheinen und Auglitten auch Allenburg.

Um 1340 wurde in der Regierungszeit des Hochmeisters Dietrich von Altenburg (1335–1341) der Westrand der Wildnis durch Verhaue und Wälle gesichert. Von Wehlau ausgehend erstreckte sich dieser Schutzwall in einem bogigen Verlauf unter Ausnutzung natürlicher Geländeverhältnisse, wie Flußläufe, Seen und Höhenränder, über Sensburg bis zur Masowischen Grenze nahe Neidenburg. Meistens bestand dieser Schutzwall aus bis zu drei parallel verlaufenden Wällen von 3 Meter Höhe und einer Kronenbreite von 2 Metern. Er wurde an schlecht zu bearbeitenden Geländeabschnitten auch als Verhau aus Hackelwerk fortgeführt, das sind ent-

Ansicht von Allenburg mit Junkerhof vom Südwesten (Foto: W. Lippke, um 1935)

weder dichte Dornenhecken oder Hindernisse aus faschinenartig geflochtenen Zweigen.

Das schon sehr früh angelegte Wildhaus Allenburg wurde im letzten Viertel des 14. Jahrhunderts in Stein ausgebaut, obwohl die große Wildnis um diese Zeit bereits weit nach Osten zurückgedrängt worden war. Offensichtlich sollte das kleine feste Haus den Alleübergang an der wichtigen Straße von Rastenburg – Gerdauen nach Wehlau – Königsberg sichern. Es lag auf demselben gut geschützten Platz seines Vorgängerbaus im engen Knie des Flußlaufs. Dieser Platz an der Südwestecke der Stadt wurde bis in jüngste Zeit als Junkerhof bezeichnet.

In den »Litauischen Wegeberichten« von 1384 wird das Wildhaus Allenburg im Zusammenhang mit einer Inspektionsreise des Obersten Marschalls Konrad von Wallenrode erwähnt; dort heißt es in der Sprache der damaligen Zeit:

»... als er die wilthus ummereit und die besah (= inspizierte), so lis her dise nachgeschrebin armbrost und phile of den husern:

... Allenburg 4 rucarmbrost und 1 stegreifarmbrost da hat der Sniczmeist(er) dargeg 2 rucarmbrost und 1 stegreifarmbrost item 12 schock phile.«

Es ist anzunehmen, daß um diese Zeit das Allenburger Wildhaus bereits in Stein ausgebaut war. Seine bescheidenen Abmessungen sind in dem rechteckigen Fundament des um 1540 darauf errichteten Stadthauses am Junkerhof überliefert. Auch seine großen gewölbten Kellerräume hatten sich bis in die Neuzeit erhalten. Man kann davon ausgehen, daß es sich um ein zweigeschossiges Wildhaus mit Wehrgang vom Typ Bäslack gehandelt hat, das etwa 25 m lang war. Ob der an der Südseite des Hauses vorspringende Anbau einst ein Mauerturm gewesen ist, kann nach Lage und Unterbau angenommen werden. Der von starken Mauern eingefaßte Hof, der spätere Garten des Junkerhofs, reichte bis an das Alle-Ufer und bildete die Südwestecke der Stadtbefestigung. Das Wildhaus wurde im 13jährigen Städtekrieg von den Truppen des Preußischen Bundes zerstört, als sie die Stadt räumen mußten.

Allenburg wuchs als Siedlungsschwerpunkt und Marktzentrum nur langsam und erhielt im Jahre 1400 von Hochmeister Konrad von Jungingen (1394–1407) die Handfeste nach kulmischem Recht mit einer Dotation von 54 Hufen Land sowie einer für den Aufbau zeitlich beschränkten Zinsfreiheit. In dieser Zeit erfuhr die Gemeinde durch den Bau der Stadtbefestigung und der Pfarrkirche sowie durch die Einrichtung einer Schule bedeutende Förderung. Das mittig auf dem Marktplatz errichtete Rathaus wurde bereits 1667 bei einem großen Stadtbrand völlig zerstört und später durch einen Neubau ersetzt.

Die nahe der nordöstlichen Stadtmauer liegende Pfarrkirche von 1405 besaß einen massigen Turm, dessen Backsteinmauerwerk durch viele Mauerblenden gegliedert war. Auch die beiden Abschlüsse des Turmdachs waren als Staffelgiebel mit Blenden und Übereckfialen reich verziert. Leider wurde der alte Kirchturm im Ersten Weltkrieg von den Russen gesprengt und erst 1925 wieder aufgebaut.

Die Stadt hatte zu allen Zeiten schwer unter Kriegen und Besetzungen zu leiden. Nach Abzug der Aufständischen im Jahre 1455 bestrafte der Orden sie bei der Rückeroberung durch Brandschatzung, weil sie sich im Städtekrieg sogleich dem Preußischen Bund angeschlossen hatte. Dem meißnerischen Söldnerhauptmann Hans von Kanitz wurde die Stadt als Entgelt für seine geleisteten Kriegsdienste verliehen, doch sein gleichnamiger Sohn vertauschte das Lehen be-

Von Allenburg blieb außer dem nach dem Ersten Weltkrieg wiederaufgebauten Kirchturm fast nichts erhalten.
(Foto: R. Heidemann, 1990)

Blendengiebel der fremdgenutzten Pfarrkirche (Foto: R. Heidemann, 1989)

reits 1491 mit Genehmigung des Hochmeisters Johann von Tiefen (1489–1497) gegen den Besitz Mednicken im Samland.

Herzog Albrecht belehnte im Jahre 1540 Hans von Polentz, einen Bruder des eng mit dem Orden verbundenen Bischofs von Samland, mit der Stadt und ihren Pfründen. In dieser Verschreibung wurde der Junkerhof mit folgendem Text erwähnt: »... und dazu ein hofstadt zur Allenburgk, darauf wir eine behawsung pawen mogen.« Das auf den Fundamenten des einstigen Wildhauses damals errichtete schlichte Haus auf dem Junkerhof diente der in der Nähe begüterten Familie von Polentz als Stadtwohnung. Durch die beiden unter der Traufe und im Hauptgeschoß umlaufenden hellen Putzbänder und durch den in der Art der Beischläge ausgebauten Eingang hob es sich von den anderen Bürgerhäusern ab. Es ist bis in die jüngste Zeit erhalten geblieben.

Das um 1527 erteilte herzogliche Marktrecht war für Allenburg förderlich, und schließlich bestätigte um 1663 Friedrich Wilhelm, der Große Kurfürst, das bereits 1400 erteilte Stadtrecht uneingeschränkt. Jedoch wurde in der Folge die hoffnungsvolle Entwicklung des Gemeinwesens durch äußere Einflüsse stark gebremst. Der große Stadtbrand von 1667, die Besetzung durch die Schweden im Jahre 1679 und schließlich die verheerende Pest von 1711, bei der angeblich nur elf Einwohner überlebten, waren schwere Einschnitte in den Bestand der Stadt. Sie setzten sich auch in den nächsten Jahrhunderten fort, als im siebenjährigen Krieg von 1757 bis 1762 eine russische Besetzung erduldet werden mußte oder als 50 Jahre später die Franzosen die Stadt plünderten und besetzten.

Wegen der Verkehrsferne und fehlender Industrie hat Allenburg nie eine größere Bedeutung erlangt, und seine Bevölkerung überschritt nicht die Zahl von 2700 Einwohnern. Vielleicht hätte

So steht das auf den Fundamenten des Wildhauses errichtete Stadthaus der Familie von Polentz im Jahre 1991 da. (Foto: R. Heidemann, 1991)

der unvollendet gebliebene Masurische Kanal, der bei Allenburg in die schiffbare Alle einmündete, eine Wirtschaftsbelebung gebracht.
Am 24. Januar 1945 fiel Allenburg in sowjetische Hand. Die zu 90 Prozent zerstörte Stadt ist weitgehend eingeebnet worden. Als Wahrzeichen steht noch der trutzige Turm der nach dem Ersten Weltkrieg wiederaufgebauten Pfarrkirche. Aber auch das Fundament des alten Wildhauses des Deutschen Ordens ist noch im Trümmergebiet um den ehemaligen Junkerhof zu finden.
Allenburg ist heute keine Stadt mehr und liegt nun weiter für uns entfernt, als es die absolute Entfernung und seine Lage dicht an der Demarkationslinie erwarten lassen.

Groß Wohnsdorf

Ordensburg auf dem Platz von Capostete

Durch die Kapitulation des Nadrauerführers Tirsko war für den Deutschen Orden mit der beherrschenden Burg beim späteren Wehlau der Weg zum unteren Alletal freigeworden. Dem Königsberger Komtur Burchard von Hornhausen kam bei seinem Vorstoß nach Süden 1255 die gute Ortskenntnis des zum Christentum bekehrten Tirsko zugute. Dem Flußlauf der Alle folgend, stieß die Ordensstreitmacht unvermutet in das Land Wohenstorp vor und schaltete in schnellem Eroberungszug eine Reihe von prussischen Wallburgen aus, die auf dem Hochufer des Flusses angelegt waren. Lediglich die auf einer Bergkuppe an einer starken Flußbiegung liegende, gut gesicherte Burg Capostete, wo später das Ordenshaus Groß Wohnsdorf errichtet wurde, mußte nach kurzer Belagerung erstürmt werden. Sie wurde niedergebrannt.

Die an der Ostgrenze Natangens verbliebenen Befestigungen waren das Ziel eines erneuten Eroberungszugs der Komturei Königsberg im Jahr 1256. Unweit von Capostete lag auf einem Hügel am jenseitigen Alleufer die Burg Ochtolite (später Auglitten), die von den Natangern zäh verteidigt wurde. Die Ordensritter waren gezwungen, sie zu belagern. Als ihre überlegene Waffentechnik und ihre größere Kampferfahrung bei der Erstürmung zum Einsatz kam, fiel auch dieses Befestigungswerk.

Damit war der letzte Widerstand gebrochen, und die Besatzungen der drei Burgen Gundow auf dem Hausenberg sowie Angetete und Unsatrapis ergaben sich kampflos.

Der Ordenschronist Peter von Dusburg verbrämte diese Kapitulation zeitgemäß, indem er berichtete:

»Als aber die Besatzungen von drei anderen Burgen sahen, daß der HERR für die Brüder stritt und sie ihnen im Kampf nicht mehr widerstehen konnten, gaben sie Geiseln und unterwarfen ihre Nacken demütig dem christlichen Glauben und den Brüdern.«

Vielleicht war der Fall der Wallburg Unsatrapis ein Omen für das ganze Land Wohnsdorf, dessen Name mit dem der Burg identisch war, denn aus Unsatrapis entstand Wunsatrapis, Wunstorp und schließlich die verdeutschte Namensform Wonsdorff oder Wohnsdorf.

Der Orden mußte nun darangehen, das eroberte Land gegen die Einfälle der benachbarten Nadrauer und vor allem der Sudauer und Litauer zu schützen. Es entstanden in dieser Zeit entlang der Alle die befestigten Plätze in Groß Wohnsdorf und in Allenburg, die man im damaligen Sprachgebrauch Wildhäuser nannte. Bis zur Mitte des 14. Jahrhunderts entwickelte sich hieraus eine z. T. durch Wälle verbundene Befestigungslinie am Rand der Wildnis, die bis zur masowischen Grenze bei Neidenburg verlief.

In Groß Wohnsdorf wurde auf dem später als Schloßberg bezeichneten Platz auf dem Hochufer der Alle, auf dem die Natangerburg Capostete gestanden hatte, ein Wildhaus errichtet. Man muß sich darunter eine einfache Befestigungsanlage aus Erdwällen und Palisaden vorstellen, in deren Mitte ein Blockhaus als Unter-

Die Außenmauern des Torturms stehen einsam auf dem alten Burgplatz. (Foto: R. Heidemann, 1991)

kunft diente. Hier wie an anderen Plätzen wurden die alten Ringwälle weiterverwendet. Die an drei Seiten von den Wasserläufen der Alle und des Mühlgrabens gesicherte Befestigung entsprach dem Standard für kleinere Ordenshäuser. Um 1319 fiel das Wildhaus einem Vorstoß der Litauer unter Führung des Kastellans von Garthen (Grodno) zum Opfer und wurde niedergebrannt. Auf ihrem Rückzug mit Gefangenen und reicher Beute stellte der Tapiauer Ordenspfleger Ulrich von Dreileben mit seiner kleinen Truppe die Litauer, tötete 55 von ihnen und nahm ihnen die gesamte Beute ab.

1347 wurde das wiederaufgebaute Wildhaus erneut durch die Litauer zerstört. Auch die zwischenzeitlichen Behelfsbauten hielten dem Angriff der Feinde nicht stand.

Deshalb entschloß sich der Orden um 1391 an

So sah Joh. Michael Giese die kleine Ordensburg Wohnsdorf noch im Jahre 1826 (Zeichnung: J. M. Giese, 1826)

gleicher Stelle ein festes Haus in Stein zu errichten. Diese neue Burganlage übertraf den Umfang eines Wildhauses erheblich und hatte eine Vorburg. Sie ist deshalb den kleinen Burgen des

Der trutzige Torturm der Burg Gr. Wohnsdorf überstand sechs Jahrhunderte … (Foto: W. Lippke, um 1935)

… und noch heute erkennt man die dachlose, hohle Ruine wieder. (Foto: R. Heidemann, 1991)

reduzierten Stils zuzurechnen, wie wir sie aus Taplacken, Waldau oder Seehesten kennen. Hauptburg und die im Südosten anschließende Vorburg füllten die Plattform des Schloßbergs fast gänzlich aus. Die nicht von der Alle und dem Mühlgraben gesicherte Ostflanke schützte die Vorburg. Eine niedrige Parchammauer umgab die Hauptburg und hatte zur Alle hin eine Wasserpforte.

Bei der Anordnung der Gebäude um den fast quadratischen Burghof mit seinem tiefen Brunnen beherrschte das höhere Haupthaus an der Westseite den Burgkomplex. Es hatte ein hohes Satteldach mit zwei Staffelgiebeln, die durch Blenden und Strebepfeiler mit Fialen gegliedert waren. Die hohen Spitzbogenfenster und -blenden lassen vermuten, daß in der nördlichen Hälfte dieses Flügels die Burgkapelle lag, zumal der Nordostgiebel ein Chorfenster aufwies. In der anderen Hälfte des Flügels dürfte ein Remter gelegen haben. Die spärlichen Ruinenreste lassen eine genauere Bestimmung nicht mehr zu, so daß man diesbezüglich auf die recht anschauliche Skizze des Leutnants Johann Michael Giese von 1826 zurückgreifen muß, der um diese Zeit fast alle Burgen und Ruinen in Preußen aufgenommen und in Zeichnungen festgehalten hat.

Aus den Mauerresten und Fundamenten ergibt sich, daß an der Nord- und Ostseite des Burghofs ebenfalls Gebäude gestanden haben, die als Wohn- und Wirtschaftshäuser niedriger als das Haupthaus ausgeführt waren. Sicher hatten alle drei Burgflügel einen umlaufenden Wehrgang unter der Dachtraufe.

Bis in unsere Zeit hat sich der trutzige Torturm erhalten, der nach den bei seiner Restaurierung gefundenen eingemauerten Urkunden bereits 1356 erbaut wurde. Er stand in der Mitte der den Burghof an der Südwestseite abschließenden Wehrmauer. Auf quadratischem Grundriß ist der Turm dreigeschossig in Backstein aufgemauert worden. An seiner Außenseite befand sich in der üblichen Nische das wehrhafte Fallgatter und darüber eine Pechnase zur Sicherung des Haupteingangs. Bis zum Brand von 1790 hatte der Turm ein Satteldach mit beidseitigen dekorativen Staffelgiebeln. Bei der Wiederherstellung im Jahr 1796 durch den talentierten Sohn Friedrich des bekannten Landbaumeisters David Gilly erhielt der Turm ein antikisierendes Kranzgesims und ein geschweiftes Bohlendach. In dieser veränderten Form hatte sich der Torturm bis in die Neuzeit erhalten.

Die Burggebäude sind nach dem Brand von 1830 nicht wiederhergestellt worden, sondern wurden mit Ausnahme des Turms Anfang des 19. Jahrhunderts allmählich abgebrochen. Die gewonnenen Steine verwendete man zum Ausbau des Guts. Anstelle des bis zum Brand als Herrenhaus benutzten Burggebäudes errichtete Gutsbesitzer Hermann Leopold von Schrötter 1869 im Park auf dem Gelände der ehemaligen Vorburg ein solides neues Gutshaus.

Der alte Torturm wurde von dem späteren

Das Tor mit der Fallgatternische führt heute in die Wildnis (Foto: R. Heidemann, 1991)

Staatsminister und Oberpräsidenten Friedrich Leopold Freiherr von Schrötter in seinen jungen Jahren bewohnt. Die noch gut arbeitende Zentralheizung aus der Ordenszeit, die aus einem eisernen Sockelofen und Leitungen aus Biberschwänzen bestand, sorgte noch ausreichend für Wärme. Auf der Terrasse vor dem Turm saßen der Edelmann und sein Vater häufig mit ihrem freundschaftlich verbundenen berühmten Gast Immanuel Kant und führten bei Tabakspfeife und Kaffee lange philosophische Gespräche.

Groß Wohnsdorf war seit 1348 Kammeramt im Bereich des Ordenshauses Insterburg. Vor der Burg war eine Lischkensiedlung mit mehreren Krügen entstanden. Nach dem Städtekrieg mußte der Hochmeister-Statthalter Heinrich Reuß von Plauen 1468 Burg und Gut wegen ausstehender Soldforderungen an Hans von Weyer abtreten. 1525 belehnte dann Herzog Albrecht den Edelmann Heyno von Döberitz und um 1552 Andreas von Flanns mit diesem Gut. Von 1702 war Groß Wohnsdorf bis 1945 im Besitz der Familie von Schrötter, die sich besonders der Pferdezucht widmete und in den letzten 50 Jahren allein über 300 Hengste des Trakehner Warmbluts an die preußische Gestütsverwaltung lieferte.

Auf dem Burgberg über der Alle, nahe der 1922/23 angelegten Talsperre, sind auch heute noch die Ruinen des Gutes und der Ordensburg zu erkennen. Der alte Torturm auf dem jetzt ungenutzten Burgplatz steht noch einsam in einem verfremdeten Land. Unten im Ortsbereich sind neben der Kolchose noch Häuser aus der Vorkriegszeit erhalten. Da es keine Neubauten gibt, hat man den Eindruck, in einer verlassenen Gegend zu sein, deren Äcker und Wiesen der Versteppung preisgegeben worden sind.

Gerdauen

Stadtsiegel aus dem 14. Jh.

Stadt und Burg im Schutz der Apostel

Heraldik und Numismatik sind historische Hilfswissenschaften, die durch die Fülle des überlieferten Materials einen guten Einblick in den einstigen hohen Stand der Kultur im Ordensland Preußen vermitteln. Zusammen mit den teilweise erhaltenen Bau- und Kunstdenkmälern und in Verbindung mit den beachtlich großen Beständen an überlieferten Urkunden, Schreiben und Verzeichnissen aus der Ordenszeit läßt sich ein weitgehend zutreffendes Bild von diesem Abschnitt deutscher Geschichte nachzeichnen.

Die meisten heraldisch gestalteten Ortswappen ost- und westpreußischer Städte, Märkte und Flecken stammen aus der Gründungszeit dieser Gemeinden im 13. und 14. Jahrhundert. Bekanntlich gründete der Deutsche Orden im Preußenland 93 Städte und mehr als 1400 dörfliche Siedlungen. Er stattete sie mit sogenannten Handfesten aus; das sind Gründungsprivilegien des Landesherren, die die Rechtsverhältnisse zwischen den Städten und ihren Bürgern sowie zwischen diesen und dem Orden regelten. Auch das Führen von Siegeln, aus denen sich die meisten Ortswappen ableiten, bedurfte der Genehmigung durch die Landesherrschaft.

Bereits um 1605 veröffentlichte Johann Siebmacher in seinem großen Wappenbuch, das in vielen Neuausgaben zum Standardwerk der deutschen Wappenkunde geworden ist, eine größere Zahl ost- und westpreußischer Städtewappen. Letztere finden sich als Siegel in hervorragender Wiedergabe und Beschreibung in den Werken von Friedrich August Voßberg von 1841/43 sowie von Bernhard Engel aus dem Jahre 1894. Das umfassende Wappenbuch des großen Heraldikers Professor Otto Hupp (1859–1949) von 1896/98 steht uns durch die dankenswerterweise von der Kulturstiftung der Deutschen Vertriebenen 1985 veranlaßte Reprintausgabe als unentbehrliches Nachschlagewerk heute wieder zur Verfügung.

Die Entwicklung der Ortswappen aus abgewandelten alten Siegeln läßt sich an vielen Beispielen nachvollziehen. Dabei hat es häufig Rückgriffe auf die Insignien der Ordensgebietiger gegeben, die als Komture, Vögte oder Pfleger Vertreter der Landesherrschaft waren. Auch finden sich auf Siegeln und Wappen viele Symbole und Darstellungen aus der christlichen Mythologie.

Ein gutes Beispiel bildet das Stadtwappen von Gerdauen, dessen fachgerechte Beschreibung (Blasionierung) in der heraldischen Terminologie lautet: In Silber unter einem roten gotischen Zierbogen St. Paulus und St. Petrus stehend, beide gemeinschaftlich einen aufgerichteten, großen goldenen Schlüssel, ersterer außerdem noch ein gestürztes Schwert haltend.

Dieses Wappenbild entspricht im wesentlichen demjenigen des überlieferten Stadtsiegels vom Anfang des 15. Jahrhunderts, das jedoch eine Umschrift in gotischen Minuskeln folgenden Wortlauts trug: S' · civitatis · gir . . . (dauwen).

Während auf dem alten Siegel allein Petrus den Schlüssel und Paulus das Schwert hält, halten auf dem Stadtwappen merkwürdigerweise beide gemeinsam den Schlüssel. Das vorliegende Stadtwappen stammt aus dem vorigen Jahrhundert. Übrigens findet sich eine sehr ähnliche Darstellung der beiden Heiligen aus dem 14. Jahrhundert, allerdings in sitzender Haltung, unter dem gotischen Zierbogen, am Querschiffgiebel der Stadtkirche zu Wegeleben bei Halberstadt, die diesen Heiligen geweiht ist. Diese nahe künstlerische Verwandtschaft zwischen der Wegelebener Skulptur und dem Siegelbild von Gerdauen läßt Rückschlüsse auf die Herkunft der deutschen Siedler und Ritter in Gerdauen vermuten. Hierzu sei angemerkt, daß die preußischen Landmeister Dietrich von Gröningen (1246–1259), Johannes von Wegeleben (um 1263) und Dietrich von Gatersleben (1271–1273) sowie viele Ordensleute aus diesem sächsischen Gebiet des Nordthüringgaus stammten.

Für die Wahl dieser beiden Heiligen als Siegelfiguren liefert die zeitgenössische Chronik von Peter von Dusburg die Begründung; dort heißt es: »Im Jahre des Herrn 1325 errichtete Bruder Heinrich von Isenberg, der Komtur von Königsberg, mit Genehmigung des verehrungswürdigen Hochmeisters Werner (von Orseln) zur Erweiterung der Grenzen der Christen im Lande Barten die Burg Gerdauen und vollendete sie am Tage der heiligen Apostel Peter und Paul (29. Juni).« Diese Schilderung führt uns hinein in die Landschaft und die Zeit des ersten Burgenbaus der Ritter in Gerdauen. Sie hatten das Land bereits im 6. Jahrzehnt des 13. Jahrhunderts erobert und dabei auch die hölzerne Burg des prussischen Edlen Girdaw unter ihre Botmäßigkeit gebracht. Dieser Prusse aus dem Geschlecht der Rendalia war zum Christentum übergetreten. Er blieb auf seiner Burg auf dem Schloßberg am Omet-Fluß. Als er im großen Preußenaufstand nach vielen Kämpfen mit seinen abtrünnigen Landsleuten die belagerte Burg nicht mehr zu halten vermochte, floh er mit seinen Gefolgsleuten 1262 nach Königsberg und begab sich unter den Schutz der dortigen Komturei des Ordens. Zuvor hatte er seine hölzerne Burg niedergebrannt, um sie den Aufständischen nicht zu überlassen.

Bald nach Niederwerfung des Preußenaufstands begann der Orden, auf dem alten Platz mit dem Neubau einer Burg, die als eine Bastion in der Verteidigungslinie Gerdauen–Barten–Leunenburg–Rastenburg–Wartenburg am Rand der großen Wildnis errichtet wurde. Sie war zunächst als Konventshaus geplant, erreichte aber bis zu ihrer Fertigstellung 1325 nur die Ausbaustufe eines mittleren Pflegeramts.

Zum Schutz der neuen Burg auf dem Schloßberg stauten die Ordensbaumeister den Omet-Fluß auf, so daß diese auf einer Landzunge im Banktinsee eine günstigere Verteidigungsposition erhielt. Auf der Schroetter-Karte von 1802 erkennt man noch deutlich den großen Stausee, der Burg und Stadt hufeisenförmig umschloß und nur die Nordflanke offen ließ. Dort lag im Nordosten am Ausfluß des Sees die Wassermühle und am jenseitigen Ufer des Omet-Flusses das befestigte Vorwerk Kinderhof.

Der sumpfige Banktinsee besaß noch bis zum 18. Jahrhundert ein besonderes Naturdenkmal. Auf seiner Wasserfläche wurde eine schwimmende Insel »grasigten Landes« mit einer Bodenstärke von 1,50 m vom Wind von einem Ufer zum anderen getrieben. Nach Abbrüchen durch Wind und Frost immer kleiner werdend, machte man sie schließlich am Uferrand fest und bepflanzte sie mit Bäumen und Sträuchern. Der See wurde 1819 zur Hälfte abgelassen und hat danach durch fortschreitende Verlandung ein Großteil seiner Fläche eingebüßt. In unserer Zeit ist seine frühere Ausdehnung und seine einstige fortifikatorische Bedeutung kaum noch zu erkennen.

Ebenso waren Grundriß und architektonische Gestaltung der in Stein ausgebauten Burg in der Neuzeit nicht mehr ausreichend erkennbar, um eine Rekonstruktion vornehmen zu lassen. In den Jahrhunderten hatten nach den Zerstörungen im Städtekrieg, dem um 1672 einsetzenden Verfall und der 1874 vorgenommenen Verbauung der einst schönen Ruine mit einem Wohnhaus dem Baudenkmal sein Gesicht genommen. Die Burg, die um 1406 im Zusammenhang mit der Stadtbefestigung weiter ausgebaut worden

Toreinfahrt zum Burgplatz um 1930 (Foto: Archiv E. Neumann, um 1930)

war, hatte einen unregelmäßigen Grundriß. Von den erhalten gebliebenen wenigen Keller- und Erdgeschoßräumen sind gewisse Rückschlüsse auf Alter, Bauform und Ausbau der einstigen Ordensburg möglich. Der mächtige Burgkeller und der doppelschiffige Raum im Erdgeschoß mit Kreuzgewölben auf birnstabförmigen Rippen lassen einen guten Ausbau zumindest dieses Burghauses vermuten. Sicher waren hier das Haupthaus und die Wirtschaftsgebäude um einen von Wehrmauern abgeschlossenen Hof angeordnet.

Namentlich bekannt sind uns 22 Ordensritter, die das Amt des Pflegers von 1315 bis 1453 ausübten. Ihr Sitz war die Burg Gerdauen, von der aus sie im Auftrag der Komturei Königsberg das Städtchen und das regionale Umland verwalteten, wie später die Amtshauptleute oder Landräte. In ihrem Namensverzeichnis begegnen uns bekannte Ordensritter, die anschließend in der Hierarchie aufgestiegen sind, wie z. B. der Großkomtur Wilhelm von Eppingen, der oberste Tressler Leonhard von Parsberg oder der Ordensmarschall Jost von Strupperg. Aber auch ein Herzog Konrad von Schlesien und Vertreter der Adelsgeschlechter Brandenburg, Wertheim, Rosenberg, Heideck, Schauenburg, Mossbach und Schönberg waren einst Pfleger von Gerdauen.

Die im Schatten der Burg entstandene Lischkensiedlung erlebte 1336, 1347 und 1366 Litauereinfälle, die fast alles Aufgebaute vernichteten. Mit der um 1370 im Umland einsetzenden Dorfsiedlung entwickelten sich Handwerk und Märkte so gut, daß der Hochmeister Konrad von Jungingen dem Ort am 21. September 1398 das kulmische Stadtrecht verlieh.

Das Städtchen erhielt um 1406 eine Stadtmauer, in deren Befestigungsanlagen die Burg mit einbezogen wurde. Über die Kosten für den Bau der Mauer kann man im Marienburger Tresslerbuch, dem Hauptbuch der Ordenskasse, unter dem 16. Oktober 1406 folgendes nachlesen:

Das neugotische Tor zum Schloß im Jahre 1991 (Foto: R. Heidemann, 1991)

Das sogenannte alte Schloß, ein auf den Fundamenten der Ordensburg errichtetes Haus (Foto: Archiv E. Neumann, um 1930)

»– zum irsten 29 m. (= Mark) und 1 firdung (= ¼ Mark) der stad Girdauwen zur muwer of drey zeyl an 3 fierteil von einer ruten, vor iclich seyl 10 m.; das brenget die Rute 1 m. (= Mark).«
Nach damaligen Maßen hatte ein Seil eine Länge von 43,20 Meter und war in 10 Ruten unterteilt. Der Preis von 29 ¼ Mark errechnet sich für die Maurerarbeiten von 3 Seilen minus ¾ Ruten, also für rund 126 Meter. Das sind demnach Kosten von 10 Mark je Seil oder von 1 Mark für jede Rute.
1469 belehnte Hochmeister Heinrich Reuß von Plauen den sächsischen Söldnerführer George von Schlieben als Entgelt für dessen ausstehende Forderungen mit Burg und Stadt. Besitz und Pfründe waren erblich und blieben über Jahrhunderte in Händen der Grafen von Schlieben, die anstelle der verfallenden Burg ein neues Schloß erbauten. Erst 1809 wurde die Stadt aus der Lehnsherrschaft entlassen. Der übrige Besitz fiel 1831 durch Erbschaft an die Freiherren von Romberg und gegen Ende des vorigen Jahrhunderts an die Familie von Janson.
Die 1818 zur Kreisstadt erhobene Gemeinde hatte, wie viele andere ostpreußische Städte, eine langsame, durch Kriege und andere Heimsuchungen gehemmte Entwicklung und erreichte vor 50 Jahren eine Einwohnerzahl von über 5000 Bewohnern. Die Stadt liegt heute, von den Eroberern mit einem unaussprechlichen Namen versehen, nur ganze drei Kilometer von der polnisch-sowjetischen Demarkationslinie entfernt und ist für uns seit über vier Jahrzehnten im sowjetischen Sperrgebiet immer noch unerreichbar.
Unvergessen bleiben die beiden berühmten Söhne der Stadt Gerdauen, die beide den gleichen Namen Theodor Gottlieb von Hippel trugen. Der Ältere (1741–1796) war Stadtpräsident von Königsberg und preußischer Geheimer Kriegsrat. Sein Freund Immanuel Kant nannte ihn einen »Plan- und Zentralkopf«. Der vielseitig begabte Mann schrieb große staatsrechtliche Werke, aber auch humoristische Romane. Als Junggeselle trat er für die Gleichberechtigung der Frau in Ehe und Gesellschaft ein. 1795 gliederte er auf Anordnung des Königs die Verwaltung der wiedergewonnenen Freien Stadt Danzig in den preußischen Staat ein.
Der Jüngere von Hippel (1775–1843), ein vom Vorgenannten erzogener und geförderter Neffe, machte eine gute Karriere im Staatsdienst und war der Verfasser des Aufrufs »An mein Volk«, der 1813 die Bevölkerung zum Kampf gegen den Usurpator Napoleon sammelte. Usurpation ist übrigens die widerrechtliche Besitz- oder Machtergreifung, die zwar im Fall Napoleon beseitigt werden konnte, im Fall der Stadt Gerdauen und unserer ostdeutschen Heimat bis zum heutigen Tag andauert.
Gerdauen fiel Ende Januar 1945 nur wenig zerstört in die Hände der Russen. Eine abziehende Wehrmachtseinheit hatte das Schloß am Banktinsee gesprengt, aber das benachbarte Gut Kinderhof unversehrt zurückgelassen. Auch die Kirche, die öffentlichen Gebäude und viele Geschäfts- und Wohnhäuser blieben erhalten.

Stolz und narbenreich ragt der Gerdauer Kirchturm in den Himmel. Die Kirche selbst wurde als »Kulturhaus« ruiniert und verfällt. (Foto: R. Heidemann, 1990)

Die gesprengte Schloßruine im Jahre 1991 beim Wiederaufbau (Foto: R. Heidemann, 1991)

Durch Plünderungen, Brandstiftung und fehlende Unterhaltung wurde die Stadt in den folgenden Jahren zur Hälfte zerstört. Wie der Pfarrkirche, die nach Nutzung als Kulturhaus und später als Lager von den Soldaten mutwillig ruiniert worden ist, erging es vielen Gebäuden. Die Stadt hat sich auf diese Weise in eine Siedlung zurückentwickelt, deren russische Bezeichnung Shelesnodoroshnyi (= Eisenbahnort) die heutige Situation zutreffend beschreibt. Das gesprengte Gutshaus auf den Fundamenten der Ordensburg wurde inzwischen wieder aufgebaut. Aserbeidshanische Neubürger wollen dort ein Hotel und Restaurant einrichten. So wird die Entfremdung des Landes ausgerechnet an einem historischen Platz fortschreiten, an dem nur noch das neugotische Eingangstor die einstige Bestimmung als Burg erahnen läßt.

Bartenstein

Barter, Barten und Bartel

Stadtsiegel aus dem 14. Jh.

In seiner »kurzen und wahrhaftigen Beschreibung« Preußens von 1584 erwähnt Caspar Hennenberger im Kapitel Barthenland »Barthenstein ein Stadt, zuvoren Rosenthal geheißen, das Schlos hat in Natangen gehöret«. Es kommt nicht häufig vor, daß Burg und Stadt gleichen Namens in verschiedenen Ländern liegen. Eine solche Situation ergab sich in Tapiau, als um 1280 die Burg vom samländischen Westufer auf das nadrauische Ostufer der Deime verlegt worden war. In unserem Fall wurden die Bewohner der auf dem linken natangischen Alleufer neben der Burg gelegenen Lischke Rosenthal in die neue Stadtgründung Bartenstein auf der rechten Flußseite umgesiedelt. Da die Alle die Grenze zwischen Natangen und Barten bildete, lagen nun Burg und Stadt in verschiedenen Ländern.

In der Mitte des 13. Jahrhunderts setzte der Deutsche Orden von den am Frischen Haff gelegenen Burgen aus die Eroberung der prussischen Gaue Warmien, Natangen und Barten fort. In begrenzten Vorstößen mit Unterstützung von Kreuzfahrern wurden Waffenplätze der Prussen ausgeschaltet und durch eigene befestigte Lager ersetzt. Nachdem sich die Prussen unterworfen und Geiseln gestellt hatten, erbau-

Alte Stadtansicht von Bartenstein (Zeichnung: bei Hartknoch, 1684)

ten die Ordensbrüder im Land Barten die drei Burgen Bartenstein, Wiesenburg und Rößel.
Die im Jahr 1241 auf einer Anhöhe am linken Alleufer in einer Flußschleife angelegte Burg war ein Holz-Erde-Werk mit Blockhaus, Palisaden und Erdwällen nach dem Stand der damaligen Bautechnik und unter Verwendung der greifbaren Baustoffe. Sie diente als Sicherungsburg dem Erhalt des eroberten Landes, aber auch als Zwischenlager für weitere Vorstöße. In diesen Funktionen ist sie bei Angriffen Aufständischer mehrmals niedergebrannt worden.
Die Unsicherheit der im Schatten der Burg entstandenen Lischke Rosenthal führte bald dazu, ihre Bewohner auf das andere Alleufer auf einen vorbereiteten, durch aufgestaute Mühlenteiche und die Alle gut geschützten Platz umzusiedeln. Die Burg als Ziel der gegnerischen Angriffe lag nun nicht mehr unmittelbar neben der Ansiedlung und gefährdete diese weniger, gab ihr dennoch von der anderen Flußseite eine zusätzliche Sicherung. Diese Umsiedlung muß noch vor 1332 erfolgt sein, weil die in jenem Jahr ausgefertigte Handfeste der Stadt bereits auf den Namen Bartenstein lautete.
Im großen Preußenaufstand, der 1260 das ganze Land erfaßte und alles bisher Erreichte gefährdete, schlossen die Prussen in Natangen die Burgen Bartenstein und Kreuzburg ein und belagerten sie vier Jahre lang. Sie bauten feste Belagerungswerke und besetzten sie mit 1300 Kriegern, so daß kein Zugang mehr möglich war. Nach Aufzehrung aller Vorräte war die Hungersnot in Bartenstein so groß, daß die Leute sogar gezwungen waren, Tierhäute zu essen. Mit Belagerungsgerät und Wurfmaschinen wurde die 400 Mann zählende Ordenstruppe immer wieder bedrängt. Durch große Tapferkeit und Kampfkraft zeichnete sich ein Bartensteiner Krieger namens Miligedo aus, der bei Ausfällen viele Belagerer besiegte; er fiel schließlich einer List zum Opfer und wurde im Hinterhalt getötet. Bei einem Ausfall von 150 Ordenskriegern konnten ein Teil der Belagerungswerke zerstört und viele Prussen erschlagen werden. Auf seiten des Ordens fiel allein der tapfere Marschall Dieterich.
Als aber im vierten Jahr der Belagerung der Einschließungsring immer noch nicht aufgebrochen werden konnte, beschlossen die Ordensbrüder, die Burg aufzugeben und durch eine List heimlich zu entkommen. Die überlieferte alte Legende »Das Todtenglöckchen« berichtet darüber folgendes:
»Als sie noch berieten, wie sie unbemerkt den Feinden entkommen möchten, entbot sich ein blinder Greis, zurückzubleiben und regelmäßig zu bestimmten Zeiten, beim englischen Gruß und an den canonischen Stunden das Glöcklein zu ziehen, daß die Feinde vermeinen sollten, die Burg sei noch wie sonst bemannt. Die Brüder entkamen glücklich unter der Hülle des nächtlichen Dunkels; der blinde Meßner aber ließ wie sonst Hora und Vesper erschallen, bis zuletzt das Verhallen des Glöckleins das Zeichen gab, daß die Besatzung vom Hungertode hingerafft sei.
Aber wie erstaunten sie, als sie, in die Burg gelangt, kein Zeichen des Todes erblickten, bis zuletzt einige, am Altar liegend, den Glockenstrang noch in der Hand, den Meßner fanden. Da wollte der Feldherr den Leichnam des Greises die That büßen lassen, aber als er zur Kirche kam, war dieser verschwunden. Boten des Himmels hatten ihn fortgeführt« (aus Tettau/Temme, Die Volkssagen Ostpreußens, Berlin 1837).
Von der entkommenen Burgbesatzung erreichte eine Gruppe Königsberg und die andere Elbing, Burg und Ort wurden von den Natangern geplündert und niedergebrannt.
Nach Niederschlagung des großen Aufstands begann der Orden, wieder die alten Positionen zu beziehen und das Verteidigungs- und Sicherungssystem neu zu errichten. Auch die Burg Bartenstein war wiederaufgebaut worden, ehe sie um 1273 einem Ansturm der ungezähmten Sudauer zum Opfer fiel. Peter von Dusburg berichtete darüber in seiner nur fünfzig Jahre später erschienenen Chronik des Preußenlands:
»Als die Sudauer hörten, daß die Barter, Warmier und andere Prussen sich dem Glauben und den Brüdern erneut gebeugt hatten, erhob sich ihr Unwille. Mit großem Heer belagerten sie unversehens die Burg Barthenstein, die sich die

Das Heilsberger Tor in Bartenstein heute (Foto: F. Borchert, 1985)

Barter nach dem Rückzug der Brüder für ihre Zwecke vorbehalten hatten. Sie zerstörten die Burg und nach Gefangennahme und Tötung aller legten sie sie auch in Asche.«

Hier wie an anderer Stelle waren der Orden und die steigende Zahl der bekehrten Einheimischen unermüdlich beim Wiederaufbau zerstörter Burgen und Siedlungen tätig. Es waren nicht Heere von Fronarbeitern, die Zwingburgen aufbauten, wie uns eine gewisse »Schule« heutiger Historiker glauben machen will, die die neuzeitlichen Praktiken aus ihrer geistigen Heimat mit ideologischem Eifer in das ausgehende Mittelalter zu projizieren versuchen.

Vielmehr bauten zugewanderte tüchtige Handwerksmeister zusammen mit ihren einheimischen Gesellen und Helfern ein neues, fortschrittliches Gemeinwesen auf, das fortan über Jahrhunderte große Anziehungskraft auf benachbarte Völker wie auf Zuwanderer aus fernen Ländern ausübte. Aus Bartenstein ist uns der Name eines solchen Handwerkers, Meister Michel Monsterberg, überliefert, der im ausgehenden 14. Jahrhundert an mehreren Baustellen im Ordensland Dachkonstruktionen ausführte.

Die neue Burg Bartenstein entstand zwischen 1274 und 1280 und wurde, beginnend mit den Wehrmauern, in Backstein mit Findlingsfundamenten aufgebaut. Zunächst in Holz oder Fachwerk errichtete Burghäuser ersetzte man später durch Steinbauten. Trotzdem ist es uns heute nicht mehr möglich, Aussehen oder Grundriß der Burg im einzelnen zu beschreiben. Sie wurde nämlich bereits im Städtkrieg zwischen 1454 und 1460 zerstört, als die Stadt dem Preußischen Bund beitrat und vom Deutschen Orden abfiel, dann aber nach schweren Kämpfen auf die Seite des Ordens zurückkehrte.

Von der stark zerstörten und wohl später auch als Steinbruch ausgebeuteten Ruine waren um 1890 nur noch Mauer- und Fundamentsreste sichtbar. Darauf baute die zur Kreisstadt erhobene Gemeinde 1902 das Kreishaus. In seiner bevorzugten Lage über dem Alleufer wirkte das in gotisierendem Backsteinstil errichtete große Gebäude mit seinen blendenverzierten, von Ecktürmchen eingerahmten Staffelgiebeln und seinem Turm wie ein später Nachfahre der Ordensbauten. Aber auch dieses Bauwerk ging wie 60 Prozent der Stadt in den Kämpfen des Februar 1945 und den folgenden Brandschatzungen der Eroberer unter.

Am 17. Februar 1332 hatte Hochmeister Luther von Braunschweig der »Stadt Bartensteyn« die Handfeste nach kulmischem Recht erteilt. In dieser Zeit muß demnach die Umsiedlung von der Lischke Rosenthal neben der Burg auf das vorbereitete Stadtterrain am rechten Ufer der Alle vorgenommen worden sein.

Wer auf den aus dem 15. Jahrhundert überlieferten Stadtplan schaut, erkennt sofort die typische Stadtplanung des Deutschen Ordens. Akkurat rechtwinklig zueinander verlaufende Straßen und Gassen, in deren Mitte ein großer Marktplatz mit dem Rathaus liegt. Hufeisenförmig umschlossen aufgestaute Mühlenteiche schützen den fast quadratischen Häuserblock, der durch die 1354/59 errichtete Stadtbefestigung mit Mauern, Türmen und Toren zum Rundling wurde. Von den drei Stadttoren blieb allein das schöne Heilsberger Tor erhalten und hat als Wahrzeichen dieser alten deutschen Stadt den Zweiten Weltkrieg überdauert.

Ein weiteres bedeutendes Baudenkmal Bartensteins ist die in Backsteingotik errichtete Pfarrkirche aus dem 14. Jahrhundert. Eine Inschrift »FVND 1332« auf dem Schlußstein eines Gewölbejochs und die urkundliche Erwähnung des Pfarrers Heidner um 1345 belegen ihre frühe Gründung. Es handelt sich hier um eine der in Ostpreußen seltenen Basiliken mit sehr hohem Mittelschiff und niedrigen Seitenschiffen. Kunsthistorisch bemerkenswert sind die beiden in die profilierten Umrahmungen des Nordportals eingefügten figürlichen Tonreliefs. Sie stellen gekrönte Fürsten mit Schwert dar.

Im südlichen Eingangsvorbau entdeckten wir bei unserem Besuch im vergangenen Jahr die erhaltene Gedenktafel für die Gefallenen der Stadt. Eins der wenigen vom Bildersturm verschonten Überbleibsel der 650jährigen deutschen Geschichte der Stadt und des Landes, das eine winzige Hoffnung auf das Ende der langjährigen Diskriminierung alles Deutschen aufkeimen läßt.

Man könnte über Bartenstein und seine Geschichte noch viel berichten. Aber das sollte der Burgschreiber den Stadtschreibern überlassen, die es bereits gut und ausführlich taten. Dennoch seien zwei abschließende Hinweise erlaubt.

In Bartenstein werden zwei altertümliche Steinfiguren bewahrt, denen der Volksmund die Namen Bartel und Gustabalde gab. Es sind roh gemeißelte menschliche Figuren aus Granit mit Spitzbärten, Trinkhorn und Schwert, wie sie auch in Barten und in Allenstein aufgestellt sind. Ihr Name dürfte sowohl von dem Fundgebiet im Land Barten als auch von der aus dem Slawischen abgeleiteten deutschen Bezeichnung Steinbaben herstammen. Diese absonderlichen Steinfiguren stammen aus dem 10. bis 12. Jahrhundert und sind über Rußland bis nach Zentralasien verbreitet. Nach Ostpreußen sind sie vermutlich bei Vorstößen nomadisierender asiatischer Volksstämme gelangt.

Einen Bezug auf den Stadt- und Landschaftsnamen haben Siegel, Banner und Wappen von Bartenstein. Alle drei Embleme zeigen die Barte, eine mittelalterliche Streitaxt, die wohl auch im Namen mit der Hellebarde verwandt ist. Das alte Stadtsiegel zeigt zwei gekreuzte Barten (Beile) auf einem Stufengiebel. In der Schlacht bei Tannenberg am 15. Juli 1410 führte das Aufgebot der Stadt Bartenstein ein schwarzes Banner mit einer weißen Barte. Letztlich zeigt auch das Stadtwappen einen Ordensritter hoch zu Roß mit einer Barte in der Rechten. Von ihm berichtet die Sage, daß er sich durch einen kühnen Sprung in die Alle seinen Verfolgern entzogen habe.

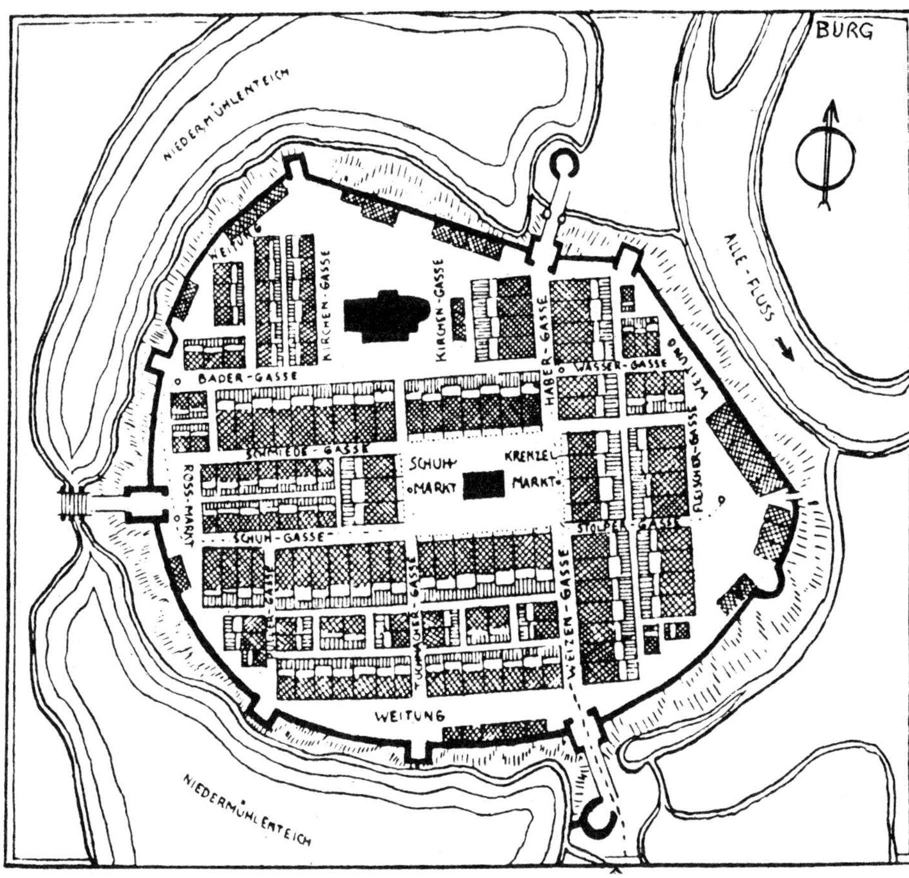

Stadtplan von Bartenstein im 15. Jh. (Rekonstruktion) (Zeichnung: Archiv Ostpreußenblatt)

Pfarrkirche zu Bartenstein
(Zeichnung: F. Heitmann, 1891)

Pfarrkirche zu Bartenstein nach dem Zweiten Weltkrieg
(Foto: F. Borchert, 1985)

Wir verließen Bartenstein durch das Heilsberger Tor, das heute fast wieder so frei dasteht wie bei seiner Erbauung. Zwei große Brände befreiten es von den allzu nahe gerückten Stadthäusern. Der große Stadtbrand von 1850 vernichtete das bis auf den Roßmarkt vorgedrungene Häuserkarree und ließ den ohnehin schon großen Marktplatz bis unmittelbar ans Tor wachsen. Der große Weltbrand von 1945 schuf einen freien Platz auf der Westseite vor dem Heilsberger Tor, dessen Silhouette wir beim Abschied noch von weitem sehen konnten und die sich sehr in unsere Erinnerung eingeprägt hat.

Barten

Vom Wildhaus zum Konventshaus

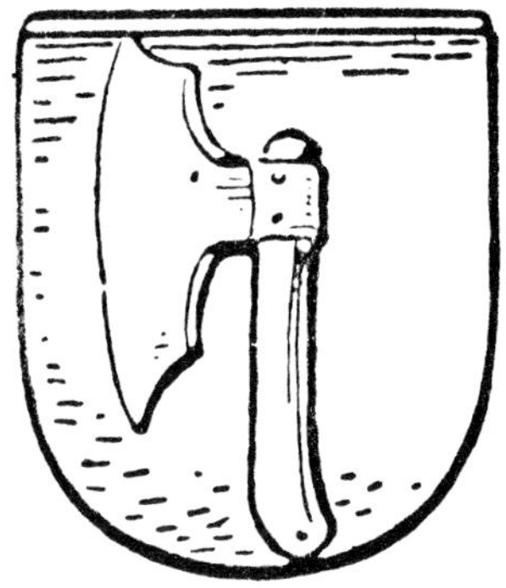

Stadtwappen

Der Name des wenig bekannten Städtchens mitten in Ostpreußen hatte seinen Klang und seine Herkunft von dem alten prussischen Gau, der östlich der Alle lag. Von den Ureinwohnern, den Bartern, wird berichtet, daß sie sehr streitsüchtig waren und insbesondere mit den benachbarten Natangern viele Kämpfe ausfochten. Im Mittelpunkt ihres Landes hatten sie eine Wallburg angelegt, deren Platz auf dem Schloßberg zwischen Burg und Stadt Barten vermutet wird.

Als die Ritter des Deutschen Ordens zu Beginn des 14. Jahrhunderts das eroberte Land an der Grenze zur Wildnis gegen die kriegerischen Litauer sicherten, legten sie hier das Wildhaus Bartenburg an. Seine Gründung ging von der Komturei Brandenburg aus, in deren weit nach Südosten ausgedehntem Gebiet ein Teil des Bartenlandes lag. Die kleine Grenzfeste wurde in die Burgenkette des Allegebietes einbezogen, die um 1320 von Gerdauen bis Rastenburg verlief.

Erst fünfzig Jahre später begann der Ausbau der Burg in Stein unter Leitung des erfahrenen Brandenburger Komturs Günther von Hohenstein. In dieser Zeit führte der hervorragende Hochmeister Winrich von Kniprode (1352–1382) das Ordensland in eine lange friedliche Epoche des Aufbaus. Um die Entwicklung dieses noch wenig erschlossenen Gebietes zu fördern, plante er, in Barten eine Komturei einzurichten. Außerdem war hier ein wichtiger Waffenplatz für das Ordensheer.

Es ist nicht bekannt, warum diese Planung alsbald wieder aufgegeben worden ist. Jedenfalls finden sich in der überlieferten langen Liste der in Barten amtierenden Ordensritter keine Komture, sondern lediglich Pfleger. Die bekanntesten unter ihnen sind der spätere Hochmeister Heinrich von Plauen sowie der spätere Großkomtur Wilhelm von Eppingen.

Aus der zeitweiligen Zweckbestimmung als Komtursburg ergibt sich auch das groß angelegte Bauprogramm für ein Konventshaus, das wir kunsthistorisch dem ausklingenden, reduzierten Stil zuordnen. Es ist aber wegen einschränkender Planänderungen nicht voll durchgebildet und nur im östlichen Haupthaus ganz ausgebaut worden. Die immer bescheidener werdende Bauausführung bringt danach nur noch den um ein Stockwerk verringerten Nordflügel und anstelle der anderen Seitenflügel lediglich starke Wehrmauern zustande. Trotzdem wird die neue Baugesinnung in der klar geführten Schlichtheit und im monumentalen Ausdruck der Flächenaufteilung sichtbar, die ähnliche Bauformen wie in Rhein zeigt.

Erstaunlich weit von der Stadt liegt die Burg zwischen zwei großen und verzweigten Mühlenteichen, die durch Aufstauen der Liebe gebildet und Anfang des 19. Jahrhunderts durch Ablassen eines Teils des Wassers erheblich verkleinert worden sind. Unter dem Teich hindurch soll von der Stadtkirche ein achthundert Meter langer unterirdischer Gang geführt haben, der noch 1890 von dem Pfarrer Hüber nach eigenem Augenschein bezeugt wurde. Dieses erstaunliche

Bauwerk erinnert an den unterirdischen Gang der Burg Preußisch Holland, dessen Existenz von Experten allerdings bezweifelt wird.
Ob es in Barten eine Vorburg gab, ist strittig. Die Kunsthistoriker Giese, Boetticher und Weise vermuten sie südlich der Burg an der Stelle des späteren Vorwerks (Amtshof), während Conrad Steinbrecht ihre Existenz bezweifelt und sie, wenn überhaupt, östlich der Burg suchen würde.
Trotz entstellender Veränderungen wirkt der nach Osten liegende Hauptflügel der Burg Barten auch heute noch durch seine monumentale Schlichtheit und durch die wehrhaften, schräg herausgestellten halbhohen Flankierungstürme. Erkennbar ist auch noch die edle Aufteilung der Maueröffnungen; in der Mitte das Eingangsportal, über dem früher eine hohe Fallgatternische lag; rechts davon die großen Spitzbogen der Kapelle, deren obere Hälften heute zugemauert sind, und links vier mittelgroße Fenster des Kapitelsaals oder, wenn man einer anderen Deutung folgt, des Speiseremters. Unten, über einem niedrigen Feldsteinsockel, begrenzen acht Mauerschlitze, die durch spitzbogige Schrägungen zu kleinen Fenstern ausgeformt sind, die Mauerfläche und oben, unmittelbar unter der Traufe, eine dichte Reihe kleiner Wehrluken.
Früh mußte bereits das hohe, steile Dach erneuert werden, unter dem das Korn gelagert wurde. Es erreicht jetzt nur noch etwa zwei Drittel seiner ursprünglichen Höhe. Auch die beidseitigen gut durchgeformten Staffelgiebel mit sieben schmalen Blenden sind in nüchternen neugotischen Formen erneuert worden, wobei der Südgiebel unsystematisch auch Doppelblenden erhielt. Auf dem Nordgiebel thront heute ein Storchennest mit voller Besetzung. Unverändert erhalten blieb der westliche Giebel des Nordflügels mit seinen etwas flüchtig aufgemauerten Übereckfialen, die die sehr schmalen, oben von Windlöchern durchbrochenen Blenden trennen.
Hofseitig verlief am Haupthaus ein zweigeschossiger hölzerner Laubengang, der irgendwann in der Neuzeit durch einen eingeschossigen, fachwerkartig ausgemauerten Vorbau ersetzt worden ist. Darüber sind noch heute die Balkenlöcher und Dachwiderlager der alten Vorlaube unterhalb der Wehrluken zu sehen. Entlang dem Nordflügel war der Laubengang nur eingeschossig, weil der ganze Flügel gegenüber der ersten

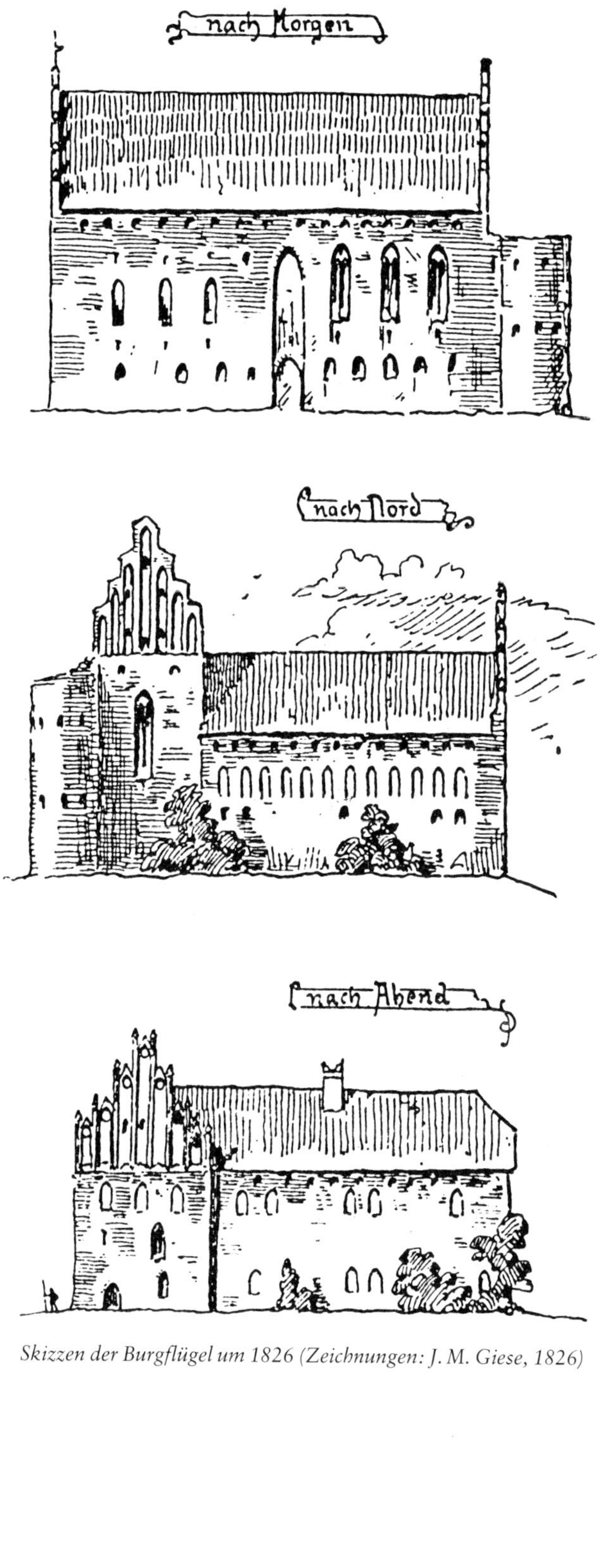

Skizzen der Burgflügel um 1826 (Zeichnungen: J. M. Giese, 1826)

Planung um ein Stockwerk reduziert gebaut worden ist, wie die noch sichtbaren Verzahnungen im Mauerwerk des Haupthauses erkennen lassen.
Den Baueinschränkungen fiel wohl auch das Sterngewölbe des Kapitelsaals/Remters zum Opfer, das ähnlich wie in der Kapelle sechszackig in vier Jochen vorgesehen war. Aber leider hat sich auch das Kapellengewölbe nicht erhalten, denn es wurde für die Verwendung des Raumes als Kornspeicher herausgeschlagen, wobei nur noch Gewölbeanfänger- und -kappen erkennbar blieben.
Der im Konventshausstil begonnene Nordflügel wurde oberhalb des Erdgeschosses in bescheidener Bauweise als niedriger Wohnflügel ohne Gewölbe fertiggestellt. Ein Absatz in Höhe des Hauptgeschosses und zwei Reihen Balkenlöcher markieren auch hier die Lage der Hoflaube, von der spitzbogige Türen in die Räume führten. Auch an diesem Flügel sind beidseitig Wehrluken vorhanden, nur liegt der Wehrgang um ein Stockwerk tiefer als im Hauptflügel. Nach außen sind nur die Fenster des Erdgeschosses mit gewohnter Sorgfalt ausgeführt, während darüber eine dichte Reihe schematischer Mauerblenden verläuft, die zum Teil Fensteröffnungen haben. Beim Mauerwerk des Nordflügels fällt auf, daß es im sogenannten wendischen Verband (2 Läufer und 1 Binder) ausgeführt ist, während das Haupthaus gotische Ziegelverbände (1 Läufer und 1 Binder) hat.

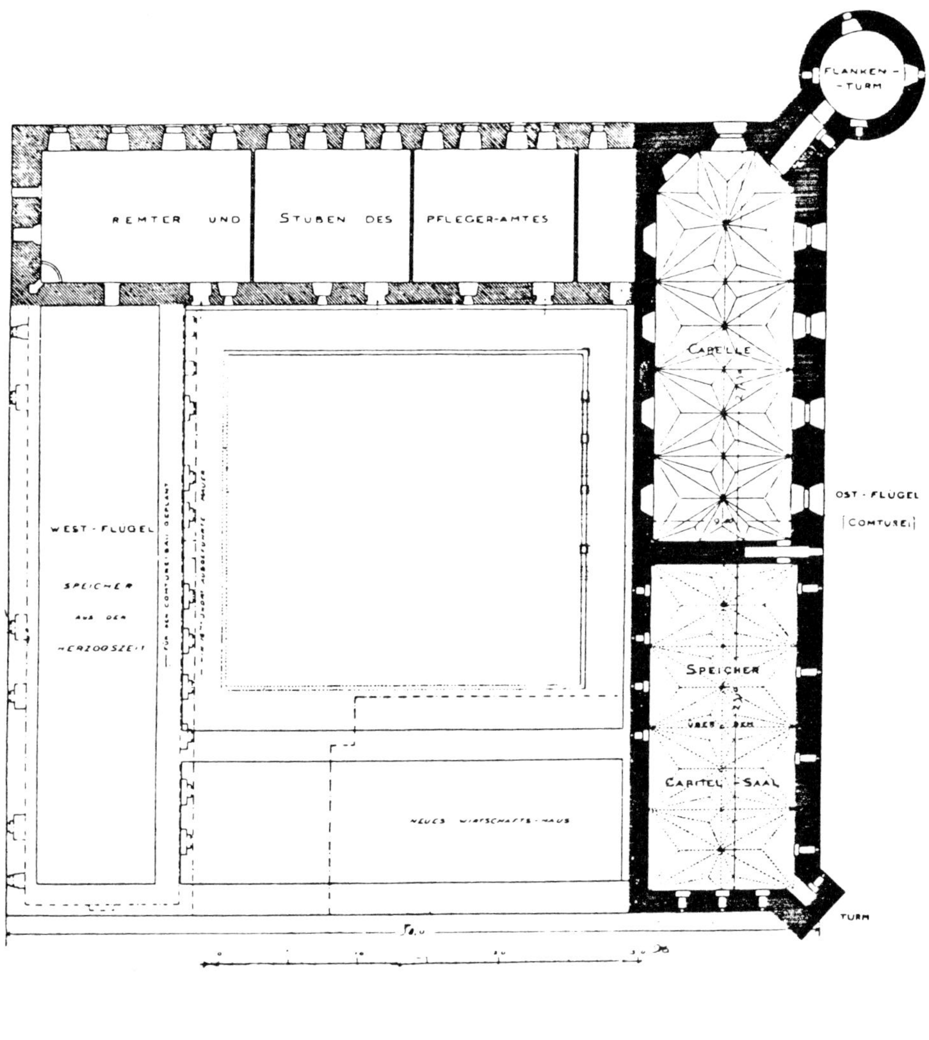

Grundriß des Haupthauses der Ordensburg (Zeichnung: C. Steinbrecht, 1920)

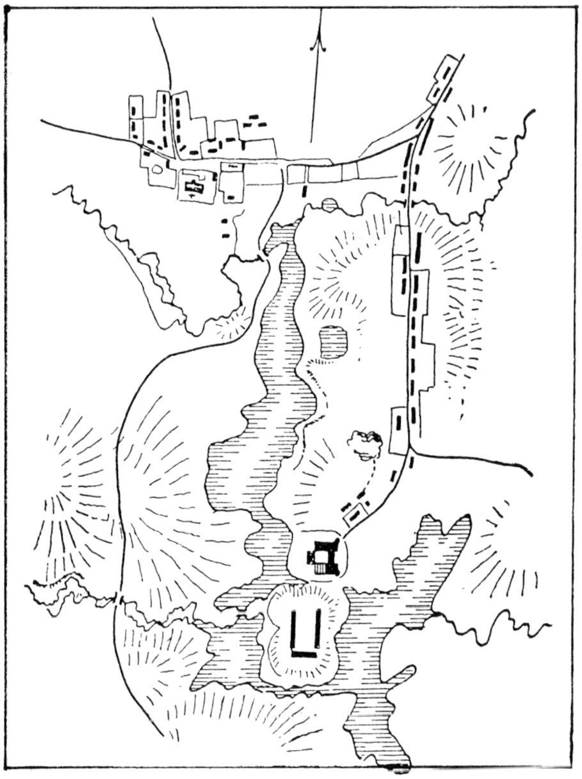

Lageplan von Stadt und Burg Barten (Zeichnung: J. M. Giese, 1826)

Nach Süden schloß den Burghof eine mit vielen Sintersteinen durchsetzte Mauer ab, die im 18. Jahrhundert und in neuer Zeit Amts- und Wohngebäuden weichen mußte. Der Brunnen lag auf dem Burghof etwa in der Mitte des Westflügels.

Den beiden Ecktürmen des hohen Haupthauses haftet Unfertigkeit an. Es ist der erste und einzige Versuch, ein Konventshaus mit Fußflankierungstürmen zu versehen. Man kann sie auch als Vorläufer der Bastionstürme einstufen. Auf jeden Fall wurde der nördliche Turm zugleich mit dem Haus aufgeführt, ohne Absicht mehr als zwei Geschosse zu bauen. Anstelle des südlichen Turms wurde im 16. Jahrhundert die halbhohe Eckverstärkung angebaut. Vielleicht wären diese unbefriedigenden Konstruktionen bei Durchführung der ursprünglichen Planungen durch kleine, an das Haus angelehnte Ecktürmchen ersetzt worden.

Schon in der Herzogszeit, aber besonders im Königreich Preußen wurden die Gebäude für landwirtschaftliche Zwecke, zum Teil als Kornspeicher, benutzt, wobei die Bauten nur ihrer Zweckentfremdung entsprechend unterhalten wurden.

In dem an die Kapelle angrenzenden Raum des Nordflügels, dem Adlerzimmer, in dem noch Reste von Stukkatur sowie eines Kamins gefunden wurden, lag die Wohnung des Dichters Heinrich von Miltitz, der 1525 erster herzoglicher Amtshauptmann zu Barten war und vorher bereits Pfleger auf der Neidenburg.

Der heutige Westflügel stammt in seiner Ausführung als Speicher aus der Herzogszeit. Ursprünglich war lediglich eine Mauer bis zur sturmfreien Höhe aufgeführt und für die geplante Konventsküche mit halbhohen Spitzbogenfenstern versehen worden. Offensichtlich fehlen hier auch die Wehrluken, die sich dagegen in dem danebenliegenden Westgiebel noch deutlich erkennen lassen. Dieser hat außer einem mittelgroßen Spitzbogenfenster noch einen Ansatz für einen Erker-Danzker; beide sind jedoch inzwischen zugemauert.

Verändertes Hauptportal im Ostflügel (Foto: F. Borchert, 1981)

Hauptflügel mit zugemauerten Kapellenfenstern und Stumpf des Flankierungsturms (Foto: F. Borchert, 1981)

Der Nordflügel brannte 1914 völlig aus und wurde sparsam instand gesetzt. Den Zweiten Weltkrieg überstand die Burg ohne wesentliche Beschädigungen. Sie dient heute als Wohn- und Wirtschaftsgebäude für ein polnisches Staatsgut. Ihr baulicher Zustand läßt im Sinne der Erhaltung als Baudenkmal viele Wünsche offen, wie schon die auf dem Gesims über dem Hauptportal wachsende Birke dem Besucher signalisiert.
Aus der Lischkensiedlung Bartenburg des 14. Jahrhunderts, die achthundert Meter nördlich der Burg lag und von ihr durch den aufgestauten Mühlenteich getrennt war, entwickelte sich sehr langsam eine kleine Landstadt, die erst 1628 von Kurfürst Georg Wilhelm das volle Stadtrecht erhielt. Als Immediatstadt unterstand sie unmittelbar dem Landesherrn, erlangte aber nie eine größere Bedeutung und hat nicht einmal zweitausend Einwohner erreicht. Ihre Geschichte gleicht der anderer kleiner Landstädte Ostpreußens und hat wenig Erwähnenswertes. Überfälle feindlicher Heerhaufen, Brandschatzungen, Besetzungen und Stadtbrände wechseln in den Jahrhunderten mit Pest- und Cholera-Epidemien, aber auch mit friedlichen und guten Zeiten ab. Es bleibt jedoch alles im zeitgemäßen »üblichen« Rahmen, und die Menschen erdulden es oder fallen den Schicksalsschlägen zum Opfer.
Wegen des starken Bevölkerungsrückgangs, insbesondere durch die Pest von 1709, ließ der preußische König Friedrich Wilhelm I. auch in Barten die wegen ihres Glaubens aus Österreich vertriebenen Salzburger ansiedeln. Aber weder größere Industriebetriebe noch Manufakturen fanden sich hier, so daß Landwirtschaft, Landhandel und ergänzendes Handwerk die Erwerbsquellen der Menschen dieses Landstrichs bis in die jüngste Zeit blieben.
Nach Durchzug der napoleonischen Heere nach Rußland und ihrem Rückzug brachte das 19. Jahrhundert dem Land viele friedliche Jahr-

zehnte und damit einen wachsenden Wohlstand. Aber im August 1914 brandete im Ersten Weltkrieg die erste Welle der russischen Dampfwalze bis nach Barten, das infolge des deutschen Sieges bei Tannenberg schnell wieder befreit wurde.
Dreißig Jahre später erfaßte ein neuer Sturm mit furchtbaren Schrecken das Land und gab es nicht wieder frei. Aus unserer Sicht der Geschichte, die nur Augenblicke einfängt und den langen Atem der Entwicklungen nicht erfaßt, scheint nun all das verloren zu sein, was unsere Vorfahren seit über siebenhundert Jahren in diesem schönen Land mit Schwert und Pflug erworben hatten.

Angerburg

Wasserburg am Haupt des Mauersees

Stadtwappen

Am Nordrand der rund hundert Quadratkilometer großen Seengruppe, die unter dem Namen Mauersee zusammengefaßt ist, liegt Angerburg. Hier fließt die Angerapp aus dem See ab, um nach hundertsechzig Kilometer schlängelndem Lauf bei Insterburg, vereinigt mit Pissa und Inster, den Pregel zu bilden. Die Angerapp hat ihren Namen dem außergewöhnlichen Fischreichtum zu verdanken, denn er ist aus dem Altpreußischen abgeleitet und bedeutet Aalfluß. Schon im 18. Jahrhundert ließ der bekannte General Hans Heinrich von Katte, der Vater des unglücklichen Freundes Friedrichs des Großen, neben der von ihm bewohnten Burg, dem damals sogenannten Generalshof, den berühmten Aalfang und die Wasserkunst anlegen.

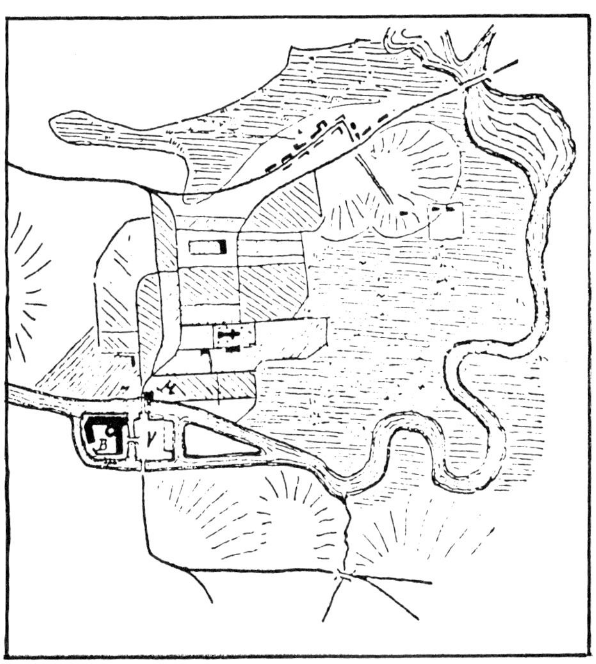

Lageplan von Burg und Stadt (Zeichnung: J. M. Giese, 1826)

Aber schon im 14. Jahrhundert haben Menschen gestaltend und verändernd in die Seenlandschaft Masurens eingegriffen. Nach einer Bereisung der masurischen Seen soll der Hochmeister Winrich von Kniprode im Jahre 1379 angeordnet haben, den See um eine Lanzenlänge, also knapp drei Meter, anzustauen, um das nötige Wassergefälle für das Betreiben der Mühlen in Angerburg zu erhalten. Bald danach soll der Stau um zwei Meter erhöht worden sein, wodurch die vielen Einzelseen zu einem großen See wurden und damit eine zusammenhängende Wasserfläche bildeten, die für die Verteidigung gegen die angrenzende Wildnis erhebliche strategische Vorteile bot. Wenn auch diese Maßnahmen geschichtlich nicht belegt sind, so steht fest, daß bei einer Absenkung des Wasserspiegels um fünf bis sechs Meter die einzelnen Teile des Mauersees als selbständige Seen scharf abgegrenzt hervortreten würden.

Bei der Eroberung Galindens fiel den Rittern des Deutschen Ordens auch die unmittelbar am Ausfluß der Angerapp aus dem Mauersee gelegene Preußenfeste Angetete in die Hände, die sie um 1335 von Königsberg aus zu einem Holz-Erde-Befestigungswerk ausbauten. Bei einem überraschenden Überfall der Litauer unter Führung des Fürsten Kynstut, der die Abwesenheit des be-

Alter Stich der Stadt und Burg (Zeichnung: bei Chr. Hartknoch, 1684)

fehlshabenden Ordensritters ausnutzte, wurde die Feste im Jahre 1365 niedergebrannt. Es dauerte etwa dreißig Jahre, bis auf dem jetzigen Burgplatz, etwas landeinwärts auf einer Flußinsel, die heute noch in ihrer Grundsubstanz erhaltene Burg aus Stein erbaut wurde. Zur Komturei Königsberg gehörend, leitete der Ordensmarschall Werner von Tettingen den Bau. Nach der Überlieferung besaß das dreistöckige Haus »stolze Türme und Zinnen«.

Doch davon ist auf die Neuzeit nur ein Torso überliefert worden, denn Umbauten im 17. Jahrhundert und der große Brand von 1835 kosteten viel Substanz sowie das Obergeschoß, das abgebrochen werden mußte. Zerstörende Veränderungen folgten 1845 beim Umbau zum Amtsgericht, als der letzte Burggiebel abgebrochen und das Haus »modernisiert« und verputzt wurde. Den Rest besorgten die Sowjets, als sie 1945 nach der Eroberung der Stadt den Stadtkern und die Burg niederbrannten.

Das Burghaus war ein dreiflügeliger Backsteinbau auf hoher Feldsteinbasis. Der am später zugeschütteten Flußarm gelegene, über siebzig Meter lange Nordwest-Flügel stößt in spitzem Winkel mit dem sechzig Meter langen Eingangsflügel zusammen, vor dessen Front der Hausgraben zur Vorburg hin überbrückt war. Auch er ist in der Neuzeit zugeschüttet worden, und auf ihm verlief die Lötzener Straße. Im Eingangsflügel fanden sich vor dem Krieg noch zwei Kreuzgratgewölbe, Reste alter Fensternischen sowie eine alte Kellertonne. An der Spitze der Insel, neben der alten Wasserkunst und dem Aalfang, wo auch heute noch eine Brücke den Fluß überquert, setzt ein kurzer Flügel an, an den anschließend im Bogen am Wasserlauf entlang eine Wehrmauer bis zum Eingangsflügel verläuft und das

Die Angerburg während der Restaurierung (Foto: F. Borchert, 1981)

Burgareal abschließt. Die Vorburg lag auf einem rings vom Wasser umgebenen Abschnitt der Insel. Von Norden her war der Zugang über eine Brücke, neben der am gegenüberliegenden Ufer die Ordensmühle angelegt war.

Man ist überrascht, auch heute noch etwas von dem alten Baukörper wiederzufinden. Die Polen waren 1981 dabei, das Haus neu auszubauen und für öffentliche Zwecke herzurichten. Auf der Baustelle mit Gerüsten und frisch eingedecktem Dach wurde von den Mauern der Putz abgeschlagen und lange Reihen moderner Fenster eingesetzt. Wenn man die vielen neuen Dachfenster und die sieben Schornsteine sieht, und wenn das Haus womöglich wieder verputzt wird, vermutet hinter dieser Fassade wohl niemand mehr eine deutsche Ordensburg.

Wir Älteren aber werden die über sechshundertjährige deutsche Geschichte dieses Bauwerks und dieser Landschaft nicht vergessen, und wir sollten unseren Kindern und Enkeln viel davon erzählen.

Bei einem Besuch von Angerburg werden viele den Soldatenfriedhof Jägerhöhe am Schwenzait-See suchen und trotz Beseitigung aller Hinweise auch finden, um der dort beerdigten dreihundertsechzig deutschen Soldaten des Ersten Weltkriegs zu gedenken, die hier vor fast siebzig Jahren ihre Heimat verteidigten und dabei ihr Leben verloren.

Leunenburg und Lamgarben

Glieder einer Burgenkette

Wappen des Adelsgeschlechts von Eulenburg

Nach Niederwerfung des großen Preußenaufstands im Jahre 1273, der in dreizehnjährigem zähen Ringen auf beiden Seiten viele Opfer gekostet hatte, mußte der Deutsche Orden die immer noch offene östliche Flanke schließen. Von den Randlandschaften Nadrauen, Schalauen und Sudauen aus waren die Aufständischen nicht nur nachhaltig unterstützt worden, sondern von ihnen ging auch als offenes Einfalltor für die aggressiven Litauer eine ständige Bedrohung des Ordenslands aus.

Besonders der ausgedehnte Gau Sudauen mit seinem unbeugsamen Volk unter so hervorragenden Führern wie Fürst Skomand mußte unterworfen werden, um eine dauerhafte Befriedung zu erreichen, die für den inneren Ausbau und für die Besiedelung des jungen Staats erforderlich war. Während Nadrauen und Schalauen in kurzer Zeit erobert werden konnten, dauerte der Kampf mit den Sudauern zehn Jahre. Schließlich unterwarfen sich größere Gruppen mit ihren Führern, zu denen auch Skomand gehörte, und wurden in anderen Teilen des Ordenslands angesiedelt. Ein Schwerpunkt lag im Nordwestteil des Samlands, der noch in unserer Zeit als »sudauischer Winkel« bezeichnet wurde. Ein anderer Teil der Sudauer floh nach Litauen und ging im verwandten Volk der Litauer auf.

Das durch den Kampf, durch Flucht und Umsiedlung fast menschenleere Land Sudauen konnte und wollte der Orden nicht besiedeln. Er ließ in diesem Grenzgebiet gegen Litauen einen breiten Gürtel dichten Walds bestehen, der so unwegsam war, daß man ihn allgemein als Wildnis bezeichnete.

Die Wildnis begann im frühen 14. Jahrhundert gleich östlich der Alle und umfaßte die Gaue Barten, Galinden, Sudauen, aber auch große Teile Nadrauens und Schalauens. Diese unerschlossene Landschaft mit großen unwegsamen Urwaldgebieten trennte das Ordensland und Litauen so, daß jeder Angriff äußerst erschwert wurde. Dennoch gelang es litauischen Heerhaufen gelegentlich, ins Ordensland einzubrechen und es zu verheeren. Nach einem solchen Beutezug wurden am 7. April 1311 der Litauerfürst Witold und seine Leute von einer Ordensstreitmacht unter dem Großkomtur Heinrich von Plotzke in die Wildnis verfolgt und bei Woplauken, nordöstlich vom späteren Rastenburg, aufgerieben.

Solange der Orden im eigenen Land beschäftigt war und durch seine Schwäche nicht expandieren konnte, bot die Wildnis Vorteile. Als aber weiteres Siedlungsland gebraucht wurde und man durch eigene Vorstöße die Litauer niederhalten wollte, begann sie hinderlich zu werden. Nach 1320 entschloß man sich zum Roden des Urwalds und bezog die Wildnis allmählich in die Kolonisierungspläne ein. Dazu mußte das Gebiet aber auch militärisch gesichert werden. In den 20er Jahren begann der Orden mit dem Anlegen einer Burgenkette von Gerdauen bis Rastenburg, die unter anderen auch die Leunenburg und später als Zwischenwerk das Wildhaus Lamgarben einschloß.

Pfarrkirche aus dem 14. Jh. (Foto: R. Heidemann, 1986)

Hochmeister Dietrich von Altenburg (1335 bis 1341) widmete sich besonders der Sicherung gegen die Wildnis und ließ nur drei sogenannte Friedenswege offenhalten, die jedoch durch Verhaue, Gräben, Schanzen sowie durch Wild- und Blockhäuser geschützt und überwacht wurden. Er ließ auch Prussen für Späher- und Geleitdienste einsetzen, die nach Bewährung mit Land belehnt wurden, aber zu Kriegsdiensten verpflichtet blieben.

In dem so fortschreitend gesicherten Gebiet fraß sich die Kolonisation langsam ostwärts vor. Man war bestrebt, besonders für die noch unsicheren Gebiete Ritter zu gewinnen, die der Orden in Erwartung ihres kolonisatorischen Unternehmertums mit großem Landbesitz ausstattete, den sie als Lokatoren für die Besiedlung mit deutschen Bauern vergeben konnten. Man wollte die Dorfmarken so aneinanderreihen, daß sie sich um die als Markt- und Verwaltungszentren geplanten Landstädte gruppierten.

Die deutschen Dörfer wurden grundsätzlich auf Neuland, also vorwiegend Rodungsland, errichtet, so daß Enteignungen prussischer Bauern weitgehend unterblieben. Prussische Edelleute, die sich mit der neuen Landesherrschaft abfanden, blieben im Besitz ihrer Ländereien und Rechte und wurden an der Erschließung der Wildnis beteiligt. Eine Reihe ostpreußischer Adelsgeschlechter unserer Zeit hat dort ihren Ursprung.

Am Ende seines großartigen Siedlungswerks hatte der Deutsche Orden im ganzen Preußenland etwa 1400 Dörfer angelegt und 92 Städte gegründet.

Leunenburg, früher auch Lunenburgk, Loneburg oder Lewenburg genannt, lag im Bartenland zwischen Rastenburg und Bartenstein. Es sollte sich nach dem Willen des Ordens zu einer Stadt entwickeln. Die neben der Burg liegende Lischkensiedlung war 1346/47 nach Zerstörung durch die Litauer sehr großzügig wiederaufgebaut worden und hatte mehrere Krüge, eine Mühle und eine Kirche erhalten. Bereits um 1400 wird dort eine Schule eingerichtet. Nicht nur das Waldamt des Ordens, das in ein beachtliches Kammeramt mit 708 Zinshufen und 131 kölmischen, magdeburgischen und preußischen Gütern umgewandelt wurde, sondern auch das große Kirchspiel, zu dem einst 34 Ortschaften gehörten, schufen gute Voraussetzungen für eine Fortentwicklung des Orts.

Die Sage berichtet über Leunenburg von einer Stadt mit sieben (!) Kirchen. Durchaus ernst zu nehmende Chronisten, wie z. B. Caspar Hennenberger, nennen um 1584 Leunenburg ein »Stedtlein« und nach 1450 wurde »die gemeyne der stadt Lewnenburg« erwähnt.

In der Neuzeit, als Leunenburg zusammen mit Prassen eine Gemeinde von 1500 Einwohnern bildete, erkannten noch sachkundige Besucher des Orts überall Zeichen seiner einstigen größeren Bedeutung, denn alle Straßen hatten bis in die Randbezirke Steinpflaster, am Markt standen mehrere ansehnliche Laubenhäuser und das am anderen Zaine-Ufer gelegene Dorf Oberteich soll einst die Vorstadt gewesen sein.

Eine Handfeste mit Stadtprivilegium ist nicht überliefert und so müssen wir uns wohl mit dem salomonischen Ausspruch von Voßberg zufriedengeben, der 1843 niederschrieb, daß der Orden den Bewohnern das Stadtrecht erteilte, »sie haben solches aber nicht behaupten können«. Vielleicht sind jedoch die drei verheerenden Brände von 1580, 1586 und 1593 die Ursachen für den Niedergang des Gemeinwesens.

Von der Gründung der Burg Leunenburg berichtet der Ordenschronist Peter von Dusburg: »Damals (1326) erbaute Bruder Dietrich von Altenburg, der Komtur von Balga, nachdem er vom Hochmeister die Erlaubnis erbeten und erhalten hatte, im Lande Barten nahe dem Zusammenfluß von zwei Flüssen, nämlich von Guber (Gobrionis) und Zaine (Says) die Burg Leunenburg (Lunenburgk), die ihren Namen nach dem Felde erhielt, in dem sie gelegen ist.« Die Feldmark hatte den Namen Lunen, was Morast bedeutet, und den gab es in der Flußniederung genügend.

Die Lage des Burgplatzes, hart am Zaine-Ufer, wird markiert durch erhaltene Teile des Burggrabens, der von einem Stau des Flüßchens gespeist wurde, aber auch durch Keller- und Fundamentreste. Die Burg lag nördlich des Orts, kurz vor der Einmündung der Zaine in die Guber, auf einer Bodenwelle. In ihrem Schutz befand sich eine Wassermühle, deren Standort überliefert ist.

Von der Bauart der Burg, die 1628 im polnisch-schwedischen Krieg zerstört und abgetragen worden ist, wissen wir nicht viel. Nach den vorgefundenen Mauertrümmern war sie aus Backstein mit Feldsteinfundament gebaut. Sie soll aus Haupt- und Vorburg bestanden haben und übertrifft damit die Ausbauweise der Wildhäuser. Auch wenn keine Rekonstruktion vorliegt, kann man sie in die Gruppe der kleineren Ordensburgen einordnen, die hier als Zwischenwerk die Burgenkette ausfüllte.

Eine weitere Überlieferung läßt auf die nicht unerhebliche Bedeutung der Leunenburg schließen. In der von Professor Johannes Voigt (Königsberg, 1843) aufgestellten Liste der »Vögte zu Leunenburg« wird der Ordensritter Johann Wurkini (Wernecken?) um 1344 genannt, der in einer zeitgenössischen Urkunde als »commendator Loneburg«, also als Komtur, bezeichnet wurde. Das ursprünglich als Komturei geplante Ordenshaus wurde zurückgestuft, als bei einem Angriff der Litauer 1346 die Vorburg niedergebrannt und das Haupthaus beschädigt worden war. Man unterstellte das Kammeramt (Vogtei) Leunenburg der Komturei Rhein und später dem Pflegeramt Rastenburg.

1468 verlieh der Deutsche Orden Burg, Hof und Lischke zu Leunenbug dem schwäbischen Ritter Albrecht Vogt vom Ammerthal, von dem sie auf Botho zu Eulenburg übergingen, der 1490 dessen einzige Tochter Anna heiratete. Seitdem hat das alte Adelsgeschlecht der Eulenburg seinen Sitz in Leunenburg bzw. in dem nur einen Kilometer entfernten Prassen. Dort hatten sie um 1610/20 ein stattliches Herrenhaus errichtet und bis 1945 ein großes Gut bewirtschaftet. Die Eulenburgs hatten das Patronat über die bereits um 1326/28 gegründete Kirche, in deren Chor Helme und Harnische der beiden ersten Besitzer hingen.

Das Adelsgeschlecht von Eulenburg war bereits seit dem 14. Jahrhundert mit dem Ordensland verbunden. In der Liste der vom Hochmeister im Jahre 1411 mit Geld unterstützten Gefangenen der Tannenberg-Schlacht findet sich ein Hinweis auf die »Gesellen des von Eyleburg«. Um 1415 gehörte Otto von Eilenburg als Oberster Treßler zu den Großgebietigern des Deutschen Ordens. Als Söldnerhauptleute nahmen die Meißner Ritter Both und Wend von Eulenburg auf seiten des Ordens am 13jährigen Städtekrieg teil. Schließlich war im 16. Jahrhundert Andreas von Eulenburg Amtshauptmann von Ortelsburg.

An der Straße nach Rastenburg, knapp zehn Kilometer vor der Stadt, liegt das Dorf Lamgarben, das sich aus einem alten Gutsbezirk entwikkelt hat. Vor etwa 100 Jahren entdeckte man bei Erdarbeiten nahe einer als Schanze bezeichneten

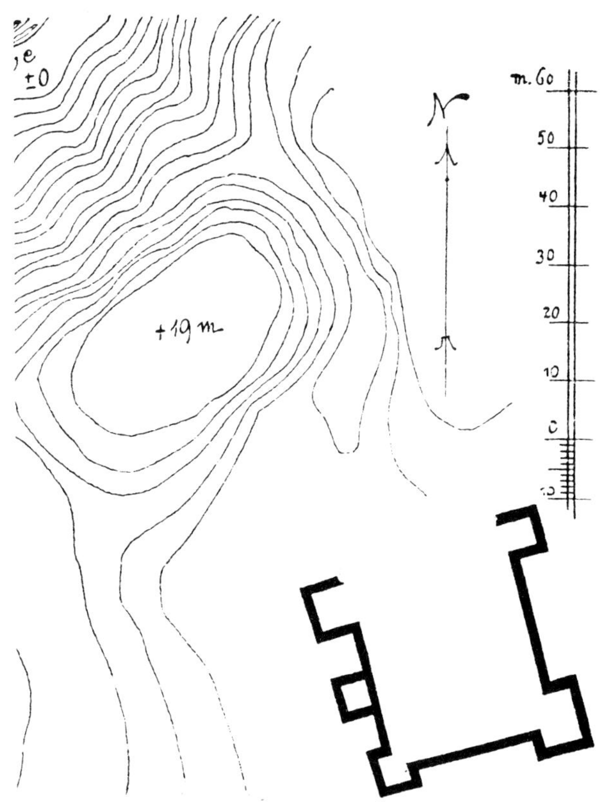

Lageplan des Wildhauses Lamgarben (Zeichnung: Frhr. v. Bönigk, 1869)

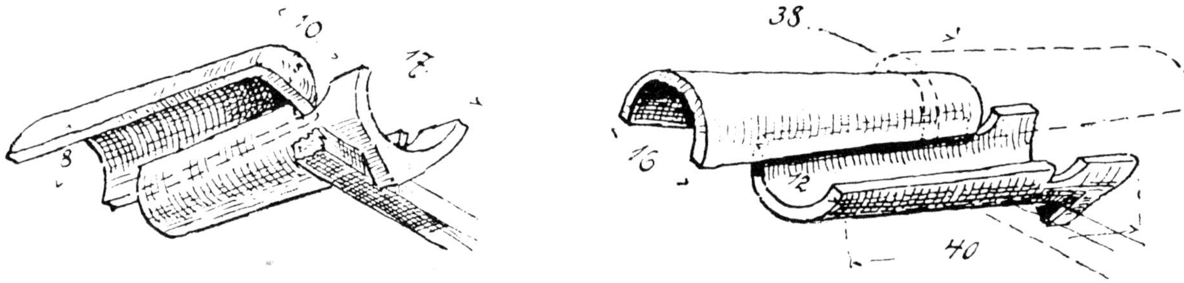

Gotische Dachziegel: »Mönche und Nonnen« (Zeichnung: nach A. Boetticher, 1894)

Anhöhe nordöstlich des Dorfs Fundamente und Grabenreste einer alten Befestigungsanlage. Nach den Ausgrabungen handelt es sich um fast quadratische Mauerzüge aus Feldsteinen, die im unteren Bereich in Lehm und in den oberen Schichten in Kalk verlegt worden sind. Auf dem Feldsteinsockel befand sich früher Mauerwerk aus Backstein im Klosterformat, das jedoch fast restlos abgetragen ist.

Der aufgrund der Ausgrabungen aufgenommene Lageplan weist an allen vier Ecken der Umfassungsmauer Fundamente vorspringender, ungleicher Ecktürme und mitten in der Westmauer solche eines Zwischenturms auf, der als Torturm angesprochen wurde. Die Dimensionierung des 2,25 m starken Mauerwerks mit Seitenlängen von 32 m sowie die vorspringenden, wighausähnlichen Türmchen haben viel Ähnlichkeit mit der Anlage des Wildhauses des Ordens im nahen Bäslack.

Innerhalb des Mauervierecks fand man nur sehr wenige Ziegelsteine und keine weiteren Fundamente, so daß eine innere Bebauung des Hofs mit Steinhäusern ausgeschlossen werden kann. Dagegen fanden sich dort zahlreiche gotische Dachziegel, sogenannte Mönche und Nonnen, die wohl von den Dachabdeckungen der Türme und der Wehrgänge stammen. Diese stark gewölbten Dachpfannen, die wir von vielen alten Dächern der Ordensbauten kennen (z. B. Roggenhausen, Thorn), sind so beschaffen, daß die »Mönche« die obere Abdeckung bilden und in viertelkreisförmige Ausschnitte der auf den Dachlatten befestigten »Nonnen« einhaken. So bildeten diese Formziegel eine Dachabdeckung, die geeignet war, das Sickerwasser aus den Querfugen abzuleiten.

Auf dem Terrain des alten und des neuen Friedhofs fanden sich weitere Hinweise auf eine einstige Bebauung. Da der neue Friedhof auf der Höhe der Schanze liegt und dadurch eine günstigere Verteidigungsposition einnimmt, ist anzunehmen, daß die dort gefundene starke Schicht aus Ziegelschutt und Mörtel von dem abgebrochenen einstigen Wildhaus stammt. Die ausgegrabenen Fundamente am Rand der Schanze sind dagegen einem befestigten Ordenshof zuzuordnen, der als Fliehburg oder Vorburg gedient hat.

Dort kam noch einmal die alte Grundidee einer Hofbefestigung aus der Frühzeit der Ordensarchitektur zum Durchbruch. Es besteht durchaus die Möglichkeit, daß dieses Ordenshaus auf dem Platz unter Verwendung von Anlagen einer alten prussischen Fliehburg ausgebaut worden ist.

Bei den geringen Mauerresten und Bodenfunden sowie den fehlenden Nachrichten vom Wildhaus Lamgarben reichen die spekulativen Annahmen zu einer Rekonstruktion nicht aus. Sicher ist lediglich, daß es sich um Wehrbauten am Rand der Wildnis handelt, die ein Zwischenwerk in der Burgenkette von Leunenburg bis Rastenburg bildeten. Ihre militärische Bedeutung sank nach dem Vorlegen einer weiteren Burgenkette auf der Linie Angerburg – Lötzen – Johannisburg und dem stetigen Vordringen der Kolonisation nach Osten und Süden. Die Bauwerke dienten sodann der friedlichen Erschließung und Verwaltung des Landes.

Seeburg

Stadtwappen

Bischofsburg mit sächsischer Schwester

Auf den ersten Blick scheint der Name Seeburg ganz einfach und einleuchtend die Lage der Burg am See zu bezeichnen. Wir wissen aber, daß weder die Burg noch die sich in ihrem Schatten entwickelnde Stadt Seeburg an einem See lagen. Vielmehr mußten beide durch künstliche Ableitungen und Staus von dem kleinen Flüßchen Simser geschützt werden. Immerhin liegt Seeburg jedoch inmitten einer langen Kette kleinerer und mittlerer Seen, die durch die Simser miteinander verbunden werden. Im Osten sind dies der Große Lautern-See sowie der Elsauer See und westlich von Seeburg der Kleine See, der Probchen-See, der Spangen-See sowie der Große Blankensee.

Ob diese Seen früher einmal eine weitgehend zusammenhängende Wasserfläche gebildet haben, ist nicht bekannt. Diese Möglichkeit ist nicht ganz auszuschließen, denn durch natürliche Gegebenheiten wie auch durch den Eingriff des Menschen haben sich Abfluß und Wasserstände der Gewässer in den Jahrhunderten zum Teil erheblich verändert.

Wir wissen, daß viele Ortsnamen in den preußischen Siedlungsgebieten durch die zuwandernden deutschen Kolonisten aus ihren Heimatge-

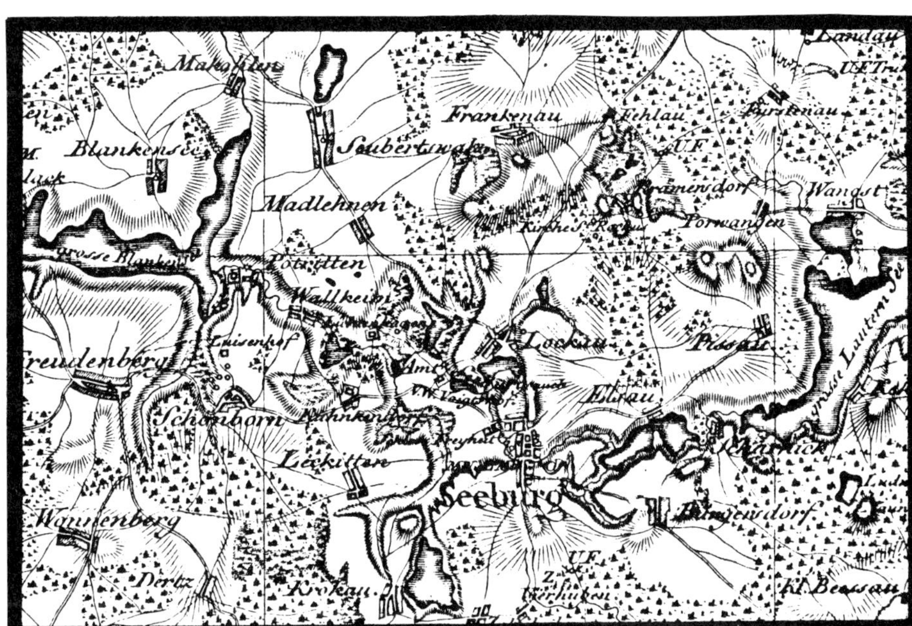

Lage von Seeburg an einer Seenkette (Zeichnung: nach Schroetter-Karte, 1804)

bieten mitgebracht worden sind. Das ist besonders augenfällig bei Städtenamen wie Mohrungen, Mühlhausen, Osterode oder Saalfeld. Es kann aber auch für Seeburg zutreffen, denn in Sachsen gibt es einen gleichnamigen Ort mit einer der größten und ältesten Burgen Mitteldeutschlands. Seeburg im Kreis Eisleben liegt rund zwanzig Kilometer westlich von Halle an der Saale, also mitten in dem Gebiet Sachsen-Thüringen, aus dem starke Ströme von Kolonisten nach Preußen kamen. Auch die Führungsschicht des Deutschen Ordens und der Kirche war stark besetzt mit Adligen aus diesem Raum. Man braucht nur das Namenregister der Ordensbeamten aufzuschlagen und findet mühelos die Namen der sächsisch-thüringischen Geschlechter der Reuß von Plauen, Meißen, Dohna, Querfurt, Hohenstein, Bassenheim, Schwarzburg, Alvensleben und vieler anderer.

In diesem Zuammenhang ist auch von Interesse, daß ein eifriger Förderer der frühen Ostsiedlung und der Ausbreitung des Magdeburger Stadtrechts, der Erzbischof Wichmann von Magdeburg (1110–1192), ein geborener Graf von Seeburg war. Er ließ das Magdeburger Stadtrecht, das Grundlage des später im Ordensgebiet fast ausschließlich angewandten Kulmer Rechts war,

Skizze der mutmaßlichen Ansicht der Burg (Zeichnung: J. M. Giese, 1826/28)

Pfarrkirche St. Bartholomäus aus dem 14. Jh. (Foto: F. Borchert, 1981)

aufzeichnen und schrieb es im Privileg von 1188 fest.

Die Grafen von Seeburg hatten seit dem 9. Jahrhundert ihren Stammsitz auf der gleichnamigen Burg am Süßen See, die sie im 11. Jahrhundert in Stein ausbauten. Als ihre Nachfolger auf der sächsischen Seeburg wirkten die Grafen von Querfurt und von Mansfeld, von denen im 13./14. Jahrhundert, also in der Gründungszeit der ostpreußischen Seeburg, eine ganze Reihe als Komture, Vögte und Landmeister des Deutschen Ordens in Preußen war.

Von der alten Seeburg im Mansfelder Seekreis sind große Teile erhalten. Sogar der früher über 30 m hohe, mächtige Bergfried von 1080 überragt als Stumpf noch heute die ihn umgebenden Burghäuser und ist als weit sichtbares Wahrzeichen über dem See aus der Ferne zu sehen.

Ausgangspunkt für die Gründung der ostpreußischen Stadt Seeburg war die starke Burg, die den höchsten Turm des Ermlands besaß. Im Schutz der bereits Anfang des 14. Jahrhunderts entstandenen Holz-Erde-Befestigungen siedelte im Auftrag des ermländischen Episkopats der Lokator Heinrich Wendepfaffe Neubürger aus Deutschland an, die er zum Teil aus der Umgebung von Wormditt abzog.

Das Städtchen Seeburg war auf dem Reißbrett geplant, mit rechtwinklig verlaufenden Straßenzügen, in der Mitte gelegenem Markt mit freistehendem Rathaus sowie umlaufender Stadtmauer und vorgelegtem Stadtgraben. Die Mauer wurde um 1370 errichtet und hatte mehrere Türme und Tore.

Bereits am 5. Februar 1338 erteilte der in der Sedisvakanz von 1334 bis 1338 als Bistumsverweser eingesetzte Domherr Magister Nicolaus zusammen mit dem ermländischen Landvogt Heinrich von Luter der Ansiedlung die Handfeste nach kulmisch-magdeburgischem Recht, die 1389 erneuert wurde.

Obwohl das Städtchen nur sehr langsam wuchs und auch später keine überregionale Bedeutung erlangte, erhielt es bereits früh eine eigene Pfarrkirche, die 1345 dem heiligen Batholomäus geweiht wurde. Der bescheidenen Gründungskirche folgte Ende des 14. Jahrhunderts eine schöne, dreischiffige Hallenkirche mit einem prächtigen Ostgiebel aus neun Staffeln übereck gestellter Backsteinpfeiler. Erst zu Beginn unseres Jahrhunderts wurde der Turm des Bauwerks vollendet.

Von der vor zweihundert Jahren niedergebrannten Seeburg blieben nur Keller- und Mauerreste erhalten, die in Neubauten aufgingen. Der Aufnahme des preußischen Leutnants Johann Michael Giese aus den Jahren 1826/28 verdanken wir einen Lageplan von Burg und Stadt sowie eine schöne Rekonstruktionsskizze, die auf Grund der vorgefundenen Ruinenteile mit Stilkenntnis und Phantasie das mutmaßliche einstige Aussehen der Burg wiedergibt. Es ist nicht leicht, damaliges und heutiges Aussehen der Reste der Bischofsburg in Übereinstimmung zu bringen, wenn man jetzt vor dem eintönigen, verfremdeten Westflügel steht.

Aus den um 1318 erwähnten Wällen und Verhauen am Rand der Wildnis im südlichen Teil des Ermlands, der ursprünglich als Landschaft Lokau (Tlocovia) dem Gau Barten zugehörte, waren bald Holz-Erde-Befestigungen zur Abwehr der immer wieder einbrechenden Litauer geworden. Diese Holzburg lag auf derselben Stelle der späteren Steinburg, nämlich einer kleinen Bodenwelle, die sich aus dem sumpfigen Flußbett der Simser abhob. Durch Aufstauen des Flüßchens und ein von ihm gespeistes Grabensystem für Burg und Stadt verbesserte man ihre Verteidigungsfähigkeit.

Für Bischof Johann I. (Franconius) von Meißen (1350–1355), der seinen Sitz um 1350 von Braunsberg nach Heilsberg verlegte, gab es zusätzliche Gründe, auch die Seeburg auszubauen, denn sie lag an der Einfallstraße nach Heilsberg. In seiner Amtszeit wurde mit dem Ausbau der Burg in Stein begonnen, den Bischof Johann II. Stryprock (1355–1373) vollendete. Aber auch dessen Nachfolger Heinrich III. Sorbom (1373 bis 1410) ließ noch an der zweitstärksten Bastion des Bistums bauen, die Sitz der ermländischen Landvögte und damit Oberkommando und Hauptwaffenplatz der bischöflichen Streitkräfte war.

Die Bischofsburg mit zwei Wohnflügeln, die rechtwinklig aneinanderstießen und zusammen mit den gegenüberliegenden Wehrmauern einen quadratischen Hof bildeten, hatte starke Ähn-

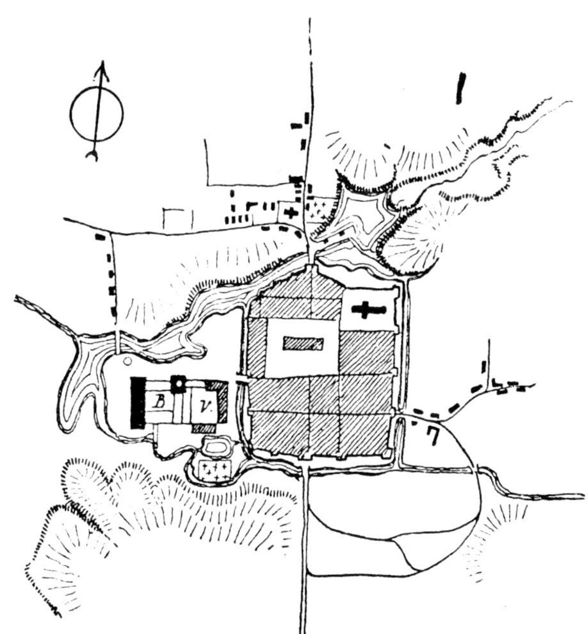

Lageplan von Burg und Stadt Seeburg (Zeichnung: J. M. Giese, 1826/28)

lichkeit mit der Burg Rößel. Seeburg und Rößel entstanden in derselben Zeit und hatten vermutlich denselben Baumeister. In der Nordost-Ecke stand ein ungewöhnlich hoher, runder Bergfried. Alle Burghäuser waren auf einem mannshohen Feldsteinfundament aus Backstein in gotischem Verband aufgemauert. Vom Wehrsystem her handelte es sich um eine Abschnittsbefestigung mit östlich vorgelegter Vorburg und Stadt.

An der am besten gesicherten Westflanke, wo Fluß und Stau das Terrain von drei Seiten schützten, lag der Hauptflügel der Burg. Er war sechsgeschossig und besaß neben je zwei Keller- und Speichergeschossen Erd- und Hauptgeschoß. Während im Erdgeschoß vier Wirtschaftsräume lagen, füllten das Hauptgeschoß die Wohn- und Amtsräume des Bischofs sowie die im Südteil des Flügels liegende, gewölbte Burgkapelle. Diese Räume hatten auf der Westseite mittelhohe Spitzbogenfenster. Das hohe Satteldach endete an beiden Seiten in abgetreppten Staffelgiebeln. Wie in Heilsberg war auch hier der tiefe Keller zweigeschossig, wobei ganz unten die Verliese lagen. Die Kellergewölbe hatten auffallend breite Bandrippen.

Im Südflügel am Simserufer befanden sich der Remter sowie weitere Wohn- und Amtsräume. Dort führte über einen gedeckten Gang auf einem Schwibbogen der Weg zum Danzker, der auf der Uferböschung am fließenden Gewässer stand. Im Erdgeschoß dieses Flügels lagen die Küche mit einem großen Rauchfang auf freistehenden Säulen sowie das Brauhaus. Auf der Hofseite hatte man beiden Wohnflügeln einen zweigeschossigen Laubengang vorgesetzt, der den Zugang zu den Räumen ermöglichte.

Die drei Meter starke Futtermauer an der Nordseite des Burghofs stieß an der Nordostecke auf den quadratischen Sockel des hohen, oben runden Bergfrieds. In dem kleinen, tonnengwölbten Raum des Sockels mit vier Metern Mauerstärke lag der runde Einstiegschacht zum Turm. Bei einem Durchmesser von über 10 Metern dürfte der Bergfried die stattliche Höhe von mehr als dreißig Metern erreicht haben.

In der anschließenden Ostmauer lag der Haupteingang. Überliefert ist nur die Toranlage mit zwei Rundtürmen von 1699.

Die ebenfalls fast quadratische Vorburg lag im Osten der Hauptburg zur Stadtseite. Nur die drei vom Haupthaus abgekehrten Seiten waren mit Wirtschafts- und Mannschaftsgebäuden besetzt. Dort lag auch das Zeughaus mit Waffen und Ausrüstungsgegenständen für das ermländische Heeresaufgebot. Der Weg zur Stadt führte über eine fünfbögige Brücke über den Stadtgraben zum Stadttor.

Die Seeburg hat ihre Funktion als Schutzbollwerk für Stadt und Land im Zusammenspiel mit den benachbarten ermländischen Burgen Rößel, Bischofsburg, Wartenburg und Allenstein erfüllt. Im dreizehnjährigen Städtekrieg fiel sie 1455 in die Hände der Bündischen und erlitt 1461 durch einen Brand der Vorburg erhebliche Beschädigungen, die jedoch alsbald beseitigt wurden. Als Unterkunft und Waffenplatz der ermländischen Streitkräfte erfreute sich die Seeburg besonderer Pflege. So ließ um 1580 Bischof Martin Kromer umfassende Renovierungen ausführen. 1609 wurde die Burgkapelle wegen Baufälligkeit gesperrt. 1699 entstand die erwähnte neue Toranlage, und 1750 wurde die Brücke erneuert.

Als am 7. Juli 1783 der Blitz eines Gewitters in die Kuppel des Burgturms einschlug, setzte er nicht nur die alte Burg in Flammen, sondern führte zu einem verheerenden Stadtbrand, dem große Teile des Orts zum Opfer fielen. Die Burg, von der nur das Erdgeschoß des Westflügels und des Turms die Feuersbrunst überstanden, wurde nicht wieder aufgebaut. Vielmehr wurde die Ruine als Steinbruch zur Gewinnung von Ziegeln und Material für den Wiederaufbau der notleidenden Stadt freigegeben. Der Abbruch hielt bis 1789 an. Im Jahr darauf errichtete der Landbaumeister Ernst Masuhr auf den Fundamenten und Kellern des ehemaligen Hauptflügels der Seeburg das neue Rathaus, in das später auch das Amtsgericht einzog. Seeburg hatte bereits 150 Jahre zuvor das alte Rathaus auf dem Marktplatz bei einem Brand verloren und sich bis dahin einen Neubau nicht leisten können.

Ehemaliger Westflügel der Burg, heute Rathaus
(Foto: F. Borchert, 1981)

Hangseite des Westflügels
(Foto: F. Borchert, 1981)

Der Ortsunkundige würde heute die schlichte Fassade dieses Bauwerks mit Sicherheit nicht als den durch Umbauten verfremdeten Rest einer Burg erkennen. Erst wenn man zur rückwärtigen Hangseite gelangt, bieten das hohe Feldsteinfundament mit dem darüberliegenden Backsteinmauerwerk sowie die Lage des Hauses gewisse Ansatzpunkte für derartige Überlegungen.

Auch in vielen Häusern des Städtchens stecken noch Steine aus der einstigen Seeburg. Am deutlichsten tritt jedoch die frühere Wehrhaftigkeit der alten ermländischen Stadt durch ein Stück der Stadtmauer aus Feldsteinen, das noch erhalten ist, und durch das Fundament eines alten Mauerturms auch heute noch in Erscheinung.

IV. Galinden und Sudauen

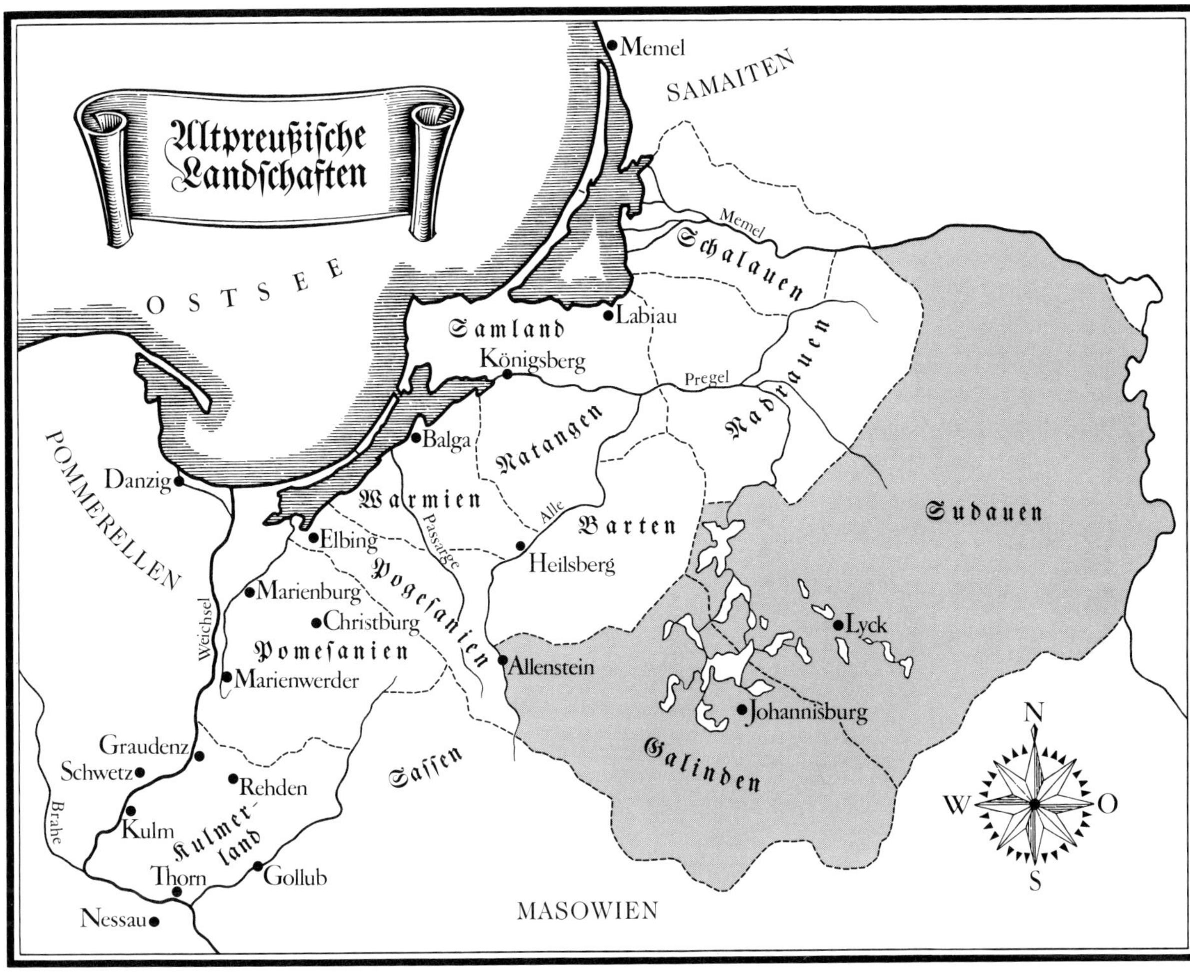

Galinder Land.

DIs Land hat der Orden wüst gefunden / wie es auch wüst sey worden / findet man in allen Preusschen Chronicken / derhalben solchs hie zuerzelen vnnötig ist / Es ist aber auch auff den heutigen tag / noch an vielen orten wüst / denn grausame Wildnis / Gebüsche / Heyden / vnd See / darinnen sein / hat seinen namen von Galindo / des Königs Widi-

wuti Son / sol seinen sitz auff einem hohen ber-
ge gehabt haben / den man noch den Galinder
berg sol heissen / Grentzet mit der Masaw / auch
sol die Alla damit grentzen / die andern gren-
tzen sein vngewis.

Sudawen.

SVdawen oder Sudauia hat den
namen von Sudo des Königs Widiwu-
ti Sone / vnd soll das herrlichst vnd mechtigst
Fürstenthumb / an Volck vnd gut in Preussen-
lande gewesen sein
Die grentze sollen sein / sagen solche jtzt genante /
von Samland ein gesümpffe / oder ein langer
fauler See / von Nadrawen aber ein Flis La-
wo genant.

(Original-Ausschnitt aus Caspar Hennenberger »Kurcze und warhafftige Beschreibung des Landes zu Preussen«, Königsberg 1584)

Gilgenburg

Städtchen und Burg am Rande des großen Schlachtfeldes

Stadtwappen von Gilgenburg

Wenn man das ausgedehnte Gelände der Tannenberg-Schlacht von Hohenstein im Nordosten an Tannenberg und Grünfelde vorbei diagonal nach Südwesten durchquert, stößt man auf den Großen Damerau-See. Am Westufer dieses etwa 6 km langen Sees liegt auf einer Landenge das Städtchen Gilgenburg. Hier, an der schmalsten Stelle der Landenge, beträgt der Abstand zum fast parallel verlaufenden Kleinen Damerau-See nur etwa vierhundert Meter. Burg und Stadt Gilgenburg bildeten somit an diesem Engpaß einen beherrschenden Riegel. Sie haben diese strategisch wichtige Lage mehrmals teuer bezahlen müssen. Beide Tannenberg-Schlachten von 1410 und von 1914 und die anderen Kämpfe in diesem Grenzland ließen immer wieder rauchende Trümmer und viele getötete oder ausgeplünderte Einwohner zurück.

Alte Stadtmauer zwischen Kleinem und Großem Damerau-See mit Mauerturm (Foto: F. Borchert, 1981)

Als wir uns vor einigen Jahren auf der Straße von Osterode der Stadt näherten, erkannten wir sogleich am Stadtrand noch die alte Stadtmauer mit ihrem Turm, der inzwischen lange als Glokkenturm der Stadtkirche dient. Aber die Stadt ist nach den Zerstörungen des letzten Krieges nur mangelhaft wiederaufgebaut und macht einen heruntergekommenen Eindruck. Es war nicht leicht, sich nach den wenigen Unterlagen zurechtzufinden. Von der alten Ordensburg, deren Lage wir einigermaßen kannten, fanden wir zunächst nichts.

Da trafen wir einen Polen und fragten ihn nach der Burg. Dabei verwendeten wir eines der wenigen polnischen Wörter, das wir kannten. Wir fragten nach »Zamek«. Er erwiderte in gebrochenem Deutsch, daß er hier nicht zu Hause sei und deshalb nicht wisse, wo die Burg gelegen habe. Und als wir uns erstaunt und unschlüssig abwandten, fügte er beiläufig hinzu, er sei in Lwow (= Lemberg) zu Hause, dies hier sei aber Deutschland! Unser Erstaunen über diese Äußerung eines Polen war groß, und wir mußten noch oft an sie denken.

Trotzdem fanden wir nach einigem Suchen die Trümmerstätte der einstigen Ordensburg. Sie liegt nahe der Straße fast neben dem Ufersaum des Großen Damerau-Sees. Es sind nur noch einige Fundamentmauern aus Feldstein und Reste von Backsteinmauerwerk des Erdgeschosses

Außenmauer der Burgruine mit Fensteröffnungen (Foto: F. Borchert, 1981)

übrig geblieben. Im stark verwitterten Ziegelteil zeichnen sich noch einige kleine spitzbogige Fensteröffnungen ab.

Das sind die letzten Zeugnisse der um 1316 erbauten kleinen Burg, deren erster Ordenspfleger Berengar von Meldingen hieß. Er wurde in den alten Urkunden als »provisor domus Ilienburg« bezeichnet. Eine Zeitlang hatte dieses Ordenshaus den Status einer Vogtei.

Die Gründung dieser Burg in der damaligen urwaldhaften Wildnis ging von der Komturei Christburg aus, in deren Bezirk dieses Gebiet lag. Nachdem sich im Schutze der Burg deutsche Siedler niedergelassen hatten, verlieh der Komtur Luther von Braunschweig dem Ort Gilgenburg bereits im Jahre 1326 das Stadtrecht. Peter von Dusburg erwähnt diese Begebenheit in seiner Chronik von 1330 mit den Worten »Bruder Luther, ein Sohn des erlauchten Herzogs von Braunschweig und Komtur von Christburg (gründete) eine Stadt bei der Burg Gilgenburg (im lat. Text als ›castrum Ylienburgk‹ bezeichnet)«. Burg und Stadt entwickelten sich aus dem befestigten Sitz des prussischen Edlen Gellens im Lande Sassen. Man nannte sie zuerst Ylienburg oder Ilgenburg.

Als kleinster Typ eines wehrhaften Ordenshauses war diese Pflegerburg sehr bescheiden und zunächst nur einflügelig gebaut. Zwei Wirtschaftsflügel kamen erst später hinzu und rundeten die Einfassung des Hofes an den Wehrmauern ab. Für ihre Aufgabe als Sperrwerk an einer Heerstraße besaß sie jedoch die erforderliche Festigkeit. Es wurden für das Mauerwerk sehr viele Feldsteine verwendet. Das feste Haus war nur 26 m lang und lag mit einer Längs- und einer Schmalseite in der Flucht der anschließenden Stadtmauer, deren nordöstliche Eckbastion es bildete. Unmittelbar neben der Burg und mit ihr verbunden lag das Stadttor in einem starken Torturm, der zugleich ihr westlicher Eckturm war. Auch die beiden Ecken des Ostflügels der Burg waren mit leicht vorspringenden Mauertürmen bewehrt.

Das alte Ordenshaus hatte mehrere mäßig große Räume mit Balkendecken. Ob es eine Burgkapelle enthalten hat, ist nicht mehr festzustellen. Überhaupt lassen sich nach den wiederholten Zerstörungen und Umbauten die ursprünglichen Einrichtungen nicht mehr rekonstruieren. Bis 1945 war jedoch der nach dem Wiederaufbau des Hauses um 1410 aufgesetzte, solide gearbeitete Dachstuhl noch erhalten. Die zuerst verbretterten Giebel des Daches sind später ausgemauert worden.

Durch ihre günstige natürliche Lage auf der Landenge waren Burg und Stadt gut geschützt. Im Norden und Süden hatte man die Verbindungen zwischen dem Kleinen und dem Großen Damerau-See durch das Wicker-Flüßchen und durch einen Bach künstlich etwas erweitert, um so einen zusätzlichen Schutz zu erreichen. Insbesondere am nördlichen Rand der vor der Burg liegenden Vorburg war das Wicker-Flüßchen erheblich verbreitert und zu einem Vorburggraben gemacht worden. Wo die Ausfallstraße nach Norden den Graben überquerte sprang aus der Vorburgmauer eine kleine Eckbastion hervor, die diesen wichtigen Punkt der Verteidigung im Vorfeld beherrschte.

Das alte Ordenshaus unterlag in den Jahrhunderten seines Bestehens vielen Veränderungen durch Zerstörungen und Umbauten. Insbesondere wurde es bei der umfangreichen Restaurierung durch Ernst Finck von Finckenstein im 17. Jahrhundert stark verändert. Der hufeisenförmige Gebäudekomplex verwandelte sich in ein Barock-Schloß. Einen besonders schmerzlichen Eingriff erlebte das historische Bauwerk noch im vorigen Jahrhundert, als man 1870 den markanten Torturm, den man als Deutsches Tor bezeichnete, abbrach.

Die erste schwerwiegende Heimsuchung in seiner langen Geschichte erlebte Gilgenburg zwei Tage vor der Schlacht bei Tannenberg. Am 13. Juli 1410 stürmten polnisch-litauische Heerhaufen des Königs Jagiello von Polen die Stadt und plünderten und brandschatzten sie mit furchtbarer Grausamkeit. Der zeitgenössische Chronist Johannes von der Posilge berichtet in seiner überlieferten Handschrift darüber in der Sprache seiner Zeit:

»... an dy grenitczen by der Drewantcz (= Drewenz-Fluß), by Kurnik (= Kauernik) unde alumme unde login czwey here den andern enkegen, alzo daz der konig von polan nicht torfte obir dy Drewantcz unde czoch kegen Ilginburg (= Gilgenburg) unde gewan die stad obirhoupt, unde vorbranten sie unde slugin tot jung unde alt, unde begingen so grossin mort mit den heiden, das das unseglich ist unde an kirchin unde an Jungfrowen unde frauwin, dy sie smethin (= schmähten) unde yn ere broste abesnethin

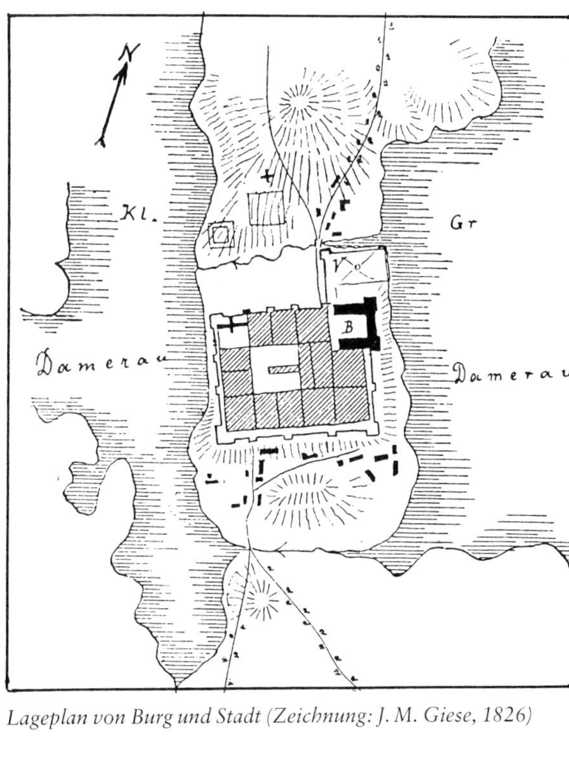

Lageplan von Burg und Stadt (Zeichnung: J. M. Giese, 1826)

(= Brüste abschnitten) unde jemerlich peyngeten unde czu eyginschaft weg lissin trybin.
Ouch begingen dy heydin grose smoheyt (= Bosheit) an dem sacramento, wo sy qwomen in dy kirchin, so czurebin sy in den henden unde worffin is undir dy fuße und hattin dor us erin spot. Dese grose smoheyt und lastir ging dem meister (= Hochmeister), dem ganczin ordin und allin Rittern und knechtin von gesten gar gros czu herczin, und czogin mit eyntrechtigim mute und willin dem konige enkegen von der lobow (= Löbau) czum Tannenberge ...«

Bei dieser Heimsuchung wurde Gilgenburg niedergebrannt. Wie aus dem Bericht des Chronisten weiter zu entnehmen ist, strebte das durch die Untaten der Polen und Litauer erregte Ordensheer voller Wut und Rachsucht in Eilmärschen dem Feind entgegen und kam erschöpft auf dem Schlachtfeld an. Sicher hatte dieser Vorgang letztlich auch Auswirkungen auf den unglücklichen Ausgang der Schlacht.
Vor den Toren der Stadt wütete zwei Tage später eine der größten Feldschlachten des Mittelalters, in der 20000 Polen, Litauer, Russen und Tata-

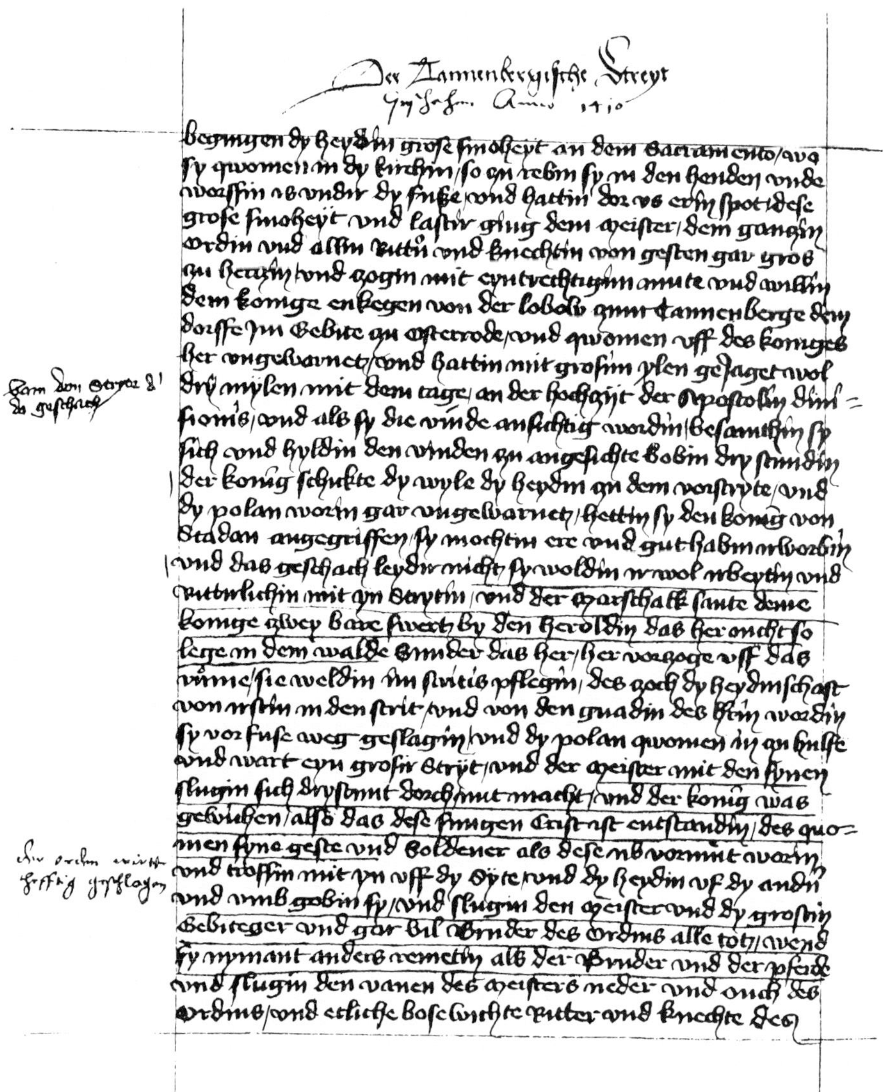

Alte Handschrift der »cronike des landes von Pruszin« um 1413 über die Untaten in Gilgenburg vor der Schlacht bei Tannenberg. (Deutsche Staatsbibliothek, Berlin)

ren gegen weniger als 15 000 Ordensstreiter kämpften. Beide Seiten hatten hohe Verluste von je etwa vier- bis fünftausend Toten. Auf der Seite des Deutschen Ordens fielen der Hochmeister und der größte Teil der Führungsschicht.

Für das Ordensland Preußen hatte die Niederlage katastrophale Folgen. Es wurde überrannt und ausgeplündert. Viele Burgen und Städte ergaben sich widerstandslos dem polnischen König in der Hoffnung, Gnade zu erfahren. An der Marienburg aber fand sich endlich unter Führung des Komturs Heinrich von Plauen eine Gegenwehr. Sie widerstand einer mehrwöchigen Belagerung, die die Polen erfolglos abbrechen mußten.

Das Land war so geschwächt und durch massenweises Überlaufen so demoralisiert, daß es dem 1414 folgenden Vorstoß polnisch-litauischer Streitkräfte keinen ausreichenden Widerstand entgegenzusetzen vermochte. Die Gebiete um Neidenburg, Passenheim und Allenstein sowie die Komturei Osterode wurden verheert. Dabei zerstörten die Feinde auch die gerade erst im Wiederaufbau befindliche Stadt Gilgenburg erneut.

Noch im selben Jahr gelang es dem Orden, diese Gebiete zurückzugewinnen und einen zweijährigen Waffenstillstand abzuschließen, der 1416 noch einmal verlängert wurde. Schließlich versuchten die Polen Ende Juli 1422 erneut, das ausgeplünderte Land zu unterjochen. Dabei stießen sie in der Nähe von Löbau auf ein Ordensheer, das sich geschickt verteidigte und den Angriff zurückwies. Beide Länder schlossen daraufhin noch im selben Jahr den Frieden von Melnosee, durch den der Orden lediglich die Länder Nessau und Schamaiten abtreten mußte.

Inzwischen war die Vogtei Gilgenburg in ein Kammeramt zurückgestuft und damit seiner ständigen Burgbesatzung entledigt worden. Nach einer erneuten Besetzung der Stadt durch eine Truppe unter dem polnischen Prinzen Wladislaus im Jahre 1439 schloß sich die kleine Stadt dem 1440 in Marienwerder gegründeten Preußischen Bund an, wohl in der Hoffnung, in der Gemeinschaft mehr Schutz zu finden. Die Städtebündner besetzten Gilgenburg bei Ausbruch des 13jährigen Städtekrieges im Jahre 1454, mußten es aber wenig später, nach der für den Orden siegreichen Schlacht bei Konitz, wieder aufgeben. Der Wiederanschluß an die Ordenspartei brachte dem Städtchen den Vorteil, daß es in den folgenden Kriegsjahren weitgehend unbehelligt blieb. Im Zweiten Thorner Frieden von 1466 wurde Gilgenburg dem Deutschen Orden zugesprochen.

Wie viele andere kleine Städte und Herrschaften, so wurde auch Gilgenburg im Jahre 1475 wegen der Finanznot vom Orden anstelle des ausstehenden Soldes an den Söldnerhauptmann Georg von Löben verpfändet. Dieser verkaufte seine Pfründe schon bald an den polnischen Magnaten Niklas Wilko. Im Jahre 1495 gelang es dem Hochmeister endlich, das Pfand gegen eine Abfindung von 500 Mark Silber einzulösen. Er übertrug diesen Besitz sodann seinem Rat Hans von der Gablenz als Lehen auf Lebenszeit.

Im sogenannten Reiterkrieg von 1520 versuchte Gilgenburg auf Anraten des einheimischen Landadels den Kriegsfolgen dadurch zu entgehen, daß es sich auf die Seite des polnischen Königs stellte und den polnischen Truppen Einlaß gewährte. Dennoch vergab nach Kriegsschluß der neue Herzog von Preußen der Stadt ihre aus Furcht begangene Untreue. Er belehnte 1544 Friedrich von der Oelsnitz mit dem neu eingerichteten Erbhauptamt. Durch Kauf folgte im Jahre 1572 der Hauptmann Felix Finck von Finckenstein, dessen Familie über zweihundert Jahre lang die Erbhauptleute zu Gilgenburg stellte.

Im Dezember 1656 brannten die das ganze Land durchstreifenden Tatarenhorden die Stadt nieder, nachdem sie sie vorher geplündert und die Bevölkerung drangsaliert hatten. Hundert Jahre später mußte Gilgenburg im Siebenjährigen Krieg eine mehrjährige russische Besatzung erdulden, die neben den üblichen Requirierungen großer Mengen von Proviant auch dem Wald großen Schaden zufügte. Für den russischen Flottenbau wurden im Raum Gilgenburg, Königsberg, Memel und auf der Kurischen Neh-

Ansicht von Burg und Stadt um 1826 (Handskizze von J. M. Giese)

rung große Waldungen rücksichtslos abgeholzt. Noch einmal fielen 1807 französische Truppen unter Marschall Ney in die Stadt ein. Danach herrschte über hundert Jahre endlich Frieden in dieser Region.

Im Ersten Weltkrieg lag Gilgenburg im August 1914 im Aufmarschgebiet der deutschen Truppen am westlichen Rand des Schlachtfeldes von Tannenberg; ihm blieb aber eine Besetzung durch russische Truppen dank des Sieges von Generalfeldmarschall Paul von Hindenburg erspart. Dagegen wurde das Städtchen im Zweiten Weltkrieg am 20. Januar 1945 von der Roten Armee mit schrecklicher Gewalt überrollt und verwüstet. Die Einwohner erlitten nicht zu beschreibende Greueltaten und wurden, soweit sie nicht geflohen oder getötet waren, in den nächsten zwei Jahren aus ihrer Heimat vertrieben.

Die alte Ordensburg hat den letzten Krieg nicht überstanden. Nur noch einige Fundamente und Mauerreste aus Feld- und Backsteinen bezeichnen ihren Standort. Westlich der Burgruine aber steht noch der als Kirchturm genutzte alte Turm der Stadtbefestigung, von dem aus die massige Stadtmauer dem See zuläuft. Hier kann man wohl noch am besten erkennen, wie Burg und Stadt aussahen, als sie der preußische Leutnant Johann Michael Giese in einer Skizze festhielt.

Passenheim

Kleine Stadt mit großem Namen

Stadtsiegel aus dem 14. Jh.

In der Chronik des Johannes von der Posilge findet sich unter der Jahreszahl 1385 der Hinweis »In desim jare wart Bassinheym die stadt usgegebin«. Aus dem Dorf Heinrichswalde, dessen Kirche bereits 1381 urkundlich erwähnt wurde, entstand die Stadt Passenheim durch einen Rechtsakt des Landesherrn, des Hochmeisters Konrad Zöllner von Rotenstein (1382–1390). Er erteilte der Gemeinde am 4. August 1386 die städtische Handfeste nach kulmischem Recht. Zugleich bestimmte er, daß die neue Stadt zu Ehren des Obersten Spittlers des Deutschen Ordens und Komturs von Elbing den Namen Bassenheim führen solle. Mit der Zeit wurde der Name in Passenheim umgeformt und selbst die heutige polnische Bezeichnung »Pasym« ist wohl eine phonetische Ableitung des rechtmäßigen Stadtnamens.

Siegfried Walpot von Bassenheim erreichte das Ehrenamt des Obersten Spittlers des Deutschen Ordens, der zugleich Komtur von Elbing war, nach einer normalen Laufbahn. Zuvor hatte er nacheinander die drei bedeutenden Komtureien Osterode von 1370 bis 1372, Danzig von 1373 bis 1383 und Thorn von 1383 bis 1384 geführt. Seit 1384 leitete er als Komtur von Elbing das Gesundheitswesen des Ordens und übte dieses Amt bis 1396 aus. Die Auszeichnung durch den Hochmeister hatte er sich durch seine hervorragende Amtsführung und durch seine großen Erfolge bei der Kolonisierung im Raum Osterode und im Gebiet um Passenheim und Ortelsburg, das zur Komturei Elbing gehörte, erworben. Nicht unerheblich für die Namengebung war wohl auch, daß der erste Hochmeister des Deutschen Ordens in Palästina Heinrich Walpot (von Bassenheim) gewesen ist, der am 24. Oktober 1200 in Akkon verstorben war.

Die Familie der Waldbott/Walpot gehört dem rheinischen Uradel an und wurde bereits um 1138 mit ihrem Sitz in Waldmannshausen bei Limburg (Lahn) erwähnt. Ihr Name hängt mit der Ausübung öffentlicher Gewalt als »Gerichtsbote« des Landesherrn zusammen, wobei der Begriff Bote im Sinn von Abgesandter oder Beauftragter zu verstehen ist. Hochmeister Heinrich Walpot trat als erster Lehensträger von Bassenheim bei Koblenz in Erscheinung, von welchem Ort das Geschlecht Anfang des 14. Jahrhunderts den Beinamen »von Bassenheim« annahm und bis heute führt. Mit großem Grundbesitz ausgestattet, erlangten die Waldbott von Bassenheim um 1638 die Würde der Reichsfreiherrn und 1720 erhob Kaiser Karl VI. sie zu Reichsgrafen. Kaiser Franz I. ernannte den Chef des gräflichen Hauses zum einzigen Erbritter des Deutschen Ordens.

Noch heute zeugt ein Grabstein in Neugattersleben, Bezirk Magdeburg, vom frühen Tod eines Nachkommens dieses Geschlechts, der 1939 als Flieger abstürzte. Der Verfasser entdeckte ihn vor wenigen Jahren auf dem dortigen Kirchhof vor dem Alvenslebenschen Mausoleum; er trägt folgende Inschrift: »Hier ruht in Gott + Seine Erlaucht Carl Maria Graf Waldbott von Bassenheim, Erbritter des Deutschen Ritterordens.«

Aber auch der Herkunftsort dieses berühmten Geschlechts, die Gemeinde Bassenheim bei Koblenz, ehrt den Ordenskomtur und Stadtgründer Siegfried Walpot von Bassenheim durch ein Denkmal. Sie hat die Partnerschaft für Passenheim übernommen und bietet den heimatvertriebenen Passenheimern ein Stück Heimat.

Passenheim entstand abweichend von der Norm nicht aus einer Burgsiedlung, sondern wurde um 1386 aus dem Kirchdorf Heinrichswalde zur Stadt erhoben. Bald danach begann man mit der Stadtbefestigung, in die, ähnlich wie in Rastenburg, sowohl die Ordensburg an der Nordost-Ecke der Halbinsel im Kalbensee als auch die Kirche an ihrer Nordwest-Ecke einbezogen wurden. Die Stadtmauer bestand aus einem Feldsteinsockel mit aufgemauerten Ziegeln in gotischem Verband. Sie war mit Toren, Türmen und vorspringenden Wighäusern versehen und entsprach der Verteidigungstechnik der damaligen Zeit.

Von der Burg ist außer ihrer Lage, auf dem Platz der heutigen katholischen Kirche, fast nichts überliefert. Giese stellte 1826 lediglich »die gezeichnete Mauereskarpe an der Nord- und Ostseite« fest. Man bezeichnete im damaligen Sprachgebrauch das Ordenshaus als »der Hof«. Das läßt den Schluß zu, daß es sich hier um eine kleinere Burganlage mit örtlichen Aufgaben gehandelt hat, der möglicherweise ein Wirtschaftshof angegliedert war. Da auch in Voigts Namenscodex der Deutschen Ordensbeamten von 1843 keine Amtsinhaber aus Passenheim genannt sind, kann davon ausgegangen werden, daß der Rang des Amts Passenheim unter dem eines Pflegeramts gelegen hat.

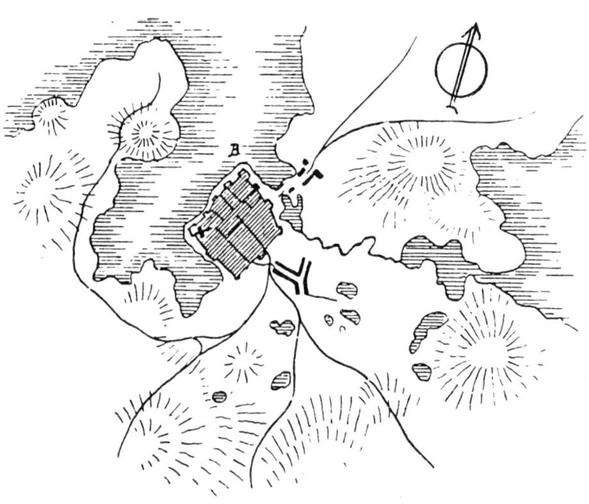

Lageplan der Stadt Passenheim (Zeichnung: J. M. Giese, um 1826/27)

Bei der Einnahme und Brandschatzung durch die Polen im Hungerkrieg um 1414, aber auch bei den großen Stadtbränden von 1520 und 1583 hat die Burg erhebliche Schäden davongetragen, so daß sie 1616 auf Geheiß Kurfürst Johann Sigismunds abgebrochen worden ist, um Material für den Rathausbau zu gewinnen.

An der anderen in den Kalbensee vorspringenden Ecke der Stadt liegt die Pfarrkirche, die bereits um 1381 gegründet wurde. Ihr mächtiger quadratischer Turm, der seit 1770 eine welsche Haube trägt, ist schon weit über den See sichtbar und beeindruckt den Ankommenden durch seinen kraftvollen Ausdruck von Schutz und Würde. Ob er, wie sein Rastenburger Bruder, einst ein Teil der Stadtbefestigung gewesen ist, bleibt unbestimmt. Jedenfalls hatte er ursprünglich ein weiteres Obergeschoß, vermutlich mit Wehrluken, und einen anderen Abschluß, die beide beim Stadtbrand von 1750 vernichtet worden sind.

Seine Maße mit einer Seitenlänge von 11 m und einer Höhe von gut 35 m sind beeindruckend. Die großen Mauerflächen werden durch Blenden gegliedert. Im Erdgeschoß sind es kleine Spitzbogenblenden, im 1. Obergeschoß spitzbogige und gekuppelte und im 2. Obergeschoß hohe, rundbogig geschlossene Mauerblenden, die den massigen Turm auflockern.

Die unterschiedlichen Blendenformen zeigen die verschiedenen Bauperioden des Turms auf, die seine kunstgeschichtliche Zuordnung problematisch machen. Auf jeden Fall wurden Turm und Langhaus nicht gleichzeitig geplant und gebaut, denn es besteht zwischen ihnen keine feste Mauerverzahnung. Außerdem überschneidet und verdeckt der Turm den ursprünglichen Westgiebel des Kirchenschiffs. Während er in seinem

Pfarrkirche zu Passenheim (Foto: F. Borchert, 1985)

Unterteil der ausgehenden Gotik an der Wende des 15. zum 16. Jahrhundert angehört, ist das Langhaus etwa 100 Jahre früher zu datieren. Ob beide Kirchenteile ggf. Vorgängerbauten aus der Gründungszeit hatten, die teilweise übernommen worden sind, ist nicht abschließend geklärt. Das Langhaus entspricht jedenfalls dem charakteristischen spätgotischen Kirchenstil. Es ist mit seinen Abmessungen von 33 × 14 m für eine Kleinstadt ausreichend proportioniert. Der Ziegelbau auf Feldsteinsockel gehört mit seinem rechteckigen Grundriß und geraden Chorabschluß zum Typus der Hallenkirchen. Spitzbogenfenster und unterschiedliche Mauerblenden, unterteilt durch übereckgestellte Pfeiler, die als einfache Fialen über die Dachschräge hinausragen, gliedern den ansehnlichen Ostgiebel.

Im Inneren der Kirche, die auch heute noch der kleinen evangelischen Gemeinde gehört, haben bemerkenswert viele Einrichtungsgegenstände Krieg und Plünderungen der fremden Besatzung überdauert. Das ist wohl dem festen Zusammenhalt der meist aus Deutschen bestehenden Gemeinde zu verdanken. Außer dem Gestühl, den Leuchtern und Sakralgegenständen gehört die Gedenktafel für die im Ersten Weltkrieg gefallenen Passenheimer zu den wertvollen Überlieferungen aus deutscher Zeit.

Früher zählte zum Inventar noch ein Epitaph für den berühmten Historiker Christoph Hartknoch (1644–1687), der seine Jugendzeit in Passenheim verlebt hatte und sich beim Tatareneinfall um 1656 mit wenigen anderen Bewohnern über das Eis des Kalbensees retten konnte. Als Magister und Professor in Königsberg und Thorn schrieb er bedeutende historische Werke, von denen hier nur seine Historie »Altes und neues Preußen« aus dem Jahr 1684 mit vielen gestochenen Städteansichten, seine streng lutherisch-orthodoxe »Preußische Kirchenhistoria« von 1686 und seine Übersetzung der Chronik von Peter von Dusburg aus dem Lateinischen genannt werden sollen. Die Gedenktafel an den großen ostpreußischen Historiker ist schon vor dem Ersten Weltkrieg dem Prussia-Museum in Königsberg übergeben worden.

Im Leben der kleinen masurischen Stadt Passenheim gab es drei entscheidende Einschnitte in den Jahren 1414, 1656 und 1945, die durch äußere Gewalt ihre Existenz bedrohten.

Im Jahr 1414 führte der Polenkönig einen verheerenden Plünderungszug durch das Ordensland, das sich nach der Niederlage bei Tannenberg von 1410 noch nicht erholt hatte und keine ausreichende Gegenwehr aufbieten konnte. Wie viele andere Städte und Dörfer wurde auch Passenheim geplündert, gebrandschatzt und seine Einwohner gefangen, gequält und getötet. Der zeitgenössische Chronist Posilge berichtet: »Ouch wart Kuernik (= Kauernik) vorbrant von den Polan unde Bassinheym (= Passenheim) wart vorrotin von etlichin lantknechtin unde dem konige (von Polen) yngegebin, der lies die

Gedenktafel für die Gefallenen des Ersten Weltkriegs in der evangelischen Kirche (Foto: F. Borchert, 1985)

stat vorbornyen unde trieb die lüthe von dannen gefangin unde alzo ging is dorch enander.«
Auch 1656 war bei der Eroberung von Passenheim Verrat im Spiel. Am 19. November 1656 führte ein gewinnsüchtiger Bauer aus Groß Rauschken die Belagerer über eine seichte Stelle des Sees zu einer Pforte in der Stadtmauer. Die Tataren unter Führung des polnischen Generals Gonsiewski steckten die Stadt in Brand und »hausten wie wilde Bestien«, wie Zeitgenossen berichteten. Nur eine kleine Gruppe von Bewohnern, zu der auch der 12jährige Christoph Hartknoch gehörte, konnte sich über den See in Sicherheit bringen.
Der Tatareneinfall nach der verlorenen Schlacht bei Prostken vom 18. Oktober 1656 dauerte bis zum Frühjahr 1657. Zwischen Ragnit und Passenheim fielen den mordenden und brennenden Horden 13 Städte und 245 Dörfer zum Opfer, wobei 23 000 Menschen getötet, 34 000 in die Sklaverei verschleppt und Unzählige gequält und vergewaltigt wurden.
Es war ein Vorgeschmack dessen, was am 23. Januar 1945 über die Stadt und ihre Menschen hereinbrach.
Im 5. Jahrzehnt nach dem Zweiten Weltkrieg leidet die Stadt noch heute unter dessen Folgen. Sie wirkt durch ihre stehengebliebene Entwicklung, durch die Mängel des dort herrschenden Systems und letztlich auch durch die fremden Zuwanderer wie ein verlassener Ort in einem fernen, fremden Land.

Die Pfarrkirche auf der Halbinsel im Kalbensee (Foto: F. Borchert, 1985)

Wartenburg

Stadtsiegel aus dem 15. Jh.

Bischöfliche Burg und Stadt mit vielen Heimsuchungen

Im Rahmen der nach Osten gegen die Wildnis vorrückenden Burgenkette wurde 1325 auf Anraten des Hochmeisters Werner von Orseln das Wildhaus Wartenberg erbaut. Die Verteidigungsplanung in den Bistümern fand damals in enger Abstimmung mit der Ordensstrategie statt. Obwohl das Bistum Ermland als einziges preußisches Kirchenland nicht in den Deutschen Orden inkorporiert war, bestand insbesondere in militärischen Fragen eine Kooperation mit dem Orden. So wurde z.B. der Ordensritter Friedrich von Liebenzell, der zuvor Komtur von Ragnit gewesen war, zum Bischofsvogt von Ermland bestellt und anschließend um 1333 wieder beim Orden als Komtur zu Golau eingesetzt.

Die Errichtung des Wildhauses Alt Wartenburg am Wadang-See erwähnt der Chronist Peter von Dusburg, der unter der Jahreszahl 1325 vermerkte:

»Gleichzeitig ließ in diesem Jahr Bischof Eberhard von Ermland (von Neiße) durch Bruder Friedrich von Liebenzell, seinen Vogt im Lande Galinden, am Ufer des Flusses Pissa die Burg Wartenbergk erbauen, und sobald diese Burg fetiggestellt war und feierlich die Messe vom Heiligen Geist gesungen wurde, erschien beim Evangelium eine weiße, zahme Taube.«

Über diese Grenzbefestigung zur Wildnis, die bereits 30 Jahre später von Litauern dem Boden gleichgemacht worden ist, wissen wir nur, daß sie auf einer Anhöhe am Nordufer des Wadang-Sees gelegen hat. Der Ort Alt Wartenburg liegt 7 km nordwestlich vom heutigen Wartenburg. Auf dem 131 m hohen Kosakenberg stand einst das Wildhaus.

Die Flurbezeichnung Alte Stadt am Ufer des Nuß-Fließes, das, nachdem es eine Wassermühle angetrieben hat, sich in den See ergießt, deutet auf die Lage der Lischkensiedlung neben der ersten Wartenburg hin. Weiter nördlich liegt der heutige Ort Alt Wartenburg, der schon bald nach der Zerstörung der alten Stadt aufgebaut und am 9. Juli 1376 von Bischof Heinrich III. Sorbom (Sauerbaum) mit einer neuen Handfeste versehen worden ist. Die Dorfkirche von 1582, die Ende vorigen Jahrhunderts restauriert worden ist, blieb bis heute erhalten.

Das im Schutz des Wildhauses angelegte Städtchen Wartenberg, auch als Warthberg, Wasperc oder Wartenbergk erwähnt, hatte bereits am 26. Dezember 1329 von Bischof Heinrich II. Wogenap in einer Urkunde stadtähnliche Rechte zugesichert erhalten. Die Entwicklung der jungen Stadt wurde im Winter 1353/54 durch einen Litauereinfall jäh beendet. Mit brutaler Gewalt drangen litauische Reiterhorden unter ihren Anführern Kynstut und Olgierd in Alt Wartenburg ein und hausten derart unmenschlich, daß außer rauchenden Trümmern nur eine Handvoll Menschen übrigblieb, die sich durch Flucht in die Wälder gerettet hatte. Städtchen und Wildhaus waren völlig vernichtet worden.

Bischof Johannes II. Stryprock (Streifrock) ließ die Stadt 7 km weiter östlich in geschützter Lage an der Pissa neu aufbauen. Er erteilte ihr am

6. Juli 1364 eine Handfeste nach kulmischem Recht und beauftragte den Lokator Heinrich von Layß mit der Besiedlung und mit der Aufteilung des städtischen Grundbesitzes von 180 Hufen. Es entstand auf einem rechteckigen Terrain, das durch Wasserläufe, Mühlenteich und Stadtgraben an drei Seiten geschützt war, eine Stadt im üblichen Ordensschema mit mittigem Marktplatz und freistehendem Rathaus sowie rechtwinkligem Straßensystem. Die Stadt war umgeben von einer Befestigung aus Mauern mit Toren und Türmen. In diese wehrhafte Stadtbefestigung war in der Nordostecke, am Ufer des Mühlenteichs, die bischöfliche Burg als besonderer Schwerpunkt des Verteidigungssystems eingefügt.

Die in der Planung quadratische Burg ist nur in zwei Flügeln voll ausgebaut worden. Auf den langgestreckten Hauptflügel stieß rechtwinklig ein Nebelflügel, der Wirtschaftszwecken diente. Der Hauptflügel enthielt die üblichen Amts- und Wohnräume, zu denen ein Remter und das Refektorium gehörten. In diesem Flügel befand sich auch eine Kapelle.

Die beiden gegenüberliegenden Seiten des Hofs

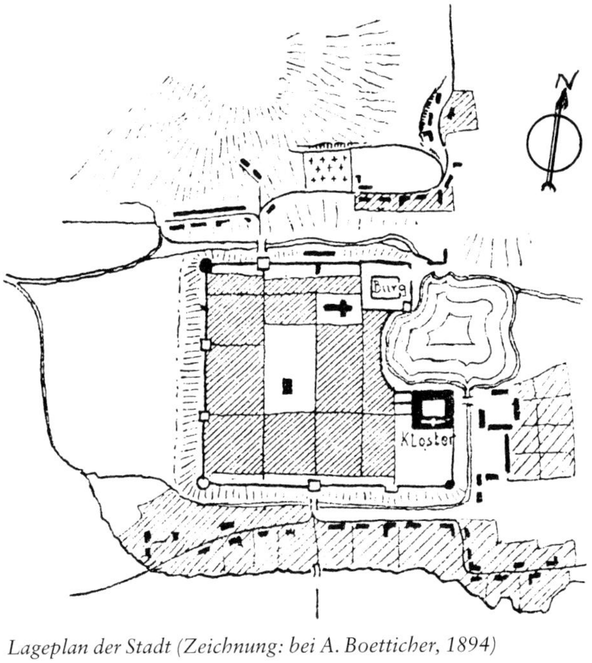

Lageplan der Stadt (Zeichnung: bei A. Boetticher, 1894)

blieben unbebaut und waren lediglich von Wehrmauern eingefaßt. Ob an dem Schnittpunkt der Hofmauern ein Eckturm gestanden hat, ist unter den Kunsthistorikern strittig. Obwohl insbesondere Dehio mehrere Türme vermutet, ist die vorherrschende Meinung, daß diese späte Bischofsburg überhaupt keinen Turm besessen hat.

Die in der Zeit des reduzierten Stils um 1370 entstandene Burg zeichnet sich durch ein einfaches Bauschema mit leicht unregelmäßigem Grundriß aus. Sie hat in Anlage und Bauform Ähnlichkeit mit der Burg des ermländischen Domkapitels in Mehlsack. Beide Häuser sind dem Typ der kleineren Bischofsburgen zuzurechnen, die im ausgedehnten Bistum Ermland häufig anzutreffen waren. Im Gegensatz zu den drei anderen Bistümern im Ordensland Preußen hatten sich hier gewisse selbständige architektonische Besonderheiten gegenüber der als Grundlage übernommenen Ordensarchitektur herausgebildet.

Bald nach der Burg entstand in ihrer Nachbarschaft am Südufer des Mühlenteichs um 1380 ein Franziskanerkloster, das in seiner dreiflügeligen Kastellform mit Mauerabschluß wie eine weitere Burg wirkte. Auch dieses feste Haus war an die Stadtmauer angelehnt und konnte bei Bedarf in die Verteidigung einbezogen werden. Durch die Tatsache, daß das Kloster zur sächsischen Ordensprovinz gehörte, wird die Annahme unterstützt, daß der Ortsname Wartenburg seinen Ursprung in Sachsen hatte.

Wie das Marienburger Tresslerbuch ausweist, wurden dem Kloster in »Warttinberg« vom Hochmeister jährlich kleine Geldzuwendungen übermittelt. Dabei fällt auf, daß es zwischen 1399 und 1409 mehrfach als Minoriten-Kloster oder Bettelkloster bezeichnet worden ist. In der Zeit der Bischöfe polnischer Nationalität ging es unter Kardinal Andreas Bathory an die Bernhardiner über. Nach der Säkularisierung um 1810 diente das Gebäude als Strafanstalt, bis es 1846 durch einen Brand zerstört wurde.

Bereits 50 Jahre nach ihrer Gründung erlebte auch die neue Stadt Wartenburg eine schwere

Heimsuchung ähnlich derjenigen ihrer Vorgängersiedlung Alt Wartenburg. Im Hungerkrieg um 1414 waren es die Polen, die unter Einsatz von Tataren und anderer heidnischer Truppen im Ordensland furchtbar hausten. Der Deutsche Orden war nach der Niederlage bei Tannenberg nicht mehr in der Lage, das ganze Land ausreichend zu verteidigen. Deshalb war die Bevölkerung der kleinen Städte in die wehrhaften größeren Städte wie Königsberg und Elbing geflohen.
Der Polenkönig wurde auf seinem Raubzug von Neidenburg nach Guttstadt abgedrängt und durch Ordensstreitkräfte am Überschreiten der Flüsse Drewenz, Passarge und Alle gehindert. Auf seinem Vorstoß hinterließ der Heerhaufen eine furchtbare Bahn des Mordes und Brandes. Landsberg, Kreuzburg, Mühlhausen und Zinten wurden niedergebrannt. Heilsberg verteidigte der Ordensmarschall Eberhard von Wallenfels mit Hilfe der Komturei Brandenburg und bewahrte es vor dem gleichen Schicksal, das nun die anderen ermländischen Städte erlitten, wozu auch Wartenburg gehörte, das völlig eingeäschert wurde.
Der zeitgenössische Chronist Johannes von der Posilge schilderte das furchtbare Geschehen in der damaligen Sprache so: »Als der koning nicht mochte obir die Alle, her herte das Bischtum runde umb Seeburg, unde das lant der Tumherrin, wend sich wormedith und melsag begobin, die spysetin yn das her. Dornoch wordin sie geplondirt von den vinden unde melsag wart vorbrant. Die uncristin, der gar vil was, totin grosin grim an den lütin mit morde und brande, das yn nymant mochte gestüeren, noch wedirsteen. Sie hibin den bildin di hopte abe unde zcuslugin sie unde vorbrantin di kirchin, unde was sie bosheit mochtin gethun an Juncfrawen unde frawen, das düchte sie nicht eyn wenig sin, die kinder dorchstochin sie als die verkel unde trotin sie unter die füse unde begingen grose smoheit an den Sacramentin der kirchin, das is got mochte irbarmen.«
Übersetzung: Als der (polnische) König nicht über die Alle kam, verheerte er das Bistum (Ermland) um Seeburg und das Land der Domherren. Nachdem sich Wormditt und Mehlsack ergeben hatten, mußten sie sein Heer verpflegen. Danach wurden sie von den Feinden geplündert und Mehlsack niedergebrannt. Die Unchristen, die zahlreich waren, ließen ihren Zorn mit Mord und Brand an der Bevölkerung aus und niemand vermochte ihn zu steuern oder zu widerstehen. Sie hieben den Heiligenbildern die Köpfe ab, zerschlugen sie und verbrannten die Kirchen. Sie vergingen sich boshaft an Jungfrauen und Frauen; es erschien ihnen auch nicht zu gering, die Kinder wie Ferkel zu durchbohren und mit den Füßen zu zertreten. Sie begingen großen Frevel an den Sakramenten der Kirche, daß es Gott mochte erbarmen.
Ähnliche Untaten teilte Hochmeister Michael Küchmeister von Sternberg (1414–1422) dem König von Ungarn in einem Brief mit, dessen Inhalt überliefert ist: »Es ist unmenschlichen czu irzelen den Jammer, der alhie wirt begangen. Der heilige leichnam christi unsers hern ist usgeschütt und mit sündigen füsen lesterlich getreten mit dem heiligen Öle und Creßem, die bilde der Martir christi und ander Heilgen sint czuhauwen, kirchen und capellen unczelichen vorbranth, und vil gotes dinstes und messen doran vorstört seyn, mogt Ihr, gnediger herre, wol czu herze nemen. Nicht mag ich geschweygen, das die begebene lüte und och sost Priester in den Amten Irer messen etezlichen Ihre hende abgehauwen, ettliche jamerlichen irstochen und vorwundet, swanger frouwen mitsamt den Jungfrouwen, noch sost kynes weiplichen bildes ist geschonet, sunder noch grosser schande, smaheit und lasterunge in manchfaldiger grymekeit des todes us dem lande seyn vortreben, weit me uncristlicher tat ist und wirt allhie tag bei tage gesehen.«
Nach der völligen Zerstörung wurden Stadt und Burg Wartenburg bald wieder aufgebaut. Sie hatten jedoch in ihrer Entwicklung einen langanhaltenden Schaden erlitten. Um 1594 bereitete beiden ein großer Stadtbrand schwere Zerstörungen. Als die Burg 1798 bei einem neuerlichen Brand stark beschädigt worden war, wurde sie zum Teil abgetragen. Ihre Überreste und Funda-

Die Stadtpfarrkirche von Wartenburg (Foto: F. Borchert, 1985)

mente verwendete der Landbaumeister Schimmelpfennig in den Jahren 1826/32 zum Bau der evangelischen Volksschule. An diesem Gebäude, das den letzten Krieg überstanden hat, erinnert außer der Verwendung von Backsteinen nur noch wenig an die einstige Bischofsburg.

Wie so viele andere ost- und westpreußische Städte hat auch Wartenburg seinen Namen von Kolonisatoren und Siedlern aus dem Altreich übernommen. Der Ortsname Wartenberg/-burg kommt in Bayern, Pommern, Schlesien und Sachsen vor. Vieles spricht dafür, daß sein Ursprung von einem kleinen Ort an der Elbe, nahe Wittenberg stammt. Dort bzw. im angrenzenden Trebitz bestanden seit über 1000 Jahren Adelssitze auf Burgen und schloßähnlichen Herrenhäusern. Mitglieder dieser Familien haben im 14. Jahrhundert an der Kolonisation des Bistums Ermland teilgenommen und den heimatlichen Namen Wartenburg in das neu erschlossene Land im Osten übertragen.

Wartenburg an der mittleren Elbe erlangte in den Befreiungskriegen gegen Napoleon Berühmtheit, als der preußische General Yorck am 3. Oktober 1813 dort den Elbübergang erzwang und die französische Armee zurückdrängte. König Friedrich Wilhelm III. erhob den verdienten General in den Grafenstand und fügte seinem Namen den Zusatz »von Wartenburg« an.

Seehesten

Kleine Sperrburg zwischen den Masurischen Seen

Über sechzig Kilometer lang ist das Gebiet der großen Seenplatte zwischen Angerburg und Johannisburg mit dem Mauer-, Löwentin- und Spirdingsee, jenen großen, breiten Wasserbekken, die aus den abschmelzenden eiszeitlichen Gletschern entstanden. Die beiden größten haben eine Ausdehnung von über hundert Quadratkilometern. Neben ihnen rissen die gewaltigen Gletscher langgezogene Rinnen in den Boden, die im Raum Rhein – Sensburg in Nord-Süd-Richtung verlaufende schmale Seen entstehen ließen, zu denen unter anderem das Talter Gewässer, der Rheinische See sowie bei Sensburg Ixt-, Schoß-, Juno- und Salentsee gehören.
Wer von Sensburg aus dieses weite, waldreiche Seenland durchstreift, wird auf seinen Ausflügen neben Naturschönheiten auch viele Zeichen der jahrhundertealten deutschen Kultur entdecken. Auf der Fahrt von Sensburg nach Rastenburg, am Ostufer des Junosees entlang, kommt kurz hinter der Abzweigung nach Nordosten bald der spitze Turm der alten Ordenskirche von Seehesten in Sicht, dessen trutzige Mauern den Brand von 1619 überstanden haben. Die schwere Masse des quadratischen Turms ist durch mehrere Reihen vielgestaltiger spitzbogiger Mauerblenden aufgelockert und erinnert an die Allensteiner Jacobi-Kirche. Zur Hälfte fehlen dem spitzen Turmhelm noch heute die Dachziegel, wohl ein spätes Überbleibsel der Zerstörungen des letzten Krieges.
Im Kircheninnern entdeckten wir an der Nordwand hinter einem Grüngewächs das Epitaph für den Seehestener Burggrafen aus der Zeit um 1650. Damals war Seehesten herzoglich preußisches Hauptamt, dem Amtshauptleute mit so bekannten Namen vorstanden, wie George Schenk Freiherr zu Tautenburg, Ludwig von Kalkstein, Fabian von Lehndorff oder Georg Friedrich von Kanitz. Es waren die späten Nachfolger der Pfleger des Deutschen Ordens, die im 14. und 15. Jahrhundert die Herrschaft über Burg und Amt ausübten.
Auch wer von der Ordensburg Seehesten vorher nichts wußte, wird, durch diesen Grabstein auf sie hingewiesen, nach ihren Überresten suchen. Vielleicht muß der Besucher aus seinem dürftigen polnischen Wortschatz einen der heutigen Dorfbewohner, die von den Sowjets aus ihrer Heimat um Lemberg vertrieben sind, nach »Zamek« fragen, um auf dem Weg zum ehemaligen Gut westlich der Landstraße, gleich neben der Wassermühle, die Trümmer der vom Mühlenfließ umflossenen Ruine zu entdecken. Ein schlanker, etwa acht Meter hoher Mauerklotz der Nordwestecke des Haupthauses markiert noch heute den ehemaligen Burgplatz, wo sich auf einer leichten Bodenwelle die Reste der Fundamente und zweier tonnengewölbter Burgkeller finden.
Die in der zweiten Hälfte des 14. Jahrhunderts in Stein errichtete Burg war Ende des 18. Jahrhunderts so baufällig, daß sie der preußische König Friedrich der Große abbrechen und das Baumaterial nach Rastenburg schaffen ließ. Nachfolgend haben Witterungseinflüsse und die Nut-

Die Ordenskirche zu Seehesten (Foto: F. Borchert, 1983)

Epitaph für den Amtshauptmann Oberstleutnant Fabian von Lehndorf (1593–1650) (Foto: F. Borchert, 1988)

zung für Wirtschaftszwecke den weiteren Verfall der Ruine bewirkt. Heute ragt aus dem alles überwuchernden Grün mit Büschen und Bäumen die Mauerecke wie ein Denkmal hervor und bietet, umrahmt vom munter plätschernden Mühlbach, ein Bild romantischer Idylle.

Dieses zu den kleinsten Burgen des Deutschen Ordens zählende Haus ist nach vorangegangener Zerstörung der Holzburg durch die Litauer um 1367 in Stein errichtet worden. Nach dem 1827 von Giese aufgenommenen Lageplan handelte es sich um eine vierflügelige, quadratische Anlage. Zwischen zwei schmalen, gut zwanzig Meter langen Flügeln waren zwei sehr kurze Seitenflügel eingeschoben, so daß ein auffallend schmaler Burghof entstand, der auf der Westseite ein Eingangstor hatte. Dort lag hinter einer Zugbrücke über das Mühlenfließ auf dem späteren Gelände des Gutes die Vorburg.

Das vom Salentsee kommende Mühlenfließ bot nach Süden und Westen Schutz; entsprechend wurde das nach Norden und Osten ansteigende Gelände zu einem tiefen, in der Sohle etwa zehn Meter breiten Schutzgraben abgetragen. Zu dieser Seite hin lag vermutlich an der Nordostecke des Hauptflügels ein vorgebauter Flankierungsturm zum Bestreichen des ansteigenden Geländes. Nach Giese muß der umlaufende Parcham einst von einer Ringmauer umgeben gewesen sein.

Über die Bauform und die Einteilung der Burgflügel läßt sich nur noch wenig aussagen. Der

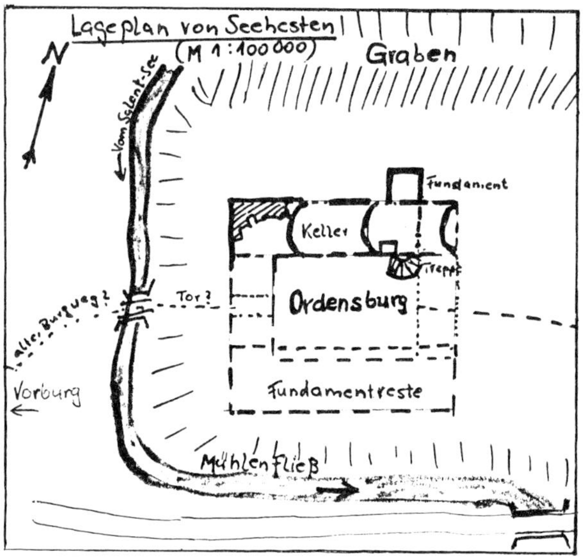

Lageplan der Ordensburg Seehesten (Skizze: F. Borchert, 1983)

Unterbau bestand bis etwa in drei Meter Höhe aus grobem Feldsteinmauerwerk, während das darüber liegende Haupt- und das Wehrgeschoß aus Backsteinen aufgemauert waren. An der stehengebliebenen Mauerecke des Nordflügels lassen sich Reste der Leibung eines größeren Spitzbogenfensters feststellen, während sich innen Spuren eines kleinen Kamins sowie von Wehrnischen noch abzeichnen.

Weitgehend erhalten sind die in Backstein gemauerten Tonnengewölbe des unterteilten Kellers vom Nordflügel sowie eines schmaleren Kellergangs zum Südflügel, die nur zum Teil eingebrochen und am Boden mit Schutt bedeckt sind. Angeblich führte vom Nordkeller aus ein unterirdischer Gang zur Kirche; eine Überlieferung, die übrigens auch andernorts der Nachprüfung häufig nicht standhielt.

Während vom Südflügel noch Fundamentreste im Boden liegen, fehlt vom kurzen Ostflügel jede Spur. Diese Seite ist vor langer Zeit zur Herstellung einer Auffahrt völlig abgetragen worden. Auch der im Hof gelegene Brunnen läßt sich ohne Grabung nicht auffinden.

Die westlich vom Mühlbach gelegene Vorburg ist in den Gutsgebäuden aufgegangen, konnte aber noch in ihren Grundzügen festgestellt werden. Im Südosten der Hauptburg macht das Mühlenfließ eine Biegung nach Süden und unterquert den Anfahrtsweg zum Gut. Gleich neben dieser Brücke fällt das Fließ um einige Meter und betreibt eine Wassermühle, deren Vorgängerin an dieser Stelle die alte Ordensmühle war.

Ruinenteil des Nordflügels (Foto: F. Borchert, 1983)

Obwohl die geschichtliche Überlieferung weit zurückreicht, läßt sich die Herkunft des Ortsnamens Seehesten, früher auch Sehesten oder Seesten, nicht zweifelsfrei ermitteln. Da gibt es eine Auslegung, die den Namen vom Ort Zehista bei Pirna ableitet, wo der Gründer von Seehesten, Hochmeister Heinrich Dusemer (1345–1351),

Idyllischer Burgplatz mit Ruine am Mühlenfließ (Foto: F. Borchert, 1983)

beheimatet gewesen sein soll. Andere vermuten die Namengebung nach der thüringischen Burg Lehesten (Kreis Saalfeld), aber vielleicht hat auch nur die Lage zwischen den Seen den Namengeber inspiriert. Jedenfalls wurde das Haus Seehesten von der für diesen Bereich zuständigen Komturei Balga aus im Jahre 1348 gegründet, als dort Ortolf von Trier Komtur war.

Zunächst stand am Rand der Wildnis nur ein Blockhaus mit einem Baum als Wartturm und umgeben von einem Plankenzaun. Die Litauer überrannten und zerstörten dieses Wildhaus bereits zwei Jahre nach seiner Errichtung. Deshalb begann der Orden um 1367 mit dem Neubau aus Stein, wobei wohl wie üblich zuerst die Wehrmauern massiv aufgeführt wurden und das Haus erst allmählich folgte. Nun gelang es dem Litauerfürsten Kynstut bei einer erneuten Belagerung im Jahre 1371 nicht wieder, das neuerbaute feste Haus zu vernichten; dafür brandschatzte er die Vorburg sowie die Dienstgüter und Gehöfte der Umgebung.

Bei Wigand von Marburg wird in seiner Chronik von 1393 neben dem Ordenshaus Seehesten eine Siedlung von Gärtnern und Handwerkern, also wohl eine Lischke erwähnt. Die von Seehesten und Rastenburg vorgeschobene Besiedlung und Kolonisierung durch Einrichtung kulmischer Dienstgüter wurde von 1380 an auf Gründung von Dorfsiedlungen umgestellt. Hierbei erteilte der Komtur von Balga, Ulrich von Jungingen, der später als Hochmeister in der Schlacht bei Tannenberg fiel, Seehesten um 1401 die Gründungsurkunde als Kirchdorf, das dem Orden zinste. Seit dieser Zeit sind die Pfleger der Burg, beginnend mit Wilhelm von Sperberseck und 1525 endend mit Melchior von Peschen, namentlich nachgewiesen.

Seehesten überstand die kriegerischen Ereignisse im Zusammenhang mit der Niederlage bei Tannenberg von 1410, ohne in das Rampenlicht der Geschichte zu geraten. Um 1437 bestand die Burgbesatzung aus etwa vierzig Personen, wobei dem Pfleger ein weltlicher und ein priesterlicher Ordensbruder beigegeben waren. In diese Zeit fällt auch die Armierung der Burg mit Feuergeschützen, die zunächst aus einer Stein- und zwei Terrasbüchsen bestand und bald darauf um sieben Lothbüchsen vergrößert wurde.

Die Ordenskirche in ihrer dörflichen Umgebung (Foto: F. Borchert, 1983)

Damals befand sich in Seehesten die größte und leistungsfähigste Schneidemühle (Sägewerk) des Ordenslandes, die es zum lebhaften Zentrum der Holzverarbeitung machte.

Im Vertrag von 1466, dem sogenannten zweiten Thorner Frieden, der das Ordensland territorial und finanziell außerordentlich schwer traf, wurde Seehesten unter den beim Orden verbleibenden Burgen und Orten namentlich aufgeführt. Das läßt darauf schließen, daß die Burg auch damals noch eine gewisse Bedeutung besaß. Nach dem Friedensvertrag erholte sich das Land nur sehr langsam wieder von den schweren Erschütterungen durch Krieg und Zerfall von Staatsautorität und dem damit einhergehenden Niedergang der Wirtschaft.

In der 1525 beginnenden Herzogszeit befand sich in der Burg das herzogliche preußische Hauptamt. Doch der Ort entwickelte sich nicht weiter und erlangte über Jahrhunderte kaum Bedeutung, man nannte ihn »Freiheit Seehesten«. 1619 brannte die alte Ordenskirche ab; nur ihre Grundmauern und die Außenmauern des Turmes blieben erhalten. Doch vermittelt die später wiederaufgebaute Kirche ein gutes Bild modifizierter Ordensbaukunst.

Die Heimsuchungen des weit nach Osten vorgeschobenen Grenzlandes Ostpreußen blieben auch Seehesten nicht erspart. 1656 strich der Tatareneinfall wie ein Sturmwind mit Mord und Brand über das Land. Um 1709 schlich die heimtückische Pest von Haus zu Haus und entvölkerte ganze Landstriche. Im Siebenjährigen Krieg kamen russische Besatzungstruppen für mehrere Jahre nach Preußen und wieder fünfzig Jahre später zog das napoleonische Heer auf dem Weg nach Rußland durch das Land. Dann war für hundert Jahre Frieden in Ostpreußen. Inzwischen war Seehesten im Zuge einer Verwaltungsreform im Jahre 1752 Kreisstadt geworden. Zum neu geschaffenen Kreise gehörten die früheren Ämter Angerburg, Lötzen, Neuhof und Rhein.

Im Ersten Weltkrieg wurde das östliche Ostpreußen bereits im August 1914 von der russischen Armee besetzt. Aber in Auswirkung seines Sieges bei Tannenberg warf Hindenburg in der folgenden Schlacht an den Masurischen Seen die Russen im September 1914 wieder über die Grenze zurück. Seehesten hatte zwar die Unbill einer feindlichen Besatzung erlebt, war jedoch von den schweren Kämpfen beider Schlachten verschont geblieben.

Eckersberg

Wildhaus am Spirdingsee

Mit seiner Verszeile »Land der dunklen Wälder und kristallnen Seen« trifft das Ostpreußenlied genau das Wesen der ostpreußischen Landschaft und ganz besonders des masurischen Hügellands. Eine solche Fülle von großen und kleinen Seen unterschiedlicher Gestalt findet man nur noch in Finnland. Die Zahl der auf dem preußischen Landrücken gelegenen Seen wird mit mehr als tausend angegeben. Sie verleihen der Landschaft Abwechslung und gemeinsam mit den Wäldern, Hügeln und Tälern eine reizvolle herbe Schönheit. An bewaldeten Ufern finden sich stille Buchten, in deren unbewegter Wasserfläche sich Wald und Hügel spiegeln und unsere Freude an den wundervollen Bildern der Natur verdoppeln.

In einigen der größeren Seen liegen kleine Inseln, die, von Schilfdickicht umrahmt und mit Bäumen bestanden, sich den forschenden Blicken der am jenseitigen Ufer Stehenden entziehen. Diese meist Werder genannten Eilande sind Brutstätten der reichen Population von Wasservögeln, aber sie haben auch die Phantasie der Menschen beflügelt, eben weil sie entlegen und dem schnellen Zugriff nicht zugänglich waren.

Die masurischen Seen sind in der Eiszeit entstanden. Abtauende Gletscher bildeten lange Schmelzwasserrinnen, schoben gewaltige Eismassen tieffurchend über den Diluvialboden, preßten große Bodenflächen auf oder ließen Schuttablagerungen in Form von Grundmoränen zurück. Durch diese oder ähnliche langzeitliche Vorgänge bildeten sich in Mulden und Becken, in Trichtern und Rinnen Seen unterschiedlicher Gestalt, runde und unregelmäßig eckige, langgestreckte und zerklüftete. Unterschiedlich ist auch die Tiefe der Seen und ihre Oberflächenhöhe, die selbst bei dicht nebeneinander liegenden stark abweichen. Bei aller Vielfalt ist dennoch eine vorherrschende Form zu erkennen, nämlich der schmale, langgestreckte See in der Generalrichtung Nord-Süd. Nicht selten bilden sie Seenketten mit einer Länge bis zu siebzig Kilometern.

Zu den großen Flächenseen zählen insbesondere der Mauer-, der Löwentin- und der Spirdingsee. Alle drei liegen in einer Reihe westlich des 22. Längengrads am Rand des sudauischen Gebiets in der ehemaligen großen Wildnis. Der größte von ihnen ist der im Süden gelegene Spirdingsee, der mit einer Fläche von 106 qkm in seiner weitesten Ausdehnung 16 km lang und 7 bis 8 km breit ist. Rechnet man noch seine Zipfel hinzu, die als Sexter- und Warnoldsee bezeichnet werden, so erreicht der Spirdingsee rund 120 qkm und ist fast so groß wie der Müritzsee in Mecklenburg und größer als der Vierwaldstätter See in der Schweiz. Er ist der größte See in Ostpreußen, jedoch verhältnismäßig flach und mißt an seiner tiefsten Stelle nur 25 m. Mehrere Inseln finden sich in seinem südlichen Teil, von denen der Spirdingswerder und Friedrichswerder die größeren und der Teufelswerder der bekannteste sind.

Die Seen Masurens haben und hatten aber nicht nur ihre Bedeutung als besuchenswerte Natur-

Der Spirdingsee mit Eckersberg und den Wachthügeln bei Sdengowen, Quicka und Sdorren (Ausschnitt aus Schroetter-Karte von 1804)

denkmäler und Erholungsgebiete, als Wasserstraßen oder Fischereigewässer, sondern von alters her bis in die Neuzeit auch als natürliche Verteidigungsbollwerke. Ihre Lage zueinander mit Verbindungen durch langgestreckte Seenketten bilden ein System von mehreren hintereinander gestaffelten Wasserflächen, das dem im ausgehenden Mittelalter vom Osten zu erwartenden Feind schwer überwindbare Hindernisse entgegenstellte. Man brauchte nur die wenigen strategisch bedeutenden Landengen zu sichern und konnte mit verhältnismäßig geringem Aufwand ein geschlossenes Verteidigungssystem von rund einhundert Kilometern Länge in der Nord-Süd-Ausdehnung schaffen.

Der Deutsche Orden hatte nach Unterwerfung der Sudauer und der später vom Westen her schrittweise folgenden Kolonisierung der großen Wildnis die strategische Bedeutung der masurischen Seen erkannt und nutzte sie. Von Nordenburg über Angerburg, Lötzen, Rhein, Eckersberg bis Johannisburg errichtete er im 14. Jahrhundert an den Landengen Wildhäuser und andere Befestigungsanlagen, die später zum Teil zu festen Burgen ausgebaut wurden.

Eine strategisch bedeutende Stelle in dem nach Osten, gegen die aggressiven Litauer ausgerichteten Verteidigungsgürtel lag an der Nordostecke des Spirdingsees. Dort trennte eine schmale Landenge diesen von dem nach Norden langgestreckten Türklesee, dem im weiteren Verlauf in gleicher Richtung bis zum Löwentinsee die schmalen Bänder des Martinshagener und des Hessen-Sees folgten.

Dort ließ um 1340 der Komtur von Balga, Dietrich von Spira, ein Wildhaus errichten, das zunächst in der üblichen Holz-Erde-Bauweise aufgeführt wurde. Man nannte das Ordenshaus »Eckerburg«, ein Name, der sich in Urkunden und Chroniken in unterschiedlicher Schreibweise wiederfindet. Posilge schreibt Eckirsberge und Lucas David bezeichnet das Haus mit Eckartsberge.

Es ist naheliegend, den Namen mit der thüringischen Burg Eckartsberga in Verbindung zu bringen, zumal viele Ordensritter in dieser deutschen Landschaft beheimatet waren. Unweit von Naumburg an der Saale war neben der karolingischen Altenburg um 998 von Markgraf Ekkehard eine neue Burg auf dem Sachsenberge erbaut worden. Dieses castrum Eckardsberg befand sich im 12./13. Jahrhundert im Besitz der Landgrafen von Thüringen und wurde 1376 an die Edlen Herren von Querfurt verpfändet. Beide Adelsgeschlechter stellten dem Deutschen Orden bedeutende Gebietiger, wie den Landgrafen Conrad von Thüringen, der von 1239 bis 1241 Hochmeister war. Meinhard von Querfurt wurde nach Leitung der Komtureien Christburg, Königsberg und Brandenburg um 1288 zum Landmeister gewählt und war bis 1299 höchster Ordensbeamter in Preußen.

Auch in der Spätzeit des Ordens in Preußen gab es immer thüringische Ordensritter, wie z. B. Heinrich von Querfurt als Vogt von Dirschau um 1412. Man kann deshalb wohl davon ausgehen, daß das Ordenshaus Eckersberg am Spirdingsee seinen Namen von der bedeutenden romanischen Burg Eckartsberga in Thüringen übernommen hat.

Nach zwanzigjährigem Bestehen wurde das Wildhaus Eckersberg 1361 vom litauischen Großfürsten Kynstut belagert und nach seiner Eroberung zerstört. In diesem Gebiet fanden im 14. Jahrhundert häufig heftige Kämpfe zwischen dem Orden und den Litauern statt. Letztere wollten durch ihre Vorstöße und Verheerungszüge die fortschreitende Besiedlung des Westrands der Wildnis vereiteln.

Über die erbitterten Kämpfe des Jahres 1361 und über die Gefangennahme Kynstuts in der Nähe von Eckersberg berichtet der Bühnendichter August von Kotzbue (1761–1819) in seinem 1811 in Hamburg erschienenen Werk »Preußens ältere Geschichte«. Trotz seiner historisch fragwürdigen Darstellung der preußischen Geschichte soll hier ein Ausschnitt zitiert werden:

»Es war keine Schlacht, sondern ein Gemetzel. Wenn hier und da ein Haufe floh, so kehrten doch alle schnell wieder um, denn hier der tapfere Hochmeister (Winrich von Kniprode), dort der tapfere Großfürst (Kynstut), beide jeder Gefahr sich bloßstellend, wußten durch Wort und Tat auch in der bebenden Brust Funken des Muts zu wecken. Schon brach die Nacht herein und noch schwankte das Kriegsglück. Endlich neigte es sich auf des Ordens Seite, die Litauer flohen, ihr Feldherr nicht; er strebte noch immer der Flucht zu steuern, als Bruder Heinrich von Eckartsberge durch einen Lanzenstoß ihn vom Pferde rannte. Er mußte sich ergeben. Der Hochmeister, selbst ein großer Mann, behandelte ihn großmütig.

In Zimmern des Schlosses von Rittern bewacht, trug Kynstut des Krieges Ehrenzeichen, das Schwert, nach wie vor. Er wurde durch die Treue eines getauften Litauers überrascht, der immer noch mehr an seinem alten Fürsten als am Papste hing. Alff hieß der Knecht, dem Winrich selbst vertraute, und er war deshalb zum Wächter des wichtigen Gefangenen erkoren worden. Kynstut mehrte des Knechts Neigung ihm zu dienen durch die feierliche Zusage, ihn eigenen Söhnen gleich zu halten, wenn er die Freiheit ihm verschaffe. Sofort entschloß er sich, das kühne Wagstück zu unternehmen.

Kynstut brach mit seinem Schwert hinter Tapeten und Bildern durch die Mauer, und ließ bei finsterer Nacht an einem Seile sich herab. Unten lauerte Alff mit zwei Rossen und einem Ordensmantel. Vorbei an dem durch das Ordenskleid getäuschten Torwächter, von seinem Befreier geleitet, erreichte Kynstut den nahen Wald und nach langer Reise auf unwegsamen Pfaden das Gebiet seines Eidams, des Herzogs von Masowien.«

Die Kirche von Eckersberg steht auf dem Platz des Ordenshauses. (Foto: Archiv Ostpreußenblatt, um 1935)

Das Ordenshaus Eckersberg wurde alsbald massiver wieder aufgebaut, und auch der entflohene Litauerfürst Kynstut nahm seine Kriegszüge gegen das Ordensland wieder auf, wobei er am 17. Februar 1370 bei Rudau im Samland eine vernichtende Niederlage erlitt.

Von der neuen Eckersburg, die zumindest teilweise aus Stein erbaut worden war, ist fast nichts überliefert. Der einstige Platz des festen Hauses wird von der Kirche und dem Pfarrhaus markiert, in dem Reste eines gewölbten Kellers sowie im Pfarrgarten spärliche Fundamentsreste eines Turms oder Danzkers gefunden wurden. Sie bieten jedoch keine Möglichkeit zu einer Rekonstruktion der Gebäude.

Es ist anzunehmen, daß es sich um ein einflügeliges Haus mit angebautem Wirtschaftsflügel und ummauerten Hof gehandelt hat. Es stand am westlichen Ufer der schmalen Wasserrinne zwischen Spirding- und Türklesee und war von einem Wassergraben umgeben. Noch um 1800 führte über diesen engen Gewässerarm weder Brücke noch Damm, sondern der geringe Verkehr wurde über eine Fähre geleitet.

Zwischen Eckersberg und Johannisburg als Eckbastionen lagen am Ufer des Spirdingsees drei Wachthügel, von denen aus bei Annäherung feindlicher Truppen die beiden Ordenshäuser durch Feuer- und Rauchsignale alarmiert wurden. Von den beiden Wachthügeln am Südufer in Quicka und Sdorren konnten die Signale nach Johannisburg oder quer über den See durch Vermittlung des am Nordufer gelegenen Wachthügels bei Sdengowen nach Eckersberg geleitet werden.

1378 brachen litauische Reiterscharen unter Fürst Kynstut erneut in den südöstlichen Teil des Ordenslands ein und zerstörten die Eckersburg. Sie wurde nicht wieder aufgebaut, und noch 1595 berichtete der Chronist Caspar Hennenberger von dem wüst liegenden alten Ordenshaus. Mit dem Haus wurde auch das neu eingerichtete Pflegeramt aufgegeben, dessen praefectus Hademar von Eckersberg Ritter Wigand von Marburg in seiner am Hof des Hochmeisters Konrad von Wallenrode (1391–1393) verfaßten Vers-Chronik erwähnt hat.

Am Ende des 15. Jahrhunderts wurde »Eckerspurb« als Dorf erwähnt, als der Komtur von Rhein, Rudolf von Diepolskirchen, dem Lokator Nicolaus Gartenmeister Land zu kulmischem Recht verschrieb. Derselbe Komtur setzte sich 1503 beim ermländischen Bischof Lukas von Watzenrode dafür ein, daß seinem Sohn die Pfarrstelle der St.-Bartholomäus-Kirche in Ekkersberg übertragen wurde. Im Zuge der Säkularisation wurde das Burggelände um 1525 in eine Staatsdomäne übernommen, die später verpachtet worden ist.

Nach einem wechselhaften Schicksal in den letzten Jahrhunderten liegt der kleine Ort, der 1939 nur 239 Einwohner hatte, heute abseits vom großen Weltgeschehen. Die Kirche neben der

Straße und ein Staatsgut auf dem einstigen Burggelände erinnern nur noch wenige der Vorüberfahrenden an die alte Eckersburg.

Als wir bei einem kurzen Aufenthalt in Eckersberg zum jenseitigen Seeufer hinüberschauten, glaubten wir einen kurzen Augenblick, Rauchzeichen vom einstigen Wachthügel in Quicka zu sehen. Doch die Traumvorstellung entpuppte sich bald als schwarzqualmende Lokomotive, die, von Johannisburg kommend, dem Bahnhof Seegutten zustrebte.

Johannisburg

Festes Ordenshaus als Grenzbollwerk

Wappen der Stadt Johannisburg

Im ersten Viertel des 14. Jahrhunderts hatten sich die Spannungen zwischen dem Deutschen Orden und Polen nach dessen Erwerbung Pommerellens so verschärft, daß es zu einem langen Krieg kam. Keiner der beiden Gegner konnte sich entscheidend durchsetzen, jedoch war Polen nach fast achtjährigem Krieg so erschöpft, daß nach dem Tod König Wladislaws III. Lokietek im Jahr 1333 sein Sohn Kasimir, der letzte Herrscher aus der Piasten-Dynastie, einen Waffenstillstand anbot. Es dauerte noch zehn Jahre, bis König Kasimir III. von Polen im Frieden von Kalisch 1343 feierlich »für ewige Zeiten« auf Pommerellen verzichtete und damit den wesentlichen Grund der Auseinandersetzungen beseitigte.

Dennoch lagen, trotz beginnender Blüte des Ordensstaats, über der außenpolitischen Situation weiterhin Schatten. Im beendeten Krieg war es zum ersten Mal zu einem polnisch-litauischen Bündnis gekommen, als König Wladislaw mit dem Großfürsten Gedimin von Litauen einen Beistandspakt schloß. Als sich die Beziehungen zwischen den beiden Nachbarstaaten weiter festigten, kam es zur Heirat zwischen dem jungen polnischen König Kasimir und einer Tochter des litauischen Herrschers. Diese Konstellation, die sich dann fünfzig Jahre später durch eine weitere litauisch-polnische Heirat gefährlich zuspitzen sollte, wurde offensichtlich von der Ordensführung schon frühzeitig erkannt.

Es war aber dem Orden weder möglich, den anhaltenden Grenzkrieg mit Litauen durch einen vollständigen Sieg zu beenden, noch mit diesem heidnischen Land einen Vergleichsfrieden zu schließen. Er hätte dann seine missionarische Zielsetzung aufgegeben und damit auf die Unterstützung durch die abendländische Christenheit verzichten müssen. Beides schien unmöglich. Auch die Gesamtlage forderte keine schnelle Entscheidung.

Die Gegner waren durch einen breiten Urwaldstreifen, die sogenannte Wildnis, getrennt und fügten sich bei kurzen Vorstößen ins gegnerische Land gegenseitig Schläge zu, die mehr die Bevölkerung als die Streitkräfte trafen. Für den Deutschen Orden, der diese kleinen Feldzüge »Litauerreisen« nannte, boten sie eine Gelegenheit, seine Ritter und Kriegsknechte in kriegerischer Übung zu halten und jungen Edelleuten aus vielen Ländern Europas die Möglichkeit zu ritterlichem Kampf zu bieten.

Die Wildnis, deren Reste die uns bekannten Rominter, Borker und Johannisburger Heiden sind, verlor allmählich ihre Funktion als undurchdringlicher Waldgürtel. Vom Westen her arbeitete sich die vom Orden nachhaltig betriebene Kolonisation von Jahr zu Jahr weiter vor und andererseits wurden durch militärische Vorstöße immer mehr Wege geschaffen, die das Urwaldgebiet durchlässiger machten. Angesichts dieser Gesamtlage begann der Orden in der ersten Hälfte des 14. Jahrhunderts, die an der Grenze zur Wildnis liegenden Wildhäuser in feste Häuser umzuwandeln und die Grenzbefestigungen weiter nach Osten vorzuschieben.

So folgte der seit 1320 westlich der masurischen Seenkette angelegten Befestigungslinie Barten – Rastenburg – Bäslack – Seehesten bereits zwei Jahrzehnte später ein neuer Gürtel von Bollwerken am östlichen Rand der Seen. Die Burgen Angerburg, Leczenburg (Lötzen), Eckersberg und Johannisburg wurden in der Zeit zwischen 1335 und 1345 erbaut, und zwar zunächst als Holz-Erde-Befestigungen. Alle diese Burgen zerstörte der Litauerfürst Kynstut bei seinen Kriegszügen in der Mitte des 14. Jahrhunderts. Doch beharrlich hielt der Orden die einmal erkämpften Positionen und baute sie in der zweiten Hälfte des Jahrhunderts besser als vorher, nämlich in Stein, wieder auf.

Die Bollwerke am Südende der beiden Burgenlinien entstanden jeweils als letzte, weil der Feind nicht aus dem Süden, sondern aus Osten bis Nordosten, also aus Sudauen und den litauischen Ländern kam. Am südlichsten Haupt der masurischen Seenkette, dort wo aus dem an den Spirdingsee anschließenden Roschsee der Fluß Galinde oder Pissek das überschießende Wasser über Narew und Bug in die Weichsel führt, war ein strategisch wichtiger Platz. Dort konnte dem Riegel aus Seen und Burgen Flankenschutz gegeben und ein wichtiger Flußübergang der alten Handelsstraße nach Polen beherrscht werden.

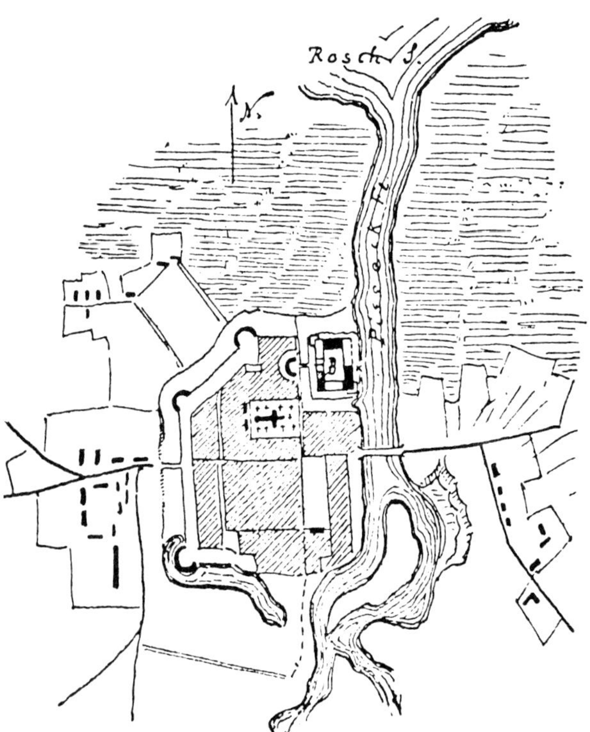

Lageplan von Stadt und Burg (Zeichnung: J. M. Giese, 1828)

An dieser Stelle ließ Hochmeister Heinrich Dusemer (1345–1351) durch die Ordenskomturei Balga das feste Haus Johannspurgk errichten. Im etwa 150 km entfernten Südteil ihres Komtureibezirks bauten die Ordensbrüder des Balgaer Konvents nur knapp 20 km von der masowischen Grenze entfernt ein Holz-Erde-Bollwerk mit Wällen und Gräben. Im Norden war der Burgplatz durch den weit nach Nordosten ausgedehnten Roschsee gesichert, bis zu dessen knapp 1 km entfernten Ufer sich ein unpassierbarer Sumpfgürtel erstreckte. Nach Osten bot der Galinde-Fluß Deckung, der aus dem Roschsee kam und damals südlich des Burgplatzes ein breites, mit Inseln und Sumpf durchsetztes Flußtal bildete. Die durch Wassergräben und Palisaden gesicherte Angriffsseite im Westen hatte beim heutigen Wartendorf eine besetzte Warte und war im Nahbereich durch viele Seen geschützt.

Dennoch gelang es dem Litauerfürsten Kynstut 1361 bei einem seiner wiederholten Einfälle, die Johannisburg einzunehmen und niederzubrennen. Auch die an der Nordostecke des Spirdingsees gelegene Eckersburg fiel ihm zum Opfer.

Kaum war das feste Haus Johannisburg wiederaufgebaut, erschienen die Litauer wieder vor ihren Wällen, nachdem sie zuvor im Winter 1366 Angerburg niedergebrannt hatten. Diesmal war die Burgbesatzung unter dem Befehl ihres Pflegers, Ritter Johann Collin, wohl besser auf den Angriff vorbereitet und leistete erbitterten Widerstand. Als der Feind die Wälle überwunden hatte, zogen sich die Verteidiger kämpfend in den am Galinde-Ufer stehenden Danzker-Turm zurück. Dort wurden sie von den Litauern ausgeräuchert, indem sie Boote mit brennendem Holz und Pech unter die Pfeiler des Turms schoben. Als sich die Verteidiger daraufhin ergaben, konnte der Pfleger mit Mühe entkommen, aber die Burg ging wieder in Flammen auf.

Bei dem 1378 beginnenden Wiederaufbau der Burg verwendete man nun auch hier Steine und Kalk, die mit Schiffen herangeschafft wurden. Das Haus war als Grenzfeste und als Ausgangspunkt für Vorstöße in die Wildnis und nach Sudauen so wichtig, daß man es nun nach den neuesten technischen Erkenntnissen baute. Inzwischen hatte sich im Schatten der Burg eine Lischkensiedlung Johansburg aus Jägern, Fischern, Beutnern und Krügern gebildet, der Ulrich Fricke, der Komtur von Balga, am 10. November 1367 in einer Handfeste gewisse Jagd- und Fischereirechte verlieh.

Es ist nicht leicht, Grundriß und Gebäude der gegen 1380 fertiggestellten Burg zu beschreiben, denn die überlieferten Nachrichten und Zeichnungen sind spärlich. Außer einer Zeichnung aus dem 17. Jahrhundert und der Lageskizze von Johann Michael Giese von 1828 liegt fast nichts vor. Wenn man dennoch eine Beschreibung der Burg zur Ordenszeit wagt, so muß man die vorliegenden Informationen in einen Zusammenhang mit der damaligen Bauepoche des reduzierten, schematischen Stils stellen und Vergleiche mit zeitgenössischen Burgen, wie z. B. Barten, Rastenburg, Rhein und Ortelsburg zu Rate ziehen.

Die Johannisburg, im Winkel zwischen Fluß und Sumpfniederung, war von einem umlaufenden Wassergraben umgeben, der an beiden Enden an den Galinde-Fluß angeschlossen war. Wahrscheinlich führte die nördliche Ableitung in einen großen Graben, der das ganze Gebiet der Vorburg und Siedlung umschloß. Ein Rest dieses Stadtgrabens ist im SW im Gieseschen Lageplan noch 1828 zu erkennen.

Von dem die Burg umlaufenden Parcham mit Mauer führte im Westen eine Zugbrücke über den Burggraben zu dem mit einem Wall befestigten Brückenkopf. Entsprechend dem Burgplatz hatten Burghof und Gebäudekomplex eine langgestreckt rechteckige Form. Die nach der Planung vierflügelige Anlage war nicht an allen

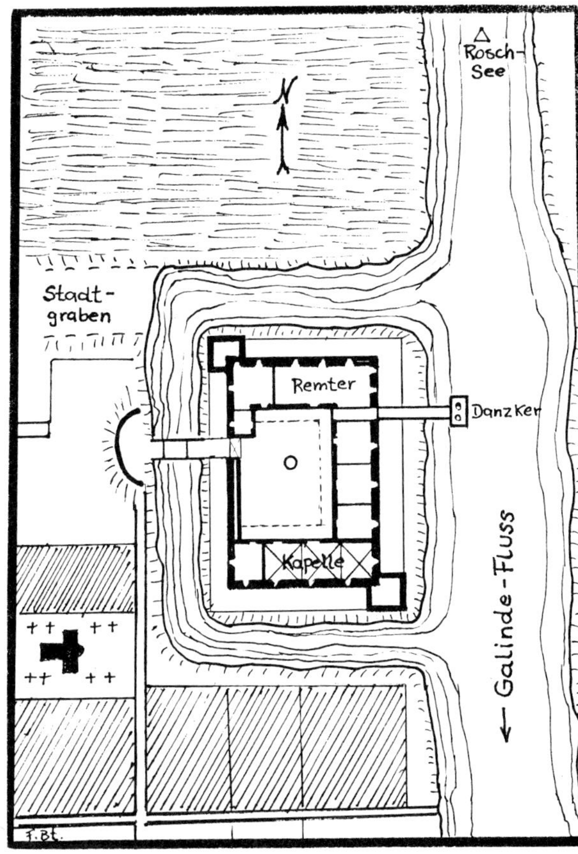

Grundriß (Rekonstruktionsversuch) der Johannisburg (Zeichnung: F. Borchert, 1983)

Seiten von voll ausgebauten Burgflügeln umgeben. Diese befanden sich an drei Seiten, während die westliche Eingangsseite nur aus Mauer und Tor bestand, an die im nördlichen Teil Wirtschaftsgebäude angelehnt waren.

Im kürzeren Südflügel lag vermutlich die Burgkapelle, deren Chor, nach Osten gerichtet, ein Chorfenster in der Giebelwand gehabt haben dürfte. Dieser bevorzugte Raum soll als einziger ein Kreuzgewölbe besessen haben, während die anderen Flügel nur mit Balkendecken versehen waren. Von der Ausstattung der Kapelle ist nichts bekannt; ein Inventarverzeichnis von 1507 nennt lediglich einen vergoldeten Silberkelch und einige Sakralgeräte. Sicher wird aber ein Gemälde oder eine Skulptur an den Namenspatron Johannes den Täufer erinnert haben, der Burg und Stadt den Namen gab.

Reste der Johannisburg: Ein paar Feldsteine vom Fundament (Foto: F. Borchert, 1983)

Der längere Ostflügel entlang dem Flußufer war wegen der Aussicht und der Sonne sicher den Wohn- und Aufenthaltsräumen vorbehalten, zumal auch Giese vermerkt, daß »nördlich der Kapelle Stuben« lagen. Außer der Wohnung und dem Amtsraum des Pflegers (Burghauptmann) befanden sich dort Gästekammern und andere Schlafräume. Darauf weist auch der Danzker am Flußufer hin, der über einen Gang zu erreichen war. Der Danzkerturm ist bereits bei der Vorgängerburg erwähnt worden.

Im Erdgeschoß des Nordflügels lagen wohl die Küche, die Vorratsräume sowie das Brau- und Backhaus, mit deren Abwärme der darüberliegende Remter beheizt wurde. Wegen des hohen Grundwasserstands durch den benachbarten Fluß, Graben und Sumpf und wegen des schlechten Untergrunds hatte man die Gebäude auf Kiefernpfählen errichtet, und ihre Keller lagen auf Ellerholzrosten. Bis ins vorige Jahrhundert hatten sich halbverschüttete Kellergewölbe erhalten, andere waren in neu erbauten Häusern aufgegangen.

An der NW-Ecke sowie an der diagonal gegenüberliegenden SO-Ecke weisen beide überlieferte Zeichnungen quadratische Grundmauern auf, die etwas in die Hausecken hineingebaut sind. Es kann sich um Basen von Ecktürmen oder Bastionen handeln, wie wir sie von den zeitgenössischen Burgen Barten und Ortelsburg ken-

nen. Ob es wirklich voll ausgebaute Türme waren, ist fraglich, denn diese Stilepoche der reduzierten Bauweise kannte keine Burgtürme mehr.
Alle Burgflügel hatten hohe Satteldächer, unter denen im Söller große Vorräte lagerten. Eine Inventur vom Ende der Ordenszeit nennt einen Bestand von insgesamt über 37 Last Korn, Weizen, Hafer, Gerste und Malz. In die Außenmauern der Bodenräume waren Wehrfenster eingelassen, die vom umlaufenden Wehrgang zu erreichen waren.
Wir kennen die Namen von einer Reihe der Pfleger in Johannisburg, die u. a. den Adelsgeschlechtern Klettenberg, Buchen, Ottenberg, Helmstadt, Guttenberg, Kolwitz und Heydeck angehörten. Noch bekannter klingen die Namen der von 1525 bis 1732 hier amtierenden Amtshauptleute, wie z. B. von Schlieben, von Königsegg, zu Eulenburg, von Lehndorff, Finck von Finckenstein oder zu Waldburg.
Als die Amtshauptleute 1752 aus der Burg auszogen, begann der Verfall. Mit zunehmender Verbesserung der Feuerwaffen sank die Bedeutung der alten Festungsanlagen. Die verfallende Burg ging 1787 als Wirtschaftshof in Privatbesitz über und wurde nach und nach abgebrochen, wenn die alten Gebäude nicht mehr zu gebrauchen waren. Im Lageplan von 1828 konnte Giese lediglich noch einige Gebäudereste und halbverschüttete Keller festhalten, die später auch verschwanden und in dem Baugebiet um den neuzeitlichen Schloßplatz aufgingen.
Der heutige Besucher der im Zweiten Weltkrieg stark zerstörten Stadt Johannisburg findet auf dem ehemaligen Gelände der Burg beim Schloßplatz eine eingeebnete Brachlandfläche mit bescheidenen Ansätzen einer Grünanlage am Ufer der Galinde. Als einzige Überbleibsel der einstigen Ordensburg liegen dort ein paar große Feldsteine, wie man sie einst im Fundament der Burg vermauert hatte. Sie waren wohl zu hart und zu unhandlich, um wie die anderen Ruinenreste als Trümmerschutt im Straßen- und Wegebau verwendet zu werden. Es sind die letzten Zeugen der langen Geschichte der Johannisburg im alten Ordensland Preußen.

Lyck

Stadtwappen von 1669

Kleine Burg mitten im See

Im äußersten Südosten des Ordenslands Preußen lag der Raum um Lyck im alten preußischen Gau Sudauen schon immer sehr weit von den großen Verkehrs- und Kulturzentren entfernt. Trotzdem war das baltische Volk der Sudauer bereits zu Beginn unserer Zeitrechnung bis in den Mittelmeerraum bekannt. Der griechische Astronom und Geograph Ptolemäus, der die Erde als Mittelpunkt der Welt betrachtete, berichtete bereits im 2. Jahrhundert n. Chr. von ihnen und ihren westlichen Nachbarn, den Galindern. Sicher kannte er diese Völker nicht von Reisen in ihre Herkunftsgebiete, sondern von Nachrichten, die Händler von ihrem beschwerlichen Weg von der fernen Bernsteinküste mitbrachten.

Weitere Kunde von diesen Völkern erreichte die Alte Welt dadurch, daß insbesondere Galinder mit den abwandernden gotisch-gepidischen Völkerschaften nach Süden mitzogen und sich später an der Wanderung der Westgoten bis nach Spanien beteiligten. In der Zeit um 800 n. Chr. werden galindische Krieger in den spanischen Heeren Kaiser Karls des Großen erwähnt.

Auf diese westbaltischen Völkerschaften trafen die Ordenskrieger, als sie um 1275 nach Südosten in die große Wildnis vorstießen. Es war ein unerschlossenes Land mit dichten Wäldern und urwaldähnlicher Vegetation. Noch über hundert Jahre blieb die Wildnis schützendes Niemandsland zwischen dem besiedelten Ordensgebiet und Sudauen und Litauen.

Nur knapp 20 km östlich der späteren Stadt Lyck lag am Südufer des Skomantsees die Burg des Sudauerfürsten Skomand, der sich als tapferer und edelmütiger Führer seines Volks wiederholt hervorgetan hatte. Entgegen den grausamen Kriegsbräuchen einiger prussischer und litauischer Stämme behandelte er gefangene Ordenskrieger sehr human. So ließ er den Ordensritter Ludwig von Liebenzell wieder frei, der verwundet in Gefangenschaft geraten war.

Nur etwa zehn Jahre konnten Skomand und sein Volk dem vordringenden Ordensheer unter Führung des Landmeisters Mangold von Sternberg widerstehen. Dann mußten sich die Sudauer unterwerfen. Ein Teil von ihnen floh nach Litauen, während die Besiegten ins westliche und nördliche Preußen umgesiedelt wurden. Insbesondere im Samland sind ganze Landstriche mit sudauischen Siedlern belegt worden. Hierzu gehört das Gebiet um St. Lorenz und Heiligenkreutz an der Nordwestecke des Samlands, das noch bis in die Neuzeit als »Sudauer Winkel« bezeichnet wurde.

Der Sudauerfürst Skomand trat als Bekehrter in die Dienste des Deutschen Ordens und wurde mit Landbesitz in Natangen belehnt. Sein Name ist noch heute durch die Ortsbezeichnung Skomenten und durch den Namen des Skomantsees, beide östlich von Lyck gelegen, erhalten geblieben.

Vor mehr als fünfzig Jahren wurde der Name noch einmal ganz aktuell, als in den Kreisen Lyck und Treuburg einige bedeutende Grabfunde mit silbernen Schmuckstücken gemacht wurden. Offensichtlich handelte es sich um Gräber von Sudauerfürstinnen aus dem Geschlecht der Skomands. Es waren Ketten, Diademe, Armbänder sowie Barren aus reinem Silber, die in der weiteren Umgebung der Skomand-Burg gefunden wurden. Der bedeutendste von ihnen ging als »Silberfund von Skomenten« in die Geschichte ein.

Nachdem an der Grenze zu den Wildnisgebieten zunächst nur kleinere Wachtposten in sogenannten Wildhäusern eingerichtet worden waren, begann man gegen Ende des 14. Jahrhunderts auch hier die Befestigungen weiter nach Südosten vorzuschieben. Es entstand die Burgenlinie Angerburg – Lötzen – Lyck – Johannisburg. 1398 ließ der Komtur von Balga, Ulrich von Jungingen, der bereits 1410 als Hochmeister in der Schlacht bei Tannenberg fiel, auf einer Insel im Lycksee eine Holz-Erde-Befestigung errichten. Sie wurde noch kurz vor Ausbruch des Krieges mit Polen im Jahr 1408 in Stein ausgebaut.

Im Schatten dieses »festen Hauses« ließen sich am gegenüberliegenden Ufer Fischer, Handwerker und Dienstleute nieder. Es entstand die Ortschaft »zur Licke«, die ihren Namen vom Lyck-Fluß ableitete, der vom nördlich gelegenen Talfrieder See kam und unmittelbar neben der Siedlung in den Lycksee mündete. Sie erhielt am 27. Februar 1425 von Hochmeister Paul von Rusdorf eine Handfeste, in der unter anderem dem Lokator Bartosch Brantomil 48 Hufen Land zur Besiedelung zugewiesen wurden. Aber der Ort entwickelte sich während der sich zunehmend verschlechternden Gesamtsituation des Ordenslands nur sehr langsam. Kriegerische Einfälle der Polen und Litauer vernichteten wiederholt Gebäude und Einrichtungen der kleinen Gemeinde.

Die Besiedelung der Wildnis wurde nach der Niederlage von Tannenberg und den in deren Gefolge bis 1466 eintretenden Gebietsverlusten im westpreußischen Raum verstärkt betrieben. Da aber nun keine neuen Siedler aus dem Altreich mehr zuwanderten und auch die Binnenwanderung in Preußen gering war, wurden seit dem zweiten Jahrzehnt des 15. Jahrhunderts zu-

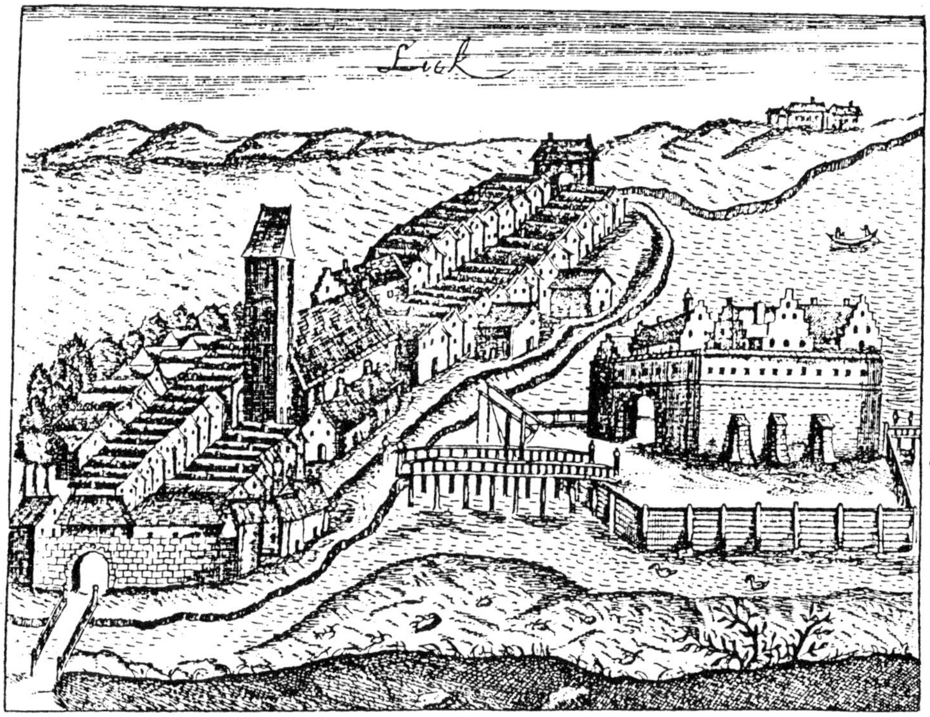

Kupferstich von Stadt und Burg Lyck um 1680 (Zeichnung: bei Hartknoch, 1684)

nehmend masowische Siedler angeworben, die nach den neuen Siedlungsgrundsätzen gern ins Land kamen.

Als Anfang des 16. Jahrhunderts auch masowische Adelsfamilien und Pfarrer einwanderten, verschoben sich die Sprachverhältnisse, und es bildete sich aus der Verschmelzung der einheimischen Prussen mit den eingewanderten Masowiern unter Beteiligung Deutscher die masurische Bevölkerung. Die Masuren wurden nach der Reformation evangelisch und erlangten dadurch einen weiteren Abstand zum Herkunftsland des masowischen Teils ihrer Vorfahren. Die Entwicklung dieser Volksgruppe im preußischen Staat innerhalb Deutschlands ließ ein Zugehörigkeitsgefühl zur deutschen Nation entstehen, das seinen deutlichen Ausdruck bei der Volksabstimmung am 10. Juli 1920 fand, als 99,3 Prozent der masurischen Bevölkerung sich zu Deutschland bekannten. In Lyck stimmten nur acht Wähler für Polen.

Der Ausbau der kleinen Burg in Lyck fiel zeitlich mit der Errichtung des Wildhauses in Bäslack (nahe Rastenburg) zusammen, das gleichfalls zur Komturei Balga gehörte. Ähnliche Bauformen hatte aber auch die kleine Burg Lötzen, die damals Leczenburg hieß. Alle drei kleinen Häuser hatten annähernd gleiche Grundformen und Abmessungen.

Das rechteckige Burggebäude mit einer Länge von etwa 25 m war 12 bis 14 m breit. Es stand in einem ummauerten, rechteckigen Hof. Im Hauptgeschoß lagen ein kleiner Remter, der Amtsraum des Pflegers sowie die Hauskapelle. Die Räume hatten keine Gewölbe, sondern nur Balkendecken, waren aber mit mittelgroßen Spitzbogenfenstern versehen. In dem darüber angeordneten Zwischenstockwerk mit lukenartigen Fenstern dürften die Schlafräume gelegen haben.

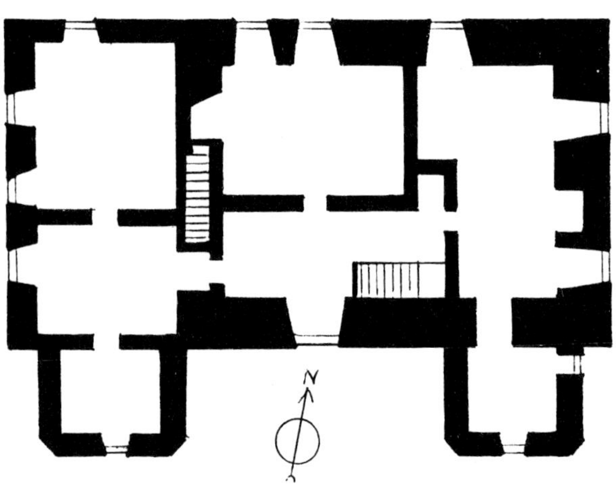

Grundriß der Ordensburg (Zeichnung: F. Borchert, 1988)

Dann erst folgte das Wehrgeschoß mit den üblichen kleinen Wehrluken unter der Traufe.

Unter dem hohen Satteldach war Platz für Vorräte, soweit sie nicht in den tonnengewölbten Kellern lagerten. Küche und Wirtschaftsräume lagen im Erdgeschoß. Die Außenmauern des »festen Hauses« waren im unteren Bereich sehr breit und zum Teil aus Feldsteinen aufgemauert, während im oberen Geschoßbereich Spitzbogenblenden und Rautenmusterung den Backsteinwänden die Schwere und Einförmigkeit nehmen sollten. Die beiden turmähnlichen Anbauten zu beiden Seiten des Hauptportals der Lycker Burg gehören einer späteren Bauperiode an.

Von der Burg in Lyck haben sich lediglich Reste des starken unteren Mauerwerks in dem nach mehreren Umbauten im vorigen Jahrhundert darauf errichteten Gefängnisgebäude erhalten. Einen gewissen Überblick über die Burganlage vermittelt der in der Hartknochschen-Chronik von 1684 veröffentlichte Kupferstich, den man jedoch erfahrungsgemäß im Hinblick auf Einzelheiten mit gebotener Vorsicht verwenden sollte.

Leider hat uns der 1827 recht genau recherchierende preußische Leutnant Giese für Lyck nur einen Lageplan, aber keine seiner recht anschaulichen Handskizzen hinterlassen. Wir können uns also eine ungefähre Vorstellung vom Aussehen der Burg nur anhand des rekonstruierten Grundrisses und der vergleichenden Betrachtung des erhaltenen, sehr ähnlichen Wildhauses Bäslack machen.

Der Giesesche Lageplan veranschaulicht die verteidigungsmäßig günstige Lage der Burg auf der Insel im See. Die von der späteren Stadt Lyck zur Insel führende Holzbrücke war mit einer Zug-

Der Burgplatz auf einer Insel im See (Foto: F. Borchert, 1988)

brücke versehen. Auch zum gegenüberliegenden Ufer auf der anderen Seeseite führte nur ein ähnlich beschaffener Holzsteg. Damit konnte im Falle der Gefahr der Zugang zur Insel und zur Burg völlig unterbrochen werden. Das Haupthaus lag an der Südseite der östlichen Hälfte der Insel, während auf der durch einen Quergraben abgeteilten Westhälfte die Vorburg errichtet war.

Bereits um 1409 wird ein »Pfleger zur Lycke« erwähnt, und von 1415 bis 1524 kennen wir fast alle dem Pflegeramt vorstehenden Ordensritter. Sie gehörten der unteren Führungsschicht des Ordens an, denn keiner von ihnen errang später ein höheres Amt. Einige Namen sollen nachfolgend in Zeitfolge genannt werden, und zwar Helfrich von Selbolt (1429), Oswald von Holzapfel (1431), Ulrich von Ottenberg (1465), Walter von Köckeritz (1468), Sigismund von Lieben (1491), Dietrich von Babenhausen (1515) und Balthasar von Blumenau (1523).

Die Burg Lyck wurde 1454 im Städtekrieg von den Polen niedergebrannt. Als der vorletzte Hochmeister Friedrich von Sachsen dem Polenkönig den Huldigungseid verweigerte, ließ er die Burg Lyck wiederaufbauen und stark befestigen, um einen Schutz gegen die aggressiven Polen zu haben. Es gelang, die etwa 20 km südlich von Lyck verlaufende Grenze zu Polen zu halten, die

In diesem verwahrlosten und entstellten Gebäude stecken noch Teile des alten Burghauses (Foto: F. Borchert, 1988)

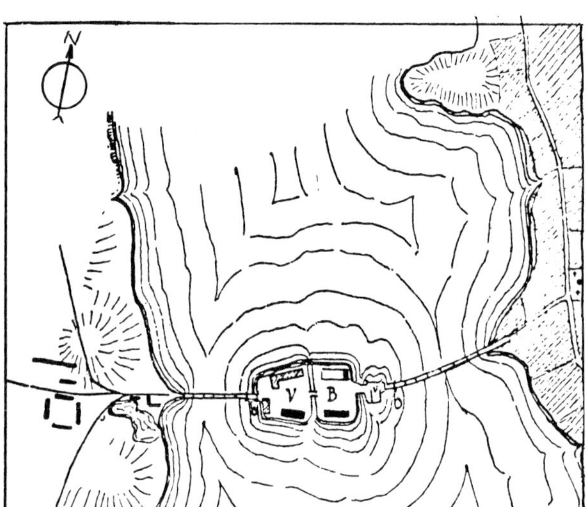

Lageplan der Burg (Zeichnung: J. M. Giese, 1827)

dann 450 Jahre lang unverändert fortbestand und zu den ältesten Grenzen Deutschlands gehörte.

Die dort beim Ort Prostken von Herzog Albrecht 1545 errichtete »Ostrokollnische Grenzsäule«, die das preußische und das litauische Wappen trägt, hat sich bis in unsere Tage erhalten.

Bei Prostken fand am 18. Oktober 1656 im schwedisch-polnischen Krieg eine für Preußen-Brandenburg unglückliche Schlacht gegen ein polnisches Heer statt, dem ein starkes Tatarenkontingent angehörte. Als das preußisch-schwedische Heer unter Führung der Generäle von Waldeck und Fürst Radziwill unter hohen Ver-

lusten geschlagen war, fielen die mongolischen Tataren wie wilde Bestien über das Land her.
Dieser als Tatareneinfall bekannte Verheerungszug der mordenden, brandschatzenden und plündernden Horden suchte bis zum Frühjahr 1657 das gesamte Gebiet zwischen Ragnit und Passenheim bis Neidenburg heim. Es wurden 13 Städte und 245 Dörfer verwüstet und dabei 23000 Menschen umgebracht. Weitere 34000 Menschen verschwanden auf Nimmerwiedersehen in die Gefangenschaft und Sklaverei. Die Lycker Bevölkerung rettete sich auf die alte Burg, die von den Tataren nicht erobert wurde. Dennoch verschleppten die Marodeure allein aus dem Umkreis des Städtchens etwa 2000 Menschen.
Nach mehrfachen Heimsuchungen durch Brände, Seuchen und fremde Truppen brachte der Erste Weltkrieg durch die dreimalige Eroberung der Stadt durch russische Truppen erneut Leid über ihre Einwohner.
Aber den absoluten Höhepunkt aller Qual brachte das Jahr 1945, als am 23. Januar die Rote Armee mit unvorstellbarer Grausamkeit in die Stadt Lyck einfiel und vernichtete, mordete und schändete. Es war ein neuer, noch verheerenderer Tatareneinfall, von dem sich das Land bis heute nicht erholt hat. Die deutsche Bevölkerung aber wurde, soweit sie nicht ermordet worden oder geflohen war, von den Polen vertrieben.
Für diesen zynisch als »Bevölkerungstransfer« bezeichneten Exodus der Deutschen hatte sich das britische Kabinett bereits am 8. Oktober 1943 ausgesprochen. Er wurde von den »Großen Drei« in der Potsdamer Konferenz vom 2. August 1945 zum Teil nachträglich »legalisiert«, wobei blauäugig festgelegt wurde, daß die Zwangsumsiedlung in »ordnungsgemäßer und humaner Weise« stattfinden sollte. Offen bleibt, ob die mehr als zwei Millionen Opfer von Flucht und Vertreibung von den westlichen Alliierten unwissend, wissend oder gar billigend in Kauf genommen worden sind.

V. Warmien und Pogesanien

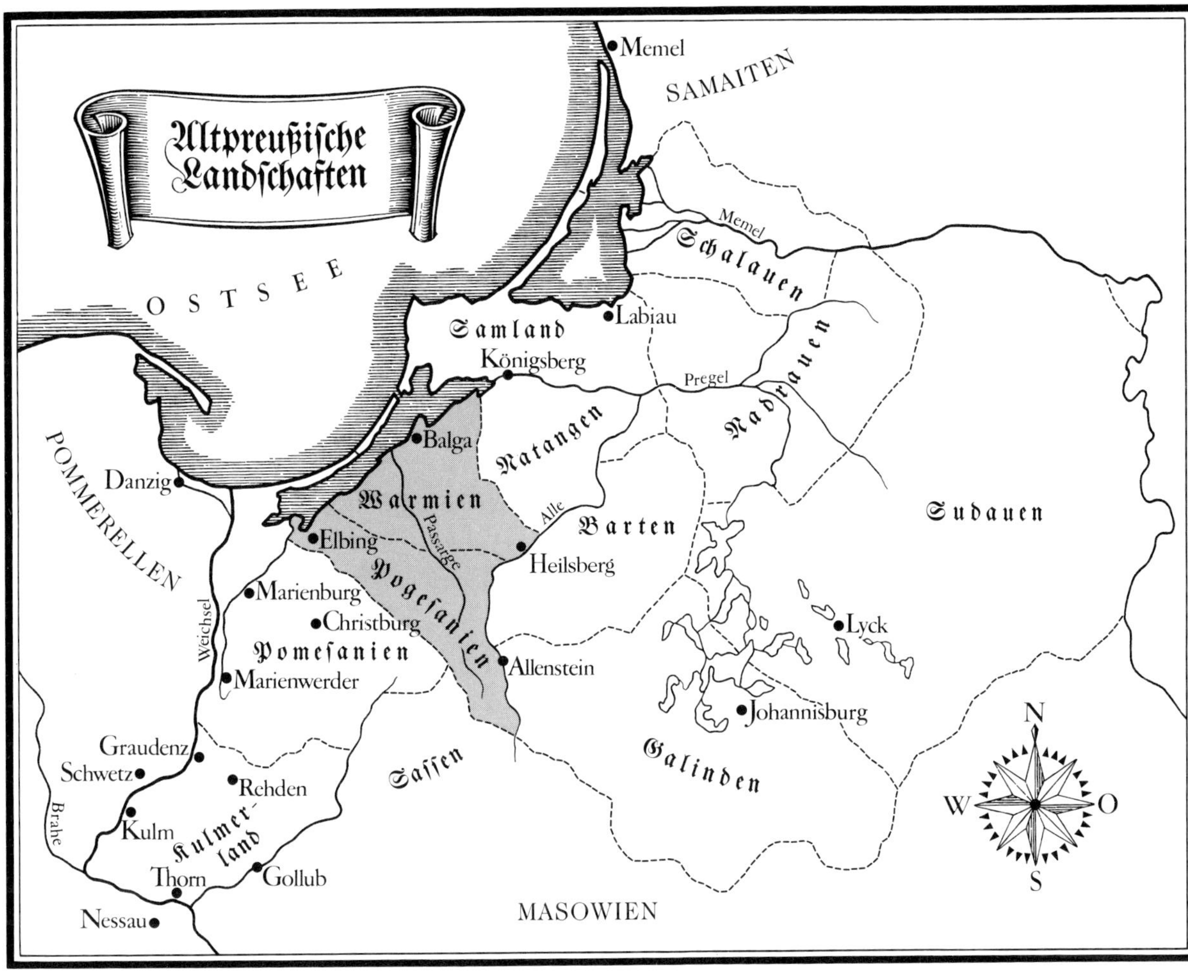

Ermeland oder
Varmia.

DJs Land hat seinen namen Var-
mia von Varmo des Königs Widiwuti
Sonzeitlich noch vor seinem Vater gestorben/
lies er vnerzogene Kinder vnd ein kluges Weib/
so seer wol regiret / derhalben auch dis Land
von derselbigen Frawen Ermia den namen
Ermland bekam / seine grentzen sollen gewesen

sein / Ein See (villeicht von Galinden / wie ich achte / vnd Passerge von Pomesanen vnd Hockerland / vnd durch viel kleine fliesser von Natangen scheidende.

Hockerland oder Pogezania.

HOckerland wird von Hoggo des Königs Widiwuti Sone noch heutiges tages genant / wie auch Pogezania von der Pogia des Hoggonis Tochter / so eine Weydelottin gewesen / vnd beim Elbing im Eichwalde gewonet hat. Dieses Land scheidet die Passerge von Natangen / auch jtzt von Ermeland / von Pomesan aber das Flies vñ See die Weesecken genant / vñ der schöne See Drausen / auch setzen sie in gemein darzu den Flus Elbing / welches ein kleines Land wolte machen

(Original-Ausschnitt aus Caspar Hennenberger »Kurcze und warhafftige Beschreibung des Landes zu Preussen«, Königsberg 1584)

Christburg

Ordensburg und Friedensfanal

Komtursiegel von Christburg (13. Jh.)

In den alten Überlieferungen des Nicolaus von Jeroschin um 1340 sowie in der Hochmeisterchronik des 15. Jahrhunderts, die Caspar Hennenberger 1584 in seine »Kurtze und wahrhafftige Beschreibung des Landes zu Preussen« übernommen hat, heißt es:
»Die Pomesanen haben auch mehr Festungen gehabt / und sonderlich eine / da jetzt alt Christburg das Dorff ist. Das hat der Orden in der Christnacht erstiegen und eingenomen / fester gebawet / und darumb Christburg geheissen. Es hat auch der Orden darnach viel Schlösser und Stedte in dis Land Pomesan gebawet / als Margenwerder Schlos / Stadt und Thum / Christburg Schlos und Stadt / an ein ander ort.«
Wie in anderen Fällen ungenauer oder unvollständiger Chroniken und Urkunden haben die Historiker unterschiedliche Theorien über Gründung, Namengebung, Besitzwechsel und andere Vorgänge um alte Burgen und Städte

Stadt und Burgruine Christburg um 1680 (Kupferstich von J. J. Vogel, 1684)

aufgestellt. Das gilt auch für Christburg, wo schon in früher Zeit eine Verlegung der Burg von Alt-Christburg an den Platz der heutigen Stadt vorgenommen worden ist.

Vor über 130 Jahren bezweifelte der Historiker Max Toeppen die Benennung von Burg und Stadt nach dem oben zitierten Ereignis, das seiner Ansicht nach im Jahre 1247 stattfand, denn Christburg (Kirsberg) war bereits 1239 urkundlich erwähnt worden. Andere Autoren, wie Clasen und Ambrassat, nennen jedoch als Zeitpunkt der Eroberung der altpreußischen Feste die Christnacht 1234. Dieser Zeitpunkt fügt sich in jeder Hinsicht besser in die geschichtlichen Abläufe ein und steht darüber hinaus nicht im Widerspruch zu Jeroschins Begründung für die Namengebung.

Eine Meile südöstlich des heutigen Christburg, also fast zehn Kilometer entfernt, lag auf einem vorgeschichtlichen Schloßberg nahe Alt-Christburg eine starke Prussenfeste mit Gräben und Wällen von unregelmäßigem Verlauf. Nach ihrer Eroberung baute der Deutsche Orden die Befestigung weiter aus und verwendete dabei erstmalig Ziegel. Ihr Format von 7 × 12 × 24 cm war kleiner als das der ältesten in Thorn und Elbing gefundenen Backsteine und entsprach etwa dem der romanischen Ziegelfunde der Altmark. Es handelt sich hier um den ältesten zeitlich zu bestimmenden Backsteinbau des Deutschen Ordens in Preußen. Nach den Ausgrabungen im Jahre 1936 stammen die Backsteine etwa aus den Jahren 1236/37.

Diese Befestigungsanlage war über ein Jahrzehnt lang Schauplatz heftiger Kämpfe zwischen dem Orden und den Prussen. Sie wurde 1242 von den Pogesaniern erobert und etwa fünf Jahre später von den Ordensrittern zurückgewonnen. Als Herzog Swantopolk von Pommerellen sich 1246 im ersten Preußenaufstand bei Christburg mit dem Preußenheer vereinigen wollte, wurde er von einer Ordensstreitmacht unter Heinrich von Lichtenstein geschlagen und bis über die Weichsel zurückgeworfen. Zuvor jedoch war die Feste Alt-Christburg von den Aufständischen erstürmt und verheert worden.

Nun gab der Orden diese schwer zu verteidigende Befestigung auf, denn er hatte auf einer Höhe in der Windung des Sorge-Flusses einen besseren Burgplatz erobert. Hier war 1239 von Herzog Swantopolk eine Burg erbaut worden. Vicelandmeister Heinrich von Weida ließ an ihrer Stelle im folgenden Jahrzehnt eine feste Burg errichten und die Komturei Christburg gründen. Der große Bezirk der neuen Komturei umfaßte die Pflegeämter Preußisch Mark, Liebemühl, Osterode, Deutsch Eylau und Gilgenburg. Die Lage der Christburg auf einem schmal aufsteigenden Höhenrücken in einer großen Schleife der Sorge war verteidigungsmäßig sehr günstig. Dem als Schloßberg bezeichneten Höhenrücken war der Annaberg mit allseitig steil abfallenden Hängen östlich vorgelagert und durch eine tiefe Schlucht abgetrennt. Man vermutet, daß sowohl die Abhänge des Annabergs wie auch die Schlucht künstlich zurechtgestutzt worden sind. Nach mündlicher Überlieferung waren beide Hügel früher durch eine Brücke verbunden. Den gesamten Hügelkomplex sicherte im Norden und Osten ein großer Abschlußgraben, der vor und hinter der Flußschleife mit der Sorge verbunden war und dadurch für Burg und Stadt eine Insellage schuf. In dieses gesicherte Terrain war auch die auf dem Anstieg des Höhenrückens angelegte Vorburg eingefügt.

Obwohl die Gesamtanlage Ähnlichkeit mit der Burg Roggenhausen aufweist und man somit die Hauptburg nach dem System der Abschnittsbefestigungen auf dem abgetrennten Annaberg vermutet, haben Grabungen zweifelsfrei ergeben, daß das steinerne Haupthaus auf dem Schloßberg gestanden hat. Dort fanden sich 1936 noch seine Grundmauern in der Erde. Auch das umgebende Terrain läßt noch die Gruppierung der Gräben und Teile ihrer Einfassungsmauern erkennen.

Trotzdem ist nicht auszuschließen, daß vielleicht früher das Haupthaus auf dem Annaberg gelegen hat. Die beim Burgenbau des Ordens häufiger vorkommende Verschiebung von Haupt- und Vorburg kann möglicherweise beim Übergang vom Holz- zum Steinbau stattgefunden haben. In der Chronik des Peter von Dusburg um 1320 wird mehrfach eine Fliehburg dicht neben der Christburg erwähnt. Dabei handelt es sich mit großer Wahrscheinlichkeit um den Annaberg, der diese Funktion sicher auch schon vor der Ordenszeit innehatte.

Von den Burggebäuden sind nur noch einige Fundamente im Boden vorhanden, die noch nicht ausreichend erforscht sind. Deshalb ergeben sich aus den Überlieferungen nur unsichere Vermutungen über die Gestaltung des Gebäudezuges. Wahrscheinlich ordnete sich die Hausanlage den Platzverhältnissen unter, wie wir das von anderen Hügelburgen wie z. B. Roggenhausen oder Graudenz kennen.

Aus einem Inventar von 1434 lassen sich jedenfalls einige Gebäude und Räume entnehmen; dort ist u. a. die Rede vom Kornhaus, dem Sattel- und Schuhhaus, vom Karwan (Zeughaus) und vom Backhaus sowie von der Schloßkirche (Burgkapelle). Genannt werden die Kammer des Komturs, die Traperie, die Harnischkammer, Konventsküche und -keller sowie ein Söller. Über die Burgkapelle berichtet ein Visitationsbericht von 1681, daß sie der Jungfrau Maria geweiht sei und daß eine Krypta vorhanden ist. Ferner werden die vom Polenkönig Jagiello »entnommenen« reichen Schnitzwerke erwähnt.

Wie neben vielen anderen Ordensburgen befand sich auch in der Nähe der Christburg eine Ordensmühle. Sie lag im Westen unterhalb des Burgberges an einem eigens von der Sorge abgezweigten Mühlenkanal, der ihr die Wasserströmung für den Antrieb lieferte. Flußabwärts lag neben der Stadt das Ordensspital, das man im 17. Jahrhundert zu einem Franziskanerkloster umbaute und zuletzt als Altersheim benutzte.

Mitte des 13. Jahrhunderts war Christburg Ausgangspunkt für die Kriegszüge der Ritter gegen

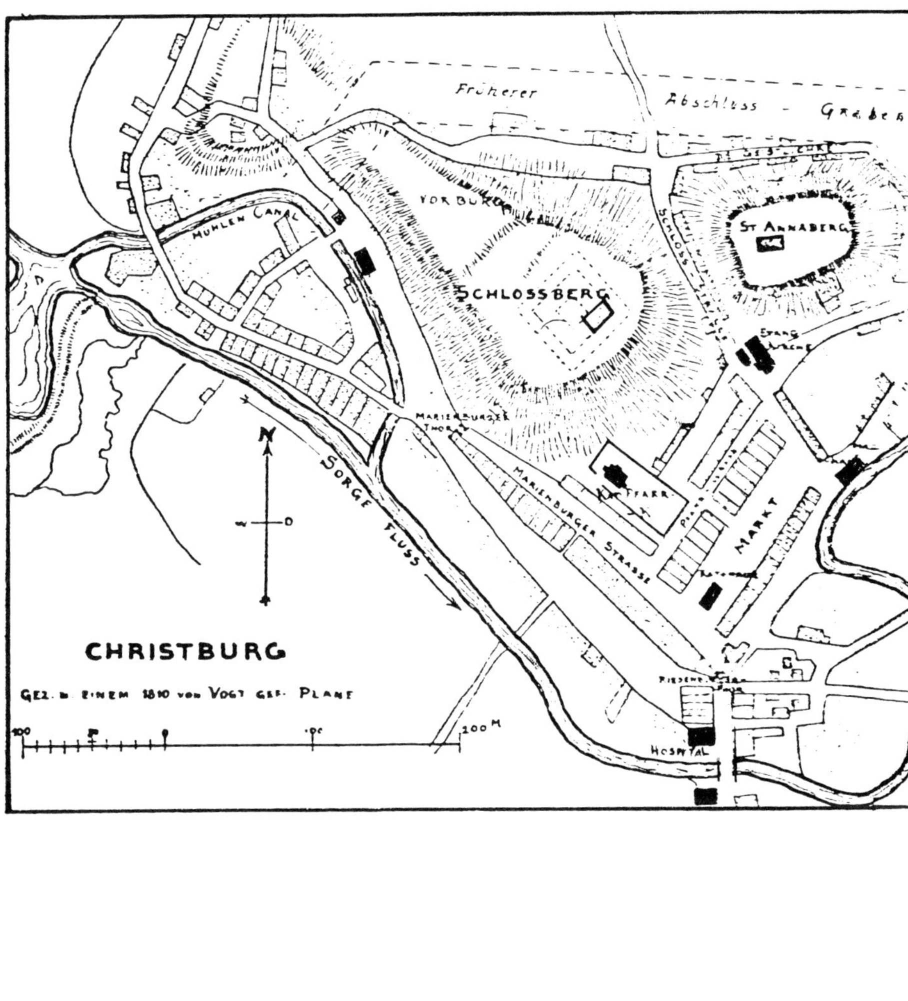

Lageplan von Stadt und Burg Christburg (nach Conrad Steinbrecht, 1888)

Natangen und gegen das Samland. Im Jahre 1252 fiel der Christburger Komtur Heinrich Stange bei einem erfolglosen Vorstoß über das Eis des Frischen Haffes. In der Nähe des späteren Lochstädt warf er sich mit einem anderen Ordensritter dem Feinde entgegen und opferte sein Leben, um seinem umzingelten Aufgebot den Rückzug zu ermöglichen. Er war der erste von etwa dreißig namentlich bekannten Christburger Komturen, die später, nach 1309, auch das Gebietigeramt des Obersten Trapiers verwalteten. Dieser hatte die Oberaufsicht über das gesamte Bekleidungs- und Ausrüstungswesen des Ordens, soweit es nicht die eigentliche Waffenrüstung betraf. Er nahm zusammen mit dem Großschäffer die Großeinkäufe von Stoffen, Kleidung und sonstiger Ausrüstung vor und sorgte für deren Verarbeitung, Verwahrung und Pflege.

Christburg gehörte zu den wichtigen Komtureien und wurde deshalb schon frühzeitig in der Mitte des 13. Jahrhunderts in Stein ausgebaut. Seine Komture waren besonders ausgewählte Ritter und erreichten später vielfach hohe Ordensämter. So wurden allein fünf Christburger Komture zum Landmeister in Preußen gewählt, und zwar Hartmud von Grumbach (1259), Konrad von Tierberg (1283), Helwig von Goldbach (1300), Meinhard von Querfurt (1280) und Konrad Sack (1302). Die beiden Hochmeister Herzog Luther von Braunschweig (1331–1335) und Konrad Zöllner von Rotenstein (1382–1390) hatten während ihrer vorangegangenen Laufbahn mehrere Jahre die Komturei Christburg geleitet.

Ein Ereignis hat Christburg für alle Zeit weithin bekannt gemacht: Der Friede von Christburg vom 7. Februar 1249. Er beendete den ersten Prussenaufstand, der seit 1242 das vom Orden eroberte Land verheerte und ihn auf die wenigen starken Burgen zurückwarf. Nach dem Ausscheiden des pommerellischen Herzogs Swantopolk aus der Reihe der Ordensgegner, das durch Vermittlung des päpstlichen Legaten Jacob von Lüttich im November 1248 zum Frieden von Schmidtswerder führte, war die Widerstandskraft der Prussen gebrochen. Sie willigten in einen vom selben Vermittler, dem späteren Papst Urban IV., vorbereiteten Friedensvertrag ein.

Dieser Vertrag zwischen dem Deutschen Orden und den prussischen Einwohnern der Gaue Pogesanien, Warmien (Ermland) und Natangen als gleichberechtigten Partnern berücksichtigte das Urteil der päpstlichen Kurie über die »Freiheit eines Christenmenschen«. Er setzte neues Recht für die Bekehrten und sicherte ihnen die Freiheiten zu, wie sie die deutschen Neusiedler hatten. Das Besitz-, Erb- und Gerichtsverfahrensrecht wurde den zum Christentum Bekehrten uneingeschränkt zugestanden. Darüber hinaus wurde ihnen der Zugang zum geistlichen Stand und den aus adliger Familie Stammenden die Ritterweihe ermöglicht. Aber alle Vertragsrechte galten nur für diejenigen, die sich verpflichteten, die Herrschaft des Ordens anzuerkennen und ein Bekenntnis zum Christentum abzulegen. Wer künftig vom Christentum oder vom Orden abfalle, der solle die Freiheit verlieren. Eine Bestimmung, die den Orden schon elf Jahre später beim Ausbruch des großen Preußenaufstandes von der Einhaltung des Christburger Vertrags formal befreite. Dennoch haben seine humanitären und freiheitlichen Leitgedanken bei den Unternehmungen des Deutschen Ordens fortgewirkt und in die Ausgestaltung des Rechts im Ordensland Eingang gefunden.

An der Urkunde des Christburger Vertrags hing ein Ordenssiegel mit dem Missionsmotiv. Ein Abdruck des kreisrunden Konventssiegels ist nicht mehr erhalten. Es wurde vom Marienburger Schloßbaumeister und Konservator Bernhard Schmid 1937 in seinem Aufsatz über die Siegel des Deutschen Ordens in Preußen anhand einer Überlieferung von 1453 wie folgt beschrieben: Die Gestalt des Christkindes, zu seinen Häupten Maria, zu den Füßen Joseph, über der Krippe ragten hervor zwei Tierköpfe, ein Stier und ein Esel.

Bald nach dem Christburger Frieden bildete sich aus der Ansiedlung im Bogen der Sorge und im Schutze der Burg die Stadt Christburg, die 1254 als oppidum (Kleinstadt) und 1260 als civitas

Ansicht der Stadt Christburg von Südosten; der Wasserturm auf dem Schloßberg bezeichnet den Platz der Ordensburg. (Foto: O. Piepkorn, 1938)

(Stadt) erwähnt wurde. Ein Straßenmarkt mit beidseitigen Laubenhäusern, Kirche und Hospital waren Anziehungspunkte des wachsenden Gemeinwesens für die Menschen der Umgebung. Hinzu kamen die durch die Tätigkeit des Ordenskonvents nach Christburg kommenden Reisigen und Siedler sowie Handwerker und Händler, die dem Ort wachsende Bedeutung verliehen. Während F. A. Voßberg das Jahr 1267 als Gründungszeitpunkt der Stadt angibt, beziehen sich die meisten anderen Historiker auf die Rechtsgründungsakte der Jahre 1288 und 1290.

Am 7. April 1288 erteilte der Christburger Komtur Helwig von Goldbach der Stadt in einer Handfeste das Schultheißenamt. Zwei Jahre später wurde dann in einer Handfeste des Landmeisters Meinhard von Querfurt das Magdeburger Recht nach dem Vorbild des Kulmerlandes eingeführt.

Die Stadt erhielt bestimmte Privilegien, entwickelte sich aber nach anfänglichen Fortschritten nur mäßig. Sie erlitt unter dem Poleneinfall von 1414, dem Städtekrieg und der Abtrennung durch den Zweiten Thorner Frieden von 1466 schwere Rückschläge. Unter der folgenden polnischen Verwaltung kam es zur völligen Stagnation, so daß die Bevölkerung bei Rückkehr in den deutschen Staatsverband um 1772 nur 1500 Einwohner betrug. Hundert Jahre später überschritt die Einwohnerzahl die Marke von 3000 Bürgern und erreichte 1939 ihren Höchststand mit 3604 in der Stadt lebenden Menschen.

Im großen Preußenaufstand von 1260 bis 1273 war Christburg stark umkämpft. Die Burg konnte mit Hilfe der Bürger gegen eine große Übermacht gehalten werden, obwohl ihre Besatzung auf offenem Felde geschlagen worden war.

Ende des 13. Jahrhunderts setzte im Christburger Gebiet die Dorfsiedlung ein, die ab 1301 insbesondere durch die beiden Komture Sieghard von Schwarzburg (1301–1315) und Herzog Luther von Braunschweig (1316–1331) am Nordrand Pomesaniens intensiv betrieben wurde. Der Erstgenannte gründete die Stadt Deutsch Eylau und Herzog Luther erteilte Gilgenburg das Stadtrecht. Um 1341 wurde die Komturei halbiert, indem die südlichen Ämter Osterode, Deutsch Eylau und Gilgenburg abgetrennt und als neue Komturei Osterode zusammengefaßt wurden.

In die Aufbau- und Kolonisationsarbeit band man die ansässige prussische Urbevölkerung sinnvoll ein. Nach fundierten Schätzungen betrug zu Beginn des 15. Jahrhunderts der prussische Bevölkerungsanteil im Gebiet der Komturei Christburg über 60 Prozent. Ähnliche Feststellungen konnten für andere Teile des Ordensstaates getroffen werden, so daß sich die von »modernen Historikern« unter polnischer Assistenz aufgestellte These von der planmäßigen Vernichtung des prussischen Volkes durch den Deutschen Orden von selbst richtet. Viele prussische Familiennamen leben auch heute noch unter unseren Mitbürgern fort von Annecke, Benduhn und Kalnein über Perbandt und Perkuhn bis Zimbehl. Andere ursprünglich prussische Namen sind kaum mehr erkennbar, weil sie der deutschen Form angeglichen oder auch polonisiert worden sind. Ferner muß berücksichtigt werden, daß etwa die Hälfte der Prussen schon zur Zeit der Ein-Namigkeit einen deutschen oder christlichen Namen annahm, ohne daß hierbei Druck auf sie ausgeübt worden ist. Die »Altpreußische Geschlechterkunde« des Vereins für Familienforschung in Ost- und Westpreußen gibt über diese Thematik interessante Aufschlüsse.

Nach der Niederlage des Deutschen Ordens bei Tannenberg blieb die Christburg unbesetzt, weil sie ihre strategische Bedeutung verloren hatte. Beim Poleneinfall wurde sie »ganz und gar in den Grund verbrannt«, so daß die Komturei ins benachbarte Preußisch Mark umsiedeln mußte, während das Amt des Obersten Trapiers auf den Komtur von Mewe überging. Die Plünderungen, Brandschatzungen und Schändungen durch die Polen waren fürchterlich. Ein Bericht von 1414 zählt 35 Dörfer und elf Kirchen auf, die völlig niedergebrannt worden sind. Aus der Burgkapelle zu Christburg requirierte der polnische König Jagiello kostbare Schnitzbilder, die er dann generös der Marienkirche im polnischen Sandomir schenkte.

Im dreizehnjährigen Krieg besetzte der Städtebund die notdürftig hergerichtete Burg, ohne auf Widerstand zu stoßen. Stadt und Burg wurden im Zweiten Thorner Frieden von 1466 vom Ordensstaat abgetrennt und dem »Preußen königlichen (polnischen) Anteils« angegliedert, das Polen hundert Jahre später durch den scheinbaren Rechtsakt des Lubliner Dekrets annektierte. Zunächst unterhielten die Polen die Burg noch als Bollwerk gegen die nahe Grenze zum Herzogtum Preußen, ließen sie dann aber im 17. Jahrhundert völlig verfallen. Ende des 18. Jahrhunderts mußte sie wegen fortschreitenden Verfalls abgebrochen werden, wobei ein Teil der Steine zum Ausbau des Franziskaner-Klosters auf dem Platz des Ordensspitals verwendet wurde.

Heute findet der Besucher auf dem Christburger Schloßberg von den Burggebäuden nichts mehr. Lediglich der Boden bewahrt noch Reste der Fundamente, und im Umkreis sind bei genauer Beobachtung da und dort der Verlauf von Gräben, Teile von Mauereinfassungen und Geländestufen zu erkennen.

Vom alten Burgplatz öffnet sich der Blick auf die durch häßliche Neubauten entfremdete Stadt mit ihrem unaussprechlichen Namen. Bei der Eroberung am 24. Januar 1945 richteten die Sowjets unter den Einwohnern ein Blutbad an und zerstörten danach große Teile Christburgs. Ob sie damit ihre Schandtaten verdecken oder den verhaßte Ortsnamen austilgen wollten? Beides ist ihnen nicht gelungen, denn Christburg bleibt in der Geschichte als Name, Programm und Hoffnung unvergessen.

Preußisch Holland

Mittelalterliche Stadt der Deichbauer

Beschädigtes Stadtsiegel aus dem 14. Jh.

Auf der Fahrt von Elbing nach Allenstein bemerkt man den Wechsel von Westpreußen nach Ostpreußen bei Güldenboden weder heute, noch konnte man früher wesentliche Unterschiede zwischen den beiden Teilen des alten Preußenlandes feststellen.

Hier lagen einst im prussischen Gau Pogesanien die Prussenburgen Weklitz und Ozzek, die 1260 beim großen Preußenaufstand vom Deutschen Orden zerstört worden sind.

Die nahe gelegene Burg Paslek stellte der Orden nach der Eroberung und nach Ausbau als Holz-Erd-Werk im Jahre 1267 als Haus Paslach in seine Dienste. Es stand auf dem über 30 m hohen Rand des damals weit ausgedehnten Drausensees. Ein abgetrennter Teil dieses Sees wurde von der Weeske durchflossen und gab der Burg im Norden und im Westen einen natürlichen Flankenschutz. Im Tal gleich unterhalb der Burg betrieben die Ordensbrüder eine Wassermühle, für die das Wasser in einem künstlichen Mühlenfließ weit oberhalb aus der Weeske abgeleitet wurde.

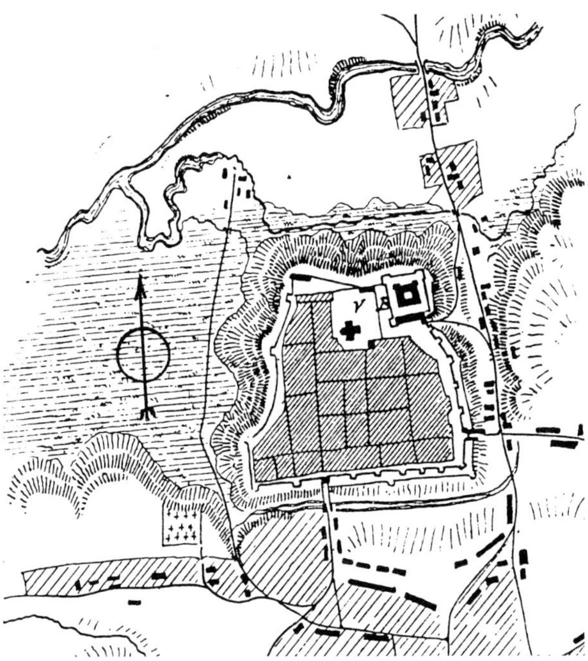

Lageplan der Stadt Preußisch Holland (Zeichnung: Giese, 1826)

Die Eindeichung und Entwässerung des weiten Weichsel- und Nogat-Deltas und des mit diesem damals verbundenen, vielfach größeren Drausensees begann Landmeister Meinhart von Querfurt um 1288 mit Hilfe ins Land gerufener holländischer Deichbauer. Nur drei bis fünf Kilometer westlich von Paslach verliefen die neuen Deiche von Marwitz über Kußfeld, Weeskenhof und Schönwiese in Richtung Wöklitz.

Die holländischen Wasserbauer ließen sich im Schutz des festen Hauses Paslach nieder und gaben dem Ort als erste Siedler den Namen Holland, der bereits 1297 vom Landmeister mit der Handfeste nach Kulmer Recht ausgestattet wurde. In einer Urkunde von 1319 wird der Ort mit dem festen Haus als »castrum nostrum hollandense« erwähnt.

Um diese Zeit begann der Ausbau der Burg in massiver Steinbauweise auf dem gut zu verteidigenden Platz des alten Hauses. Auf zwei Seiten schützten die Burg die Steilhänge zum Weeske-

Durch das Mühlentor erreichte man die im Tal gelegene Wassermühle (Foto: F. Borchert, 1981)

tal, während nach Süden und Westen Mauer und Graben sowie eine stadtseitig gelegene Vorburg Rückhalt gaben.

Das einflügelige Haupthaus mit dem Giebel nach Osten war rund fünfzig Meter lang. Es enthielt im Hauptgeschoß Kapelle, Remter und Gasträume für den Sommeraufenthalt der Elbinger Komture, zu deren Komturei Holland gehörte. Die feldseitig 1,90 m und innen 1,45 m starken Mauern haben das Kellergeschoß der Burg mit seinen schönen Kreuzgurtgewölben bis heute überdauern lassen.

Wie alle Ordenshäuser hatte auch diese Burg einen Danzker. Das ist eine Abortanlage, die in die Böschung des Weesketales hinausgebaut und mit dem Haus durch einen überdachten Gang verbunden war. Erst im vorigen Jahrhundert mußte die Danzkeranlage wegen Baufälligkeit abgebrochen werden.

Umstritten ist die von Dr. Creutzwieser im Jahre 1838 bezeugte Existenz eines angeblich drei Kilometer langen unterirdischen Ganges, der vom zweiten Keller ausgehend, unter der Weeske hindurch bis zum Schulzenhof in Robitten geführt haben soll. Nachdem er gänzlich verschüttet

Das Steintor heute (Foto: R. Heidemann, 1983)

war, soll sein Eingang um 1900 zugemauert worden sein. Bei einer gründlichen Untersuchung des Kellers im Jahre 1927 wurden aber keinerlei Spuren des Ganges gefunden, so daß sich die Zweifel an seinem einstigen Vorhandensein erhärteten. Auch andernorts hielten die häufigen legendenhaften Überlieferungen von langen unterirdischen Gängen einer ernstlichen Untersuchung nicht stand.

Der rechtwinklige Burghof wurde von Mauern und Wirtschaftsgebäuden abgeschlossen. In seiner Mitte befand sich ein über 45 m tiefer, gemauerter Brunnen. Die Süd- und Westseite begrenzte eine starke Wehrmauer und die gesamte

Sterngewölbe in der Vorlaube des Rathauses (Foto: F. Borchert, 1981)

Vorlaube des Rathauses zu Preußisch Holland (Zeichnung: F. Heitmann, 1886)

Hauptburg umgab ein breiter Parcham mit Ringmauer. Wahrscheinlich war auch hier wie bei anderen Burgen die südlich vorgelagerte Vorburg durch einen Hausgraben abgetrennt. Letztere hatte einen direkten Eingang vom Weesketal aus durch das noch heute vorhandene Mühlentor. Ein noch heute in der östlichen Parchammauer erkennbarer Durchlaß für den sogenannten Hundegraben spricht dafür, daß hier einst ein Hausgraben vorhanden gewesen ist.

Die Burg wird kunsthistorisch den kleineren Verwaltungsburgen der Epoche des reichen Stils zugeordnet. Dementsprechend standen diesem Unteramt zunächst auch keine Komture, sondern nur Pfleger vor. Dies änderte sich später nach dem Verlust von Elbing durch den Zweiten Thorner Frieden von 1466.

Der erste namentlich bekannte Pfleger von Holland war Heinrich von Licker. Sein Nachfolger um 1334 war Heinrich von Boventin, der über die Komturstellen von Thorn und Graudenz den Aufstieg bis zum zweithöchsten Amt des Großkomturs erreichte. Der erste Komtur zu Holland wurde 1467 Konrad von Lichtenhain. Aber bereits um 1500 fand die Rückstufung des Amts in eine Vogtei statt.

In der Stadt haben sich nach den Holländern Kolonisten aus Unterfranken angesiedelt. Weitere Zuwanderungen erlebte die Gemeinde im 16. und 17. Jahrhundert, als zunächst holländische Mennoniten als Glaubensflüchtlinge aufgenommen wurden, denen reformierte Schotten und Franzosen folgten.

Die allmählich aus einer Burgsiedlung entstehende Stadt hat sich bereits frühzeitig durch Befestigungsanlagen geschützt. Es entstand eine umlaufende Mauer mit Türmen und Toren. Von den Stadttoren sind uns insbesondere drei überliefert, und zwar das noch erhaltene Mühlentor, das Steintor von 1330 und das inzwischen abgebrochene Töpfertor mit einem halbrunden Turm der früheren Stadtbefestigung.

Gleich neben der Burg entstanden bald nach 1300 die St. Bartholomäi-Kirche und das Rathaus mit seiner sterngewölbten Vorlaube. Beide sind auch heute noch vorhanden. An der Rathauswand hängt noch das alte Stadtwappen mit dem geharnischten Ritter auf springendem Roß.

Im Jahre 1408 stiftete Hochmeister Ulrich von Jungingen das Heilig-Geist-Hospital, dessen Kirche als Friedhofskapelle die Zeiten überdauerte.

Nach den Blütejahren der Hochmeisterzeit im 14. Jahrhundert begannnen bald Kriegs- und Notzeiten. Im Jahre 1410 ergab sich die Stadt kampflos den Polen, die nach der Niederlage des Deutschen Ordens bei Tannenberg das ganze Land besetzten und plünderten. Bald befreite der Komtur von Ragnit, Helfrich von Drahe, mit seinen Rittern die Stadt, die sich dann aber längere Zeit erneuten Angriffen des polnischen Heeres unter König Jagiello erwehren mußte.

Bereits um 1440 trat Preußisch Holland dem Preußischen Bund bei, aus dem sich der Widerstand gegen den Deutschen Orden entwickelte. Im dreizehnjährigen Städtekrieg jedoch wurde sie ein wichtiger, stark umkämpfter Stützpunkt des Ordens. Nach einwöchiger Verteidigung unter Leitung des obersten Spittlers, Heinrich Reuß von Plauen, ging Holland bereits 1454 an die Aufständischen verloren. Versuche zur Rückgewinnung scheiterten in blutigen Straßenkämpfen.

Im Zweiten Thorner Friedensvertrag von 1466 wurde die Stadt dem Deutschen Orden zugesprochen. Anstelle des verlorengegangenen Komtursitzes Elbing richtete man in Holland eine Komturei ein. Dies führte zu baulichen Veränderungen an der Burg, die nun als mittlerer Verwaltungssitz mehr Räumlichkeiten brauchte. Von 1467 bis 1473 war Konrad von Lichtenhain Komtur zu Holland. Ihm folgten im Amt die Komture Philipp von Angelach, Emmerich von Drahe und bis 1499 Simon von Drahe. Der nachrückende Wilhelm von Schauenberg wurde wie seine Nachfolger als Vogt bezeichnet.

Im Reiterkrieg um 1520 belagerte ein großes polnisches Heer unter dem Feldherrn Dambrowitz die Stadt. Mit schwerem Geschütz schossen die Polen eine Bresche in die Mauer und erstürmten die Burg.

Als die Polen mit den verbündeten Elbingern und Danzigern damit begannen, die eroberte Burg zu sprengen und abzubrechen, eilte Hochmeister Albrecht mit seinen Rittern herbei und konnte wenigstens noch die gewölbten Keller und die Fundamente vor der völligen Vernichtung bewahren. Er mußte aber der schwergeprüften Bevölkerung gestatten, von der niedergerissenen Burg Ziegel für den Wiederaufbau ihrer zerstörten Häuser zu entnehmen. An der Burgmauer ließ er alsbald eine Klosterschule errichten, die später bis 1914 als höhere Schule weitergeführt worden ist.

Nachdem im Frieden von Krakau von 1525 der Verbleib der Stadt beim Herzogtum Preußen, das dem Ordensstaat folgte, gesichert war, ließ der ehemalige Hochmeister und nunmehrige Herzog Albrecht durch seinen Baumeister Christoph Römer Pläne zum Wiederaufbau der Burg entwerfen. Sie wurden anschließend in einer langen Bauzeit bis 1578 unter Beteiligung der Meister Albrecht Praetzsch, Jost von Bruck und David Römer ausgeführt. Hierbei fanden die geretteten Keller und Fundamente sowie die stehengebliebenen Mauerteile des alten Ordenshauses Verwendung. Es wurden zusätzlich zwei Seitenflügel und an beiden Giebelseiten im Osten und Westen je ein Rundturm auf quadratischer Basis angebaut. Die Türme dienten als Flankierungsbastionen und waren mehr als zwanzig Meter hoch. Die hölzernen Dachkonstruktionen für die Burgflügel wurden auf Schiffen von Königsberg herangebracht.

Einige Jahrzehnte später, zu Beginn des 17. Jahrhunderts, fanden erneut Renovierungs- und Umbauarbeiten statt. Dabei sollen zwischen 1601 und 1608 an der Ostseite vier Giebel ausgebaut worden sein, die denjenigen des Königsberger Schlosses ähnlich waren.

Im Jahre 1625 brach in Pr. Holland die Pest aus. Kurz danach drangen die Schweden kampflos in die Stadt ein. Vorübergehend quartierte sich der schwedische König Gustav Adolf in der Burg ein. Sie war 1656 Verhandlungsort zwischen König Karl X. Gustav von Schweden und dem Großen Kurfürsten Friedrich Wilhelm von Brandenburg. Inzwischen war die Stadt Preußisch Holland wieder fest in deutscher Hand und diente dem Regiment des späteren Siegers von Fehrbellin,

Die Ordensburg Preußisch Holland wurde nach dem Zweiten Weltkrieg restauriert (Foto: R. Heidemann, 1985)

General Georg von Derfflinger, als Garnison. Einer Belagerung durch 5000 Schweden widerstand die Stadt im Jahre 1659, bis eine Ersatztruppe herangeführt werden konnte. Dabei verteidigten die Bürger ihre Stadt so tapfer, daß sie der Große Kurfürst mit den Worten belobigte: »... Wassmassen wir die vnterthänigste Trewe vnd Mänliche Gegenwehr, so vnsere stadt Hollandt bey jüngstem Kriege in Defendirung ihrer stadt gehorsamst erwiesen ...« Dennoch mußten beim folgenden Wiederaufbau von Burg und Stadt alle Bürger in harter Arbeit mithelfen.

In den folgenden Jahrzehnten machten wiederholte Stadtbrände vieles von dem neu Erstandenen wieder zunichte.

Um die Wende vom 17. zum 18. Jahrhundert wurde eine kurfürstliche reitende Post von und nach Königsberg eingerichtet. Allmählich nahm auch die Einwohnerschaft zu und ihre Zahl stieg bis 1780 auf 2900 Bürger.

Im Siebenjährigen Krieg erlitt die Stadt nach der verlorenen Schlacht bei Groß Jägersdorf eine zeitweilige Besetzung durch die Russen. Danach bestimmte wieder die preußische Garnison das Stadtbild, bis im Jahre 1807 die Franzosen einrückten und Marschall Bernadotte in der Burg sein Hauptquartier einrichtete. Wenige Jahre später zog dann die in Rußland geschlagene französische Armee noch einmal durch Preußisch Holland. Das waren für fast 150 Jahre die letzten fremden Eindringlinge.

Die Burg, die in den letzten zweihundert Jahren wechselnden Herren als Quartier oder als Kaserne gedient hatte, begann bereits im 18. Jahrhundert zu verfallen. Im 19. Jahrhundert verwandelte man das alte Gebäude in ein Gefängnis, das bis zum Anfang unseres Jahrhunderts bestanden hat. Im Westflügel der Burg bestand längere Zeit eine Kapelle der reformierten Gemeinde.

In den langen Friedensjahren wuchs die Stadt langsam und fand durch den Anschluß an das Eisenbahnnetz im Jahre 1882 eine Förderung ihrer Entwicklung. Um 1930 wurde die Zahl von 5000 Einwohnern überschritten.

Am 23. Januar 1945 stürmten nach langen Jahren des Friedens wieder feindliche Soldaten in die Stadt, die nach jahrhundertelanger wechselhafter Geschichte und vielfältigen harten Schicksalsschlägen nun den Gipfel brutaler Gewalt erlebte. Die nicht geflüchteten oder getöteten Einwohner wurden geschändet und unterdrückt und schließlich vertrieben. In die alten deutschen Häuser zogen Polen ein, die aus dem Südosten Polens ausgesiedelt worden waren.

Trotz einer größeren Zahl erhaltener oder wieder hergerichteter Gebäude hat die Stadt ein anderes Gesicht bekommen. Auch an der Burg wurden die Kriegsschäden beseitigt, die Wände neu verputzt und die Dächer wieder gedeckt. Viele Schornsteine und Dachfenster zergliedern nun die früher glatten, steilen Dächer.

An der Innenseite des ehemaligen Haupthauses ist das alte Backsteinmauerwerk noch zu erkennen und zwischen den neuzeitlichen rechteckigen Fenstern schaut noch die Rundung eines alten Spitzbogenfensters hervor.

Seit längerem wird der Gebäudetrakt für öffentliche Zwecke genutzt und befindet sich deshalb in äußerlich recht gutem Zustand.

Ein großer Lindenbaum im Burghof überragt inzwischen die Dachfirste der umgebenden Burgflügel und vermittelt den Eindruck beschaulicher Ruhe.

Mohrungen

Oberländisches Städtchen mit Tradition

Stadtsiegel aus dem 14. Jh.

Folgt man der Straße nach Allenstein durch das Oberland, so erreicht man nach einer Fahrt von 25 Kilometern die Herder-Stadt Mohrungen. Zu unserer Zeit war es ein Städtchen von gut 6000 Einwohnern mit einem schönen Rathaus mit Staffelgiebel, einer alten, trutzigen Ordenskirche und der Stadtmauer mit einigen Toren. Auch damals schon führte die ehemalige Burg nach ihren Umbauten zum Amtsgericht ein unauffälliges Dasein. Die Baudenkmäler der Stadt sind weitgehend erhalten geblieben oder doch inzwischen wiederhergestellt worden.

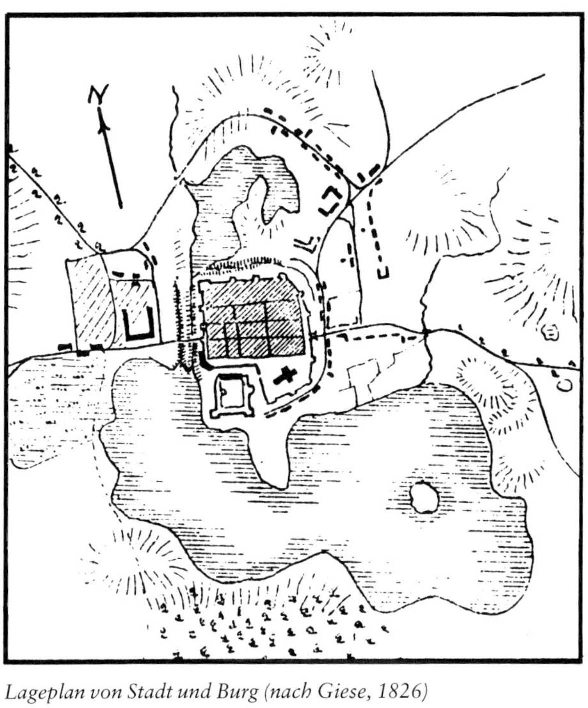

Lageplan von Stadt und Burg (nach Giese, 1826)

Das früh kolonisierte Oberland im alten Gau Pogesanien wurde zu Beginn des 14. Jahrhunderts durch eine Reihe von kleineren Burgen gegen feindliche Einfälle abgesichert und verwaltungsmäßig erschlossen. Anstelle des schon seit 1280 bestehenden Holz-Erd-Werks am See Maurin und der sich in seinem Schatten gebildeten Lischkensiedlung begann gleichzeitig mit der Stadterhebung um 1302 der steinerne Ausbau der Burg. Von dem Unternehmer, der die Ansiedlung von Kolonisten im Auftrag des Deutschen Ordens durchführte, dem Lokator Peter von Sumpf, sind wohl zunächst Zuwanderer aus dem Harz hier seßhaft gemacht worden. Der Ortsname geht nämlich auf den Ort Morungen im Südharz zurück, wo der Minnesänger Heinrich von Morungen gelebt hat. Eine zweite Handfeste nach kulmischem Recht wurde 1331 vom Komtur von Elbing, Hermann von Oettingen, erteilt. Mohrungen und seine Umgebung gehörten zur Komturei Elbing.

Die Burg liegt vor der südlichen Ecke der Stadtmauer in einem Winkel des inzwischen trockengelegten Mohrung-Sees und sperrt die Landenge zwischen diesem und dem Schertingsee. Zur Seeseite ist der Burgplatz durch eine hohe Futtermauer aus Findlingen abgestützt. Burg und Stadt hatten selbständige Wehranlagen, wobei die befestigte Stadt der Burg als Vorburg diente. Über den jetzt zugeschütteten Graben an der Nordseite führte früher eine Zugbrücke hinüber zum hohen gotischen Tor im Hauptflügel, der den unregelmäßig viereckigen Burgplatz nach Nor-

Stadtpfarrkirche Peter und Paul (Foto: F. Borchert, 1985)

den begrenzte. Das Areal der Burg maß etwa 75 × 55 m und wurde im Norden und Osten durch Wassergräben (Hakengraben) und im Westen und Süden durch den See und Wehrmauern gesichert. Ein langer Torweg führte durch den Hauptflügel in den Burghof, der von einem hölzernen Laubengang eingefaßt war. In diesem Flügel lagen wohl die Repräsentationsräume. An seiner Nordostecke stand ein starker, hoher Turm.

Eine Brücke überquerte den Graben an der Ostseite und führte zur benachbarten Petri-Paul-Kirche. Es ist deshalb möglich, daß diese Kirche auch den Gottesdiensten der Ritter und ihrer Mannen anstelle einer eigenen Burgkapelle diente. Von der ursprünglich dreiflügeligen Burg ist nur der nördliche Hauptflügel stark verändert erhalten geblieben. Der kürzere Ostflügel wurde bereits 1815 abgerissen und durch einen Schulneubau auf den alten Fundamenten ersetzt. Zur Seeseite lag früher der Südflügel, der wohl dem Hauptflügel äußerlich entsprach. Hier setzte der gedeckte Gang zum Danzker im See an, der nach Überlieferung turmartig ausgebaut war. Es ist deshalb anzunehmen, daß auf dieser Seite der Burg die Wohn- und Aufenthaltsräume lagen. Heute sind von dem Südflügel nur noch Fundamente und vier Joche Kellergewölbe aus breiten Bandrippen erhalten, die hoch mit Schutt angefüllt sind. Gleich daneben, an der Südost-Ecke der Außenbefestigung stand ein runder Bastionsturm, dessen kreisförmige Basis auch heute noch erkennbar ist. Bei der Restaurierung von 1584 wurde er durch den bekannten Baumeister Blasius Berwart erbaut und vielleicht als Ersatz für einen alten Eckturm dem Haus angefügt. Nach der Planung sollte die Burg ursprünglich vier Flügel und auf jeder Ecke einen Turm erhalten. Sie näherte sich damit äußerlich weitgehend dem Konventshaustyp an. Offensichtlich ist aber der Westflügel nie erbaut worden. Vielmehr wurde diese Seite von einer Mauer abgeschlossen, die der Stadtmauer mit hohem Feldsteinsockel entsprochen haben dürfte.

Seit 1331 standen Vögte und Pfleger dem Amt Mohrungen vor, die in der Mehrzahl namentlich überliefert sind. Der erste Pfleger war Ekhard von Renis. Nur kurzzeitig von 1447 bis 1471 werden auch Komture genannt, und zwar Heinrich Reuß von Plauen und Konrad von Lichtenhain. Die übrigen Mohrunger Gebietiger haben über den örtlichen Bereich hinaus keine Bedeutung erlangt.

Nach der Schlacht bei Tannenberg wurde die Stadt von den Polen eingenommen. Sie huldigte bei Ausbruch des Städtekriegs im Jahr 1454 dem polnischen König. Erst 1461 eroberte der Deutsche Orden Burg und Stadt zurück, die auch nach dem Zweiten Thorner Frieden beim Ordensstaat Preußen verblieben. Der Statthalter des Hochmeisters, Oberstspittler Heinrich Reuß von Plauen, nahm 1467 seinen Sitz in der Burg. Er starb dort am 1. Februar 1470 auf der Heimreise von Petrikau, wo er als neuer Hochmeister dem polnischen König widerwillig den Treueid schwören mußte.

Als Hochmeister Albrecht von Brandenburg-Ansbach fünfzig Jahre später diesen Eid verweigerte, brandschatzten die Polen die Stadt. Drükkende Kriegsausgaben und hohe Wiederaufbaukosten zwangen das 1525 in ein weltliches

Das Mohrunger Rathaus (Foto: F. Borchert, 1981)

Das vom Kriege schwer beschädigte Dohna-Schlößchen beim Wiederaufbau (Foto: F. Borchert, 1981)

Herzogtum umgewandelte Land zur Kreditaufnahme und machten es partiell zahlungsunfähig. Deshalb wurden verdienten Rittern und Beamten Städte und Herrschaftsbereiche verpfändet. So erhielten die herzoglichen Amtsleute in Mohrungen, die Grafen zu Dohna, die Stadt von 1525 bis 1573 als Pfand. Anschließend wurde sie Leibgedinge der Herzogin von Preußen.

In dieser Zeit entstand das bekannte Dohna-Schlößchen an der Wassergasse. Herzog Albrecht gestattete 1562 dem Amtshauptmann Achatius Graf zu Dohna, den Platz vom blauen Turm bis zum Stadttor vor der Burg für seine Zwecke zu bebauen. Hierzu gehörte auch ein Teil der Stadtmauer mit zwei Erkern. Das entstandene feste Haus war der Wohnsitz der Amtshauptleute. Es fiel dem großen Stadtbrand von 1697 zum Opfer, wurde aber zwanzig Jahre später von dem berühmten Architekten Johann Caspar Hindersinn wiederaufgebaut und wurde insbesondere wegen seiner kostbaren Innenausstattung viel bewundert. Dem Hausherrn war ein besonderes Privileg verliehen, indem er eine eigene Pforte in der Stadtmauer besaß und somit durch Umgehung der Stadttore von der dort erhobenen Accise, einer Verbrauchssteuer, befreit war. Das Schlößchen blieb bis zur Neuzeit erhalten. In einem umfangreichen Restaurierungsvorhaben wurden die erheblichen Schäden des letzten Krieges beseitigt.

An der Burg zeigten sich bereits zu Beginn des 17. Jahrhunderts Verfallserscheinungen. 1616 stürzte ein Turm ein, und bei der Eroberung durch die Schweden im schwedisch-polnischen Krieg entstanden schwere Zerstörungen. Die Nutzung als Unterkunft für die Garnison hielt den Verfall etwas auf, brachte aber andererseits starke Eingriffe in die Bausubstanz. In Mohrungen waren ab 1719 das Kürassier-Regiment Oberst von Geßler und von 1746 an das Dragoner-Regiment Generalleutnant Johann Adolf von Möllendorff in Garnison.

Die kleine Stadt erlitt nach dem großen Stadtbrand 1708 auch noch die Pest, so daß die Einwohnerzahl auf 1000 sank. Im Siebenjährigen Krieg mußte sie vier Jahre lang eine harte russische Besetzung erdulden. Am Ende des 18. Jahrhunderts hatte sie 1752 Einwohner.

Die Burg wurde um diese Zeit als Wirtschaftsgebäude für ein fiskalisches Gut benutzt und verfiel weiter. Dennoch mußte sie auch damals noch einen imponierenden Gesamtanblick geboten haben, wenn wir dem zeitgenössischen Oberländer Schriftsteller Glauben schenken dürfen, der da schreibt: »Da erhob sich mächtig die mit Eck- und Danzkertürmen bewehrte Ordensburg, daneben Schiff und Turm der alten Kirche.« Allerdings reduziert er dann den Eindruck des Fernblicks auf Burg und Stadt, in dem er aus der Nähe bemerkt, daß der ganze Bau verfallen und ruinenhaft wirkt, die Brücke vom Kirchenportal zum Ordenshaus nur noch in Resten dasteht, die

Burgtürme und Pfarrkirche (Handskizze von Giese, 1826)

Zugbrücke über den stark versumpften Graben baufällig und von den Türmen der Rundturm im Südosten am besten erhalten ist. Das war im Jahre 1801.

Als im Winter 1806/07 die Franzosen in Mohrungen Quartier bezogen, wurden sie von preußischer und russischer Kavallerie überfallen. Der französische General, man vermutet, daß es Bernadotte war, wurde von den Bürgern in der Burg verborgen und schickte später als Dank ein großzügiges Geldgeschenk von zweitausend Louisdor.

Im weiteren Verlauf des 19. Jahrhunderts konnte sich die Stadt in einer langen Phase des Friedens dem Ausbau zum Wohle ihrer Bürger widmen. Aber auch der Bahnanschluß und die Gründerzeit führten nicht zur Industrialisierung und veränderten ihren Charakter als Ackerbürger- und Beamtenstadt nicht. Kriege spielten sich nur weit entfernt von ihr ab, und auch im Ersten Weltkrieg wurde die Stadt durch den deutschen Sieg bei Tannenberg noch einmal von Kämpfen und Besetzung verschont. Sie erreichte 1937 ein Wachstum auf 6223 Einwohner.

Die Burg ist nach dem Verfall im 18. und 19. Jahrhundert schrittweise abgebrochen worden. Zuerst verschwanden die Türme, und im Jahr 1815 wurde der Ostflügel durch einen Schulneubau auf den alten Fundamenten ersetzt. Vom Südflügel blieben nur noch die Kellergewölbe erhalten. Leider ist auch der am besten erhaltene Nordflügel bei der Renovierung völlig verbaut worden. Von dem hohen gotischen Portal mit dem langen Torweg blieb nichts erhalten. Der jetzige Torbogen liegt links vom ursprünglichen. Verändert wurden auch die Fenster, und eine dicke Putzschicht verdeckt heute den alten Backsteinbau. Die letzten Umbauten zum Amtsgericht wurden vor dem Zweiten Weltkrieg vorgenommen.

Am 23. Januar 1945 fiel Mohrungen in die Hände der Roten Armee. Später übernahmen die Polen die Stadt.

Die ehemalige Burg hat auch diese schwere Zeit überstanden und steht in ihrem unpassenden Putzüberzug wie vor dem Krieg da. Sie wird heute wieder als öffentliches Gebäude benutzt und befindet sich äußerlich in verhältnismäßig befriedigendem Unterhaltungszustand. Dagegen wirkt ihre unmittelbare Umgebung, wie z. B. die Gräben, der Hof und der ganze Südteil, ungepflegt und verwahrlost.

Aber noch heute erinnert sich die Stadt an ihren größten Sohn, Johann Gottfried Herder. Neben der alten Kirche aus der Ordenszeit haben die Polen die Herder-Büste wieder aufgestellt. Einen Nachguß aus Ost-Berlin.

Der Hauptflügel im Norden mit dem Torweg (Foto: F. Borchert, 1981)

Liebstadt

Altes Stadtsiegel aus dem 14. Jh.

Einstige liebe Stadt mit vielen Störchen

Der starke und wehrhafte Kirchturm mit seinen reichgegliederten Mauern überragt die kleine Stadt. Viel hat der Krieg von ihr nicht übriggelassen. Neben den grauen, dürftig reparierten Häusern zwischen eingeebneten Ruinenflächen sind neue kastenförmige Gebäude errichtet worden, die sich schon nach kurzer Zeit dem einheitlichen Grau anpassen. Meist sind es ideenlose Wohnkäfige mit flachen Dächern. Für die früher üblichen Dachkonstruktionen sind angeblich nicht genügend Holzvorräte im Land vorhanden. Unser alter Kirchturm hat ein neues, helles Zeltdach erhalten, das ihm aber noch nicht so richtig passen will. Überhaupt kommt er sich in der veränderten Umgebung fremd vor, obwohl er der älteste ist und schon immer hier gestanden hat. Fremd sind die Neubauten, die Menschen, ihre Sprache, das Leben rings um ihn. Eine Ausnahme machen die alten Bäume, die schon fast ein Jahrhundert lang ihre Schatten an seinen Mauern entlang wandern lassen. Und dann steht gleich daneben noch ein Stück zerbröckelnder alter Mauer aus grobem Feldstein. Ein letztes Stück der alten Stadtmauer von Liebstadt, mit der das kleine Städtchen vor sechshundert Jahren noch Feinde und ungebetene Besucher abweisen konnte.

Fast alle Städte hatten damals wehrhafte Außenbefestigungen mit starken Mauern, Türmen und Toren. Sie boten den Bürgern und den Zuflucht suchenden Siedlern der Umgebung in Kriegszeiten Schutz vor den heranrückenden feindlichen Heerhaufen, die damals das Ordensland häufig heimsuchten. Oft hatte der Landesherr und Stadtgründer in oder neben der Stadt ein festes Haus oder gar eine Burg errichtet.

So war es auch in Liebstadt, wo die kleine Ordensburg gegenüber der Pfarrkirche am Hang zum Flußtal der Liebe lag. Neben dem Ausfalltor nach Norden, dem damals in die Stadtmauer eingefügten Wormditter Tor, war die Burg als mächtiges Bollwerk in die Stadtbefestigung integriert. Bis heute ist der Verlauf von Stadtmauer und -graben im Bereich der vier Mauerstraßen noch gut zu erkennen; sie markieren den fast quadratischen Stadtplan der Altstadt. Von der einstigen Burg sind jedoch nur noch wenige Fundament- und Mauerreste vorhanden. Man kann sie nur mit Mühe identifizieren.

Nach den Überlieferungen lag die kleine dreiflügelige Burg in der Nordwestecke der Stadt. Sie fügte sich mit ihren Türmen, die wie Stadtmauertürme an den Enden der Gebäudeflügel leicht hervorsprangen, gut in die Stadtbefestigung ein. Während die Burg im Westen durch das Tal mit dem aufgestauten Liebe-Flüßchen geschützt war, boten Mauer und Graben an der Nord- und Südseite den erforderlichen Schutz. Ostseitig deckte die Stadt wie eine Vorburg das Ordenshaus.

Gleich neben der Pfarrkirche verlief die etwa fünf Meter hohe Stadtmauer aus Feldstein in ostwestlicher Richtung. In diesem Bereich sind Teile von ihr noch heute erhalten. Am Schnittpunkt der an der Nordwestecke rechtwinklig zusammentreffenden Mauerabschnitte stand

Die Stadtpfarrkirche aus dem 14. Jh. lag neben der Ordensburg (Foto: R. Heidemann, 1985)

auf dem Talrand oberhalb der Wassermühle ein Burgturm. Sein rechteckiges Fundament, das aus einem 7,50 m breiten Feldsteinsockel mit aufgemauerten Backsteinwänden besteht, läßt sich noch in dem Trümmergelände erkennen.

Reste von der Wehrmauer und von den niedrigen Ruinenteilen der Burgflügel sind in den Jahrhunderten um- oder überbaut worden. Sie dienten nach Aufgabe der Burg als Salzmagazin oder als Ställe bzw. Schuppen verschiedenen wirtschaftlichen Zwecken. Unter den stehengebliebenen Gebäudeteilen lassen sich lediglich noch die talseitigen Umfassungsmauern auf hohem Feldsteinsockel deutlich erkennen. Alles andere ist in der langen Zeit völlig verändert worden oder ganz untergegangen.

Auch von dem unterirdischen Gang, von dem vor fünfzig Jahren alte Leute noch aus eigenem Augenschein berichteten, ist nichts mehr zu finden. Er soll beim Salzmagazin einen Einstieg gehabt haben. Dort sind früher beherzte junge Leute hineingestiegen, ohne jedoch weit vorzudringen, denn der Gang war damals schon eingestürzt. Wie andernorts sind Berichte über die Länge des unterirdischen Ganges, der angeblich bis nach Mohrungen geführt haben soll, in das Fabelreich zu verweisen.

Die einstige Ordensburg Liebstadt wurde im ersten Viertel des 14. Jahrhunderts erbaut. Sie gehört der Gruppe der kleineren Burgen in der Epoche des reichen Stils an. Abgesehen von der Bauzeit spricht für diese stilistische Zuordnung, daß zu dieser Burg mehrere Türme gehörten, die auch gestalterisch eine besondere Rolle gespielt haben sollen. Andererseits lassen die mehr oder weniger schematisch aneinandergereihten Burgflügel bereits den nahen Übergang zum reduzierten Stil erkennen.

In der Herzogszeit nach 1525 wurde die beschädigte einstige Ordensburg umgebaut und dabei stark verändert. Sie diente in der Folge als Amtshaus und erlitt bei den Brandschatzungen durch die Schweden im Jahre 1659, durch die Franzosen um 1807 und durch den großen Stadtbrand von 1817 so schwere Schäden, daß sie nach und nach abgebrochen werden mußte.

Der Brandschatzung durch die Franzosen am 6. März 1807 fiel außer dem Rathaus, 165 Wohnhäusern und 241 Wirtschaftsgebäuden auch die altehrwürdige Pfarrkirche zum Opfer. Das aus dem ersten Viertel des 14. Jahrhunderts stammende Gebäude wurde nach einem neuerlichen Brand im Jahre 1817 erst um 1823 wieder aufgebaut. Dabei konnten die steinernen Teile des Turms vollständig übernommen werden und auch die Grundmauern des Kirchenschiffs wurden beibehalten.

Der massige Westturm ist auf einem Feldsteinsockel in fünf Geschossen aus Ziegeln in gotischem Verband aufgemauert.

Kurz unterhalb der heutigen Dachtraufe geht der quadratische Grundriß in einen achteckigen Aufbau über. Es ist möglich, daß der jetzt 26 Meter hohe Turm früher noch ein weiteres Geschoß mit Wehrluken besessen hat. Sicher bestand der obere Turmabschluß aber auch früher aus einem Zeltdach. Die Außenmauern des schönen Turms sind auf jeder Seite durch drei Reihen Mauerblenden gegliedert. In diesen Blenden liegen sowohl einige kleine Turmfenster wie auch die Schallöffnungen für die Glocken. Im Erdgeschoß befindet sich eine schön gestaltete Turmhalle mit einem achtteiligen Sterngewölbe. Nach oben führt eine aus Backstein sorgfältig gemauerte Spindeltreppe.

Vom alten Kirchenschiff blieben nur die Grundmauern, die den Brand von 1807 überstanden haben. Die über 37 Meter lange Hallenkirche ist beim Wiederaufbau und noch einmal um 1900 durchgreifend umgestaltet worden. Mit ihrer flachen hölzernen Decke auf 12 toskanischen Holzsäulen hat sie keine Ähnlichkeit mehr mit dem ursprünglichen dreischiffigen Gotteshaus aus dem 14. Jahrhundert.

Von den frühen Anfängen der Stadt liegen nur wenige Nachrichten vor, weil die erste Handfeste, Privilegien und Urkunden verlorengingen, als die Polen das Städtchen im Jahre 1414 niederbrannten. Lediglich ein Abdruck des Stadtsiegels von 1329 hat sich am Bundesbrief der Städte des Preußischen Bundes von 1440 erhalten. Es zeigt einen stehenden Hirsch, unter ihm zwei Lilien und vor ihm ein Ordenskreuz sowie die Umschrift »†S CIVITATIS LIBINSTAT«. Dieses Wappenbild wurde in das spätere Stadtwappen übernommen.

Eine alte Volkssage bringt das Wappentier mit dem angeblichen Stadtgründer, Heinrich von Liebenzell, und mit dem Namen der Stadt in Verbindung. Danach soll der Ordensritter, als er hier einen starken Hirsch erlegt hatte, ausgerufen haben, daß dies eine liebe Stätte sei. Näherliegend scheint es jedoch, den Namen der Stadt von dem Flüßchen Liebe, einem Nebenfluß der Passarge, herzuleiten. Seine Schreibweise hat in den Jahrhunderten analog zu den sprachlichen Veränderungen die üblichen Wandlungen erfahren, und zwar ausgehend von Libinstat über Lebinstat und Lybenstat bis Liebenstat und letztendlich Liebstadt.

Hinsichtlich ihrer Aussage über den Gründer der Stadt bewegt sich die Volkssage durchaus im Bereich des Möglichen, denn Ordensritter aus der Familie von Liebenzell gab es um diese Zeit im Ordensland. Beispielsweise war Friedrich von Liebenzell um 1317/18 Komtur von Ragnit und danach Bischofsvogt von Ermland. Von 1294 bis 1300 wird als Komtur von Ragnit der Ritter Ludwig von Liebenzell genannt.

Liebstadt wurde vermutlich um 1302 gegründet und von 1314 an mehrfach als Ort erwähnt. So findet sich um 1320 ein Hinweis auf den Pfarrer Ludowicus, der wohl der erste Pfarrer der Stadtkirche gewesen sein dürfte. Um diese Zeit, etwa zwischen 1323 und 1329, soll dem Ort das Stadtprivileg erteilt worden sein. Die verlorengegangene Handfeste nach kulmischem Recht erneuerte im Jahre 1490 der Hochmeister Johann von Tiefen (1489–1497).

Bereits um 1409 bestand in Liebstadt eine Schule. Das läßt sich aus dem Marienburger Tresslerbuch entnehmen, in dem eine Eintragung unter dem 3. Februar 1409 ausweist, welche Ausgaben der Hochmeister Ulrich von Jungingen (1407–1410) bei einer Reise dort hatte. Der Originaltext aus dem Tresslerbuch lautet: »Lybenstat: item 4 sol. (solidi = Schillinge) den schulern. item 3 sol. eyner armen frauwen mit eyme kinde. item 8 sol. ungelt (Unkosten) unserm homeyster.«

Die Stadt hat ebenso wie die meisten anderen Orte des Landes unter den Kriegen, Brandschatzungen und Plünderungen durch feindliche Truppen, aber auch unter Seuchen und Bränden immer wieder leiden müssen. Als Hilfe für erlittene Not und Unbill schenkte der frühere Hochmeister Albrecht von Brandenburg, der seit 1525 als Herzog von Preußen das Land regierte, der Stadt das wüste Gut Ritters. Es lag vor den Toren der Stadt an der Straße nach Wormditt. Liebstadt entwickelte sich nur sehr langsam und blieb immer ein kleines Landstädtchen ohne Industrie und ohne überregionale Bedeutung. Seine Einwohnerzahl stieg erst im Jahre 1852 auf über 2000. Bis 1939 vergrößerte sich die Stadt wenig und erreichte 2742 Einwohner.

In den hundert Jahren vor dem Zweiten Weltkrieg bildete Liebstadt eine Oase des friedlichen, einfachen Lebens. Ausgedehnte und wildreiche Wälder umgaben das im Flußgebiet der Passarge und Liebe gelegene Städtchen. Seine Bürger lebten ein beschauliches, arbeitsreiches Leben und fanden in der schönen Umgebung Erholung und Ruhe. Und weil die Störche spüren, wo Ruhe und Ausgeglichenheit zu Hause sind, gab es weit und breit keine Stadt mit so vielen Storchennestern wie in Liebstadt. Es war damals wirklich eine liebe Stadt.

Wormditt

Stadtsiegel von Wormditt aus dem 14. Jh.

Ermländische Burg als zeitweiliger Bischofssitz

Schon bald nach der Niederwerfung des großen Preußenaufstands zeichneten sich um die Wende vom 13. zum 14. Jahrhundert in den zeitweilig verlorengegangenen ermländischen Gebieten Projekte des Wiederaufbaus und der Neubesiedlung ab. Nachdem zunächst die größeren Städte Braunsberg und Heilsberg wieder mit Leben erfüllt waren, nahm man die Neubesiedlung auf. Die ermländischen Bischöfe mußten nun ihrerseits die Kolonisierung und Besiedlung des Territioriums betreiben, das ihnen durch die päpstliche Teilungsurkunde vom 8. Oktober 1243 zugefallen war. Im benachbarten Ordensland war dies Aufgabe der jeweiligen Komtureien.

Das Bistum Ermland als selbstverwaltetes bischöfliches bzw. domkapitularisches Gebiet unterstand dem Bischof als Territorialherrn. Die Oberherrschaft lag aber beim Hochmeister des Deutschen Ordens, der auf Grund der Goldenen Bulle von Rimini von 1226 im Gegensatz zu den Bischöfen in Preußen als einziger die Stellung eines deutschen Reichsfürsten innehatte. Er war in der Außenpolitik Preußens allein maßgebend und übte als Schirmherr des ermländischen Domstifts das Nominationsrecht für einige Domherrnstellen aus.

Von der staatsrechtlichen Sonderstellung des Bistums Ermland leitete später Papst Pius II., der als Enea Silvio Piccolomini von 1457 bis 1458 selbst Bischof von Ermland gewesen ist, die These ab, das bischöfliche Territorium sei dem Apostolischen Stuhl unmittelbar unterstellt. Die Diözese jedoch und das ganze Ordensgebiet blieben bis 1566 kirchlich ein Teil des Erzbistums Riga. Erst danach erlangte das Bistum Ermland die Exemtion, d. h. die unmittelbare Unterstellung der Diözese unter den Papst.

Das Territorium des Bistums Ermland war nicht deckungsgleich mit dem alten prussischen Gau Warmien. Vielmehr waren dem Bistum bei der Aufteilung des Landes an den Rändern Teile der Gaue Pogesanien, Barten und Natangen zugeschlagen worden, um die päpstliche Teilungsformel zu erfüllen. Diese besagte, daß jeweils ein Drittel des Landes den Bischöfen mit vollen Herrschaftsrechten überlassen werden sollte.

Zu Beginn des 14. Jahrhunderts siedelten sich im pogesanischen Teil des Bistums schlesische Einwanderer an. Sie waren vom damaligen Bischof Eberhard von Neiße (1301–1326), der selbst aus Oberschlesien stammte, ins Land geholt worden. Wie damals üblich, hatte der Bischof mit der Ansiedlung einen Unternehmer betraut, der als Lokator die zugewiesenen 121 Hufen Land zu vergeben hatte. Bei dem Lokator Wilhelm handelte es sich offenbar um einen Verwandten des Bischofs, dem diese Pfründe zufiel.

Der Platz, von dem hier die Rede ist, lag an dem kleinen Flüßchen Drewenz (nicht zu verwechseln mit dem gleichnamigen Nebenfluß der Weichsel im Kulmerland), das sieben Kilometer weiter westlich in die Passarge mündet. Dort hatten zuvor nördlich des Flusses die pogesanische Burg Orneta und eine kleine Siedlung mit Namen Wurmedythin gelegen.

Rathaus aus dem Jahre 1373 (Foto: F. Borchert, 1981)

Da die Prussen keine Schriftsprache hatten, kann der Ortsname Wurmedythin nur aus der nach der phonetischen Wiedergabe aufgezeichneten Bezeichnung entnommen werden. Dabei soll der Name angeblich die Bezeichnung für einen sagenhaften Lindwurm gewesen sein. Aber auch der niedergeschriebene Ortsname tauchte in den folgenden Jahrzehnten in unterschiedlicher Schreibweise auf, wie wir das auch von anderen Eigennamen kennen. Einige Varianten waren: Wormedith 1312, Wurmedyten 1313, Warmedithen 1326, Wurmedit 1341, Wurmdit 1343, Wormpnyt 1360 und Wormadit schließlich laut Siegel an einer Urkunde von 1388.

Der Ort, der bereits 1308 urkundlich erwähnt worden ist, erhielt um 1312 von Bischof Eberhard von Neiße das kulmische Stadtrecht in Form einer Handfeste. Die Stadt entstand nach dem Schema einer ostdeutschen Siedlungsstadt mit mittigem Marktplatz und einem rechtwinkligen Gitternetz der Straßen. Aus dem Kaufhaus mit Fleisch- und Brotbänken im Erdgeschoß entstand das Rathaus mit seinen Amtsräumen im Obergeschoß, das noch heute die Mitte des Marktplatzes ziert. Die schlesischen Siedler brachten aus ihrer Heimat die Bauform des Laubenhauses mit, und noch heute beleben einige Arkaden dieser Gebäude den Rand des Marktplatzes. Das Rathaus, das 1373 vollendet wurde, trägt auf seinem Dach ein Türmchen mit der ältesten Glocke des Ermlands aus dem Jahre 1383.

Unter Bischof Eberhard wurde etwa um 1320 mit dem Bau einer festen Steinburg in der Nordwest-Ecke der Stadt begonnen. Der höhergelegene Burgplatz war von einer Flußschleife dreiseitig umgeben. Die an der vierten Seite vorgelagerte Stadt bildete mit ihren Mauern und Türmen eine Art Vorburg. Offensichtlich sprang das Burgterrain so weit aus dem Mauerviereck der Stadt hervor, daß das Drewenz-Flüßchen künstlich etwas ausgebuchtet werden mußte.

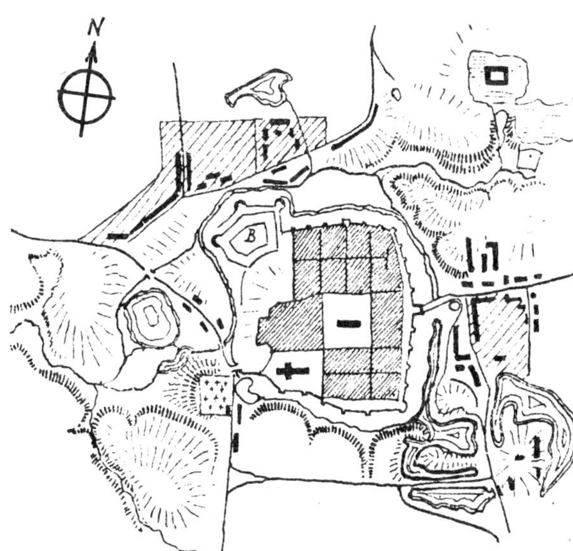

Lageplan von Stadt und Burg Wormditt (nach Giese, um 1826)

Soweit sich das nach dem 1805 erfolgten Abbruch der Burg und den vorliegenden Nachrichten noch feststellen läßt, bestand der Grundriß der Anlage aus einem unregelmäßigen Sechseck, das zur Feldseite hin aus stumpfwinklig aneinanderstoßenden Flügeln gebildet wurde. Die Gebäude waren dreigeschossig und hatten an den Enden gegliederte Giebel. Stadtseitig schlossen Mauern, an die schmale Wirtschaftsgebäude angelehnt waren, den Burghof ab. In der Ostmauer lag das Badertor, der Hauptzugang zur Stadt. Drei Rundtürme stärkten an der NO- und SW-Ecke sowie in der Mitte des später verlängerten Westflügels die Verteidigungskraft der Burg.
Grundriß und Bauform der Burg Wormditt weichen im Gegensatz zur kastellförmigen Bischofsburg in Heilsberg stark von der Ordensarchitektur ab. Neben der verständlichen Verwandtschaft mit anderen ermländischen Burgen, wie z. B. Mehlsack und Seeburg, deutet der unregelmäßige, schiefwinklige Grundriß eher auf altertümliche kulmische Bauformen hin. Sicher hat die Zweckbestimmung als Bischofsschloß auch zur Abkehr vom bewährten Burgentyp des Ordens beigetragen, bei dem die strenge Forderung nach starker Verteidigungskraft und klösterlicher Bescheidenheit Priorität hatte. Nicht zuletzt kann angenommen werden, daß auch durch die Architektur ein gewisses Maß an ermländischer Eigenständigkeit zum Ausdruck gebracht werden sollte.

Pfarrkirche St. Johann um 1910 (Foto: Bildarchiv Königsberg, 1910)

Die Bischofsburg Wormditt wurde in den Jahren 1805/06, etwa zeitgleich mit der Beseitigung der Stadtbefestigung und der beiden Stadttore, bis auf die Fundamente abgebrochen. Es blieb lediglich der zweischiffige Keller des im Nordflügel befindlichen Haupthauses auf einer Länge von 28,5 m mit schönen Kreuzgewölben erhalten. Um 1890 errichtete man auf diesen Fundamenten die städtische Volksschule. Der heutige Besucher findet zwar auf dem erhöhten Drewenzufer den verputzten, stumpfwinkligen Schulbau vor, kann aber dem äußeren Anschein nach unmöglich erkennen, daß auf diesen Fundamenten einst die alte Bischofsburg gestanden hat.
Von der Gründung des Bistums Ermland in der Mitte des 13. Jahrhunderts an war Braunsberg Bischofssitz gewesen. 1341 verlegte Bischof Hermann von Prag (1338–1349) seine Residenz in die neu erbaute Burg Wormditt. Sein Nachfolger, Bischof Johann von Meißen (1350–1355), siedelte jedoch um 1350 bereits in die größere und stärkere Bischofsburg Heilsberg über, die er und seine Nachfolger als Steinbau errichteten. Dort blieb die Bischofsresidenz bis 1795. Die Hohenzollern auf dem Bischofsthron verlegten ihre Residenz für die 40 Jahre ihrer Regentschaft nach Oliva, bis der Bischofssitz 1837 endgültig in der schönen Domburg Frauenburg eingerichtet wurde. Der letzte ermländische Bischof Maximilian Kaller wurde 1945 von den Polen aus seiner Diözese vertrieben, die heute von einem polnischen Generalvikar in Allenstein verwaltet wird.
Nach wenigen Schritten auf einer Straße an der Südseite des Marktplatzes eröffnet sich dem Besucher auch heute noch der Blick auf ein eindruckvolles Baudenkmal des 14. Jahrhunderts: Die Pfarrkirche St. Johann. Sie nimmt eine Sonderstellung unter allen ostpreußischen Kirchen ein. Die chorlose dreischiffige Basilika ist 1379 vollendet worden und erhielt im 15. Jahrhundert eine Umbauung durch beiderseitige Reihen von

Pfarrkirche zu Wormditt aus dem 14. Jh. (Foto: F. Borchert, 1981)

quer zum Hauptschiff angeordneten Kapellen. Hinter der durch die fünf Kapellengiebel mit Blenden, Pfeilern und Fialen stark belebten Längsseite erhebt sich neben dem großflächigen Dach ein mächtiger Turm, der in seiner schlichten, wehrhaften Gestalt auch als Bergfried einer Burg gelten könnte. Sein Aufbau ohne Stockwerkeinteilung mit durchgehenden hohen Spitzbogenblenden und hochgezogenen Strebepfeilern leitet von einem quadratischen Grundriß in eine achteckige Turmhaube mit Zeltdach über. Wie zum Unterstreichen seiner Bestimmung zur Abwehr von Feinden aller Art trägt der Turm unter der Traufe eine Reihe von Wehrluken.

Die Kirche hat aber auch beachtenswerte künstlerische Einzelheiten aufzuweisen. So findet sich zwischen den Pfeilern an der Westseite ein ornamentaler und figürlicher Mauerfries mit Köpfen, die in spitzbogigen Umrahmungen angeordnet sind. Dort bilden übereinander gesetzte Drei-

Detail des Mauerfrieses der Pfarrkirche zu Wormditt (nach Boetticher, 1894)

ecksreihungen eine baukünstlerische Variante der Wandgliederung. Leider hat sich im Inneren der Kirche von der ursprünglichen Ausstattung nichts erhalten. Dort ging auch die alte Freskenmalerei verloren, zu der eine »Maria im Ährenkleide« gehörte.

Das Wappen der Stadt ist aus dem 14. Jahrhundert überliefert. Es zeigt in Anspielung auf den germanisierten prussischen Ortsnamen Wurmedythin einen Lindwurm. Der bedeutende Heraldiker Professor Otto Hupp beschreibt das nachgebildete neuzeitliche Stadtwappen in der präzisen Form der Blasonierung wie folgt:

»In Schwarz ein widersehender, flammenspeiender silberner Lindwurm mit über sich geschlagenem Schwanze.«

Dieser legendäre Lindwurm spielte bereits in der Chronik des Lucas David aus dem 16. Jahrhundert eine Rolle und war die Vorlage für eine alte Volkssage.

Die kleine Stadt entwickelte sich nur langsam und litt wie andere ostpreußische Orte unter kriegerischen Ereignissen und Seuchen. Im schwedisch-polnischen Krieg wurde Wormditt von König Gustav Adolfs Truppen im Sturm genommen und befand sich 1655/57 wieder im Besitz des Großen Kurfürsten. Im Nordischen Krieg von 1700 bis 1721 war es abwechselnd von Polen und Schweden besetzt. Viele Opfer forderte die große Pest von 1709/10.

Nach den napoleonischen Kriegen, die Wormditt insbesondere trafen, trat eine lange, friedliche Epoche ein, in der sich die Stadt gut entwickelte. Die Tuchmacherzunft und Leinwandmärkte brachten vielen Einwohnern Arbeit und Brot. Bis 1885 stieg die Einwohnerzahl auf 5169. Die bessere Anbindung an das Verkehrsnetz und insbesondere der Eisenbahnanschluß im Jahre 1884 förderten Wirtschaft und Handel. Im August 1914 wurde die Stadt noch einmal vor den Schrecken des Krieges bewahrt. Die russische Armee, die nur wenige Kilometer vor der Stadt stand, mußte nach dem deutschen Sieg bei Tannenberg den Rückzug antreten. Im Zweiten Weltkrieg hingegen lag die Stadt vom 24. Januar bis 11. Februar 1945 im Kampfgebiet am Rand des sich bildenden Heiligenbeiler Kessels. Sie fiel teilweise zerstört in die Hände der Sowjets, die sie im Juli 1945 den Polen zur Verwaltung übergaben.

Seitdem sind die schweren Wunden des Krieges vernarbt. Vieles, z. B. auch das alte Rathaus, wurde wieder hergerichtet, und dennoch hat die Stadt ihre Seele verloren. Ihre heutigen Bewohner haben keine Beziehung zu der 700jährigen deutschen Geschichte der Stadt Wormditt, die sie Orneta nennen. Sie sind Fremde in einem Land, in das sie die politischen Verhältnisse und die Vertreibung aus ihrer östlichen Heimat verschlagen haben.

Mehlsack

Stadtsiegel aus dem 14. Jh.

Altstadt und Burg – ein Trümmerhaufen

Alle Komtureien des Deutschen Ordens, die sich auf Haffburgen gründeten, zogen sich von einem kurzen Küstenstreifen als Basis ausgehend weit nach Südosten als langer, schmaler Streifen ins Land hinein. Das gilt für die Gebiete der Konvente Elbing, Balga, Brandenburg und Königsberg. Sicher wäre auch eine dazwischen liegende Komturei Braunsberg entstanden und hätte ähnliche Ausmaße gehabt, wenn nicht schon bald nach der Eroberung Warmiens das Gebiet auf Geheiß des päpstlichen Legaten Wilhelm von Modena an den neu ernannten Bischof von Ermland hätte übergeben werden müssen. Neben seinen kirchlichen Aufgaben im größeren Bereich seiner Diözese war der Bischof als Landesherr des Ermlands auch für alle verwaltungs- und ordnungstechnischen Maßnahmen zuständig.

Malcekuke hießen Dorf und Feste der Prussen, die der Orden in der zweiten Hälfte des 13. Jahrhunderts eroberte. Der Name, der in der Übersetzung »Teufelsgrund« oder »Gehölz der Unterirdischen« lautet, wird wohl von dem tief eingeschnittenen Walschtal herrühren, das uns mit seiner romantischen Waldlandschaft an Thüringen erinnert, aber bei den geistergläubigen und Mystifizierungen zuneigenden Prussen wohl auch Ängste hervorgerufen haben mag. Aus Malcekuke wurde im Deutschen Melzag, Melsak und schließlich Mehlsack.

Die drei prallen Mehlsäcke im neuzeitlichen Stadtwappen finden sich bereits im Stadtsiegel des 14. Jahrhunderts. Die Verballhornung des prussischen Namens muß also in alter Zeit recht schnell erfolgt sein.

Bereits 1288 gehörte Mehlsack zum Gebiet des ermländischen Domkapitels, das die Besiedlung von dem Lokator Dietrich von Lichtenfelde durchführen ließ und der Stadt 1312 eine Handfeste nach kulmischem Recht erteilte.

Die städtische Ansiedlung niederdeutscher Zuwanderer fand in der prussischen Landschaft Wewa statt, die wohl schon seit langem von Warmiern recht gut bevölkert war. Darauf lassen die in der Nähe von Mehlsack angelegten drei einstigen Fliehburgen auf Hügeln in Sumpfgebieten des Walschtals schließen. Nach dem Umfang der von Wällen und zum Teil auch von Gräben umgebenen Zufluchtsstätten waren sie

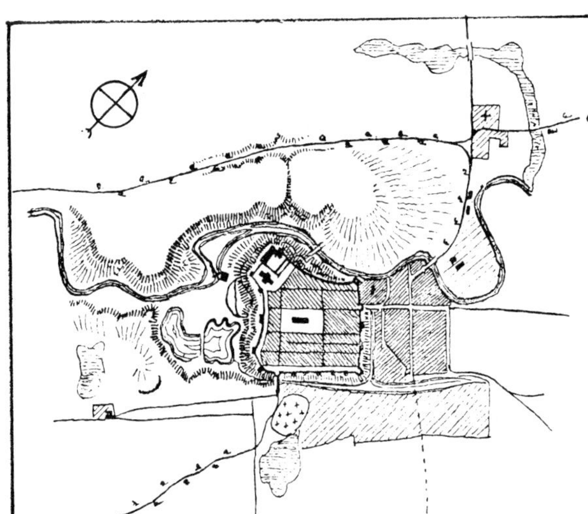

Lageplan von Stadt und Burg Mehlsack (Zeichnung: Giese, 1826)

zur Aufnahme von beträchtlichen Mengen Flüchtender eingerichtet. Außerdem bestanden im Osten und Süden der Stadt weit vorgeschobene Verteidigungsstellungen aus Wällen und Verhauen in Plauten und am Tafter See.
Die neue Stadt wurde regionales Zentrum des umgebenden ländlichen Gebiets und zog Handwerker und Händler an. Bereits um 1304 wird ein Pfarrer erwähnt, der wohl zunächst in der hölzernen Vorgängerkirche der nach 1350 neben der Burg errichteten Pfarrkirche Peter und Paul Gottesdienste abhielt.
Wie eine Vorburg war der Burg und Kirche am Steilhang des Walschtals die kleine Stadt vorgelagert. Sie entsprach in ihrem auf ein enges konzentriertes Netz rechtwinklig verlaufender Straßen und Gassen verdichteten Grundschema ganz der üblichen ordenszeitlichen Stadtanlage. Das mitten auf dem rechteckigen Marktplatz mit umgebenden Laubenhäusern stehende Rathaus mit seinen angebauten Hakenbuden war nur noch in seinem inneren Baukern mittelalterlich. Häufige Kriegszerstörungen und Brände haben viel von der alten Bausubstanz der Altstadt vernichtet.
Im Westen der Stadt hatte sich im Walschtal bis in die Neuzeit die mittelalterliche Wassermühle erhalten. Sie wurde vom Wasser eines vor dem Stauwehr abgeleiteten Mühlengrabens angetrieben.
Fast gleichzeitig sind in der Mitte des 14. Jahrhunderts das feste Haus des Dompropstes von Ermland und die Pfarrkirche nebeneinander erbaut worden. Ihre geschützte Lage auf einem ins Walschtal vorgeschobenen Steilhang läßt Vergleiche mit der Anlage der Bischofsburgen in Allenstein und in Rößel zu. Dagegen ist jedoch dieses als selbständige Wehranlage nicht anzusprechende kleine Amtshaus hinsichtlich seiner Bauweise nicht mit jenen vergleichbar. Es war nur in zwei Flügeln ausgebaut und als Eckbastion in die umlaufende Stadtbefestigung aus Wehrmauern mit Türmen und Toren einbezogen. Seine Hofmauern wurden später mit schmalen Wirtschaftsflügeln besetzt, an deren kürzerer Stadtseite in einer Ecke des trapezförmigen Hofes das Eingangstor lag.
Das lange dreigeschossige Hauptgebäude stand auf einem Feldsteinsockel und war in Backstein aufgemauert. Ein hohes Satteldach mit beidseitigen Staffelgiebeln läßt Verwandtschaft mit der Ordensarchitektur anklingen. Ebenso gibt die umlaufende dichte Reihe von Wehrfenstern unter der Dachtraufe Hinweise auf die Wehrhaftigkeit des Hauses. Viele Umbauten haben jedoch die Verteilung von Fenstern und Innenräumen weitgehend verwischt. Dennoch läßt eine ältere Grundrißaufnahme auf eine dreiteilige Raumunterteilung schließen. Tonnengewölbte Keller und Spuren der Gewölbe im Hauptgeschoß sind Zeugnisse der einstigen Gestaltung der Räumlichkeiten.
Neuerdings zeigte sich, durch den flächig abfallenden Mauerputz freigelegt, hofseitig ein waagerechter Streifen im Mauerwerk unterhalb der Wehrfenster, der als Dachkehle eines früheren Vorlaubendaches angesprochen werden kann. Es ist also anzunehmen, daß auch hier wie in vielen Ordensburgen ein hölzerner Hoflauben-

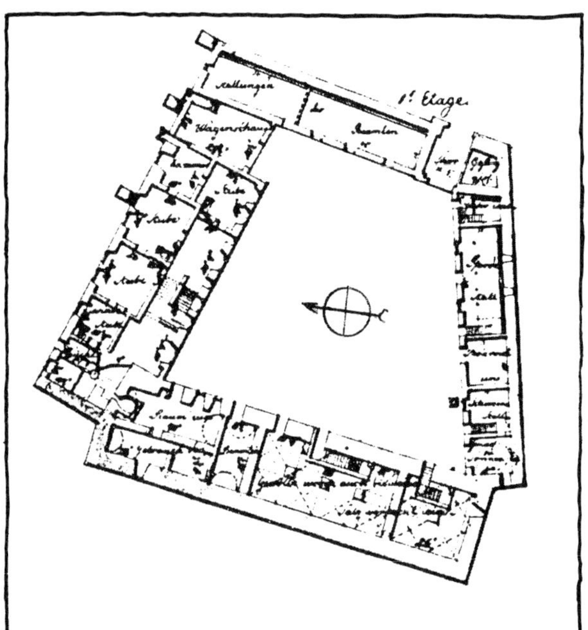

Grundriß des Erdgeschosses der Burg (Zeichnung: Staatsarchiv Königsberg)

In Mehlsack stehen sich das zerstörte alte Rathaus und die erhaltene Kirche in einer fast ausgelöschten Stadt gegenüber (Foto: R. Heidemann, 1984)

Das Haupthaus vom Hof aus (Foto: F. Borchert, 1981)

gang die Verbindung zwischen den Stockwerken und den Räumen hergestellt hat. Unter dem abfallenden Putz werden jetzt auch die gesinterten dunklen Backsteine der früheren Außenwände sichtbar, die hier allerdings nicht in dekorativen Mustern, sondern in einer willkürlichen Streuung zur Belebung der Wandfläche eingefügt sind.

Kürzlich wurde auf der Baustelle unterhalb des Hofniveaus ein rundbogig gemauerter Eingang zu einem unterirdischen Gang freigelegt, der diagonal über den Hof zum Seitenflügel geführt haben soll. Einleuchtender wäre es, wenn der vermutete Fluchtweg in der benachbarten Kirche oder an einer versteckten und gesicherten Stelle des Tales seinen Ausgang gehabt hätte, wie das andernorts häufiger festzustellen war.

Am Nordende des Hauptflügels ist leicht spitzwinklig ein niedriger Nebenflügel angeschoben, der mit dem Mauerwerk des Hauptflügels verzahnt ist. Er enthielt Wohn- und Wirtschaftsräume und schließt den trapezförmigen Hof zur nördlichen Talseite ab.

Das wehrhafte Amtshaus des Dompropstes ist mehrfach niedergebrannt und beim Wiederaufbau sowie bei Umbauten stark verändert worden. Auffällig in seiner äußeren Gestalt sind besonders die Anfang des 17. Jahrhunderts im Stil der Spätrenaissance aufgesetzten geschweiften Giebel, deren Mauerblenden noch aus der ursprünglichen Bauart der Staffelgiebel stammen dürften. Bei dieser umfassenden Umbauaktion hat das einstige Backsteinmauerwerk auch seinen Putzüberzug erhalten. Sicher hat sich aber auch der Hof mit seinen Mauern und Gebäuden erheblich verändert. Im Inneren verursachte die Fremdnutzung als Speicher, Amtsgericht und Museum und in jüngster Zeit als landwirtschaftlicher Betrieb eine vollständige Beseitigung der ursprünglichen Einrichtung.

Die Stadt und ihre Burg hatten trotz ihrer Wehranlagen vom 15. Jahrhundert an häufig unter der Gewalt fremder Mächte zu leiden, weil der Schutz durch den Deutschen Orden nicht mehr aussreichte, nachdem seine Macht infolge der Niederlage von Tannenberg zunehmend zerfiel. Bereits wenige Jahre nach der Schlacht fielen 1414 beutegierige polnische Heerhaufen in das Ermland ein und plünderten und verwüsteten auch Mehlsack. Bei den kriegerischen Auseinandersetzungen zwischen dem Orden und den Städten und Ständen im 13jährigen Städtekrieg versuchte Mehlsack als einzige bischöfliche Stadt sich durch den frühzeitigen Übertritt auf die Seite der aufständischen Bündner vor Schaden zu bewahren. Es war aber genau die falsche Entscheidung, denn bereits 1455 eroberte ein Ordensheer die abtrünnige Stadt zurück, und der Ordensmarschall ließ sie für den Verrat hart bestrafen.

Aber auch der Orden konnte die Stadt nicht lange halten, und so wechselte sie bald erneut in das Lager der Aufständischen über. Noch einmal gewann Hochmeister Albrecht von Brandenburg sie im Reiterkrieg von 1520 zurück, wobei sie wieder teilweise zerstört wurde. Erst nach dem Zweiten Thorner Frieden von 1466 trat ein

Der Westgiebel des Haupthauses (Foto: F. Borchert, 1981)

Der freigelegte unterirdische Gang im Burghof (Foto: F. Borchert, 1981)

längerer Frieden ein, nachdem das Bistum nach der Gründung des Herzogtums Preußen im Jahre 1525 seine Unabhängigkeit ganz erreichte.

Aber weder die Unabhängigkeit noch der Schutz der Krone von Polen bewahrte das Bistum vor Besetzungen und Plünderungen in den Kriegen in der ersten Hälfte des 17. Jahrhunderts. Gleich drei schwere Heimsuchungen erlitt Mehlsack innerhalb von vier Jahren: 1626 wurde es von den Schweden ausgeplündert, 1627 von ihnen sodann niedergebrannt und 1630 an die Polen abgetreten, die es vollends einäscherten.

Auch die halbjährige schwedische Besetzung um 1703 im Nordischen Krieg sowie die hundert

Jahre später folgende französische Besatzung hinterließen ihre Spuren in der Stadt, die inzwischen bereits über 2000 Einwohner hatte. In den folgenden zweihundert Jahren friedlicher Entwicklung verdoppelte sich die Bevölkerung.
Im Ersten Weltkrieg wurde Mehlsack noch einmal vom Krieg verschont, der dann vierzig Jahre später mit großer Gewalt über die kleine Stadt hereinbrach. In den Februartagen des Jahres 1945 wurde die Stadt hart umkämpft, als die zurückweichenden deutschen Truppen im Heilsberger Kessel eingeschlossen wurden. Dabei fiel die ganze Altstadt mit dem historischen Rathaus, den Laubengängen und den trauten alten Gassen und Straßen den Kämpfen zum Opfer. Nur die Pfarrkirche und die kleine Kapitelsburg haben das Inferno überstanden.
Noch heute bieten die Altstadt und die Burg einen trostlosen Anblick.
Als wir 1981 uns dort umsahen, stand das Haupthaus mit herabgefallenem Putz, die Fenster mit Brettern verschlagen, da und wartete auf die Restaurierung. Es sollte einer neuen Verwendung zugeführt werden, und Baubuden, Sandhaufen und Verbotsschilder zeigten an, daß vermutlich bald mit dem Umbau begonnen werden würde. Ein erneuter Umbau, den das Haus, wie so oft in den zurückliegenden 650 Jahren seit seinem Bestehen, wieder geduldig über sich ergehen lassen wird.
Ist es die solide Bauweise, ist es der gute Geist oder sind es die dauernden Veränderungen, die unsere alten Baudenkmäler so widerstandsfähig gemacht haben?

VI. Pomesanien und Kulmerland

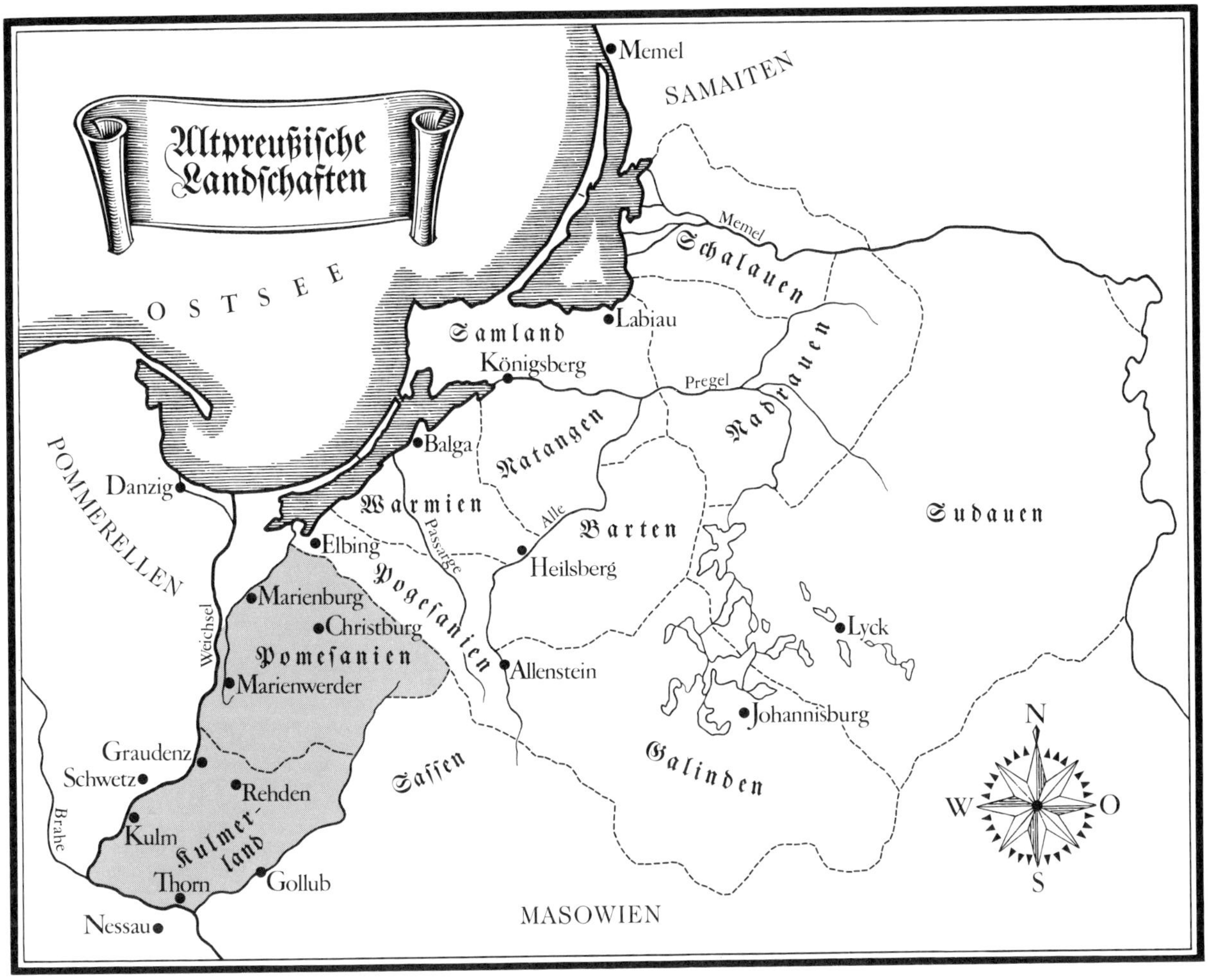

Pomeſan.

POmeſania / hat den namen von Pomeſo / des Preuſſchen Königs Widowuti Sone / vnd iſt begrentzet geweſen mit der Oſſa / Weiſſel / Drauſen See / Weesken. Es mus dis Land nicht ſo gros ſein geweſen / als man es jtzunder rechnet / denn ſchier alles was jtzunder in deſſelbigen Biſchoffs Sprengel iſt / man das Pomeſaniſch nennet

Colmischland.

VLmigania, Vlmigeria, oder Culmigeria, hat seinen namen vom Chelmo / vnd heisset jtzunder Teutsch / das Cölmische Land / genant / vnd für das zehende theil oder Fürstenthum Prussiæ gerechnet / Vnd ist begrentzet mit den Fliessern / Driebentz / Weissel / vnd Ossa / oder Mockra. Dieser Chelmo hat sich eine Festung seines Namens an die Weissel gebawet / da jtzunder fort Althaus ist

(Original-Ausschnitt aus Caspar Hennenberger »Kurcze und warhafftige Beschreibung des Landes zu Preussen«, Königsberg 1584)

Riesenburg

Residenz der Bischöfe von Pomesanien

Stadtsiegel aus dem 15. Jh.

Der Name der Stadt Riesenburg, wie auch der in ihrer Umgebung liegenden Dörfer Riesenkirch und Riesenwalde, hat nichts mit den sagenhaften Riesen zu tun, die nach schönen alten Legenden in dieser Gegend Westpreußens gewohnt haben sollen. Er ist vielmehr von der prussischen Bezeichnung dieser Landschaft abgeleitet worden, die einst Resin, in deutsch bzw. lateinisch Reisen oder Resia, hieß. So hat sich auch die Namensform der Stadt wiederholt geändert und wandelte sich von castrum Rysen über Resinburgk, Reszenburg und Resenburg bis zu der im 16. Jahrhundert gebildeten endgültigen Schreibweise Riesenburg.

Dennoch hat die Volkssage von den Riesen die Heraldiker inspiriert. Auf allen überlieferten Wappen der Stadt findet sich der durch ein Burgtor schreitende Riese, der mit einer Keule bewaffnet ist. Lediglich das zerbrochene alte Siegel an einer Urkunde von 1405 im Thorner Ratsarchiv zeigt eine Figur mit Ringpanzer und Topfhelm in gleicher Umgebung, die in einer Hand ein Schwert hält und deshalb als Ritter gedeutet werden kann. Dieses älteste Riesenburger Stadtsiegel stammt vermutlich noch aus dem frühen 14. Jahrhundert. Das Wappenmotiv der Stadt hat sich bis in die Neuzeit nicht verändert. Noch heute befindet sich über dem Torbogen des erhaltenen und restaurierten Marienwerderer Tors ein Medaillon mit dem alten Wappenbild.

Nach der Chronik des Peter von Dusburg wurde das Gebiet Reisen im Lande Pomesanien durch den jungen Markgrafen Heinrich III. von Meißen erobert, der dem Deutschen Orden mit einer Schar waffengeübter Ritter zur Hilfe gekommen war. Das geschah noch in der ersten Hälfte des 13. Jahrhunderts im Gefolge der weichselabwärts gerichteten Kriegszüge, die bereits 1237 das Haff bei Elbing und damit den wichtigsten Zugang zur See erreicht hatten.

Über die Gründung der Riesenburg liegen nur ungenaue Nachrichten vor. Auf jeden Fall muß man sie erst in der Zeit nach Gründung des Bistums Pomesanien ansetzen. Dessen erster Bischof Ernst residierte nach 1250 im sogenannten Altschlößchen zu Marienwerder, einem vom Deutschen Orden errichteten Vorgängerbau des bis heute erhaltenen Kapitelschlosses. Seinem Nachfolger, Bischof Albert (1259–1286), wird die Gründung der Bischofsburg zu Riesenburg zugleich mit der Einsetzung des pomesanischen Domkapitels in der Zeit um 1276/84 zugeschrieben. Es war dies die Zeit, als der große Preußenaufstand, der um 1260 begonnen hatte, zusammengebrochen war. Damals strebte man allgemein nach mehr Sicherheit durch die Errichtung fester Burgen, die auch den Siedlern der Umgebung Zuflucht boten.

Gegen Ende seiner Amtszeit soll Bischof Albert jedenfalls seine Residenz nach Riesenburg verlegt haben. Es ist dennoch fraglich, ob Sitz und Burg bereits in dieser Zeit dort dauernd bestanden haben, denn die ersten in Riesenburg datierten Urkunden eines pomesanischen Bischofs kommen erst um 1340 vor.

Alter Stich von Stadt und Burg im 17. Jh. (nach Chr. Hartknoch, 1684)

Gleichzeitig mit dem steinernen Ausbau von Kapitelsburg und Dom in Marienwerder entstand um 1330–40 die Bischofsburg zu Riesenburg. Sie soll in ihrer leicht unregelmäßigen Form noch nicht dem Konventshaustyp der Ordensarchitektur entsprochen haben, sondern eher den frühen Bauformen von Engelsburg und Balga verwandt gewesen sein. Diese stilistischen Merkmale wie auch die groben Gewölbeformen in den teilweise erhaltenen Kellern sprechen jedoch für eine frühere Bauzeit oder für das Vorhandensein eines Vorgängerbaues.

Ideale Geländeverhältnisse auf einer Bodenwelle zwischen zwei Seen zeichnen den im Nordwesten der Stadt gelegenen Burgplatz aus. Der früher wesentlich größere Mühlenteich im Osten und der Schloßsee bzw. Riesenburger See im Westen, die durch das Mühlenfließ verbunden waren, boten von drei Seiten natürlichen Schutz und sorgten für die gute Bewässerung der Burggräben. Steile Abhänge mit terrassierten Hügelrändern säumten den Burgplatz im Nordwesten. An der Zugangsseite im Süden bildete die mit Mauern, Türmen und Toren befestigte Stadt eine Art Vorburg.

Als wesentlicher Bestandteil der Burggebäude wird ein einflügeliges Haupthaus mit kurzen Seitenflügeln bezeichnet. Wehrmauern mit angesetzten Wirtschaftsgebäuden begrenzten den sich nach Norden öffnenden Hof und schlossen ihn dort hangseitig ab. Rings um diesen Gebäudekomplex verlief ein breiter Parcham, der nach außen durch eine Ringmauer abgegrenzt war. Nach Westen lagen terrassenförmig zwei Parchamstufen hintereinander. Sie waren durch hohe Stützmauern an der steilen Böschung gesichert. Reste dieses Mauerwerks haben sich bis heute erhalten.

Unsere Kenntnis von der Burg gründet sich auf die spärlichen Überreste des Mauerwerks und der Keller sowie auf einen Stadtplan von 1750 und eine Handzeichnung Abraham Boots von 1627/28. Letztere läßt recht deutlich erkennen, daß der viereckige Gebäudekomplex mit mehreren Ecktürmen ausgestattet war. Vor allem aber ist auf der Zeichnung ein Danzker mit hohem Bogengang zu erkennen, der starke Ähnlichkeit mit demjenigen der Kapitelsburg Marienwerder aufweist. Das ist unter Berücksichtigung der gleichen Bauzeit und vermutlich auch desselben Baumeisters nicht verwunderlich. Einige Nachrichten über die alte Bischofsburg lassen sich auch aus den durch häufige Brände stark dezimierten Urkunden und Archivunterlagen entnehmen.

Der Zugang zur Burg war nur von der südlichen Seite, von der Stadt aus möglich. Er führte auf zwei Zugbrücken über den Burggraben zum Torhaus in der Parchammauer. Von dort verlief der Burgweg durch den Zwinger zum Eingangsportal im Südflügel der Burg. Durch den Torweg in diesem Gebäude gelangte man auf den Burghof.

Der Südflügel, von dem sich ein dreijochiger Keller mit Kreuzrippengewölbe erhalten hat, enthielt als vornehmsten Raum die Burgkirche. Im Jahre 1389 stiftete Bischof Nikolaus für diese Kirche einen Marienaltar. Die Kirche ist bereits 1688 durch den großen Brand vernichtet worden. Ihre Steine wurden zum Wiederaufbau von Bürgerhäusern verwendet. In der Neuzeit standen auf ihrem Platz die Schule und ein Magazin.

Auch vom Westflügel blieben Keller mit Kreuzgewölben erhalten. Dieser Trakt der Burg enthielt außer dem als cenaculum bezeichneten Speiseraum den Sommerremter (aula aestivalis) sowie Wohnräume des Bischofs. Es ist zu vermuten, daß hier ebenfalls die kleine Bischofskapelle lag.

Ein Danzkerturm mit einem hohen Bogengang lag an der Nordwestecke des Westflügels. Auf der Zeichnung von 1627/28 erkennt man deutlich die hohen Viaduktbögen, über die der gedeckte Danzkergang vom Burgflügel aus zu dem an das Ufer des Mühlenfließes vorgeschobenen Danzkerturm führte. Diese Sanitäranlage entspringt derselben Bauauffassung wie der bekannte Marienwerderer Danzker, wobei hier allerdings der Gang kürzer gewesen ist.

Vom ehemaligen Ostflügel ist keine Spur der Bauten mehr vorhanden. Es ist anzunehmen, daß hier früher das Brauhaus mit der sehr großen Küche, das Backhaus und die Rüst- und Pulverkammer gelegen haben. Die wenigen schriftlichen Überlieferungen zählen allerdings die Räumlichkeiten nur auf, ohne ihre Lage zu benennen. Interessant ist in diesem Zusammenhang der in einem Inventar von 1530 verzeichnete Bestand an Waffen und Rüstungen, der an Feuerwaffen 2 Quartierschlangen, 1 eiserne Karthause, 4 Steinkornbüchsen und 40 Hakenbüchsen nennt.

Nördlich der Burg lag auf der anderen Seite des Mühlenfließes die wohl gleichzeitig mit der Burg

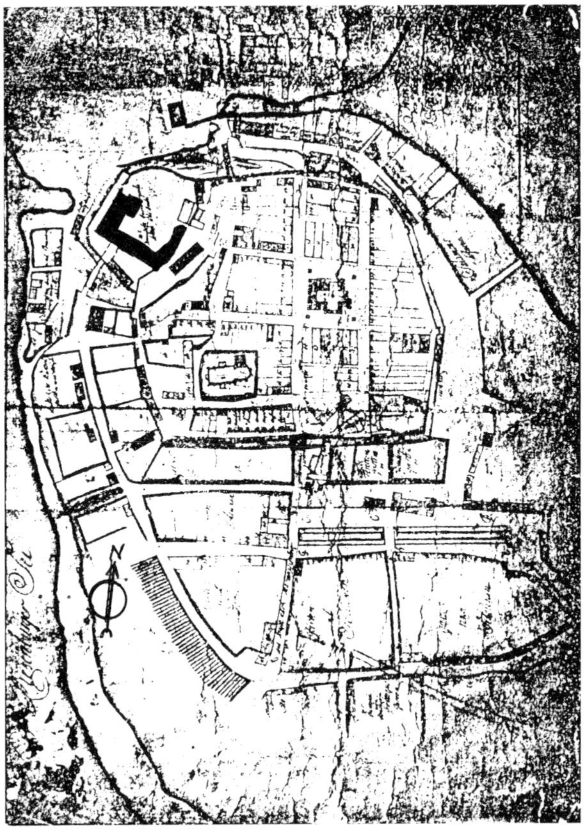

Stadtplan von 1750 mit eingezeichneten Fundamenten der Bischofsburg (Zeichnung um 1750)

erbaute Hausmühle. Sie war nicht nur für die Verpflegung des großen Hauses unverzichtbar, sondern warf durch die Mahlverpflichtungen der Bauernschaft für die bischöfliche Verwaltung hohe Überschüsse ab. Deshalb wurde sie nach den Bränden von 1484, 1499 und 1688 auch immer wieder schnell aufgebaut.

Die eingangs begonnene Geschichte der Burg ist geprägt von ihrer Bestimmung als Residenz der Bischöfe von Pomesanien. Durch die Inkorporation des Domkapitels in den Deutschen Orden ergab sich, daß alle Bischöfe von diesem gestellt wurden und zu ihm ein enges Verhältnis bewahrten. Das Bistum stellte ein eigenes Kontingent für die Kriegszüge des Ordens, schloß sich dem Münz- und Währungssystem des Ordensstaates an und ließ sich durch ihn auch diplomatisch vertreten. Das gewährleistete einerseits für das Bistum den erstrebten Schutz, führte aber andererseits dazu, daß es bei kriegerischen Auseinandersetzungen von den Gegnern des Ordens als feindliches Territorium behandelt wurde.

Nach der Schlacht bei Tannenberg und der Niederlage des Ordens drang das Heer des Königs von Polen im Jahre 1414 erneut plündernd und brandschatzend ins Ordensland ein. Auch Riesenburg wurde heimgesucht und dabei die Bischofsburg eingeäschert. Bald danach verwüsteten 1422 polnische Heerhaufen erneut die Stadt. Im 13jährigen Städtekrieg (1454–1466) trat Bischof Johannes III. zunächst auf die Seite der Aufständischen, mußte aber nach seiner Rückkehr zur Ordenspartei von 1456 bis 1466 eine lange Besatzung Riesenburgs durch Ordenssöldner erdulden, die mit der abtrünnigen Stadt nicht sanft umgingen. Der Zweite Thorner Frieden von 1466 beließ das bischöfliche Territorium unter der Oberherrschaft des Ordens.

Die noch wüst und ohne Dach dastehende Burg wurde in der Amtszeit der Bischöfe Johannes IV. und Hiob von Dobeneck bis 1520 wieder aufgebaut. Bei dem Einfall der Polen im Hungerkrieg von 1520 ergab sich Riesenburg widerstandslos dem polnischen Söldnerhauptmann Stanislaus Kostka, erlitt aber trotzdem erneut Plünderungen und schwere Übergriffe.

Nach Gründung des Herzogtums Preußen im Jahre 1525 trat der pomesanische Bischof Erhard von Queis am 23. Oktober 1527 Schloß und Amt Riesenburg an den Herzog Albrecht von Preußen ab. Es wurde nun ein herzogliches Hauptamt eingerichtet und die Burg wiederhergestellt. Als der letzte Bischof Johannes Wigand (1575–87) seinen Sitz nach Liebemühl verlegte, verpachtete man den Großteil der Burggebäude an Elias Schlichting. In dieser Zeit verwahrlosten die Baulichkeiten sehr.

Der große Stadtbrand von 1688 vollendete sodann den Untergang der Burg. Durch den Brand wurden die Hauptgebäude vernichtet, die Burgkirche stürzte ein und das bischöfliche Archiv ging fast vollständig verloren. Noch 1728 beklagt ein Beobachter: Das Schloß zu Riesenburg sieht itzo wüst und verfallen aus.

Nachdem es teilweise wiederaufgebaut worden war, vernichtete im Oktober 1787 ein neuerlicher Brand die Burg vollständig und endgültig. Sie wurde zum Abriß freigegeben und ihre Ziegel verwendete man zum Aufbau des Amtsgebäudes.

Die Brandkatastrophe von 1688 hatte fast die ganze Stadt vernichtet. Neben der Burg fielen ihr auch die Pfarrkirche und das Rathaus zum Opfer.

Die in der ersten Hälfte des 14. Jahrhunderts erbaute Pfarrkirche mit ihrem besonders schönen Turm wurde 1725 mit Unterstützung von König Friedrich Wilhelm I. von Preußen wiederhergestellt. Der mächtige Turm, der sich in vier Absätzen nach oben verjüngt, hat Ähnlichkeit mit dem Turm des Domes zu Marienwerder. Er ist jedoch in seinem oberen Teil durch Lisenen und Blenden stärker gegliedert und mit vier kurzen Ecktürmchen versehen. Der Turm überstand beschädigt den Zweiten Weltkrieg, aber das Kirchenschiff ist weitgehend zerstört worden.

Von den ehemals fünf Toren der Stadtbefestigung aus dem 14. Jahrhundert steht heute noch das restaurierte Marienwerderer Tor, vormals Hospitaltor, an der Südseite der Stadt, wo die Königstraße in die Landstraße nach Marienwerder übergeht. Dieses schöne Stadttor in Back-

Zerstörte Pfarrkirche von 1320 (Foto: F. Borchert, 1981)

Ostseite der Pfarrkirche (Zeichnung bei B. Schmid, 1941)

steingotik hatte ursprünglich fünf Stockwerke. Es war nach außen vor dem eigentlichen Torflügel noch durch ein herunterzulassendes schweres Fallgatter gesichert. Hiervon zeugt noch die den Torweg um mehr als die Hälfte überragende spitzbogige Fallgatternische. Das mit Spitzbogenblenden, schmalen Fenstern und Luken aufgelockerte Bauwerk hat nach seiner ursprünglichen Bestimmung als wehrhaftes Stadttor noch viele andere Funktionen ausgefüllt. Sie reichen von der Akzise-Schranke über die Verwendung als Pulver- und Montierungsturm oder als Gefängnis bis zum letzten Einsatz als Wasserturm. Heute erfreut das von seinem Ballast befreite Stadttor in seiner ursprünglichen Bauform wieder den Besucher.

Nur wenige steinerne Zeugen der siebenhundertjährigen Geschichte dieser alten deutschen Stadt haben die wechselhaften Zeitläufe und insbesondere den Zweiten Weltkrieg überlebt. Dank ihrer soliden, wehrhaften Bauart haben Stadttor und Kirchturm Wind und Wetter, Bränden und Kriegen widerstanden und könnten uns viel aus der Geschichte dieser alten Stadt berichten. Die am 30. Mai 1330 erteilte Handfeste des Bischofs Rudolf von Pomesanien (1322–1332) ist lediglich der von uns noch belegbare Abschluß der Stadtentwicklung, die bereits im letzten Viertel des 13. Jahrhunderts begonnen hatte. Unvergessen bleibt vor allem ein Bürger aus der frühen Zeit der Stadt Riesenburg, der hier als Offizial des pomesanischen Domstifts von 1379

Wiederhergestelltes Marienwerderer Tor in Riesenburg (Foto: F. Borchert, 1981)

Marienwerderer Tor in Riesenburg (Zeichnung bei B. Schmid, 1941)

bis 1406 wirkte. Er hat uns aus dieser Zeit eine umfangreiche Chronik über die Geschichte des Preußenlandes hinterlassen, die sowohl eine reiche und verläßliche Quelle für Historiker wie auch ein anschaulicher Bericht über die Lebensumstände der Menschen ist. Johannes von der Pusilie (Posilge) lebte von 1350 bis 1419 und stammte aus dem Dorf Posilge am Südrand des Kleinen Marienburger Werders. Als Kind des Preußenlandes, als Pfarrer in Deutsch Eylau und als Schiedsrichter im Streit zwischen dem Hochmeister und dem Bischof von Ermland hat er einen umfassenden Einblick in die damaligen Verhältnisse des Landes gehabt, die er in seiner wertvollen Chronik der Jahre von 1360 bis 1419 uns überlieferte.

Deutsch Eylau

Stadtsiegel aus dem 14. Jh.

Ordenshaus, Kirche und Städtchen am Geserich-See

Das oberländische Hockerland zwischen Saalfeld, Liebemühl, Osterode und Deutsch Eylau ist reich an Seen. Besonders weit aufgefächert ist das Einzugsgebiet des Geserich-Sees mit seinen ausgreifenden Armen, den eingeschnürten Engen und vielgestaltigen Buchten. Seine Ausdehnung in der Nord-Südrichtung zwischen Saalfeld und Deutsch Eylau beträgt etwa 30 km. Schon die Pomesanier hatten im 12./13. Jahrhundert die verteidigungsmäßig günstige Lage dieses Seengebiets erkannt und auf der als »Werder« bezeichneten großen Insel im Südteil des Geserich-Sees eine Siedlung mit Fliehburg angelegt. Dort auf dem Scholtenberg sind noch Erdwälle und Gräben im welligen Gelände der Insel zu erkennen. Die Pomesanier nannten dieses Gebiet Rudencz.

Nach dem Zusammenbruch des großen Preußenaufstands setzte in den letzten beiden Jahrzehnten des 13. Jahrhunderts die Dorfsiedlung des Deutschen Ordens in Pomesanien ein. Als Mittelpunkt der Besiedlung dieses Gebiets wählte man die besonders geschützt gelegene Halbinsel im südlichen Teil des Geserich-Sees. Wie von einer Fernsicherung war dieser Platz in weitem Halbkreis vom Labenz-, Kaldunen-, Eylenz-, Lonker- und Karrasch-See umschlossen, um nur einige aus der gestaffelten Seenkette mit Namen zu nennen.

Um die Wende zum 14. Jahrhundert gründete der Deutsche Orden auf der genannten Halbinsel im Geserich-See eine Stadt, die in der in lateinischer Sprache abgefaßten Handfeste vom 11. Juni 1317 Ylavia genannt wurde. Stifter dieser Urkunde war der spätere Hochmeister Luther von Braunschweig (1330–1335), der zu dieser Zeit noch Komtur von Christburg war. Vorausgegangen war dieser Handfeste ein nicht überliefertes Gründungsprivileg der Stadt aus dem Jahre 1305, das der Komtur Sieghard von Schwarzburg ausgefertigt hatte. In einer erweiterten neuen Handfeste vom 2. April 1333, die in deutscher Sprache abgefaßt war, wurde die Stadt schließlich Ylaw (= Eylau) genannt. Bereits 1404 und 1438 kommt in Urkunden die Bezeich-

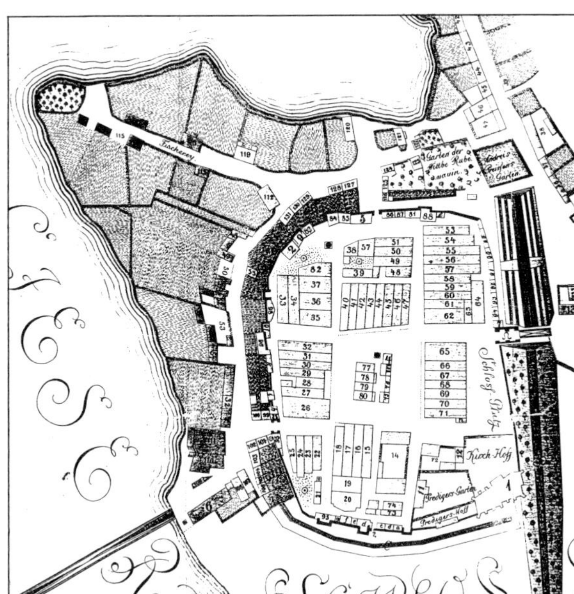

Stadtplan von 1753 (Zeichnung: Stannius, 1753)

nung Deutschen Ylaw und um 1540 Teutschen Eylaw vor.
Auf den Stadtplänen der letzten beiden Jahrhunderte erkennt man noch deutlich das Schema der alten Stadtanlage. Auf dem durch die Halbinsel und die Stadtbefestigung vorgegebenen rechteckigen Platz sind acht regelmäßige Baublöcke aus Häuserzeilen zu erkennen, die in der Mitte durch das Rathaus von 1317 auf dem Marktplatz ergänzt wurden. Den Schwerpunkt unserer Betrachtung bildet die in der Südecke der Stadtmauer gelegene alte Pfarrkirche, an deren Turm das einstige Ordenshaus unmittelbar angebaut war. Seine Lage wird auf dem Stadtplan von 1753 durch den Schloßplatz neben dem Löbauer Tor bezeichnet. Südlich davon und neben dem Stadtgraben erstreckte sich bis zum Seeufer der Schloßgarten.
Die ganze Stadt war von Wehrmauern mit Türmen und Toren umgeben. Davon haben sich nur geringe Reste bis in die Neuzeit erhalten. Von den alten Stadttoren blieben nur wenige Spuren übrig. Es waren dies vor allem das Löbauer Tor, auch Polnisches Tor genannt, nach Osten und das Riesenburger Tor an der Westseite, wo die Straße auf der langen Brücke den Kleinen Geserich-See überquerte. Nordöstlich der Stadt lag an dem auch als Mühlenfließ bezeichneten Eylenz-Fluß die einstige Ordensmühle. Dieser teilweise aufgestaute Fluß bildete neben einem Erdwall an der Wurzel der Halbinsel sowie dem Stadtgraben den Schutz an der Ostflanke.
Es ist weder durch Nachrichten noch durch Ruinen überliefert, ob es in Deutsch Eylau jemals eine voll ausgebaute Ordensburg gegeben hat. Bei Bauarbeiten im Jahre 1908 fand man parallel zur Stadtmauer am Schloßplatz lediglich die Fundamente des an die Kirche anschließenden festen Hauses des Ordens. Es bestehen deshalb Zweifel, ob auch für dieses Städtchen das im Ordensland übliche Schema für Stadtgründungen galt, wonach zuerst ein befestigter Platz oder eine Burg und dann in der unmittelbaren Nachbarschaft die Stadtsiedlung angelegt worden ist. Auf jeden Fall hat hier ein festes Ordenshaus bestanden, das im 16. oder 17. Jahrhundert untergegangen ist. In der Verschreibungsurkunde von 1522 zugunsten des Ordenshauptmanns Paul Fasolt wurde das Schloß noch ausdrücklich genannt, während im Privileg von 1560 nur noch vom »Hoff« die Rede ist. Andererseits liegt die Vermutung nahe, daß das Ordenshaus erst beim großen Brand von 1706 völlig vernichtet wurde, dem auch das Rathaus und fast die ganze Stadt zum Opfer fielen. Lediglich die Pfarrkirche blieb verschont.
Beispiele für eine enge Einbindung des Ordenshauses und der Kirche in die Stadtbefestigung gab es insbesondere bei kleinen Städten häufig. Es soll hier nur auf die Städte Neuenburg, Rastenburg und Wartenburg hingewiesen werden, wo das Ordenshaus eine in die Stadtbefestigung integrierte Eckbastion bildete. In Deutsch Eylau lagen genau diese Verhältnisse vor.
Noch heute steht an der Südecke der zerstörten Altstadt die altehrwürdige Ordenskirche von 1318 mit ihrem zur Nordostseite des Chors versetzten Turm. Von dieser harmonischen Baugruppe aus Chor, Kirchenschiff und Turm mit ihren abgewogenen Verhältnissen geht noch immer der Reiz eines schönen Bauwerks aus, der auf seine Umgebung am Ufer des Kleinen Geserich-Sees ausstrahlt und durch den Kontrast zu den in der Nachbarschaft entstandenen seelenlosen modernen Wohnblöcken eher noch verstärkt wird.
In der Zeit von 1317 bis 1325 entstand an der Südecke der Stadt der wehrhafte Gebäudekomplex aus Kirche und festem Ordenshaus mit dem verbindenden Turm, der als Glocken- und Wehrturm gemeinsam benutzt worden ist. Der erste Pfarrer war im Jahre 1324 der Ordenspriester Andreas, dem um 1350 Pfarrer Gerhard folgte. Im Jahre 1372 war der als Chronist bekannte spätere Offizial des pomesanischen Domkapitels, Johannes von der Pusilie (Posilge), Pfarrer an der Eylauer Kirche.
Die ältesten Gebäudeteile der Kirche sind Chor und Turm. Von dem fast quadratischen Chor, der ursprünglich gewölbt war, wirkt besonders eindrucksvoll der reich gegliederte, vierteilige Ostgiebel. Zwischen hohen gemauerten Giebel-

Die wehrhafte Ordenskirche mit dem gemeinsamen Turm des einstigen Ordenshauses (Foto: Ostpreußen-Archiv Heidemann)

pfeilern, die von Fialen bekrönt sind, liegen weiße Mauerblenden. Hangseitig wird das massive Bauwerk von Strebepfeilern abgefangen. Auch das wohl später angebaute rechteckige Kirchenschiff hat Strebe- und Eckpfeiler, die an der Südseite zu großen Arkaden verbunden sind und eine beeindruckende Licht- und Schattenwirkung erzielen. Der Westgiebel des Schiffs bietet mit seiner sechsteiligen Gliederung, den hohen Pfeilervorlagen und den mit gotischen Krabben und Kreuzblumen versehenen Ziertürmchen eine kunstvolle Fassade.

An die Nordostwand des Chors ist der rechteckige Glocken- und Wartturm angebaut, der den Dachfirst der Kirche nur wenig überragt. Seine Wände sind durch unterschiedlich hohe Mauerblenden gegliedert, in denen Fenster, Schallöffnungen und hangseitig Schießscharten liegen. Anstelle des Giebelabschlusses aus Fachwerk wurde im 16. Jahrhundert der heutige Staffelgiebel aufgemauert. Der kunstvoll gezimmerte Glockenstuhl stammt noch aus dem 14. Jahrhundert. Aus dieser Zeit ist auch eine mit dem Hochmeisterwappen versehene Glocke mit einer Aufschrift in Minuskeln, deren Text lautet: »O rex glorie criste veni cum pace«.

Das mit zwei Kreuzgewölben versehene Erdgeschoß des Turmes diente als Sakristei. Dagegen waren Ober- und Dachgeschoß offensichtlich Verteidigungszwecken vorbehalten, wie die bereits erwähnten Schießscharten bekunden. Diese Ansicht wird auch dadurch untermauert, daß der Zugang zum Turm in halber Höhe lag und nur vom Obergeschoß des früher unmittelbar anschließenden Ordenshauses möglich war.

Das feste Ordenshaus lag zwischen diesem Kirchturm und dem Löbauer Tor längs der Stadtmauer. Hinsichtlich seiner Gestaltung und seiner Ausmaße liegen nur spärliche Erkenntnisse vor, die sich auf die Fundamentfunde von

1908 stützen. Eine Rekonstruktion des »rechten Hauses« ist hiernach nicht möglich. Es kann aber davon ausgegangen werden, daß es sich um ein einflügeliges, rechteckiges Gebäude gehandelt hat, dessen Südostwand die Wehrmauer der Stadtbefestigung parallel zum Graben bildete.

Im Ordensstaat unterstand das Pflegeramt und spätere Kammeramt zuerst der Komturei Christburg und nach deren Teilung seit 1340 dem Komtur von Osterode. Für die Zeit von 1320 bis etwa zur Mitte des 14. Jahrhunderts werden Pfleger zu Deutsch Eylau erwähnt, und zwar die ersten drei nur mit ihren Vornamen Conrad, Carl und Hans, denen um 1338 Ludwig von Sulz, ab 1348 Kunemund von Maslauben (Malsleben?) und um 1350 einer namens Sturge oder Stürck folgte. Danach erscheint kein Pfleger mehr in den Urkunden, so daß anzunehmen ist, daß das Pflegeramt nach 1350 in ein Kammeramt zurückgestuft worden ist.

Die Geschichte der Stadt während ihrer frühen Jahre liegt weitgehend im dunkeln, weil die alten Urkunden und Unterlagen in ihrer Mehrheit den großen Stadtbränden von 1686 und 1706 zum Opfer gefallen sind. Dagegen wird Deutsch Eylau im Zusammenhang mit den Geschehnissen im 13jährigen Städtekrieg von 1454 bis 1466 und seinen Folgen häufiger erwähnt.

Die Stadt hatte sich bereits 1454 dem aufständischen Preußischen Bund angeschlossen. Als sich das Blatt wieder wendete und Sandor von Baysen am 24. 9. 1455 Osterode dem Deutschen Orden übergab, folgten wenige Tage später die Städte Deutsch Eylau und Liebemühl diesem Beispiel. Sie erklärten, daß ihre Teilnahme an der Belagerung von Marienburg nur unter Zwang der großen Städte, der Landesritter und des von den Polen eingesetzten Gubernators Hans von Baysen erfolgt sei.

Nachdem Deutsch Eylau am 27. September 1455 dem Hochmeister wieder gehuldigt hatte, verlegte der Orden hundert böhmische Söldner unter dem Kommando von Hauptmann Kirka nach dort, denen bald weitere 200 Böhmen folgten. Die Besatzung schaltete in der Stadt mit beispielloser Rücksichtlosigkeit und bedrückte die Einwohner. Sicher sollte hier auch eine gewisse Bestrafung für den Abfall vom Orden vorgenommen werden.

Als der Orden die Soldforderungen für den böhmischen Söldnerhaufen nicht mehr aufbringen konnte, schlossen die Söldner einen Vertrag mit dem König von Polen. Gegen Zahlung einer Gesamtsumme von 436000 Gulden in drei Raten lieferten sie Deutsch Eylau und andere Städte und Burgen Zug um Zug an die Polen aus.

Nach der Übergabe der Marienburg am 7. Juni 1457 zogen am 13. Juni die Polen auch in Deutsch Eylau ein. Die polnische Besatzung quälte die Bürgerschaft noch mehr als ihre Vorgänger. Sie preßte das letzte aus der Stadt heraus, indem sie, wie ein Zeitzeuge es ausdrückte, »gleich den anderen die Henne samt den Küchlein nahm und ihnen das Nest mit den Schalen ließ«. Die Erbitterung der Bevölkerung gegen die polnische Herrschaft war sehr groß und verlangte nach einem Ventil.

Am 20. September 1457 zog die Ordenstruppe von Riesenburg vor Deutsch Eylau und erschoß den polnischen Hauptmann Tristram. Auch die bischöflichen Krieger aus dem benachbarten Schönberg fügten den Polen bei Streifzügen beträchtliche Verluste zu. Als nun am 1. Oktober die Polen die Stadt zu einem ihrer Raubzüge in die Umgebung verließen, gelang es den beherzten Bürgern mit Hilfe einiger Ordensleute aus Schönberg, die wenigen zurückgebliebenen Besatzer zu überwältigen und die Tore zu schließen. Als der polnische Heerhaufen von seinen Plünderungen zurückkehrte, fand er die Stadttore verschlossen und mußte abziehen.

Nun wurde der bisherige Ordenshauptmann von Osterode, Ulrich von Kinsberg, Hauptmann von Eylau und blieb es bis Kriegsende. Das war 1466, als der Zweite Thorner Friede das ausgeblutete Ordensland dezimierte und mit hohen Kontributionen belegte. Noch lange zogen plündernde Söldnerhaufen und polnische Freischärlerbanden durch das zerstörte, notleidende Land. Von den 21000 Dörfern des Preußenlandes waren 1466 nur noch 3013 übrig geblieben.

Noch einmal wüteten im Reiterkrieg von 1520

Die alte Ordenskirche in ihrer schönen Lage am Geserich-See (um 1935) (Foto: Archiv Ostpreußenblatt)

polnisch-böhmische Söldnerhaufen und Tatarenhorden im ganzen Land. Deutsch Eylau, Schönberg und Rosenberg ergaben sich kampflos den Polen, in der Hoffnung, dadurch die Raublust und Gewalttätigkeiten der fremden Besatzer zu verringern. Bereits am 30. September 1520 eroberte der Ordenshauptmann Paul Fasolt mit seiner kleinen Truppe die Stadt zurück, wobei ein großer Teil der polnischen Besatzung erschlagen und ihr Hauptmann Skronoffski gefangengenommen wurde.

Das Amt Deutsch Eylau fiel zunächst an den Bischof Hiob von Pomesanien und nach dessen Tod wurde 1522 der vorgenannte Ordenshauptmann Paul Fasolt mit dem Amt belehnt. Dieser versuchte nun seinen ausstehenden Sold von 5032 Mark Silber aus dem als Pfand übereigneten Amt herauszuschlagen und räuberte fast wie die Söldner. Die Reformation und die damit verbundene Bilderstürmerei boten Fasolt die Gelegenheit, sich am Kirchengut schadlos zu halten. Aus Kelchen, Kreuzen, Monstranzen und anderen Stücken des Kirchenschatzes gewann er mehr als 27 Pfund Silber. Außerdem bereicherte er sich an 36 Hufen ehemaligen Kirchenlandes, das er ohne Entschädigung für sich und seine Verwandtschaft nutzte. Endlich wurde aber seinem eigennützigen Treiben durch einen langen Prozeß Einhalt geboten. Unter Leitung des Bischofs Georg von Polentz kam zwischen dem nunmehrigen Herzog Albrecht, vormaligem Hochmeister des Deutschen Ordens, und dem Gläubiger Fasolt ein Vergleich zustande, indem durch eine Zahlung von 3000 Mark das Pfand eingelöst wurde.

Im Jahre 1536 übernahm Jacob von Diebes die Amtshauptmannschaft, dem nach dem Tode 1548 Wolff von Kreytzen als Käufer folgte. Von der vereinbarten Kaufsumme von 19000 Mark zahlte dieser dem hochverschuldeten Landesherrn nur 6000 Mark und verrechnete den Rest mit Hilfe von Manipulationen auf ausstehende Forderungen. In grimmiger Wut bemerkte der treue Gefolgsmann des alternden Herzogs, Caspar von Nostiz, hierzu: »So seint die gesellen mit dem guten fromen alten hern umbgangen und noch teglich betrugklich mit dem jungen hern umbgehen.« Es war die Zeit, als der resignierende alte Herzog in die Abhängigkeit von adligen Spekulanten gefallen war, die mit maßlosem Eigennutz nur ihren Vorteil im Sinn hatten. Sein schwacher, zunehmend geisteskranker Sohn, Herzog Albrecht Friedrich, war nicht in der Lage, der wuchernden Adels- und Ständeherrschaft Einhalt zu gebieten. Das gelang erst, als im Jahre 1577 Markgraf Georg Friedrich von Brandenburg-Ansbach die Vormundschaft und Regentschaft übertragen wurde. Trotzdem war es noch ein langer Weg, bis aus dem schwachen, lehnsabhängigen Herzogtum Preußen wieder ein geachtetes, blühendes Land wurde.

Die Stadt Deutsch Eylau nahm an der immer wieder durch Kriege und Seuchen unterbrochenen Entwicklung des Landes teil. Ein Gradmesser für das Wachstum ist die Bevölkerungszunahme der Stadt, die 1540 nur 450 Einwohner hatte, in der 1782 bereits 1045 Menschen lebten und die 1939 mit fast 14000 Bürgern einen Höhepunkt ihrer Prosperität erreicht hatte.

Deutsch Eylau war eine schöne Stadt in einer landschaftlich bevorzugten Lage in einem herrlichen Seen- und Waldgebiet. 1945 fiel die Stadt stark zerstört den Sowjets in die Hände, die sie ausgeplündert und gebrandschatzt den Polen übergaben, die sie und das Land inzwischen seit mehr als 45 Jahren verwalten.

Kauernick

Stadtwappen

Romantische Ruinen einer Kapitelsburg

Bei der Betrachtung der alten Karte des Ordenslandes Preußen fällt außer der Massierung der Komtureien im Kulmerland und ihrer außerordentlich unterschiedlichen Gebietsausdehnung auf, daß der Anteil des geistlichen Besitzes am Territorium sehr erheblich war.

Der Deutsche Orden entwickelte sich bekanntlich aus einer anläßlich des Dritten Kreuzzuges im Heiligen Lande um 1190 gegründeten Hospitalgenossenschaft Bremer und Lübecker Kaufleute binnen einem Jahrzehnt zu einem geistlichen Ritterorden, dessen Gründung und Institutionalisierung durch eine päpstliche Bulle von 1199 festgelegt wurden.

Die Oberhoheit des Papstes kam auch bei den Unternehmungen des Deutschen Ordens im Preußenland zum Ausdruck, indem Papst Innozenz IV. im Jahre 1234 die Ordensbesitzungen in Preußen unter den Schutz des heiligen Petrus stellte und sich zugleich Maßnahmen zur kirchlichen Ordnung des Gebiets vorbehielt.

Bereits wenige Jahre später erhielt der päpstliche Legat in Preußen, Wilhelm von Modena, den Auftrag, das gewonnene Land in Diözesen einzuteilen. Er tat dies in seiner am 29. Juli 1243 in Anagni ausgestellten Urkunde, nach der in Preußen die vier Bistümer Kulm, Pomesanien, Ermland und Samland eingerichtet werden sollten. Im übrigen wurden die vier preußischen Bistümer dem Erzbischof von Riga unterstellt. Den Bistümern wurde ein Drittel des vom Orden eroberten Gebiets mit vollen Herrschaftsrechten übertragen.

Im Kulmerland betrug der bischöfliche Anteil jedoch abweichend hiervon ursprünglich nur 600 Hufen Land um Kulmsee und Briesen. Er wurde nach Erwerb der Löbau durch den Orden im Jahre 1257 jedoch um die Hälfte des Gebiets dieses Ländchens erhöht. Nach der Bildung von Domkapiteln mußten die Bischöfe ihre Macht mit diesen teilen; sie überließen ihnen jeweils wiederum ein Drittel des bischöflichen Landbesitzes.

Anfangs hatte der Bischof von Kulm seine Residenz in der damaligen Landeshauptstadt, verlegte sie jedoch etwa um 1300 nach Löbau, wo er bis 1781 residierte. Das kulmische Domkapitel erhielt die Stadt Kulmsee als Sitz der Kathedrale nebst einigen Besitzungen in der Nähe und in der Löbau sowie die Stadt Kauernick. Bischof und Domkapitel errichteten etwa um 1300 ihre Burgen in Löbau und Kauernick.

Beide Städte verbindet die Zugehörigkeit zu dem kleinen Land Löbau, das ursprünglich zum Herzogtum Kujavien gehörte und, weil es keilförmig in das Ordensgebiet hineinragte, ein Streitpunkt zwischen dem Deutschen Orden und dem Herzog war. Erst nach jahrelangen Verhandlungen, in denen Teile des Landes den Besitzer wechselten, verzichtete der Herzog 1257 endlich ganz auf die Löbau und je eine Hälfte des Landes fielen an den Orden und an die Kirche.

Bei der benachbarten Michelau lagen die Verhältnisse zuerst ähnlich, bis die Enklave um 1304 für 300 Mark Silber als Pfandbesitz in die Hände des Ordens gelangte und 1317 endgültig

Ruine der Kapitelsburg Kauernick (Foto: F. Borchert, 1983)

vom Herzog von Kujavien abgetreten wurde. Eine weitere Verbindung zwischen Löbau und Kauernick stellt das Geschehen im Vorfeld der Schlacht bei Tannenberg her. Der Hochmeister erwartete, daß die Polen und Litauer nach Ablauf des Waffenstillstands in zwei getrennten Stoßkeilen ins Ordensland einfallen würden, und zwar die Polen nach dem Kulmerland und Pommerellen und die Litauer weiter östlich nach Galinden. Deshalb sammelte er einen Teil des Ordensheeres auf dem linken Weichselufer bei Schwetz, wo auch Gäste und Söldner aus dem Reich aufgenommen wurden. Das Hauptheer ließ der Hochmeister aber bei Kauernick Stellung beziehen, wo das Hügelgelände Schutz vor Überraschungsangriffen bot.

Am 8./9. Juli 1410 überschritten die vereinigten polnisch-litauischen Heere bei Lautenburg die Grenze. Schon am nächsten Tag stieß eine ausschwärmende polnische Reiterabteilung vor Kauernick auf Vorposten des Ordensheeres und erkundete, daß ein Überschreiten der Drewenz hier nicht möglich war. Deshalb und wegen der sumpfigen Gebiete im Welleflußtal schwenkte das polnisch-litauische Heer nach Osten in Richtung Soldau.

Dieser Bewegung folgte später auch das Ordensheer, nachdem es auf zwölf Brücken die Drewenz überschritten hatte, mit der Marschrichtung Löbau. Dort erreichte den Hochmeister am 14. Juli die erschreckende Nachricht, daß die Polen und Litauer in der Nacht Gilgenburg erstürmt und in der Stadt mit furchtbarer Grausamkeit gewütet hatten. Zornentbrannt führte er sein Heer in Gewaltmärschen weiter nach Osten und traf am frühen Morgen des 15. Juli mit seinen ermüdeten Kriegern auf dem Schlachtfeld von Tannenberg ein, wo sich nach anfänglichen Erfolgen des Ordens am späten Nachmittag die verheerende Niederlage vollendete.

Der aus dem Kulmerland kommende Reisende ist überrascht, wie die bis 160 Meter hohen Sandhügel bei Kauernick plötzlich steil in die Ebene des Drewenztales abfallen und den Blick nach Nordosten bis nach Neumark freigeben. Oberhalb dieses Steilhanges liegt neben der Straße die Ruine Kauernick, Reste der ehemaligen Burg des Kulmer Domkapitels. Auch heute sind auf dem Hügelrand noch halbhohe schwere Feldsteinmauern des Haupthauses mit Fenster- und Türöffnungen, die Fundamente der nördlich vorgelagerten Kapelle sowie der halbverschüttete Hausgraben der früh zerstörten Burg vorhanden.

Die am steilen Talrand südlich der Stadt gelegene Kapitelsburg hatte einen Zugang über eine Rampe am Ostrand des bewachsenen hohen Sandhügels. Wie die Höhenburgen Westdeutschlands war die umfangreiche Anlage den Geländeverhältnissen angepaßt und demgemäß in Form eines langgestreckten, unregelmäßigen Vielecks errichtet.

Der südlich gelegenen Oberburg mit dem Haupthaus, die gegen die Hochfläche durch einen tiefen Hausgraben gesichert war, war die Niederburg zur Talseite vorgelagert. An deren Spitze lag, am Hang durch Strebepfeiler abgestützt, die Heilig-Kreuz-Kapelle, die etwa

Mauer des Westflügels mit Tür- und Fensteröffnungen sowie Balkenlöchern (Foto: F. Borchert, 1983)

13 Meter lang war. Zwischen der Kapelle und dem fast quadratischen Haus des Kapitels bildete ein großer, von Wehrmauern umgebener Platz die Vorburg. Vermutlich befanden sich hier früher die in diesen Burgteilen üblichen kleineren Wirtschaftsgebäude.

Auffallend sind die geringen Abmessungen der Hauptburg, die noch kleiner waren als die des kleinsten Konventshauses des Deutschen Ordens in Ortelsburg. Das Haupthaus hatte Flügel von nur 26 bis 28 Meter Länge bei einer lichten Weite von etwas über fünf Metern. Wie aus den noch erkennbaren Balkenlöchern in den Innenseiten der Mauern zu schließen ist, hatten die Geschosse Balkendecken und somit vermutlich keine Gewölbe.

Überhaupt vermittelt das grobe Mauerwerk aus Granitfeldsteinen mit gelegentlichen Ziegelgliederungen einen altertümlichen Eindruck, der noch durch die im 13. Jahrhundert übliche Unregelmäßigkeit des Grundrisses der Gesamtanlage verstärkt wird. Trotzdem soll die Kapitelsburg Kauernick erst im 14. Jahrhundert entstanden sein. Sie läßt sich kaum in die Stilformen der zeitgleich gebauten Ordensburgen einordnen.

Zur Geschichte Kauernicks und seiner Burg bleibt nur wenig nachzutragen. Der Berg »cornichium«, wie er in alten Urkunden bezeichnet ist, wurde mit den umliegenden Ländereien in der Größe von 300 kulmischen Hufen, das sind rund 5000 Hektar, von Bischof Werner von Kulm im Jahre 1291 seinem Domkapitel verliehen. Es ist anzunehmen, daß die Burg wohl bald danach erbaut wurde, so daß ihre Bauzeit um 1300 liegen dürfte.

Nach alten Urkunden befand sich auf der Burg der Amtssitz eines Burggrafen oder Vogts. Bei einem Kriegszug ins Kulmerland um 1330 unter Führung des Fürsten Gedimin verwüsteten die Litauer Kauernick und Umgebung. Die Polen brannten Burg und Stadt nach der Schlacht von Tannenberg nieder. Nach ihrer Wiederherstellung folgte zu Beginn des 13jährigen Städtekrieges die erneute Zerstörung durch Aufständische im Verein mit den Polen. Hiervon erholte sich die Burg nie wieder und verlor ihre Bedeutung.

Sicher hat die Brandschatzung Kauernicks durch die Schweden im Jahre 1659 der Burg den Rest gegeben. Nach einer Beschreibung von 1669 waren in der Ruine aber noch die Ringmauern und mehrere Türme zu erkennen. Ende des 18. Jahrhunderts, als Kauernick wieder zu Preußen gehörte, ließ die Verwaltung den größten Teil der nicht mehr erhaltungswürdigen Ruine abbrechen und als Baumaterial für die völlig heruntergewirtschafteten Gebäude in der Stadt verwerten.

Die wenigen übriggebliebenen Mauerreste ließen keine Rekonstruktion der Anlage und Gebäude zu, so daß 1940 aus kunsthistorischem Interesse die Grundmauern freigelegt und aufgenommen wurden. Dabei soll sich eine teilweise Übereinstimmung mit der pomesanischen Bischofsburg Schönberg ergeben haben.

Löbau

Residenz der Bischöfe von Kulm

Stadtsiegel aus dem 14. Jh.

Schon vor der Ordenszeit hatte die christliche Mission das Ländchen Löbau im Südwestteil des prussischen Stammesgebietes erreicht, das keilförmig zwischen dem Kulmerland und dem Land Sassen lag. Überliefert ist, daß hier die Bekehrungsversuche der überwiegend deutschen Zisterziensermönche aus dem Kloster Lekno bei Gnesen, einer Tochtergründung des Stiftes Alteberge, schöne Anfangserfolge erzielten.

Jedoch führte die Vermischung der Missionsarbeit mit den politischen Zielen polnischer und pommerellischer Fürsten zum Widerstand der Prussen. Der Versuch, im Jahre 1221 diesen Widerstand durch ein von Markgraf Heinrich von Meißen geführtes Kreuzzugsheer aus Deutschen und Polen zu brechen, scheiterte. Er löste vielmehr einen prussischen Gegenstoß aus, der nicht nur die junge Kirche in diesem Land vernichtete, sondern auch langanhaltende Kämpfe im Grenzgebiet zu Masovien und Kujavien nach sich zog.

In diesen blutigen Kämpfen wurde das Kulmerland verheert und fast entvölkert. Als die prussischen Heerhaufen aber auch die benachbarten polnischen Herzogtümer angriffen und zu überrennen drohten, mußte Herzog Konrad von Masovien in seiner Not fremde Hilfe in Anspruch nehmen. Sein Versuch, durch einen in Dobrin gegründeten kleinen Orden der Milites Christi die Gefahr abzuwenden, scheiterte im Jahre 1228 völlig. Die kleine Schar der Ritter im weißen Mantel mit rotem Schwert und rotem Stern ging 1235 ganz im Deutschen Orden auf.

Vor diesem Hintergrund kamen die seit 1226 andauernden Verhandlungen zwischen dem Deutschen Orden und Herzog Konrad im Jahre 1230 zum Abschluß. Nach seinen schlechten Erfahrungen mit dem König von Ungarn beim Einsatz des Ordens im Burzenland sorgte der Hochmeister Hermann von Salza dafür, daß das neue Unternehmen im Land an der Weichsel rechtlich perfekt abgesichert und durch Kaiser und Papst sanktioniert war. Die nun einsetzenden militärischen und politischen Aktivitäten des Ordens führten letztendlich zur Gründung eines eigenen Staates, aus dem später das deutsche Herzogtum bzw. Königreich Preußen entstanden ist.

Von den Missionaren aus dem Kloster Lekno zeichnete sich besonders der Mönch Christian aus, der in anderen Quellen auch als Abt Gottfried bezeichnet wurde. Erstmalig tauchte sein Name in der päpstlichen Bulle vom 4. September 1210 auf. Mit kluger Einsicht gelang es dem tatkräftigen Missionar, insbesondere die Sippenoberhäupter der Prussen zu bekehren und allmählich einen einheimischen Klerus heranzubilden. Auf Grund seiner beträchtlichen Missionserfolge ernannte ihn der Papst 1215 zum Bischof von Preußen.

Das Hauptbetätigungsgebiet Christians lag in dem prussischen Land Lobaw, das die deutsche Bezeichnung Löbau erhielt. Zwei neubekehrte Sippenoberhäupter schenkten ihm große Ländereien in Lubovia und in Lansania, wie die Territorien in der lateinisch abgefaßten Urkunde des

Papstes vom 16. Februar 1216 genannt wurden. Bischof Christian führte voller Dankbarkeit die beiden prussischen Führer mit den Namen Swawabuno und Warpoda im selben Jahr nach Rom, wo sie vom Papst getauft wurden.

Bereits um diese Zeit machte sich zunehmender Widerstand unter den Prussen bemerkbar. Um seinem Missionswerk jeden Anschein politischer Absichten, insbesondere seitens der polnischen Fürsten, zu nehmen, beantragte Christian beim Heiligen Stuhl die Loslösung seines Bistums von der polnischen Kirche. Mit päpstlicher Bulle vom Mai 1218 wurde Bischof Christian daraufhin Rom unmittelbar unterstellt. Aber es war zu spät und der prussische Aufstand nicht mehr aufzuhalten. In den sich über zwei Jahrzehnte erstreckenden Kämpfen zwischen den heidnischen Prussen und den verschiedenen christlichen Gruppierungen ging das Werk des Missionsbischofs unter; er selbst geriet 1233 in prussische Gefangenschaft. Er starb 1245, vom Orden und von seinen früheren Weggenossen unbeachtet und vergessen.

Nach dem Tode Christians wurde die Löbau zum Streitpunkt zwischen dem Deutschen Orden und dem Herzog von Kujavien. Während ersterer als legitimen Erben das neu gegründete und in den Orden inkorporierte Bistum Kulm ansah, leitete der Herzog seine Rechte von früheren Eigentumsverhältnissen und der ursprünglichen Zugehörigkeit zum Bistum Gnesen ab.

Im Jahre 1242 fiel durch Schiedsspruch des päpstlichen Legaten Wilhelm von Modena ein Drittel des Landes an den Herzog von Kujavien. Bereits zwei Jahre später gab der Orden sogar die Hälfte des Landes auf, um als Gegenleistung den Verzicht des Herzogs auf masurische Territorien zu erreichen. Dem Orden lag sehr viel an der Arrondierung seiner Gebiete mit einer verteidigungsmäßig günstig verlaufenden Grenze.

Aus nicht bekannter Ursache verzichtete der Herzog im Oktober 1257 nun ganz auf die Löbau, die zur Hälfte dem Ordensgebiet und dem Bistum Kulm zugeteilt wurde.

Das benachbarte Ländchen Michelau, das ähnlich wie die Löbau keilförmig in das Ordensgebiet hineinragte, blieb zunächst weiter im Besitz des Herzogs von Kujavien. Erst als dieser es im Jahre 1304 gegen eine Schuld von dreihundert Mark Silber auf zwei Jahre dem Orden zum Pfand gab, kamen Verhandlungen über diese Enklave in Gang. Nach mehrmaliger Verlängerung der Darlehensfrist stimmte der Herzog 1317 der endgültigen Abtretung des Michelauer Landes an den Deutschen Orden zu.

Löbau gehörte seit 1243 zum Bistum Kulm, dessen erster Bischof Heidenreich (1246–1263) seinen Sitz in Kulmsee hatte. Um 1251 wurde dort mit dem Bau einer Domkirche begonnen, nachdem im selben Jahr das kulmische Domkapitel gestiftet worden war. Der alte Bischof wollte seine Residenz nicht verlegen, aber seine Nachfolger siedelten um die Wende zum 14. Jahrhundert nach Löbau um.

Vermutlich hat am Platz der späteren Bischofstadt Löbau schon zu Beginn des 13. Jahrhunderts eine prussische Burg mit Siedlung gelegen, die um 1216 erwähnt worden ist. Man bezeichnete den Ort, nachdem er vom Orden übernommen worden war, als »forum Lubavie«. Es handelte sich um einfache Befestigungsanlagen aus Wällen und Holzbauten, die in der Nähe des Marktes des kleinen Ortes lagen.

Löbau lag damals im Grenzgebiet zu den heidnischen Prussen, die immer wieder versuchten, den Orden zurückzudrängen und sein Hinterland zu zerstören. So brach im Jahre 1263 beim großen Preußenaufstand der Natangerfürst Herkus Monte tief ins Kulmerland ein, brannte Dörfer nieder und führte die Bewohner als Gefangene fort. Auf seinem durch Mitführung von Gefangenen und Beute langsamen Rückzug stellte ihn der Landmeister Helmerich von Rechenberg mit einer Ordensstreitmacht bei Löbau und besiegte ihn unter beiderseitigen schweren Verlusten.

Die Prussen hatten sich hinter einem siebenfachen Verhau verschanzt, der von den Rittern im Sturmangriff genommen wurde. Dabei fielen der Landmeister, vierzig Ritter und viele Kriegsknechte. Es muß eine bedeutende Schlacht gewesen sein, denn eine Volkssage, die auf Dusburgs Chronik zurückgeht, berichtet darüber:

Pfarrkirche St. Annen vom Beginn des 14. Jh. (Foto: R. Heidemann, 1983)

»An der Stelle, wo im Jahre 1263 die gewaltige Schlacht bei Löbau geschlagen worden, in welcher Landmeister Helmerich von Rechenberg mit all den auserlesensten Gebietigern des Ordens ihr Leben gelassen, sah man nachher zu nächtlicher Zeit brennende Kerzen, wie ein Einsiedler, der sich auf der Wahlstatt späterhin ein Hüttlein gebaut, oftmals gesehen, und die deutlich dartaten, wie den Erschlagenen die Märtyrerkrone von Gott verliehen sei.«

Wenige Jahre später rückten um 1269 die Sudauer mit einer großen Streitmacht in das Land Löbau ein und zerstörten die Burg und die Stadt gleichen Namens. Peter von Dusburg beschrieb auch diesen Verheerungszug, der über Strasburg, Thorn und Kulm führte, in seiner Chronik des Preußenlandes aus dem Jahre 1326.

Nach der Niederwerfung des großen Preußenaufstandes begann in den beiden letzten Jahrzehnten des 13. Jahrhunderts der Wiederaufbau von Stadt und Burg Löbau. Sie wurden mit gemeinsamen Verteidigungsanlagen versehen, in die auch die Burg integriert war. Bischof Hermann von Oettingen, der Löbau als Residenz der kulmischen Bischöfe ausgewählt hatte, erteilte der Stadt um 1301 eine Handfeste mit den besonderen Privilegien einer bischöflichen Stadt. Er trieb auch den Neubau der Bischofsburg voran und verlegte seinen Sitz bereits im ersten Jahrzehnt des 14. Jahrhunderts nach dort. Löbau blieb fast fünfhundert Jahre Bischofssitz, bis nach weitgehendem Aufbrauchen der Gebäude im Jahre 1781 die Rückverlegung der Residenz nach Kulmsee vorgenommen wurde.

Im Marienburger Tresslerbuch des Deutschen Ordens aus der Zeit von 1399 bis 1409 wird das Bistum Kulm häufig erwähnt. Hier, wie auch beim Chronisten Johannes von der Posilge, ist aber bemerkenswert, daß immer von den Bischöfen von Kulmsee und nicht von Kulm die Rede ist. Es wurden in dieser Zeit erhebliche Geldgeschäfte zwischen dem Ordenstressler und dem Bischof von Kulm abgewickelt, wobei letzterer die ihm gegebenen Darlehen ratenweise zurückzahlte.

Aus den Jahren 1398/99 berichtet Posilge in der Sprache seiner Zeit von der Umbesetzung auf dem kulmischen Bischofsstuhl:

»Item in desim jare tat der pabist Eyne Wandelunge und machte her Niclos von Colmensee (= Kulmsee) den Bischoff czu Bischoffe zcu Kamyn (= Kamin), unde den herin Johannem herzogin von Opil (= Herzog von Oppeln), der vor uff der kuyow (= Kujavien) Bischoff was, der wart Bischoff zcu Colmensee.«

Die Versetzung des Bischofs Nicolaus wurde durch den Hochmeister veranlaßt. Trotz der in den Statuten des Bistums festgelegten Inkorporation in den Orden hatte jener sich beharrlich geweigert, das Ordenskleid anzunehmen.

Aber auch beim Zuzug des neu ernannten Bischofs Johannes Cropidlo Herzog von Oppeln ergaben sich Schwierigkeiten, weil die Polen ihn auf seiner Reise nach Löbau in Kalisch gefangennahmen und erst später auf dringliche Forderungen des Ordens wieder freigaben.

Dieser Zwischenfall hatte seine Vorgeschichte in der Verpfändung von Ländereien durch den König von Polen und Ungarn an den Orden, an der auch der Herzog von Oppeln durch einen Tausch als Verpfänder beteiligt war. Das verpfändete Herzogtum Dobrin und die Herrschaft Zlotterie an der Grenze zum Kulmerland verlangte der polnische König Jagiello zurück, ohne daß er das Pfand eingelöst hatte. Hochmeister Konrad von Jungingen war aber trotz Jagiellos Drohungen nur bereit, das Pfand gegen Zahlung des geliehenen Geldes auszuliefern. Aus Wut über die rechtlich fundierte Weigerung des Hochmeisters ließ sich König Jagiello zu dem oben beschriebenen Gewaltakt hinreißen. Erst im Jahre 1405 zahlte er 50000 ungarische Florin (Gulden) für Dobrin und 2400 Schock Groschen für Zlotterie und erhielt daraufhin vom Orden beide Länder zurück.

Nach Bischof Johannes wurde der Kanzler des Hochmeisters, Arnoldis Stapil, Bischof von Kulm und nach dessen Tod im Jahre 1416 Johannes Margenau. Dann aber, nach dem Verlust des Landes durch den Zweiten Thorner Frieden von 1466, bestimmte Polen bis 1772 die einzusetzenden Bischöfe.

Unter diesen waren aber auch einige Deutsche, wie der energische Gegner der Reformation Johannes Dantiskus, genannt Flachsbinder, aus der ermländischen Familie von Höfen, von 1530 bis 1537. Auch Stanislaus Hosius, Bischof von Kulm von 1549 bis 1551 stammte aus einer deutschen Familie, die unter dem Namen Hose in Baden bekannt war. Beide wurden anschließend Bischof von Ermland, wobei Hosius die Kardinalswürde erlangte und als Gründer des berühmten Collegium Hosianum in Braunsberg unvergessen ist.

Im Jahre 1601 gliederte die römische Kurie den polnischen Teil Pomesaniens an das Bistum Kulm an.

In der Geschichte des Bistums Kulm spielte die Bischofsburg zu Löbau in den fast fünfhundert Jahren, in denen sie als Residenz und Verwaltungssitz des Bischofs diente, eine bemerkenswerte Rolle. Als erster war Bischof Hermann von Kulm nach Fertigstellung des Neubaus von Kulmsee nach Löbau übergesiedelt.

Die in den Jahren zwischen 1300 und 1310 in Stein errichtete Bischofsburg lag auf dem alten Burgplatz und deckte die Nordostseite der Stadt neben den Ausfallstraßen nach Gilgenburg und nach Osterode. Unter Ausnutzung des durch Wälle und Gräben bereits vorbereiteten Terrains wurde der quadratische Burgplatz mit starken Feldsteinmauern eingefaßt, auf die eine Wehrmauer aus Backstein aufgesetzt war. An der Nordostecke sprang eine runde Bastion in den umlaufenden Graben vor, in den man aus dem nahen Sandelle-Flüßchen Wasser zuleiten konnte. Die quadratisch angeordneten Burggebäude waren von einem Parcham umgeben. Auf der Westseite lag der Zugang, der über den Burggraben und einen Torzwinger durch den Torweg in den Burghof führte.

Einzelheiten über die Burggebäude sowie deren Anordnung und Raumaufteilung sind nicht überliefert. Wir wissen, daß die Burg einen Turm besaß, in den 1813 der Blitz einschlug, was zum Niederbrennen des gesamten Geäudekomplexes führte. Die Burgruine wurde nach dem Brand zum Abbruch verkauft und zum Teil zur Errichtung der nach dem großen Stadtbrand von 1724 noch nicht wiederaufgebauten Gebäude der Stadt verwendet.

Granitgewände des alten Burgtors im heutigen Pfarrgarten (Foto: F. Borchert, 1981)

Nach alten Nachrichten soll die Bischofsburg in Löbau eine gewisse Ähnlichkeit mit der ermländischen Burg Rößel gehabt haben. Da sie während der Nutzung als Bischofssitz natürlich in größerem Maße Umbauten und Modernisierungen unterlag und Pläne über ihre ursprüngliche Beschaffenheit nicht vorliegen, ist eine Einordnung in die im Ordensland sonst üblichen Burgentypen kaum möglich.

Bei einer Besichtigung des einstigen Burggeländes im Jahre 1981, das jetzt als Pfarrgarten benutzt wird und von hohen Bäumen umstanden ist, konnte man den in der Ummauerung etwas erhöht liegenden Burgplatz noch gut erkennen.

Zwei mit Steinquadern eingefaßte Brunnenschächte markieren die Lage des früheren Burghofs. Im übrigen waren Mauerreste nicht zu entdecken. Man kann jedoch davon ausgehen, daß noch erhebliche Teile der Fundamente und Keller im Erdboden vorhanden sind.

Im Westteil des Gartens gab es aber eine erstaunliche Entdeckung: Da steht frei und ohne umgebendes Mauerwerk das schwere Granitgewände des alten Burgtors. Es ist aus formgerecht behauenen Granitquadern spitzbogig zusammengefügt und weist über dem Erdboden noch den schrägen Radabweiser auf. Diese Toreinfassung entspricht genau denen, die wir in fast allen Ordens- und Bischofsburgen im Preußenland gefunden haben. Der freistehende Torbogen ragt wie ein Denkmal gotischer Baukunst als letzter Baustein der längst untergegangenen Burg empor.

Schönsee

Alte Komturei des Deutschen Ordens

Banner der Komturei Schönsee um 1410

Nur fünfundzwanzig Kilometer nordöstlich von Thorn liegt das Städtchen Schönsee, noch heute von Resten der alten Stadtmauer eingerahmt, deren östlicher Rundturm die einstige Wehrhaftigkeit der Ordensstadt erahnen läßt. Der große rechteckige Marktplatz wird im Nordwesten von der Pfarrkirche begrenzt, die bereits um 1330 erbaut worden ist. Es ist eine turmlose Saalkirche mit Blenden in den Seitenwänden und Staffelgiebeln.

Gerade als wir den Kirchhof betreten, wird einer Schulklasse die Geschichte und Architektur der Kirche erklärt. Es wäre sicher aufschlußreich, aus polnischem Munde etwas über diese vom Deutschen Orden gegründete Stadt zu hören, deren frühe Feste Kowalewo eine kurze polnische Vergangenheit hatte und bereits um 1222 als zerstörter Burgplatz erwähnt wurde. Kurz danach haben sich wohl im Zusammenhang mit den Missionsversuchen hier Templer oder Johanniter niedergelassen.

Nach Beendigung des ersten Preußenaufstands durch den Frieden zu Christburg im Jahre 1249 verstärkte der Deutsche Orden den Ring der Sicherungsburgen im Kulmerland durch den Bau von burgähnlichen Holz-Erde-Werken in Schönsee, Roggenhausen, Papau, Leipe und Welsas, die sämtlich in dem Jahrzehnt nach 1250 entstanden. In dem existenzbedrohenden Aufstand hatten die Ritter die entscheidende Bedeutung befestigter Plätze für die Streitkräfte, aber auch für die deutschen Siedler erkannt. Damals konnten außerhalb des Kulmerlandes nur die starken Burgen Balga und Elbing dem heftigen Ansturm der aufständischen Prussen widerstehen.

Der Bau der Burg Schönsee hatte besondere strategische Bedeutung, denn sie sollte den »Paß« an der Verbindungsstraße nach Sassen und in die Löbau sichern und gleichzeitig als Bollwerk gegen die immer wieder aus der Wildnis vordringenden Barter, Sudauer und Litauer dienen.

Wie vorausschauend diese Verteidigungsmaßnahmen waren, zeigte sich schon bald in dem 1260 ausbrechenden großen Preußenaufstand, an dessen Ende Schönsee von den Bartern belagert wurde. Hier trat der Ordensritter Arnold Kropp hervor, der den gegnerischen Kriegszug stoppte. Durch einen glücklichen Ballistenschuß wurde Diwane, der Anführer der Barter, getötet, und das führerlos gewordene Heer flutete in seine östlichen Heimatgaue zurück. In »Preußens ältere Geschichte«, die August von Kotzebue 1811 herausgab, wird die Begebenheit so geschildert:

»Was die Sudauer unvollendet ließen, das vollbrachten die Litthauer, in drey Heere getheilt, verwüsteten sie zugleich die Masau, Culm und Pomesanien. Dywan, an der Barther Spitze, rückte vor Schönsee, schwur, alle Ritter, welche die Burg vertheidigen würden, an den Pforten aufzuhängen. Der Brüder im Schlosse waren nicht mehr als drey, dennoch trotzten sie Dywan's Macht. Um ihn zu täuschen, erschienen ihre Knechte in Ordensmänteln auf den Wällen.

Ohne sich an deren Zahl oder Rüstung zu kehren, stürmten die Heiden. In diesem gefährlichen Augenblicke durchbohrte ein Pfeil des Heerführers Brust – er sank und starb. Sein Volk, der Seele beraubt, zerstreute sich, und der Orden feyerte Dywan's Tod mit Recht als einen großen Sieg.«

Dank der starken Hilfe des Markgrafen Dietrich von Meißen wurde der Preußenaufstand im Jahre 1273 auch in den anderen Gauen niedergeschlagen, wobei die beiden bekannten Prussenführer Herkus Monte aus Natangen und Glappo fielen.

Das letzte Drittel des 13. Jahrhunderts nutzte der Deutsche Orden zum Ausbau seines Burgensystems in Stein. Anstelle des nicht ausreichend vorhandenen Natursteins, der für Fundamente und Mauerfüllungen verwendet wurde und in seiner hiesigen Vorkommensform als Haustein nicht brauchbar war, trat der Backstein. Die Technik des Backsteinbaus war etwa Mitte des 13. Jahrhunderts aus dem Altreich nach Preußen eingeführt worden, wozu für das Brennen der großformatigen Ziegel zentrale Bauhütten eingerichtet und überregional arbeitende Baumeister in Westdeutschland angeworben wurden.

Nach den frühen Steinburgen in Althaus, Thorn, Graudenz und Birgelau sowie den fünf sogenannten Haffburgen folgten nun die zweite und dritte kulmerländische Burgenlinie mit Papau, Schönsee, Roggenhausen, Engelsburg, Rehden, Strasburg, Leipe und Gollub. Im letzten Drittel des 13. Jahrhunderts setzte sich gegenüber dem unregelmäßigen Grundriß der Abschnittsbefestigungen nach dem Muster der heimischen Höhenburgen die rechteckige Anlage mit Innenhof durch, die etwa ab 1300 zum festen Schema des quadratischen Konventshauses weiterentwickelt wurde. Der uns nur aus wenigen Bodenspuren mangelhaft bekannte Grundriß der Burg Schönsee läßt jedoch ihre Zugehörigkeit zum reifenden Stil des Konventshaustypus mit ausreichender Sicherheit vermuten.

Die Hauptburg lag mit ihrer Nordseite hart am Ufer eines Sees auf der steil zurechtgestutzten Uferböschung. Sie deckte eine schmale Landenge zwischen zwei Seehäuptern. Der östliche See ist vor langer Zeit abgelassen und trockengelegt worden, aber auch das Ufer des Schönseer Sees liegt inzwischen erheblich tiefer. Im Osten bildete die Stadt einen Schutz und im Süden bis Südwesten waren der Hauptburg zwei Vorburgen vorgelagert. Das gesamte Gebiet von Burg und Stadt war früher von den beiden Seen und einem abgelenkten Hakengraben umgeben.

Über die Raumeinteilung der annähernd quadratischen Hauptburg mit ihren vier Flügeln wissen wir aufgrund der wenigen Bodenspuren fast nichts. Lediglich zwei im Nordosten über das frühere Ufer in den See hineingebaute hohe Stützpfeiler des einstigen Danzkerganges lassen die Vermutung zu, daß sich im Nordflügel Wohnräume oder der Konventsremter (Speisesaal) befanden.

Von den fast sechzehn Meter hohen, aus Backstein gemauerten Pfeilern steht der hangseitige auch heute noch, während zwei weitere bis zur Mitte des 19. Jahrhunderts noch vorhandene ähnliche Mauerblöcke inzwischen verschwunden sind. Der vorhandene Danzkerpfeiler ist durch mehrere flache und tiefere, unterschiedlich hohe Mauerblenden, die an drei Seiten in Spitzbogen auslaufen, sowie durch eingefaßte Putzbänder gegliedert. Bei genauer Beobachtung erkennt man an seiner Nordseite unterhalb der beiden tiefen Rundbogenblenden eine Mauerdekoration aus dunkelglasierten Backsteinen.

Darüber hinaus steht vom Haupthaus oberirdisch nichts mehr. Auf der runden begrasten Kuppe befindet sich ein neugotischer, runder Wasserturm mit hohen Mauerblenden und oberem Zinnenabschluß. Dort soll um 1885 ein Gedenkstein gestanden haben. Von der angeblich 1858 auf dem Burgplatz überwiegend aus Steinen des Ordenshauses errichteten evangelischen Kirche war nichts zu entdecken. Dagegen fanden sich am Südostrand des Burghügels Feldsteinmauerreste, die vermutlich zur Parchammauer und zur Einfassung des Hausgrabens gehörten, die das Plateau der Hauptburg umgaben. Der rechteckige Burgplatz bildete nach Westen einen Vorhof mit Sicherung durch zwei runde

Links: Pfeiler vom Danzkergang nördlich des Burgbergs am Schloßsee (Foto: F. Borchert, 1983) – Mitte und rechts: Der Danzkerpfeiler vor hundert Jahren (Zeichnungen: C. Steinbrecht, 1888)

Mauertürme. Der Hausgraben zur inneren Vorburg war wohl einst von einer Brücke mit einem klappbaren Teil überspannt.
Von den beiden Vorburgen sind auch heute noch beachtliche Mauerteile vorhanden, die nun in die Stadtanlagen eingefügt sind. Es handelt sich um Feldsteinmauern mit Flankierungsvorsprüngen. Der an der Südecke vorspringende Mauerklotz scheint das Fundament eines Bastionsturms gewesen zu sein. Die weiter südlich vorhandenen Reste von Feldsteinmauern gehörten einst zur äußeren Vorburg. Nach einer Schätzung aus dem vorigen Jahrhundert umfaßte das gesamte befestigte Burggebiet etwa 16000 Quadratmeter, ohne die unmittelbar östlich anschließende mit Mauer und Graben umgebene Stadt.
Schönsee gehörte zu den im Kulmerland zahlreich vorhandenen kleineren Komtureien zweiten Ranges. Seit 1278 sind Komture erwähnt, die aber offensichtlich nur kleinen Konventen vorstanden und insbesondere im 15. Jahrhundert zugleich Komture von Gollub und danach auch Vögte von Leipe (Lippinken) waren. Durch ihre hohen Ämter als oberster Marschall bzw. als Hochmeister wurden Vincenz von Wirsberg und Ludwig von Erlichshausen bekannt, die beide einmal von 1430 bis 1436 und von 1442 bis 1447 Komture zu Schönsee waren. Der Komtur Benisch von Schönenberg starb 1389 auf der Burg. Nicolaus von Viltz führte die Streitmacht aus Schönsee unter dem Komturbanner mit den beiden Fischen in der Schlacht bei Tannenberg und fiel am 15. Juli 1410. In dieser Schlacht fand auch der frühere Schönseer Komtur, Graf Albrecht von Schwarzburg, als oberster Trapier des Deutschen Ordens den Tod.
In der weit zurückliegenden Geschichte taucht Schönsee gelegentlich auf. Bereits 1286 belagerten die Tataren den um 1274 gegründeten Ort, der kurz darauf die Handfeste als Stadt erhielt.

Aus dem Jahre 1296 ist überliefert, daß der Komtur von Schönsee den Landmeister und die benachbarten Burgen alarmierte, weil sich ein großes feindliches Heer dem Kulmerland näherte. Das Nachrichtensystem war damals bereits gut durchorganisiert. Boten auf schnellen Pferden, den sogenannten Schweiken, standen jederzeit zur Verfügung, um wichtige Nachrichten zu überbringen, die sogleich in Abschriften weiterverteilt wurden. Um 1330 wurde Schönsee mehrere Tage erfolglos von den Polen belagert.

Nach der Niederlage des Ordens bei Tannenberg, die schwerste Verluste in der Führung des Deutschen Ordens forderte, mußten die Komtureien Schönsee und Gollub zehn Jahre gemeinsam verwaltet werden, und anschließend bis 1447 war der Komtur zu Schönsee gleichzeitig Vogt von Leipe. Der Blutzoll der Tannenberg-Schlacht von etwa fünftausend gefallenen und nach der Schlacht umgebrachten Ordenskriegern war sehr hoch. Neben dem Hochmeister Ulrich von Jungingen waren mit Ausnahme des greisen Spittlers alle Großgebietiger sowie vierzehn Komture und drei Vögte gefallen. Die gefangengenommenen Komture von Brandenburg und Tuchel wurden auf Befehl des litauischen Herzogs Witold enthauptet. Überhaupt scheint die Tötung von Gefangenen häufig vorgekommen zu sein, denn nach Berichten polnischer Archäologen aus jüngster Zeit wurden bei Tannenberg Massengräber offensichtlich umgebrachter Ordenskrieger gefunden.

Vor und nach der Schlacht hausten polnisch-litauische Heerhaufen in Stadt und Land mit unvorstellbarer Grausamkeit, so daß sich aus Furcht und Kopflosigkeit viele Städte und Burgen den Siegern ergaben, um Gnade und Verschonung zu erlangen. Der zeitgenössische Chronist Johannes von der Posilge, der um 1417 die sogenannte Lindenblattsche Chronik als bischöflicher Official zu Riesenburg geschrieben hat, beurteilt das Verhalten seiner Landsleute nach der Niederlage von 1410 mit folgenden ins Hochdeutsche übersetzten Worten:

»Durch dies Unglück ist dem Lande Preußen

Ruine vom Mauerturm der Vorburg (Foto: F. Borchert, 1983)

der allermeiste Schaden entstanden, daß von etlichen Rittern, Knechten und Bürgern des Landes kurz nach der Schlacht Untreue gegenüber den eigenen Herren geübt wurde. Gleiches taten auch die Bischöfe und Prälaten, Mönche, Nonnen und allerlei Leute, die sich alle dem König (von Polen) unterwarfen und ihm huldigten. Namentlich begingen diese Untreue solche, die Ehre und Gut vom Orden am allermeisten empfangen hatten. Nimmer wird es Gott an ihnen ungerächt sein lassen, wenn dadurch große Betrübnis und Leid über manche armen Leute gekommen ist.«

Auch Schönsee fiel in die Hände der Polen, wurde zurückgewonnen und 1422 erneut von den Polen belagert. Zu Beginn des dreizehnjährigen Städtekriegs trat die Stadt – »eyn virtell

usgebrannt« – zum aufständischen Preußischen Bund über, der mit den Polen kollaborierte. Auf Befehl des polnischen Königs wurde die Burg niedergerissen.
Durch den Zweiten Thorner Frieden von 1466 wurde die Stadt mit dem gesamten Kulmerland vom Ordensstaat abgetrennt und den »preußischen Landen königlich-polnischen Anteils« einverleibt. Schönsee sank zu einem unbedeutenden Marktflecken herab, weil ein Teil der Bevölkerung abwanderte und Handel und Gewerbe darniederlagen.
Die um 1600 einsetzende, mit Nachdruck betriebene Polonisierung erfuhr durch die Einrichtung eines Woiwodschaftsgerichts in den erhaltenen Teilen der Vorburg zusätzliche Förderung. Die Stadt hat wie das ganze Land im 17. und 18. Jahrhundert durch die polnisch-schwedischen Kriege sowie durch den Siebenjährigen Krieg schwere mittelbare und durch die wechselnden Besatzungen auch unmittelbare Schäden davongetragen. Erst nach Wiedereingliederung in den deutschen Staatsverband des Königreichs Preußen stieg die Einwohnerzahl allmählich, verdoppelte sich um 1800 auf 500 Personen, erreichte um 1900 etwa 2200 Bürger und um 1943 mit 3700 Einwohnern den Höchststand.
Die bereits 1454 niedergerissene Hauptburg wurde um 1664 als verwüstet bezeichnet. 1697 beklagte man den zunehmenden Verfall, wenngleich um diese Zeit Teile der Vorburg noch unter Dach waren. Bald wurde die Ruine als Steinbruch benutzt und selbst Fundamentteile herausgerissen. Bei seiner Aufnahme um 1826 konnte Johann Michael Giese die Mauerzüge der Ordensburg nur noch mühsam zusammenfinden. Um 1830 verwendete man die Reste der Mauern, insbesondere Feldsteine, beim Chausseebau, so daß auf dem Burgberg nur noch eine Grasfläche blieb, auf die ein Gedenkstein gesetzt wurde.
Dem heutigen Besucher gibt lediglich der starke Pfeiler der Danzker-Anlage am Nordhang des Burgbergs Kunde von der alten Burg des Deutschen Ordens in dieser nun so fernen kleinen Stadt.

Papau

Aufragender Granitblock im weiten Land

Wappen des Wilhelm von Rosenberg, Komtur zu Papau 1406–1410

Das Kulmerland bietet auch dem heutigen Besucher eine Fülle von historischen Stätten aus der Zeit des Deutschen Ordens. Hier, im Gebiet des ersten Brückenkopfs im heidnischen Prussenland, hatte der Orden mit den beiden Schwerpunkten Thorn und Kulm den Ausgangspunkt für seine missionarischen Eroberungszüge und für die nachfolgende Kolonisation errichtet. Das Kulmerland blieb lange Zeit Kerngebiet und Basis nicht nur für die militärische und machtpolitische Durchdringung ganz Alt-Preußens, sondern auch für seine zivilisatorische und geistige Entwicklung, die letzlich zum Ordensstaat führte.
Wenn auch der Landmeister bereits 1251 seine Residenz von Althaus Kulm nach Elbing verlegte, um die günstigeren Seeverbindungen, sowohl nach Lübeck wie auch nach den angegliederten Ordensgebieten Kurland und Livland zu nutzen, galt Kulm noch lange als Hauptstadt des Deutschordenslandes. Der Oberhof als oberste Gerichtsinstanz für die Auslegung des als »kulmisches Recht« bezeichneten Güterrechts hatte hier seinen Sitz. Hochmeister Konrad Zöllner von Rotenstein erhielt 1387 die Zustimmung des Papstes zur Errichtung einer Landesuniversität in Kulm, die jedoch nicht mehr ausgeführt worden ist.
An der besonders starken verwaltungsmäßigen Gliederung dieses Gaues läßt sich dessen Bedeutung und das Maß seiner Entwicklung ablesen. Dieses Land im Weichselknie, das im Norden von der Ossa, im Süden bis Osten von der Drewenz begrenzt wird, hatte eine geringere Flächenausdehnung als das weitläufige Gebiet der Komturei Königsberg. Dennoch waren allein im Kulmerland zwölf Komtureien eingerichtet, also ebenso viele wie im gesamten übrigen Ordensland.
Eine dieser zahlreichen kulmischen Komtureien lag in Papau, mitten im Land. Ihr kleines Territorium grenzte an die Komtureien Althaus Kulm, Birgelau, Thorn und Schönsee sowie an die Vogtei Leipe und an das um Kulmsee liegende bischöfliche Gebiet der Diözese Kulm.
Auf der Fahrt von Thorn nach Kulm verweilt der historisch interessierte Reisende gern in Kulmsee, der kleinen Enklave des Bistums Kulm im umgebenden Ordensgebiet. In der Domkirche der Kleinstadt sind um die Wende zum 14. Jahrhundert ein Hochmeister und 3 Landmeister des Deutschen Ordens beigesetzt worden. Wir wissen, daß in der um 1250 gegründeten Kathedrale der am 5. März 1311 verstorbene Hochmeister Siegfried von Feuchtwangen (1303–1311) seine letzte Ruhestätte fand. Später wurden die Hochmeister in der St.-Annen-Gruft des Haupthauses des Deutschen Ordens zu Marienburg beigesetzt. Im Dom von Kulmsee ruht auch der Landmeister Conrad Sack (1302–1306), der 1309 auf seinem Alterssitz, der von ihm erbauten Burg Golau/Gollub, an der Pest verstorben war. Leider ist von den Gräbern der Ordensoberen in der schönen Domkirche nichts erhalten geblieben.
Wenn man der Straße nach Kulm folgt, muß man nach 9 km in östlicher Richtung abbiegen

und erreicht sehr bald Papau. Bereits bei der Anfahrt erkennt man unweit des Sees einen mächtigen aufragenden Granitblock – die Ruine der alten Ordensburg Papau. Durch ihren hohen Unterbau im Erdgeschoß wirkt sie auch heute noch, in ihrem völlig verwilderten und demolierten Zustand wie ein mächtiger Pfeiler, der die benachbarten Ränder der Geländewellen übertreffen will.

Der Orden hatte die Burg im letzten Viertel des 13. Jahrhunderts am westlichen Ausläufer eines damals sehr großen Sees errichtet, an dessen nordöstlichem Ufer die benachbarte Burg Leipe (Lippinken) lag. Heute sind bei beiden Orten nur noch kleinere Reste des einstigen großen Sees vorhanden. Diese Veränderungen der umgebenden Natur erschweren unsere Beurteilung der Standortwahl durch die Ordensritter. Trotzdem ist man geneigt, von einer ungünstigen Lage der Burg in verteidigungsmäßiger Hinsicht zu sprechen, insbesondere angesichts ihrer Plazierung in einem Geländedreieck, das von höheren Geländerändern überragt wird.

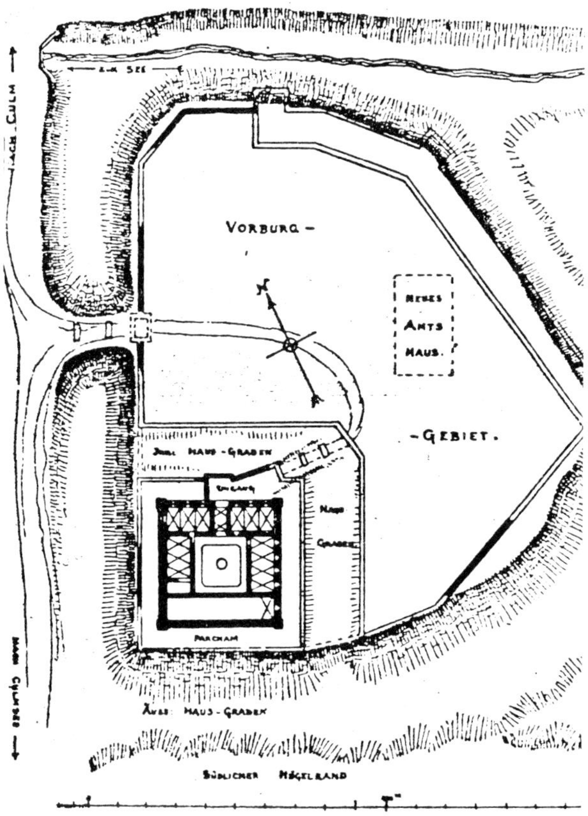

Lageplan der Burg Papau (Zeichnung: Conrad Steinbrecht, 1888)

Haupt- und Vorburg waren von einem umlaufenden Burggraben umgeben, dessen innerer Uferrand von Mauern eingefaßt war. Ein vorbeifließender Wiesenbach lieferte durch Aufstauen bei Bedarf die erforderliche Wasserfüllung für das Grabensystem. Aus dem sehr großen Vorburggelände war an der Südwestecke durch einen Hakengraben der Platz für die Hauptburg herausgeschnitten. Dies erforderte erhebliche Erdarbeiten bei der Geländetrassierung und selbst die Auffahrt zum Haupthaus über die Zugbrücke des Hausgrabens führte über eine vorgelagerte Rampe zum hochliegenden Portal.

Die arg verfallene, mit Bäumen und Sträuchern verwachsene Ruine aus groben, wildgeformten Feldsteinen ruft beim heutigen Betrachter romantische Assoziationen hervor. Trotz Fehlens jeglichen äußeren Zierwerks erreicht das Bauwerk seine künsterische Wirkung durch den Kontrast zwischen dem ungefügen Mauerwerk aus Granitfindlingen und der noch deutlich erkennbaren straffen, symmetrischen Bauform. Fast symbolhaft wird hier die Fesselung und Disziplinierung unbearbeiteten archaischen Materials und seine Einbindung in ein beherrschtes, formgebundenes Werk vorgestellt.

Aus dem rekonstruierten Grundriß und den vorgefundenen altertümlichen Bauformen läßt sich die Einordnung der Burg Papau in den Anfang der 3. Bauperiode des reifenden Konventshausstils herleiten. Eine Besonderheit stellt die im Ordensland sehr seltene Verwendung von Feldstein für den überwiegenden Teil des Mauerwerks dar. Bei dem Bauwerk vollzog sich in guter Architektur der endgültige Übergang vom Rechteck zum Quadrat und trieb die Symmetrie zur höchsten Vollendung. Die einfache Anordnung der Burgflügel mit zwei durchgehenden und zwei dazwischengeschobenen verkürzten Seitenflügeln weist ebenfalls auf eine frühe Bauzeit im ausgehenden 13. Jahrhundert hin. Für ein Konventshaus sind die Abmessungen recht bescheiden, denn die Seitenlänge von 40,30 m und

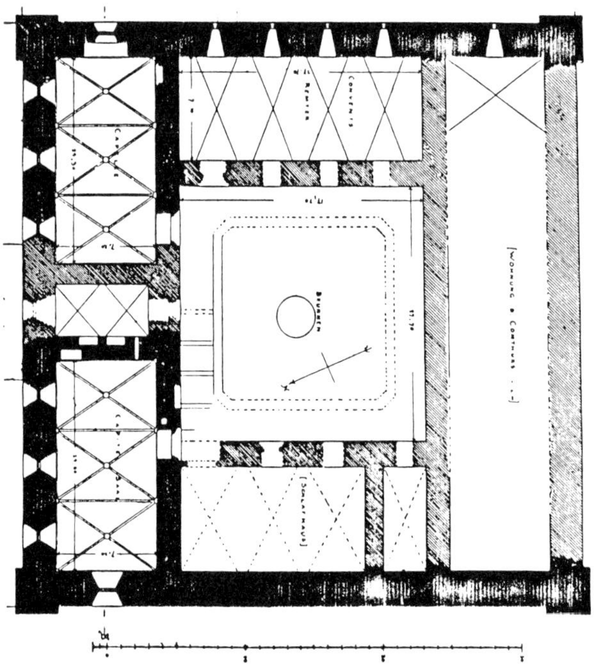
Grundriß des Hauptgeschosses (Zeichnung: C. Steinbrecht, 1888)

die Hofbreite von nur 17,70 m werden nur noch von der Ortelsburg unterschritten, deren Hofbreite ganze 16 m betrug.
Vom nördlichen Eingangsflügel steht noch das schwere Feldsteinmauerwerk bis zur Unterkante des Wehrgangs aufrecht, wenn es auch tiefe Abbrüche im Bereich des mittigen Torwegbereichs und an der Nordostecke erlitten hat. Deutlich ist die sparsame Verwendung von Ziegeln in den Fenstergewänden, Gliederungen und Gewölberesten zu erkennen. In der üblichen Dreiteilung der Ordensarchitektur enthielt dieser Hauptflügel die gleichgroße Kapelle und Kapitelsaal sowie über dem Torweg das typische Zwischengemach, das meist Amts- und Wohnraum des Hauskomturs war. Es ist anzunehmen, daß das Hauptportal durch ein Fallgatter geschützt war, dessen Aufzugnische bis unter das Wehrgeschoß hinaufreichte und architektonischer Mittelpunkt dieser Hausfront war. Kapelle und Kapitelsaal hatten je drei gleichgroße Spitzbogenfenster in der Nordwand, deren oberen Abschluß eine lange Reihe von Wehrfenstern unter dem hohen Satteldach bildete. Durch das hochgelegte Erdgeschoß wirken die Außenmauern der Burg besonders wehrhaft. Das wird noch unterstrichen durch die leicht vorspringenden Mauerecken, die wohl den quadratischen Grundriß der vermutlich an allen vier Ecken aufgemauerten schmalen Ecktürmchen bildeten. Die Burgkapelle war dem heiligen Hubertus geweiht und lag im Ostteil des Nordflügels. In der östlichen Schmalseite des 14,50 m langen und 7,20 m breiten Kirchenraums befand sich ein mittelgroßes Chorfenster mit darunterliegender Altarnische. Gleich daneben in der Innenwand

Der Eingangsflügel vor hundert Jahren (Zeichnung: C. Steinbrecht, 1888)

Stirnwandfenster des Kapitelsaals mit Schildbogen und Gewölbedienst (Foto: F. Borchert, 1988)

Schnitt durch den Kapitelsaal mit Stirnwandfenster (Zeichnung: C. Steinbrecht, 1888)

hatte man das Sanktuarium in einer Spitzbogennische untergebracht, die wir bei unserem Besuch wiederentdeckten. Am anderen Ende dieser Hofwand fanden wir das Kapellenportal, das über den Kreuzgang des Burghofs zu erreichen war. Die 3 Joche der zerstörten einfachen Kreuzgewölbe waren einst durch Querrippen getrennt. Ihre Schildbögen zeichnen sich noch deutlich an den Innenwänden ab. Wir fanden sogar noch mehrere Gewölbeanfänger mit Rippenprofilen aus Backstein. Diese sitzen auf steinernen Konsolen, die als zierliche Rippenfächer ausgebildet sind. Conrad Steinbrecht konnte vor hundert Jahren an den Profilen noch Spuren der Überrötelung und ferner blaue Farbspuren entdekken, die darauf hinweisen, daß die Putzhaut der Wände bemalt gewesen ist.

Die Symmetrie des Hauptflügels ging so weit, daß Kapelle und Kapitelsaal im äußeren Aufriß, in Gewölbe- und Fensterhöhe sowie in fast allen Einzelheiten des Baukörpers übereinstimmten. Das Eingangsportal zum Kapitelsaal vom Hofumgang war allerdings zur Mitte hin verlegt worden, um in der Hofwand den großen Rauchschlot für die Raumheizung unterbringen zu können. Die Türöffnung in der Hofmauer ist noch vorhanden; allerdings ist die reiche, spitzbogige Portaleinfassung aus profiliertem Backstein herausgeschlagen worden. Im Inneren der Ruine des Kapitelsaals fanden wir an der westlichen Schmalseite das etwas breitere Stirnwandfenster mit seinem Backsteingewände, umrahmt vom Schildbogen des heruntergebrochenen Gewölbes.

Vom Ost- und Westflügel stehen nur noch die Außenmauern, während der Südflügel völlig verschwunden ist. Trotzdem bietet besonders die bis zum Wehrgangsansatz erhaltene Außenmauer des Ostflügels mit ihren schmalen Fensterschlitzen den Anblick wehrhafter Stärke. In diesem Flügel lag vermutlich der Konventsremter, ein großer Eßsaal mit niedrigem Tonnengewölbe, dessen Ziegelstichkappen zu den kleinen Fensteröffnungen sich noch deutlich an der Innenseite der Mauer abzeichnen. Auf der Mauerkrone sind noch Reste des aus Backstein aufgemauerten Wehrgangs zu erkennen. Von den beiden unregelmäßigen Mauerdurchbrüchen im Erdgeschoß könnte der kleinere von einer früheren Wasserpforte stammen, während der große bei der späteren Fremdnutzung der Ruine herausgebrochen worden ist. In der Mitte des von einem zweigeschossigen Kreuzgang umgebenen Burghofs lag der Brunnen, der erst gegen Ende des 19. Jahrhunderts zugeschüttet wurde.

In der noch stehenden Außenmauer des Westflügels sind keine Fensteröffnungen zu erkennen. Vermutlich lag hier das Dormitorium, der Schlafsaal der Ordensbrüder. Diese Seite sowie die Außenfront des völlig niedergerissenen Südflügels lagen, nur durch den Parcham und seine Wehrmauer geschützt, unmittelbar am äußeren Burggraben. Hier wurde deshalb weitgehend auf Maueröffnungen verzichtet, die man sich eher im Nord- und Ostflügel leisten konnte, die im Schutz der vorgelegten großen Vorburg lagen.

Die Vorburg hatte eine Ausdehnung von 12 000 m^2 und war von Mauern und dem Burggraben umgeben. An ihrem Eingang auf der Seeseite sorgten ein wehrhaftes Torhaus und eine Zugbrücke für Sicherheit. Bebaut war die Vorburg lediglich auf der vom Haupthaus abgewandten Ostseite. Dort standen an der Mauer zum Burggraben lange, schmale Wirtschaftsgebäude, die durch vorspringende Wighäuser in die Verteidigungsanlagen einbezogen waren.

Es stellt sich die Frage, warum der Orden, nachdem er gegen Ende des 13. Jahrhunderts ganz Preußen mit Ausnahme Sudauens unterworfen hatte, im weit in der Etappe liegenden Kulmerland noch Burgen errichtete. Das weite Land war zu dieser Zeit noch keineswegs durchgängig besetzt und gesichert. Im Osten blieb noch längere Zeit der breite Gürtel der großen Wildnis trotz der an ihrer Grenze vorgeschobenen Wildhäuser eine offene Flanke für Einfälle der Sudauer und Litauer.

So stieß am 21. Oktober 1277 ein großes Heer von 4000 Sudauern unter Führung des Fürsten Skomand tief ins Kulmerland vor und verheerte es. Dabei stellte sich heraus, daß Ordensburgen wie Rehden, Leipe und Welsas den Angriffen besser widerstanden, als die Burgen der Lehnsleute, die es nur hier gab. Überliefert sind die Namen Plowist (Plowenz) an der Ossa, Turnitz (Tursnitz) und Clementis (Plement), beide nordwestlich von Rehden gelegen. Die letztgenannte wurde bei dem Sudauereinfall niedergebrannt, während die Burg Plowist dem gleichen Schicksal nur durch Kollaboration entging. Als Konsequenz beschloß die Ordensführung, künftig weitgehend auf Vasallenburgen zu verzichten und dafür, auch im Hinterland, mehr eigene feste Häuser zu errichten. Diesem Entschluß verdankt wohl die Burg Papau ihr Entstehen in der Zeit um 1280.

In der Etappe zwischen Kulm und Schönsee gelegen, spielte die Burg Papau in ihrem verhältnismäßig kurzen Bestehen von 180 Jahren keine wesentliche historische Rolle. Entsprechend der mehr regionalen Bedeutung dieser Komturei hatte der sparsame Orden die Ausmaße des Hauses geringer als üblich konzipiert und auf einen Bergfried wie auf aufwendige Bauformen oder Zierat verzichtet.

Außer der Aufgabe, als Verteidigungsbollwerk der zweiten Linie zu dienen, bestand die wirtschaftliche Bedeutung Papaus vor allem darin, daß es Mittelpunkt der Pferdezucht war. Hierauf deutet auch der überlieferte Name der »Stutenwiese« oberhalb des Sees hin, aber auch wiederholte Eintragungen ins Marienburger Tresslerbuch über den Kauf von Pferden aus Papau. Dort lautet z. B. eine Eintragung unter dem 23. Oktober 1409 »item 12 m. (= Mark) Ebirke Papow vor 1 pfert; item 7 m. Thomas von der Linde vor

Die Ordensburg Papau steht seit 500 Jahren als archaische Ruine (Eingangsflügel). (Foto: R. Heidemann, 1986)

1 pfert« und an anderer Stelle »item 3 sch. (= Schillinge) den cobilknechten (= Stutknechten) zu Papow gegeben«.
Von den Komturen zu Papau sind uns zwanzig namentlich bekannt. 1284 wurde ein Komtur von Papau erstmalig erwähnt und als letzter in der langen Reihe wird Simon Langschenkel um 1445 genannt. Am 15. Juli 1410 fiel der Papauer Komtur Wilhelm von Rosenberg in der Tannenberg-Schlacht. Nach diesem historischen Einschnitt mußte der Deutsche Orden u. a. tiefgreifende Organisationsänderungen vornehmen, wozu auch die Mitverwaltung der benachbarten Vogtei Leipe durch den Komtur von Papau gehörte.
Als herausragende Persönlichkeiten unter den Papauer Komturen sind zu nennen Heinrich Hold, der ab 1416 Oberster Spittler und danach Oberster Marschall war, sowie der spätere Hochmeister Paul von Rusdorf (1422–1440). Dieser war nach seinem Fortgang von Papau 1414 über die Großgebietigerämter des Obersten Tresslers, Trapiers und Großkomturs in das höchste Amt gelangt, das er in sehr schwerer Zeit 18 Jahre lang verwaltete.
Die Burg Papau erlebte um 1330 den Einfall eines

polnischen Heeres unter König Wladislaw I. Lokietek, das das Land durch Raub und Brand verwüstete, die Ordensburg aber nicht ernstlich angriff. Nach kurzer, erfolgloser Belagerung der benachbarten Burgen Leipe und Schönsee zog sich das polnische Heer wieder zurück.
Hundertzwanzig Jahre später war die Lage im Lande durch polnische Agitation und durch den verräterischen Eidechsenbund, dem ein Teil des kulmischen Landadels angehörte, hochexplosiv. Besonders in Thorn und Danzig gewann die ordensfeindliche Partei das Übergewicht. Am 3. Februar 1454 wurden bei Papau durchreisende Ordensgesandte aus dem Hinterhalt überfallen und tags darauf gab die von aufständischen Städtern in Brand gesteckte Ordensburg Thorn das Signal zum allgemeinen Aufstand. Das war der Beginn des 13jährigen Städtekrieges, in dem Polen und Bündner gemeinsam gegen den Deutschen Orden kämpften. Bei einem Kriegszug der Polen im Jahre 1458 wurde die Burg Papau erstürmt, niedergebrannt und danach teilweise abgebrochen. Seitdem steht sie als Ruine da und ist seit nunmehr 530 Jahren dem Zugriff der Witterung und den Eingriffen der Menschen ungeschützt ausgesetzt.
Die Ruine und der Ort Papau gingen nach dem durch den Zweiten Thorner Vertrag von 1466 beendeten Städtekrieg im Jahre 1505 in den Besitz der Bischöfe von Kulm über. Der Ortsname wurde deshalb in Kulmisch-Pfaffendorf und später in Bischöflich Papau geändert, den die Polen in ihre Sprache übersetzt haben.
Es ist nicht bekannt, ob in der alten Dorfkirche aus dem frühen 14. Jahrhundert die aus dieser Zeit stammenden Glocken noch vorhanden sind. Eine von ihnen trug eine Inschrift in gotischen Majuskeln, deren lateinischer Hexameter lautet: VOX MEA DVLCE CANIT ET PAVCOS COVACAT AD SE (Meine Stimme klingt lieblich und ruft die wenigen zu sich zusammen.).

Leipe

Vergessene Burg und Vogtei tief im Kulmerland

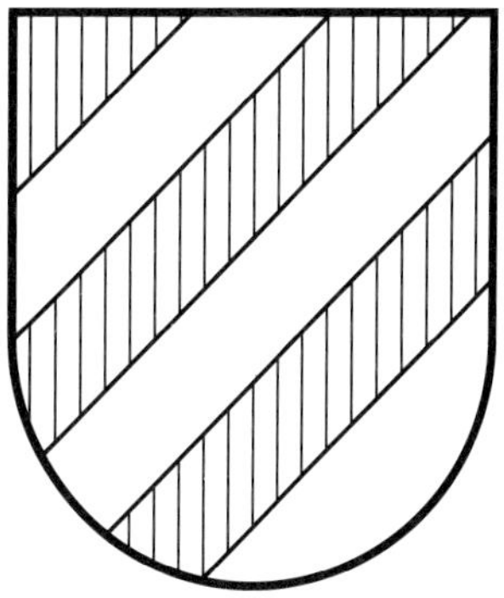

Wappen des Ludwig von Erlichshausen, Vogt zu Leipe 1442–1447

Eine rührende alte Volkssage berichtet von den Burgen Leipe und Papau, die an entfernten Seiten eines großen Sees lagen, der einst große Teile des Landstrichs ausfüllte. Auf den beiden Burgen wohnten vorzeiten zwei eng miteinander verbundene Brüder. Einstmals erzürnten sie sich und schworen, daß sie sich auf Erden nie wieder ansehen wollten. Aber als sie alt wurden, kehrte die Bruderliebe in ihre Herzen zurück, und sie sehnten sich danach, den anderen zu sehen. Sie ließen also von ihren Burgen her unter dem See einen Gang bauen und trafen sich nun unter der Erde, wobei sie den geleisteten Eid einhielten.

Der Chronist will die unterirdischen Gänge, die nach dem See zuliefen, noch gesehen haben, berichtet aber sogleich, daß sie unter dem See seit vielen Jahren verschüttet seien. Ohne den Wahrheitsgehalt so schöner Legenden im einzelnen zu untersuchen, wissen wir, von den überlieferten

Übersichtskarte der Vogtei Leipe und der Komturei Papau mit fiktiv eingezeichneten ausgedehnten Seegebieten (Ortsnamen um 1770) (Zeichnung verändert nach Schroetter-Karte)

unteriridischen Gängen in Barten, Mewe, Preußisch Holland und Strasburg, daß dies der Stoff ist, aus dem sich früher und heute gerngehörte Geschichten machen lassen. Im übrigen gab es in einigen Ordensburgen tatsächlich unterirdische Gänge. Nur waren sie viel, viel kürzer als die in den Sagen, und sie liefen auch nicht unter Seen hindurch.

Doch die Feststellung, daß Leipe und Papau an ein und demselben großen See gelegen haben, trifft vermutlich zu. Schon der Vergleich zwischen der heutigen Landkarte mit der Schroetter-Karte von 1806 zeigt uns, daß noch vor knapp 200 Jahren Zahl und Größe der Gewässer erheblich höher gelegen haben. Wir wissen das auch aus anderen Gegenden, wie z. B. von den Masurischen Seen, wo um 1379 Hochmeister Winrich von Kniprode den Wasserstand des Mauersees durch Aufstauen um drei Meter erhöhen ließ, um Wassermühlen zu betreiben und durch eine größere zusammenhängende Wasserfläche das Land besser verteidigen zu können.

Neben natürlichen Veränderungen in einem Zeitraum von mehreren Jahrhunderten haben auch Eingriffe der Menschen durch Melioration und Drainage der Wald- und Kulturflächen, Begradigung oder Vertiefung der Wasserläufe, Schaffung zusätzlicher Abflüsse und andere Entwässerungssysteme zum erheblichen Absinken der Wasserstände geführt.

Als wir im vergangenen Jahr von der beeindruckenden Ruine der Ordensburg Papau nach Leipe fuhren, trafen wir am Rande der erbärmlichen Landstraße da und dort noch auf kleine Seen und Tümpel, die aber die Vorstellung einer zusammenhängenden Wasserfläche zwischen beiden Orten nicht wesentlich förderten. Erst unmittelbar vor Leipe erzeugte eine sumpfige Ebene, in die eine Bodenwelle hineinragte, das Bild von einer Halbinsel. Als wir an der Einfahrt zum Gutshof hielten, blinkte auf der anderen Seite zwischen den Gebäuden der Laskowitzer See hindurch.

Beim Betreten des volkseigenen Staatsguts stießen wir vor dem ungepflegten ehemaligen Herrenhaus auf eine Gruppe von Landleuten, überwiegend Frauen, die damit beschäftigt war, abgekippte Haufen grusiger Kohle durch kleine Luken in den Keller zu schaufeln. Unser Erscheinen war eine willkommene Arbeitsunterbrechung, und die freundlichen Leute bezeichneten uns einen Deutschsprechenden, der unsere Fragen nach der Burg beantworten sollte. Jedoch der schnell hinzutretende junge Ökonom nahm ihm selbstbewußt diese Arbeit ab und führte uns zielstrebig zum gleich westlich vom Gutshof liegenden Terrain der ehemaligen Ordensburg. Es blieb uns wenig Zeit, darüber nachzudenken, ob das frühere Rittergut Adlig Lippinken der Familie von Saß-Jaworski wohl auch so grau und unordentlich ausgesehen haben mag. Auf jeden Fall werden das Herrenhaus und der anschließende Park damals einen freundlicheren Eindruck gemacht haben als heute.

Wir folgten unserem Führer durch eine flache Bodensenke auf ein von Büschen und Bäumen eingerahmtes Plateau, das mit dichtem Unkraut bestanden war. Nach dem Lageplan lag hier einst die Vorburg. Am Ende der Unkrautfläche trafen wir auf eine mit Gestrüpp und Bäumen bestandene tiefere Schlucht und erkannten an den noch großenteils erhaltenen Feldsteinausmauerungen, daß es sich hier um den ehemaligen Hausgraben handelte. Zur Rechten blinkte der See durch das Dickicht, als wir über Geröll zur anderen Grabenseite hinaufstiegen. Dort konnte man an dem baumumstandenen Rand des quadratischen Platzes mit Phantasie erahnen, daß hier einst der Burgplatz gelegen hat. Das mannshohe, nasse Unkraut und darunterliegendes Geröll erschwerten das Vorwärtskommen, so daß wir auf die weitere Besichtigung verzichteten. Ein aufgescheuchter Hase, ein paar Steintrümmer, mehr gab es nicht zu sehen, ja es lohnte nicht einmal, eine Aufnahme zu machen. Man hätte erst den ganzen Platz abmähen müssen, um vielleicht da und dort noch Hinweise auf die einstige Bebauung zu finden.

Bereits 1825 hatte der Rittergutsbesitzer von Saß auf Anfrage über die Burg folgendes berichtet:
»Die ganze Fläche, welche das Gebäude eingenommen hat, ist jetzt mit Erde bedeckt und dient

nunmehr zu Gemüsegärten. Nur die an manchen Stellen eingefallenen gewölbten Keller zeigen, daß es dem ganzen Umfange nach damit versehen gewesen sein muß. Wem dieses Schloß angehört hat und zu welcher Zeit solches erbaut sei, ist nicht zu erforschen, ja selbst in meinen Papieren, wovon sich einige aus dem 16. Jh. herschreiben, geschieht davon keine Erwähnung. Indessen die Menschengebeine, welche in der Gegend der Ruinen und auch sonst von Zeit zu Zeit ausgegraben werden, liefern den Beweis, daß hier in der Vorzeit blutige Gefechte vorgefallen sein müssen und wahrscheinlich wird die hier in der Erde gefundene Streitaxt bei einem solchen als Waffe gedient haben.«

Anders als dem alten Herrn vor über 160 Jahren stehen uns inszwischen Quellen und Forschungsergebnisse zur Verfügung, die ein recht umfangreiches Wissen über die Ordensburg Leipe, ihre Vögte und ihre Geschichte vermitteln.

Mit dem Namen von Burg und Ort verhält es sich so wie in vielen anderen Fällen, denn sie unterlagen in den Jahrhunderten dem Wandel. In den ältesten Überlieferungen, Peter von Dusburgs Chronik, ist von Lipa bzw. castrum Lypa die Rede. Das Marienburger Tresslerbuch um 1400 nennt den Ort in der Mehrzahl der Erwähnungen Lype und nur in wenigen Fällen kommt bei späteren Eintragungen die Schreibweise Leype oder Liepe vor. Auch der Chronist Johannes von der Posilge bezeichnet um 1420 Ort und Vogtei mit dem Namen Lype. Bei Caspar Hennenberger findet man um 1584 die Ortsbezeichnung Leippe.

Es ist also anzunehmen, daß die Bezeichnung Lippinken bzw. die polnischen Schreibweisen Lipno oder Lipienek erst durch die zugewanderten Polen und die einsetzende Polonisierung lange nach Abtrennung des Kulmerlandes durch den Zweiten Thorner Frieden von 1466 eingeführt worden ist. Im 18. und 19. Jahrhundert wurden diese polnischen bzw. polnisch klingenden Ortsnamen von der deutschen Verwaltung aus Nachlässigkeit beibehalten. Wir kennen diese Entwicklung auch aus Masuren und Gebieten Ostpreußens mit litauischen Zuwanderern. Leider nutzt die chauvinistische polnische Propaganda diesen Sachverhalt als Beweis dafür aus, daß es sich bei den 1945 annektierten Gebieten Ost- und Westpreußens um ehemaliges polnisches Land handelt.

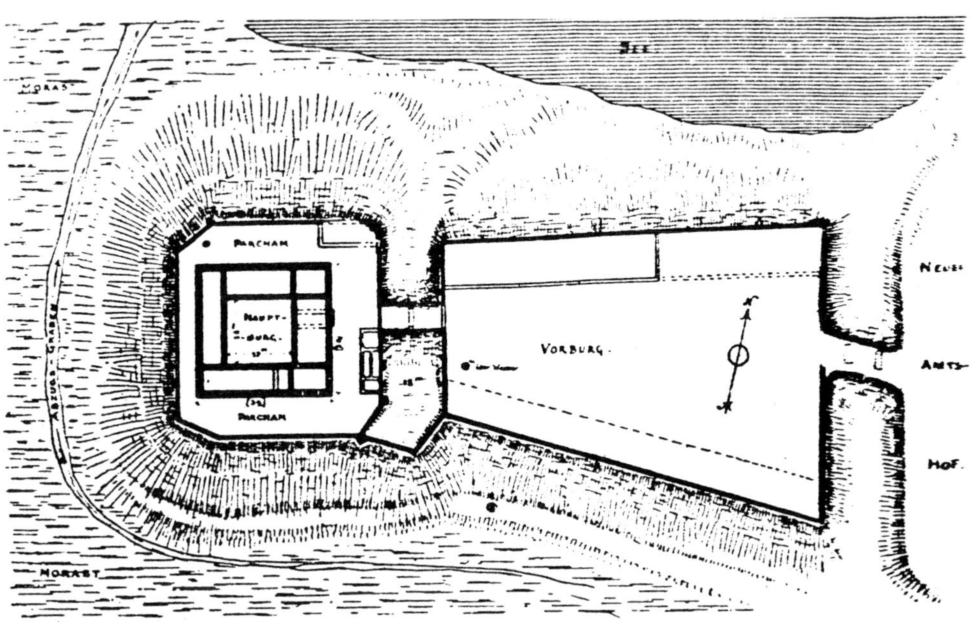

Lageplan der Ordensburg Leipe (Zeichnung: C. Steinbrecht, 1880)

Man kann davon ausgehen, daß die bei Dusburg anläßlich des Einfalls der Sudauer im Oktober 1277 erwähnte Burg Lipa der in Holz und Erde ausgeführte Vorgängerbau der Anfang des 14. Jahrhunderts in Stein ausgebauten Ordensburg Leipe war. Conrad Steinbrecht hat um 1880 die Burg Leipe nach archäologischer Aufnahme rekonstruiert und beschrieben.

Im klassischen Schema einer Abschnittsbefestigung lag Leipe auf einer in See und Sumpf vorspringenden Landzunge, die an ihrer Wurzel und an der Spitze von tiefen, etwa 20 m breiten Gräben rechtwinklig durchtrennt war, und dadurch ein größeres Terrain für die Vorburg sowie einen 60 mal 60 m großen Platz für die Hauptburg bildete. Die aufwendige Geländetrassierung für das Zurechtstutzen beider Burgplätze ist noch ein Nachklang des Erdburgenbaus. Vielleicht waren hier bereits bei der alten Holz-/Erdburg diese Erdarbeiten ausgeführt worden.

Die Vorburg war zur Landseite außer durch den 25 m breiten Wassergraben auch noch durch einen Erdwall geschützt. An den Langseiten standen größere Stall- und Wirtschaftsgebäude, die an die umgebende Ringmauer aus Feldstein angelehnt waren. Zum Schutz der Brücke zur 5 m höher liegenden Hauptburg waren Schildmauern angelegt worden.

Der tiefe, ausgemauerte Hausgraben wurde von einer Zugbrücke überquert. Von dem fast quadratischen Burgplatz, der rund 15 m über dem Wasserspiegel des Sees lag, waren die Ecken abgeschrägt. Den gesamten Platz begrenzten am steilen Inselrand Parchammauern aus Granit.

Vier aneinandergeschobene Flügel bildeten die quadratische Hauptburg, deren Seitenlänge 39 m betrug. Im Ostflügel lag in Verlängerung der Brückenachse der Torweg zum Hof, der ein Innenmaß von 18 mal 18 m und vermutlich eine hölzerne Vorlaube hatte. Auf Feldsteinfundamenten waren die Ziegelmauern errichtet. Darüber hinaus lassen die tonnengewölbten Keller sowie die Funde von einfachen Formsteinen und glasierten Bodenplatten keine weitergehenden Schlüsse auf die Bauformen und auf die Nutzung der einzelnen Burgflügel zu.

In einem Lageplan von 1825, der gewisse Abweichungen gegenüber dem Steinbrechtschen von 1880 aufweist, fällt vor allem das zwischen Vorburgmauer und Laskowitzer See eingezeichnete runde Turmfundament auf. Wenn auch die Stilphase um 1300 noch isolierte Standorte von Haupthaus und Turm als selbständige Verteidigungswerke kennt, so erscheint diese Anordnung eines Turms im Hinblick auf die nicht erkennbaren Funktionen recht eigenartig. Als Möglichkeit wäre denkbar, daß der Turm zum anders konzipierten Vorgängerbau, der Holz-/Erde-Burg, gehört hat.

Zusammenfassend kann dieses Konventshaus der frühen Zeit des reifenden Stils um 1300 zugeordnet werden, in der die Kastellform der Ordensburg mit aller Kraft durchgesetzt worden ist. Im Vergleich mit ihrer Schwesterburg Papau übertraf Leipe durch ihre günstigere natürliche Lage diese an Widerstandskraft. Das gilt aber nur im militärischen Vergleich, denn Papau hat als kompakte Ruine die Zeiten überdauert, während Leipe fast gänzlich vom Erdboden verschwunden ist.

In der Geschichte des Ordenslandes Preußen wurden Burg und Vogtei Leipe wiederholt erwähnt. Bereits um 1325 wird der erste überlieferte »Voith zur Lype« mit dem Namen Friederich genannt, dem weitere zwölf namentlich bekannte Vögte bis 1410 folgen. Darunter waren so bekannte Ordensritter wie der spätere Oberste Marschall Eberhard von Wallenfels oder der spätere Großkomtur Hermann Gans. Nach 1410 führten die erforderlichen drastischen Einsparungen dazu, daß die Vogtei Leipe vom Komtur zu Papau ab 1419 zusammen mit der Komturei Schönsee verwaltet wurde.

Im 14. Jahrhundert gehörte die Vogtei Leipe zu den bevorzugten Amtssitzen, denn ihr unterstand das Kulmer Landgericht, und der Vogt vertrat den Hochmeister in ständischen Angelegenheiten des Kulmerlandes. Die Vogtei hatte einen kleinen Konvent von sechs Rittern.

Der letzte Vogt von Leipe, Georg von Egloffstein (1451–1453), der im Auftrag seines Vorgängers und derzeitigen Hochmeisters Ludwig von Erlichhausen im Jahre 1451 alle Ordenshäuser in Deutschland und Italien visitierte, spielte eine wichtige Rolle in der Ordenspolitik. Er vertrat den Deutschen Orden im Prozeß gegen den Preußischen Bund vor dem Kaiser in den Jahren 1452/53. Bekanntlich erklärte der Rechtsspruch Kaiser Friedrichs III. vom 6. Dezember 1453 den Preußischen Bund für ungesetzlich und verurteilte ihn zur Auflösung. Dieses Urteil trieb die Bündner, gefördert durch die polnische Agitation, zum Aufstand, der in den 13jährigen Städtekrieg mündete.

Über die Geschehnisse in und um Leipe im 14. und 15. Jahrhundert liegen einige Berichte vor, von denen im folgenden die Rede ist. Peter von Dusburg schreibt in seiner Chronik des Preußenlandes:

»Im selben Jahr (1330) fiel im Herbst König Lokietek von Polen mit allen Reitern seines Reiches und vielen Söldnern sowie 8000 Mann, die ihm der König von Ungarn von seinem Kriegsvolk zur Unterstützung geschickt hatte, mit Macht in das Kulmerland ein und belagerte Stadt und Burg Schönsee. Danach zog er vor die Burg Leipe, griff jedoch keine von ihnen an, sondern beunruhigte das Land zehn Tage lang durch Rauben und Brennen. Als ihm schließlich die Lebensmittel ausgingen und bestimmte Verträge geschlossen wurden, zog er sich zurück.«

In Johannes von der Posilges Chronik wird unter der Jahreszahl 1391 von Vorstößen polnischer Truppen über die Weichsel und ins Land Dobrin berichtet. Während der Orden in Litauen kämpfte, eroberten die Polen die Stadt Ripen, belagerten die Burg Beberen, verheerten das Land und fügten den Bürgern von Thorn großen Schaden an ihren Gütern und ihrem Vieh zu. Die ernstlichen Proteste des Ordens wurden von dem polnischen Hauptmann unbeachtet gelassen. Im Originaltext heißt es weiter:

»des sante der Meister (Hochmeister) den voyth von der lype, hern Johan von Seyne genant dar, unde ander Gebietiger ym lande zcu Colmen mit erin Rittern und knechten, als sie zcu czogin, do wurdin die polan flüchtig, unde der houptman uff deme huse gap den herin das hus yn, unde sie nomen yn zcu getruwer hant, bis yn genuge schege vor erin schadin.«

Im überlieferten Marienburger Tresslerbuch von 1399 bis 1409 werden Leipe und sein Vogt bei Zins- und Geschoßzahlungen sowie bei Käufen von Pferden und Verrechnungen von Dienstleistungen häufig erwähnt. Um 1405 scheinen in Leipe größere Bauarbeiten durchgeführt worden zu sein, die bereits 1402 vom Maurer aus Grebin vorbereitet wurden, der für die Reise und Besichtigung bezahlt wurde; im Tresslerbuch ist eingetragen:

»– item ½ m. (Mark) dem muwerer von Grebin zerunge ken der Lype gegeben, das her das hus besach.«

Im Februar 1405 wurde die für damalige Zeit ansehnliche Summe von rund 28 Mark für Bauvorarbeiten aufgewendet, nämlich für Kalkbrechen, Aufstellen einer Ziegelscheune sowie für Lohn für Ziegelstreicher und für Schubkarren. Leider erfahren wir in den erhalten gebliebenen Teilen des Tresslerbuches nichts über die Bauausführung in Leipe.

Wie die Burg Leipe die kriegerischen Auseinandersetzungen des 15. Jahrhunderts überstanden hat, bleibt im dunkeln. Nach der Abtrennung des Kulmerlandes vom Ordensstaat durch den Zweiten Thorner Frieden von 1466 wurde auf dem Lande die Polonisierung vorangetrieben. Das galt insbesondere für den ehemaligen Besitz des Deutschen Ordens, der nun von der polnischen Krone übernommen und zuwandernden polnischen Adeligen übertragen wurde. Diese brachten ihr Gesinde mit und zogen polnische Landarbeiter nach. Im Judizialbuch von Neuenburg aus dem Jahre 1590 findet sich eine Eintragung über die Vorladung des Edlen Johann Kostka, die in Abwesenheit desselben dem Burghauptmann von Lippinken (= Leipe) übergeben wurde. In dieser Zeit benutzt man die Hauptburg wohl noch als Wohngebäude, bis sie wenig später zum Wirtschaftsgebäude des Gutes wurde. Aus dem Jahre 1664 ist überliefert, daß in den Gewölben des Ordenshauses Vieh des Starostvorwerks untergebracht und in den darüberliegenden Räumen Korn gedroschen und

Tonnengewölbter Keller der untergegangenen Ordensburg (Foto: R. Heidemann, 1988)

gelagert wurde, »da es vor dem Schloß keine Scheune gab«. Damals war sicher der Verfall der alten Gebäude bereits in vollem Gange, der dann im 17./18. Jahrhundert zum Abbruch und zur Ausbeutung als Steinbruch führte.

Trotz ihrer massiven Gebäude und ihrer nicht geringen Bedeutung in der Ordenszeit ist die Burg Leipe seit langem vom Erdboden verschwunden und ihre Erinnerung fast ausgelöscht. Vielleicht trägt dieser Bericht dazu bei, einen Lichtstrahl auf diese einst stolze Ordensburg und ihre Geschichte zu lenken.

Althaus Kulm

Erstes Haupthaus des Deutschen Ordens in Preußen

Siegel der Stadt Kulm um 1250

Auf dem hohen Weichselufer, nur wenige Kilometer oberhalb von Kulm, verraten einige künstliche Höhlungen und Gräben im Gelände nur noch dem Kundigen, daß hier einmal vor 750 Jahren ein bedeutender Sitz des Deutschen Ordens lag, dessen Ausstrahlung auf den Gebieten des Burgenbaus und der Landnahme, der Verwaltung und des Stadtrechts, aber auch im Religiös-Kultischen besonders die erste Generation des Ordenslandes stark beeinflußte und noch lange fortwirkte. Althaus Kulm gehört neben Nessau und Thorn zu den ältesten Burgen und wurde als erste nach 1235 in Stein ausgebaut.

Burgberg Althaus Kulm vom Weichseltal aus gesehen (Foto: F. Borchert, 1981)

Es ist aber auch die Burg, die durch den kunsthistorischen Unverstand unserer Vorväter vor zweihundert Jahren am gründlichsten abgetragen worden ist. Selbst die Fundamente und Keller fielen ihrem »Ordnungssinn« zum Opfer, denn ihnen schien es sinnvoller, die verfallene Burg als Steinbruch für Festungen und Häuser zu verwenden, als sie unter materiellem Aufwand der Nachwelt als Kunst- und Geschichtsdenkmal zu erhalten. Leider hat uns dieses noch weit in das vorige Jahrhundert hineinreichende mangelnde Geschichtsbewußtsein um viele alte Bauwerke unserer Vergangenheit gebracht. Nur ein kleinerer Teil der großartigen baulichen und künstlerischen Leistungen des Deutschen Ordens konnte vor der Vernichtung bewahrt und erst spät mit vielen ideellen und materiellen Opfern konserviert werden.

Der Zweite Weltkrieg und die fremde Okkupation haben erneut Lücken in den vorhandenen Bestand geschlagen, doch die Polen unternehmen heute bemerkenswerte Anstrengungen, um eine Reihe von alten Ordenshäusern zu restaurieren. Trotz der bekanntlich guten Arbeit polnischer Restaurateure sind verändernde Eingriffe in die Bausubstanz kaum zu vermeiden, weil die wiederhergestellten Burgen für öffentliche Zwecke benutzt werden, z. B. als Museen, Hotels oder Behördenhäuser. Noch tiefergehend sind aber die politischen Eingriffe der Polen, deren chauvinistische Grundeinstellung und

Auf der Spitze dieser Landzunge lag einst die Burg (Foto: F. Borchert, 1981)

überlieferter Haß gegen den Deutschen Orden alle Hinweise auf dessen großartige Kulturleistungen und auf die über siebenhundertjährige deutsche Geschichte dieses Landes zu beseitigen versuchen. Althaus Kulm wird aber von dem allen nicht mehr betroffen, weil es nur noch als geschichtliche Erinnerung im Gelände des hohen Randes des Weichseltals besteht.

Auf dem Höhenrücken am Rande des Urstromtales der Weichsel hatten vermutlich schon die Prussen in früher Zeit eine primitive Fluchtburg angelegt. Vor 1200 muß dort eine altprussische Burg errichtet worden sein, wie aus den alten Schrifttafeln von Oliva zu entnehmen ist. Caspar Hennenberger vermutet in seinem Werk von 1584, daß die dortige Burg Chelmno Sitz des grausamen prussischen Stammesfürsten Pippinis gewesen ist.

Urkundlich belegbar aber ist eine Burg auf diesem Platz, die im Vertrag von Lonyz zwischen dem deutschen Missionar Christian, zeitweilig Bischof von Preußen, und dem Herzog von Masowien bei der Aufzählung der von den Prussen zerstörten Burgen erwähnt wird. Nach Wiederaufbau fiel sie 1231 infolge des Verrats des prussischen Burghauptmanns von Rogaw (Roggenhausen) in die Hände des Deutschen Ordens und wurde teilweise zerstört.

Der Deutsche Orden erkannte bald die hervorragende strategische und verkehrspolitische Lage dieses Burgplatzes, von dem zugleich der Eingang zum gegenüberliegenden Netzetal beherrscht werden konnte. In der Zeit seiner Eroberungsfeldzüge benutzte er gerne vorhandene Befestigungen, um sie unter Einsparung eines Teils des sonst erforderlichen Aufwands für seine Zwecke, insbesondere zur Sicherung des gewonnenen Gebiets und als Stützpunkt für weitere Vorstöße, auszubauen.

Althaus Kulm entstand bereits 1232 als dritte Burg des Ordens, nach Inbesitznahme der vom Herzog von Masowien zur Verfügung gestellten Burg Nessau und ein Jahr nach Grundung von Thorn. Die günstige Lage führte zum großzügigen Ausbau der Burg und zur Anlage der Stadt Alt Kulm durch Landmeister Hermann Balk, der ihr bereits am 18. Dezember 1233 zusammen mit Hochmeister Hermann von Salza das erste Stadtprivileg, die sogenannte Handfeste, gab.

Aus diesem Rechtsinstitut, das auf Magdeburger Recht basierte und Rechte sowie Pflichten der Bürger und des Ordens als Landesherrn festlegte, entwickelte sich das Kulmische Recht, das bei den meisten folgenden Städtegründungen die Grundlage aller Rechtsbeziehungen wurde. An der Gründung der ersten Stadt Kulm war auch der Burggraf Burchard von Magdeburg beteiligt. Sie entstand auf der breiten, durch Täler und Gräben gesicherten Wurzel einer spitz zulaufenden Landzunge, deren sechs Hektar großes Terrain ursprünglich für die dritte Vorburg vorgesehen war. Aber bereits 1239 wurde die Stadt an den Fuß der Höhe ins Weichseltal verlegt, wohl um die Verkehrsbedingungen und den Zugang zum für die Versorgung wichtigen Weichselstrom zu verbessern.

Auf der Spitze der auf zwei Seiten steil abfallenden Landzunge errichtete der Deutsche Orden seine Burg, die durch Gräben und Taleinschnitte von den nördlich gestaffelten drei Vorburgen abgegrenzt und auf diese Weise gut gesichert war. Schon 1235 wurde mit dem Ausbau in Stein begonnen, was ein deutlicher Hinweis auf die Bedeutung dieser Burg ist, die für zwanzig Jahre Sitz des Landmeisters und Haupthaus des Deutschen Ordens in Preußen war. Hier entstand das erste und damit älteste Steinhaus in Preußen, denn seine Ureinwohner hatten den Umgang mit diesem Baumaterial noch nicht erlernt.

Infolge der nachhaltigen Beseitigung aller Gebäude der Anlage in der Neuzeit stehen uns für Aussagen über die Beschaffenheit dieser entwicklungsgeschichtlich wichtigen Burg nur zwei grobe Planskizzen des Geländes und des Grundrißschemas sowie die Spuren im Terrain zur Verfügung.

Es handelt sich demnach um eine dem Gelände angepaßte Abschnittsbefestigung, deren Haupthaus aus einem unregelmäßigen Fünfeck dicht zusammengedrängter Häuser, umgeben von Parcham und Mauer, bestand. Wie bei allen Burgen der ersten Generation fehlt der Hauptturm, der später häufig vorhandene Bergfried. Dennoch hat diese sogenannte Kulmer Burgform als Prototyp des Festungsbaues der ersten Jahrzehnte gedient, und sie fand in Engelsburg, Roggenhausen und in weiterentwickelter Form auch in Birgelau Anwendung.

Die Gesamtanlage einschließlich der Vorburgen hatte eine große Ausdehnung; sie übertraf mit 69 000 Quadratmetern befestigtem Burggebiet alle anderen Burgen der Landmeisterzeit. Von der ersten Vorburg ließen sich noch Reste der Ringmauer feststellen. Dagegen ist anzunehmen, daß die zweite Vorburg sowie das Terrain der ersten Stadtanlage nur durch Wälle, Gräben und Palisadenzäune gesichert waren. An der Stelle der ersten Stadtsiedlung liegen heute die Kirche und die ehemalige Domäne. Nach seiner Bedeutung als Haupthaus des Deutschen Ordens in Preußen kann angenommen werden, daß Althaus Kulm für damalige Maßstäbe großzügig ausgebaut war und neben der durch Nachrichten überlieferten Kapelle auch eine Reihe von zusätzlichen Verwaltungs- und Wohnräumen für den Landmeister und seine Gehilfen umfaßte.

Der erste, bereits 1232 erwähnte Verweser der Burg hieß Berlewin, der nach dem Tod des Ordensmarschalls Dieterich von Bernheim in der Schlacht am Rensen-See kurze Zeit das Kommando übernahm und dann selbst gefallen ist. Im ersten Preußenaufstand, an dem sich auch der pommerellische Herzog Swantopolk beteiligte, entbrannten heftige Kämpfe um die Burg, in der Swantopolks Sohn Mestwin als Geisel gefangengehalten wurde. Die Burg wurde gehalten, und darüber hinaus gelang es dem Ordensmarschall Dieterich von Bernheim, im Dezember 1242, mit einer Handvoll Rittern und Steitern nachts die zugefrorene Weichsel zu überschreiten und in beherztem Zugriff die links der Weichsel gelegene pommerellische Burg Sartowitz zu erobern. Außer der Befreiung von 160 vornehmen Frauen gelang ihm die Erbeutung einer begehrten Reliquie.

Es handelt sich um das Haupt der heiligen Barbara, die im Jahre 306 als Märtyrerin starb, als ihr heidnischer Vater ihr den Weg zum Gottes-

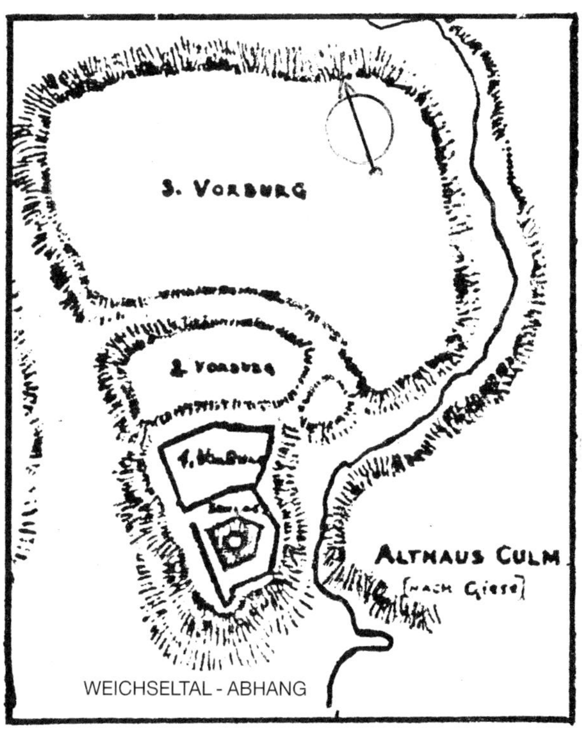

Lageplan von Althaus Kulm (Zeichnung: J. M. Giese, 1826)

dienst verwehrte und sie enthauptete. Sie gilt als Schutzheilige der Bauleute, Waffenschmiede (Artilleristen) und Bergleute sowie als Nothelferin bei Blitzgefahr. Das erbeutete Kopfreliquiar in einer silbernen Büchse wurde nach Althaus Kulm überführt und dort in der Burgkapelle aufbewahrt. Die Reliquie war Ziel von Wallfahrten in alter Zeit. So besuchte um 1400 die Gemahlin des Litauerfürsten Witold auf ihrer Reise zu den heiligen Stätten des Ordenslands auch Althaus, nachdem sie in Brandenburg die Reliquie der heiligen Katharina und in Marienwerder den Reliquienschrein der seligen Dorothea von Montau aufgesucht hatte.

Auf halbem Wege zwischen Althaus und der jetzigen Stadt Kulm lag auf dem Lorenzberg ein castrum zum Schutz der Stadt Alt Kulm im Weichseltal, das etwa 1244 anstelle einer pommerellischen Holzfeste angelegt worden war und vom Orden als Feste Pottersberg ausgebaut wurde. Nachdem die Stadt Alt Kulm um 1251/53 erneut, diesmal weichselabwärts auf ihre heutige Stelle, verlegt worden war, ging die Bedeutung von Pottersberg zurück. 1283 entschloß sich der Ordenskonvent, Pottersberg ganz aufzugeben und die Holzbauteile sowie die Palisaden nach Mewe zum Bau einer neuen Burg in dem dort soeben erworbenen Gebiet auf dem linken Weichselufer zu überführen.

Die Stadt Kulm lag auf ihrem neuen Platz unmittelbar am Weichselufer nun an der den Bürgern für Handel und Wandel günstiger erscheinenden Stelle. Die Verlegung ist von den Bürgern auch wohl deshalb betrieben worden, um sich dem unmittelbaren, engen Einflußkreis der Ritter etwas zu entziehen. Die neue Stadt Kulm hat außer der gut ausgebauten Stadtbefestigung nie eine Burg besessen, sondern war die Stätte einer Reihe von wehrhaften Klöstern der Benediktiner, Dominikaner, Franziskaner und Zisterzienser.

Kulm sollte die erste Universität des Ordenslandes erhalten, jedoch kam der Plan wegen der kriegerischen Ereignisse nicht mehr zustande. Trotz des Sitzes des Obergerichtshofs für die Auslegung des allgemein geltenden kulmischen Rechts und als Berufungsinstanz für das ganze Ordensgebiet hat die Stadt nicht die Bedeutung erlangt wie ihre Schwestern in der Hanse, vor allem Thorn und Elbing. Für den Fernhandel gab es in Kulm je ein englisches, holländisches und dänisches Packhaus, und ihr Bürgermeister Ertmar von Herken vertrat eine Zeitlang die Interessen aller preußischen Städte auf den Hansetagen.

Im kirchlichen Bereich wurde als Engel von Kulm die Herz-Jesu-Verehrerin Jutta von Sangershausen bekannt, die um 1260 als Einsiedlerin in der Nähe von Kulmsee starb.

Nach Niederschlagung des großen Preußenaufstandes von 1260 bis 1273 und nach der stürmischen Eroberung und Befriedung ganz Preußens lag Kulm weitab im Hinterland und wurde von den Grenzkämpfen mit den Litauern nicht berührt. Es hatte bereits 1251 die Residenz des Landmeisters an Elbing abgeben müssen, blieb aber bis 1336 Sitz des Landkomturs für das ganze Kulmerland.

Die Komturei Althaus Kulm war über zweihundert Jahre Sitz eines Konvents, an dessen Spitze Komture standen. Es sollen hier nur einige bekanntere Komture genannt werden, die eine Karriere in der Ordenshierarchie machten und zu Großgebietigern aufstiegen: Ulrich von Fricke 1358/59 wurde Oberster Spittler, Johann von Beffart 1382/83 erreichte das Amt eines Obersten Trapiers, ebenso sein Nachfolger Walrabe von Scharfenberg. Wilhelm von Helfenstein 1387/91 wurde Großkomtur und Konrad von Erlichshausen 1436/38 konnte sogar die

Landmeistersiegel aus der Zeit, als deren Residenz in Althaus Kulm war (Zeichnung: F. A. Voßberg, 1843)

Die wehrhafte Stadt Kulm, die »heimliche Hauptstadt« Altpreußens, liegt nördlich abgesetzt von Althaus Kulm (Foto: R. Heidemann, 1988)

Hochmeisterwürde erlangen. Wie so viele hohe Ordensritter fiel auch der Althauser Komtur Eberhard von Ippinburg in der Schlacht von Tannenberg.

Im dreizehnjährigen Städtekrieg besetzten die aufständischen Eidechsenbündler die Burg. Sie wurde jedoch bald von Söldnern des Ordens unter Hauptmann Bernhard von Zinnenberg zurückerobert und zusammen mit Strasburg als Pfand für ausstehenden Sold zwanzig Jahre besetzt gehalten. Erst 1478 löste König Matthias Corvinus von Ungarn das Pfand aus und trat sie ein Jahr später an Polen ab. 1505 wechselte sie erneut ihren Besitzer, als sie dem Bischof von Kulm geschenkt und von ihm nach Umbau viele Jahrzehnte als Residenz benutzt wurde. Nicht ohne Spuren blieben wohl auch die schwedischen Kriegszüge im 17. Jahrhundert und die russische Besetzung im Siebenjährigen Krieg.

Kulm und seine Region blieben auch während der polnischen Oberhoheit, die nach dem unglücklichen Zweiten Thorner Frieden von 1466 einsetzte, ein Gebiet deutscher Prägung und deutscher Bevölkerung. Dennoch litt es in dieser Zeit unter der wirtschaftlichen und kulturellen Vernachlässigung durch die ferne polnische Regierung.

Die Preußen fanden 1772 bei der Rückgewinnung dieser alten deutschen Gebiete viel Rückständigkeit und Verfall vor. Die Stadt Kulm, die vor Ausbruch des Städtekrieges etwa 15 000 Einwohner gehabt hatte, wurde nun nur noch von 1644 Seelen bewohnt. Von vierzig Häusern um den Markt waren 28 baufällig. Der preußische Staat mußte erhebliche Geldsummen bewilligen, um das Elend zu beseitigen und wieder Leben und Wandel in die Stadt zu bringen, die bis 1837 auf 5394 Einwohner wuchs.

Leider hatte die straffe preußische Verwaltung aber auch ihre Mängel, indem sie, wie eingangs erwähnt, wirtschaftlich nicht mehr nutzbare Gebäude abbrechen ließ. Ab 1777 bis zum Ende des 18. Jahrhunderts wurde die Burg Althaus Kulm nach und nach abgebrochen und das gewonnene Material dem Festungsbau in Graudenz zugeführt. Selbst die Fundamente blieben später nicht verschont, und ein Teil der Steine ist im Dominium von Althaus verbaut worden. Wir haben es dem preußischen Artillerie-Leutnant Johann Michael Giese zu verdanken, der 1826 bis 1828 die Provinz bereiste, daß wenigstens eine Planskizze der Burg vor der gänzlichen Zerstörung der Fundamente aufgenommen worden ist.

Wer heute gedankenversunken auf dem Plateau über dem Weichseltal sitzt und die einstige Stätte der bedeutenden Burg Althaus Kulm betrachtet, muß viel Phantasie aufwenden, um sich die Bilder der jahrhundertealten Geschichte dieses Platzes vor Augen zu führen.

Neuenburg an der Weichsel

Stützpunkt der Weichselschiffahrt und Schlüssel zum Lande

Stadtsiegel aus dem 15. Jh.

Bereits unter der Herrschaft der pommerellischen Herzöge war Neuenburg ein wichtiger Stützpunkt am Westufer der Weichsel zwischen den beiden Burgen Sartowitz und Zantir. Der um 1185 von Herzog Subislaw von Pommerellen als Sitz einer Kastellanei gegründete Ort wurde um 1266 als castrum Nuwinburch erwähnt. Durch die aus der sächsischen Ordensprovinz zuwandernden Franziskanermönche, die um 1282 in Neuenburg ein Kloster gründeten, wurde der Zustrom deutscher Siedler begünstigt. Letztere erhielten für ihre Stadtsiedlung mit einer Urkunde von 1294 verbriefte Bürgerrechte.

Die pommerellischen Herzöge förderten die Niederlassung Deutscher in ihrem Lande, das christianisiert war und in dem im 13. Jahrhundert eine Reihe bedeutender Klöster unter deutschem Einfluß entstand. Nachdem sich der Orden von Calatrava bereits 1124 in Thymau (nahe Mewe) und die Zisterzienser in Oliva (bei Danzig) um 1178 niedergelassen hatten, folgten weitere Klostergründungen in Pommerellen. Die Prämonstratenser gründeten 1209 das Kloster Zuckau, die Zisterzienser legten um 1235 Zarnowitz und um 1258 Pelplin an, und als die Dominikaner um 1289 ihr Kloster Dirschau gründeten, saßen westlich von ihnen die Johanniter in ihren Häusern in Liebschau und Schöneck.

Nach dem Tode Herzog Swantopolks von Pommerellen ermunterte sein Sohn Mestwin II. um 1267 die aufständischen Prussen, auch das Bistum Pomesanien anzugreifen, und unterstützte sie. So wurden nach dem Bericht des Ordenschronisten Peter von Dusburg 15 Schiffe des Deutschen Ordens auf der Weichsel von den Prussen vom Ostufer aus angegriffen, während die pommerellischen Burgleute in Nuwenburgk von der anderen Seite gegen sie eingriffen. Die Schiffer ließen alle Waren und Geräte über Bord werfen und konnten so dank der gewonnenen Schnelligkeit entkommen.

Landmeister Ludwig von Baldersheim bekämpfte den Prussenaufstand im eigenen Land, zog aber auch mit einem Heer über die Weichsel nach Westen und übte im Raum Neuenburg und Dirschau Vergeltung für die Unterstützung der Aufständischen. Am 3. Januar 1268 schloß der Orden mit Herzog Mestwin Frieden, nachdem bereits einige Monate vorher dessen Bruder Wratislaw um Waffenstillstand gebeten hatte.

Pommerellen kam nach dem Tode Herzog Swantopolks nicht zur Ruhe, auch wenn die Kämpfe gegen Polen und Pommern zunächst beendet waren. Herzog Mestwin hatte nach seiner Niederlage und nach den anhaltenden Streitigkeiten mit seinem Bruder und mit den Brüdern seines Vaters erkannt, daß er sich allein gegen seine Gegner nicht behaupten konnte. Er suchte bei den benachbarten askanischen Markgrafen von Brandenburg Hilfe und trug ihnen im Vertrag von Arnswalde am 1. April 1269 sein Land als Lehnsherren an. Als die Brandenburger nach dem Tode seines Bruders Wratislaw jedoch Danzig besetzten, vertrieb er sie mit Hilfe seines polnischen Vetters Bolislaw aus der Stadt. Im

Jahre 1282 mußte er dem Deutschen Orden das Land Mewe abtreten, das sein Onkel Sambor jenem bereits 6 Jahre zuvor geschenkt hatte. Damit hatte der Orden auf dem linken Weichselufer Fuß gefaßt. Er baute diesen Brückenkopf sogleich durch die feste Burg Mewe aus.

Mit dem Tode Herzog Mestwins II. im Jahre 1294 starb das pommerellische Herzogshaus aus. Es folgten anhaltende Erbauseinandersetzungen zwischen Brandenburg, Böhmen und Polen. Schließlich entschied König Wenzel II. von Böhmen, ein Sohn Ottokars II., des Mitbegründers von Königsberg, den Streit für sich und erwarb obendrein noch die Kronen der Königreiche von Polen und von Ungarn.

Nach seinem frühen Tod folgte ihm sein Sohn Wenzel III., der die Verwaltung Pommerellens dem einheimischen Paladin von Danzig, Swenza, übertrug und dem Deutschen Orden Aufsichtsrechte zusicherte. Peter Swenza, der Hauptmann von Pommerellen, geriet nach dem Zusammenbruch der böhmischen Herrschaft infolge der Ermordung König Wenzels III. im Jahre 1306 mit dem Polenherzog Wladislaw Lokietek in Konflikt, als dieser als Erbe Polens Pommerellen und Danzig besetzt hatte. Auch die Brandenburger machten ihre Erbansprüche geltend und brachten 1308 Danzig in ihre Hand. In diesem Durcheinander griff auf Bitten Lokieteks der Deutsche Orden ein, der bereits mehrfach in den Auseinandersetzungen vermittelt hatte. Er vertrieb nicht nur die Brandenburger, sondern gleichzeitig die Polen und besetzte außer Danzig auch Dirschau, Schwetz und ganz Pommerellen. Gegen Geldentschädigung ließ er sich die Erbansprüche der Brandenburger im Soldiner Vertrag vom 13. September 1309 abtreten, versuchte aber vergeblich, auch den Polen ihren Erbanteil abzukaufen.

Verhandlungsbereiter und den Deutschen gegenüber aufgeschlossen waren die Brüder Swenza, die mit der Grafschaft Neuenburg belehnt worden waren. Peter von Swenza, der sich comes de Neuenburg nannte, verkaufte seinen Besitz in Pommerellen an den Deutschen Orden, der bereits 1308 die Stadt Neuenburg erobert hatte. Die Brüder Lorenz und Jesko Swenza erwarben die Herrschaft Rügenwalde. Sie gehören zu den Vorfahren des bekannten Adelsgeschlechts von Puttkamer.

Bei der Eroberung von Neuenburg im Jahre 1308 war die dortige pommerellische Landesfeste stark beschädigt worden. Den überwiegend aus Holz und Erde aufgeführten Bau setzten die Ordensritter als Provisorium wieder in verteidigungsbereiten Zustand. Sie umgaben ihn und den Stadtkern im Jahre 1336 mit einem Palisadenzaun. Diesen Stützpunkt benutzte der Ordensamtmann als Verwalter der 1313 durch Kauf von Peter von Puttkamer an den Orden gefallenen Stadt, die sogleich eine neue Pfarrkirche erhielt.

Wegen ihrer günstigen Lage auf dem beherrschenden Höhenzug am Weichselufer und ihrer Verwendung als Etappenstützpunkt an der Heerstraße zwischen Preußen und dem Reich, entschloß sich Hochmeister Heinrich Dusemer im Jahre 1350, der Stadt eine neue Handfeste zu verleihen und sie zu befestigen. Außer der auf dem alten Burgplatz entstehenden Burg in massiver Steinbauweise legte man eine neue Stadtmauer mit umgebendem Graben an. Beide zusammen bildeten eine integrierte Verteidigungsanlage.

Das neue Burghaus wurde als Ziegelbau auf Feldsteinfundament errichtet. Es bildete die östliche Begrenzung des rechteckigen, ummauerten Burgplatzes, der von der Stadt durch einen Hausgraben abgeschlossen war. Ost- und Nord-

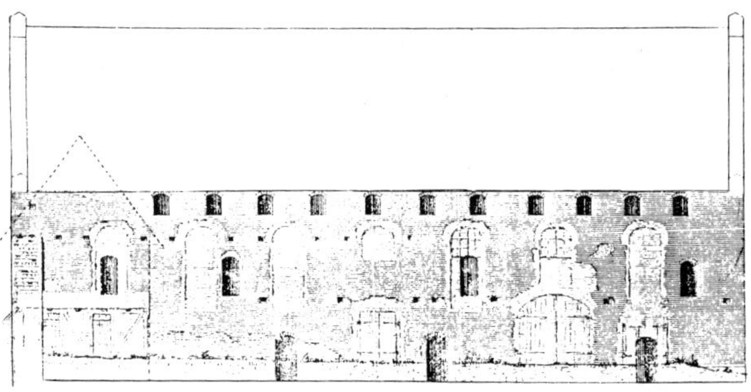

Das alte Burghaus vor hundert Jahren (Zeichnung: C. Steinbrecht, um 1888)

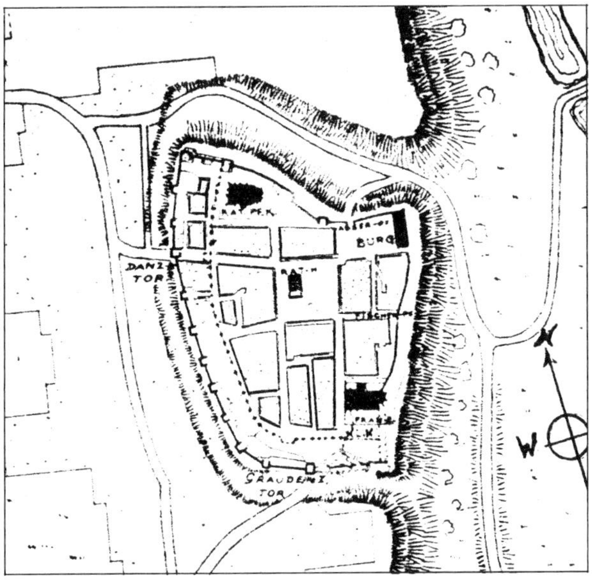

Lageplan von Stadt und Burg (Zeichnung: C. Steinbrecht, 1888)

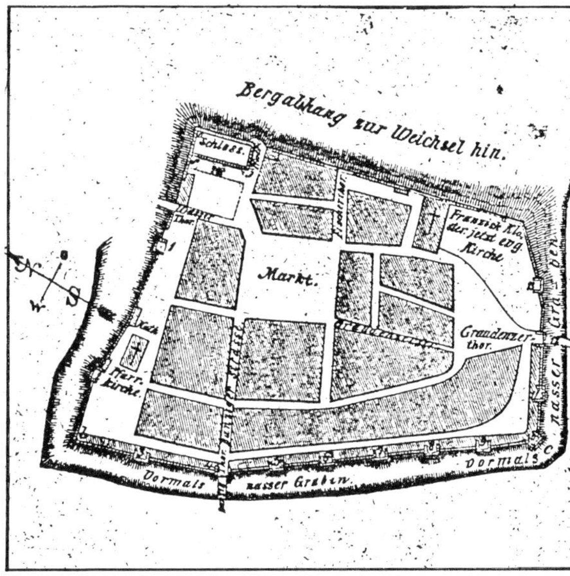

Lageplan von Stadt und Burg (Schloß) (Zeichnung: Scherres/Habermann, 1869)

flanke des festen Hauses waren zugleich Stadtmauer und lagen an einem steilen Abhang. Das einflügelige Gebäude maß bei einer Breite von 12,30 m in der Länge 39 m. An beiden Seiten begrenzten Giebel das hohe, steile Satteldach.

In dem nicht unterkellerten Burghaus waren Erd- und Hauptgeschoß dreigeteilt. Während im Erdgeschoß Wirtschafts- und Vorratsräume lagen, befanden sich im Hauptgeschoß eine durch Fachwerkwände unterteilte Amtswohnung, ein Remter mit Wandmalereien und ein etwa gleichgroßer Raum, der vermutlich als Wohnraum für Gäste diente. Alle Räume hatten je nach Größe 4 bis 7 Fenster und jeweils einen gesonderten Eingang von dem hölzernen Laubengang, der über die ganze Länge der Hofseite des Hauses reichte. Während die Erdgeschoßräume von einem schlichten Tonnengewölbe abgeschlossen waren, besaßen die Räume im Hauptgeschoß Balkendecken. An der nördlichen Schmalseite war im Hauptgeschoß ein Danzkererker an der Außenwand angebracht, der zur Amtswohnung gehörte.

Wie bei allen Ordensburgen war auch hier das Obergeschoß als Wehrgeschoß mit einer umlaufenden Reihe von Wehrfenstern ausgeführt. Man hatte recht große Luken mit einem verhältnismäßig geringen Abstand von 2,80 m untereinander gewählt. Zur Talseite sind nachträglich Auflagehölzer für die neu aufgekommenen schweren Feuerwaffen eingelassen worden. Hinter dem schmalen Wehrgang an den Außenmauern lag innen ein großer Speicherraum, der der Bevorratung von Getreide diente.

Wegen der naheliegenden Pfarrkirche hatte man auf die Einrichtung einer eigenen Burgkapelle verzichtet.

Der Burghof maß 40 × 30 m und hatte ein Hauptportal in der umlaufenden Umfassungsmauer. Vielleicht war dieser Haupteingang einst durch einen Torturm geschützt. Angeblich soll die kleine Burg 4 Türme besessen haben, von denen auf der Westseite des Hauses um 1850 bei der Herrichtung des Schulhofs Fundamentsreste gefunden wurden. Diese Annahme stützt sich auch auf die Darstellung einer viertürmigen Burg auf dem Stadtsiegel von 1502. Ferner wird als Beweis für das Vorhandensein eines Bergfrieds seine Erwähnung in der dem Minoritenkloster von Hochmeister Winrich von Kniprode im

Jahre 1376 erteilten Handfeste angesehen, in der als Ansatzpunkte für die Vermessung des Klostergrundstücks ausdrücklich ein »Berkfrede« genannt ist. Falls es diesen Bergfried der Burg wirklich gegeben hat und keine Verwechslung mit einem Turm der Stadtmauer vorliegt, so muß er an der Südseite der Burg, vielleicht neben dem Haupteingang, gestanden haben. Die Zeichner des Stadtplans von Neuenburg haben 1869 noch die mutmaßlichen Standorte der runden Burgtürme als gestrichelte Markierungen eingetragen. Ein weiteres Indiz für einen Turm könnte eine Türöffnung in der Südwand des Burghauses sein, die im Hauptgeschoß festgestellt worden ist. Von dort aus hat ggf. ein aufziehbarer Steg zum höher gelegenen Eingang des Turmes geführt. Alle diese Annahmen können aber nur zutreffen, wenn bei den Zerstörungen der Burg im 13jährigen Städtekrieg die Aufständischen insbesondere die Türme niedergerissen haben.

Am Stadtplan ist ablesbar, daß es sich hier nicht um eine Gründung nach dem einheitlichen Ordensschema handelt. Dennoch haben überwiegend rechteckige Baublöcke um den zentralen Marktplatz das allmähliche Wachsen der Bebauung in feste Bahnen gelenkt. Deutlich ist noch an dem in leichtem Bogen im Westteil der Stadt geführten langen Straßenzug der Verlauf der einstigen Plankenbefestigung zu erkennen. Die um 1350 im Westen und Süden hinausgeschobene Stadtmauer ist mit 4 Stadttoren und 13, früher 16 Mauertürmen bewehrt gewesen, die als Flankierungswerke aus der Mauerflucht hervorsprangen. Ein von Quellen gespeister Stadtgraben lag vor der südlichen, westlichen und zur Hälfte auch vor der nördlichen Stadtmauer. Im Osten und Nordosten bot der steile Uferhang zur Weichsel ausreichenden Schutz.

In jeder Himmelsrichtung gab es ein Stadttor. Am wichtigsten und am besten ausgebaut waren das Graudenzer Tor im Süden und das Danziger Tor im Westen. Ihre stark befestigten Tortürme hatten außer einem eisenbeschlagenen Eichentor ein Fallgatter und eine Zugbrücke. Das Wassertor in der Nordmauer nahe der Burg und das Fischertor zwischen Burg und Kloster am Weichselhang hatten lediglich für den städtischen Bedarf und nicht für den Durchgangsverkehr Bedeutung. Alle Tore sowie große Teile der Stadtmauer sind nach und nach, aber besonders vor 120 Jahren, abgebrochen worden, weil die Stadt mit ihren um 1900 gut 5000 Einwohnern über die alten Grenzen hinausgewachsen war. Sie hatte 1773 nur gut tausend Bewohner gehabt.

Den zweiten Pfeiler der Stadtbefestigung bildete neben der Burg das an der gegenüberliegenden Südostecke liegende Minoriten-Kloster. Es war bereits um 1282 in den Winkel zwischen südlicher Stadtmauer und östlichen Steilhang des Weichselufers hineingebaut worden. Hier zeigen sich gewisse Ähnlichkeiten mit der städtischen Verteidigungsplanung in Wartenburg und Rastenburg, wo ebenfalls Ordensburg und festes Kirchenhaus die Eckbastionen der Stadtbefestigung bildeten.

Im Jahre 1311 erhielt das Kloster aus dem Nachlaß der Adelheid Ullmann aus Kulm einen erheblichen finanziellen Zuschuß zum Bau der neuen Klosterkirche. Als erstes entstand am hohen Uferrand ein vierjochiger Chor, der von 5 Teilen eines Achtecks geschlossen war. Unter dem Chorhaupt liegt eine schön gewölbte Krypta, deren Dreieckskappengewölbe von einer Mittelsäule getragen wird. Sie diente früher als Beisetzungsstätte der Klosterbrüder. Bald nach 1311 erweiterte man den großen Chor durch Anbau eines dreijochigen, fast quadratischen Kirchenschiffs, das bis ins 18. Jahrhundert lediglich mit einer Balkendecke abgeschlossen war.

Im Zusammenhang mit der Säkularisierung des Klosters wurde die Minoritenkirche 1846 der evangelischen Kirche übertragen. Nach einem Brand im Jahre 1899 mußte vieles erneuert werden, wobei außer dem neu aufgebauten Westgiebel anstelle der Sakristei ein massiver Kirchturm errichtet wurde.

Das Kloster hatte innerhalb der Stadt einen erheblichen Grundbesitz, der in einer Handfeste des Hochmeisters vom 18. Dezember 1376 im einzelnen beschrieben worden ist. Aus dem Text der alten Urkunde werden nachstehend einige

Neuenburg von Südwesten mit beiden Kirchtürmen (Foto: R. Heidemann, 1986)

Sätze in der Sprache der damaligen Zeit wiedergegeben:
»Wir Bruder Winrich von Knipperode Homeister der Brudere des Ordens des Spitals Sendte Marien des dutschin huses von Jerusalem mit rate vnde willin vnsere Metegebitigere wruende vnde andir werdin durch redelich sache willin der Erbarin vnde geistlichin mannen der Minor Brudere czur Nuwinburcg ires Clostirs doselbst handvesten vnde vryheite als sie hirnoch sten eygentlich beschrebin: (es folgen die Einzelangaben für die Vermessung des Grundstücks) Zcu ewigim gedechtnuß disser dincge habin wir vnser Ingesegil an dissen brief lasin hencgen.

Gebin zcur nuwinburg in vnsirs heren Jaren MCCCLXXVI an der Mitewoche noch Nerei vnde Achillei (= 18. Dez.) der Marterer. Geczeugen sint vnsere lieben Brudere, Brudir Rudgher von Elner Großkomthur, Bruder Gotfrid von Budin Obirstir Marschalk, Brudir Vlrich Vryke Obirster Spitaler vnde komthur zcu Elbinge, Brudir Conrad Zzolner Obirstir Trappier vnde komthur zcu Christburg, her Niclos vnsir Cappellan, Bruder Erwin von kröftelin voyt zcu Dirsow, Reinhart von Elner vnde Kone von liebenstein vnsere Compane vnde andir Ersame Lute.«

Am anderen Ende der Altstadt, nämlich fast in der Nordwest-Ecke lag die katholische Pfarrkirche, eine dreischiffige Hallenkirche mit rechteckigem Chor. Die seitliche Turmstellung und dessen Zinnenkrönung sind von dem pomesanischen Kirchenbau übernommen. Der mit vielen Mauerblenden und -absätzen reich gegliederte Turm ist in das Westjoch des Kirchenschiffs eingefügt. Ebenso stark mit Blenden, aber auch mit Fialen und Windlöchern gegliedert ist der prächtige Westgiebel, dessen Pendant an der Ostseite des Chores 1862 erneuert werden mußte, wobei jedoch die in 3 Reihen gekuppelten Halbsäulchen mit dem verbindenden Rundbogenfries dem ursprünglichen Zustand nachgebildet wurden.

Auffällig ist beim Chor der Pfarrkirche wie auch der Klosterkirche, daß die Eckstrebepfeiler nicht den Regeln der Baustatik entsprechend angebracht worden sind. Denselben architektonischen Kunstfehler kann man an der Pfarrkirche zu Deutsch Eylau feststellen, so daß die Vermutung naheliegt, daß alle 3 Kirchen von der gleichen Bauhütte entworfen und erbaut worden sind. Übrigens wirkt die Pfarrkirche zu Neuenburg durch ihre geschlossene Baumasse mit dem überragenden Turm insbesondere in der Ansicht von Süden als ein künstlerisch besonders gelungenes Bauwerk.

Zu Beginn des 15. Jahrhunderts plante der Deutsche Orden, den inzwischen gut ausgebauten Stützpunkt in der florierenden Stadt mit einem Pfleger oder Vogt zu besetzen. Hochmeister Ulrich von Jungingen nahm im Jahre 1408 Neuenburg auf seiner Rückreise vom »Tage zu Hammerstein« besonders unter Augenschein. Aber die der Katastrophe von Tannenberg zutreibende kriegerische Entwicklung ließ diese Pläne unausgeführt.

Bemerkenswert ist die überlieferte Nachricht, daß in Neuenburg Wein angebaut wurde. Sicher haben die Hänge des Höhenzuges am Weichselufer hierfür Gelegenheit geboten. Aus dem Jahre 1437 berichtet der Danziger Chronist Bornbach, daß die Weingärten in Neuenburg durch die ungewöhnliche Kälte erfroren seien. Trotzdem hat sich der Weinbau noch längere Zeit erhalten, denn im Neuenburger Judizialbuch von 1535 wird die Bruderschaft der Weinleser erwähnt.

Im 13jährigen Städtekrieg wurde Neuenburg durch den Ordenshauptmann Ulrich von Kingsberg als Weichselbrückenkopf ausgerüstet. Man baute sogenannte »schwimmende Schanzen« oder Basteischiffe, um den Strom zu beherrschen, denn die Treffsicherheit und Reichweite der Feuerwaffen vom Weichselufer reichten nicht aus. Diese »schwimmenden Schanzen« waren Weichselkähne oder Flöße, die, von einer Brustwehr geschützt, den Einsatz von Geschützen, Schanzkörben, Kriegsschirmen und Enterhaken mitten im Strom gestatteten. Man verwendete sie, um feindlichen Schiffen die Durchfahrt zu verwehren, zur Belagerung von Burgen in der Nähe von Gewässern und zur Blockade der Zufuhr von Nachschub und Verstärkung auf dem Wasserwege.

Im Jahre 1461 versuchte der Deutsche Orden durch den Einsatz von schwimmenden Schanzen in Strommitte zwischen Neuenburg und Mewe, die Durchfahrt einer feindlichen Flotte von 50 Weichselschiffen mit Getreide und Nachschub zu verhindern. Das gelang nur bedingt, denn die aufständischen Thorner legten bei einer Kämpe (Insel) oberhalb der Blockadelinie an und entluden dort die Schiffe.

Um 1465 sollte das belagerte Neuenburg durch den Durchbruch von 2 Basteischiffen mit Vitalien, Pfeilen, Pulver und Büchsen entsetzt werden. Wie aus einem Brief des Hochmeisters Ludwig von Erlichhausen an den Deutschmeister zu entnehmen ist, scheiterte dieser Plan jedoch an fehlenden Mitteln.

Am Ende des blutigen Krieges stand der Sieg der mit Polen verbündeten Aufständischen, die Teile des festen Hauses Neuenburg niederrissen. Im Zweiten Thorner Frieden von 1466 ging Neuenburg und der größte Teil Westpreußens dem Deutschen Orden verloren.

Nach mehr als dreihundert Jahren kehrte das Weichselstädtchen im Jahre 1772 wieder in den Staatsverband Preußen zurück, das inzwischen zusammen mit Brandenburg und anderen Territorien zum Königreich aufgestiegen war. Der preußische Staat finanzierte den Wiederaufbau der heruntergekommenen Städte und förderte die Wiederbelebung der Wirtschaft. In Neuenburg wurden aus diesen Mitteln 25 wüste Hofstellen neu errichtet.

Die inzwischen vom Verfall bedrohte Burg ist 1787 zur evangelischen Kirche umgebaut worden. Auf beiden Langseiten des Burghauses wurden je 6 große Kirchenfenster herausgebrochen, Zwischenwände entfernt und der ganze Bau stark verändert und verputzt. Nach etwa hundertjähriger Nutzung als Kirche ging das aufgebrauchte Gebäude in die Nutzung der Feuerwehr über, die es als Schuppen für Spritzen und Geräte verwendete. Es wurde erst 1911 von

Das restaurierte Burghaus (Bauzustand 1987)
(Foto: M. Hesekiel, 1987)

Regierungsbaumeister Becker wiederentdeckt und neu aufgenommen. Für eine gründliche Restaurierung fehlten aber die Mittel.

Nach dem Zweiten Weltkrieg haben die Polen sehr spät mit Erhaltungsmaßnahmen für das Burghaus begonnen. Ein Foto aus dem Jahre 1987 zeigt den unfertigen Bauzustand im Blick von der westlichen Hofseite. Trotz mancherlei ahistorischer Veränderungen erfreut den Burgenliebhaber und sicher auch den Heimatverbundenen, daß die dichte Reihe der ehemaligen Wehrfenster und der durchgehende, überdachte Laubengang des erhaltenen Backsteingebäudes eine Erinnerung an die Zeit des Deutschen Ordens in diesem Baudenkmal widerspiegelt.

Nachweis der Abbildungen

Zeichnungen, Pläne und Fotos

Archiv Ostpreußenblatt
Bilderarchiv Foto Marburg
Boetticher, Adolf
Boot, Abraham
Borchert, Friedrich
Collas, John von
Deutsche Staatsbibliothek Berlin
Dohna, Gräfin
Dolezich, Norbert
Giese, Johann Michael
Hartknoch, Christoph
Heidemann, Ronald
Heitmann, Friedrich
Hennenberger, Caspar
Hermann, Johannes
Hesekiel, Martin
Hupp, Otto
Krauskopf, Fritz
Lahrs, Friedrich
Lippke, Werner
Mortensen, Gertrud
Neumann, Elisabeth
Ostdeutsche Galerie, Regensburg
Piepkorn, Otto
Samland-Museum, Pinneberg
Schmid, Bernhard
Schroetter-Karte
Steinbrecht, Conrad
Voßberg, Friedrich August

Die aktuellen Fotos aus Nordostpreußen lieferte Ronald Heidemann, der seit 1976 durch Hunderte Städte und Orte reiste und in Hamburg das umfangreiche Ostpreußen-Archiv führt.

Anhang I

Geschichtsübersicht

990 Erste Missionsversuche im Preußenland.
997 Missionar Adalbert von Prag wird im Samland von den Prussen erschlagen.
1009 Missionar Brun von Querfurt erleidet bei Lyck den Märtyrertod.
1190 Gründung des Deutschen Ordens als Hospitalgesellschaft in Akkon (Palästina).
1194 Zerfall Polens in Herzog- und Fürstentümer.
1198 Umwandlung des Deutschen Ordens in einen Ritterorden.
1202 Schwertbrüderorden in Livland gegründet.
1206 Preußenmission durch Mönch Christian aus Lekno.
1209 Hermann von Salza wird Hochmeister des Deutschen Ordens.
1211 Einsatz des Deutschen Ordens im Burzenland (Siebenbürgen) bis 1225.
1215 Missionar Christian wird zum Bischof in Preußen ernannt.
1218 Kämpfe von gemischten Kreuzfahrerheeren gegen die heidnischen Prussen.
1226 Herzog Konrad von Masowien bittet den Deutschen Orden um Hilfe gegen die Prussen.
1228 Stiftung des Dobriner Ordens durch Herzog Konrad.
1230 Herzog Konrad überträgt im Kruschwitzer Vertrag dem Deutschen Orden das Kulmerland.
1231 Landmeister Hermann Balk beginnt mit einer kleinen Ritterschar bei Nessau, Vogelsang und Thorn den Kampf gegen die Prussen.
1231 Gründung von Thorn und Kulm.
1233 Hochmeister Hermann von Salza verleiht Thorn und Kulm das Stadtrecht (Kulmer Handfeste wird beispielhaft bei anderen Stadtgründungen).
1233 Vorstoß weichselabwärts führt zur Eroberung der prussischen Feste in Marienwerder.
1233 Bischof Christian gerät in prussische Gefangenschaft.
1234 Bulle von Rieti: Papst nimmt Kulmerland und alle zu erobernden Länder in Preußen unter seinen Schutz und verleiht sie dem Deutschen Orden zum Besitz.
1234 Sieg des Ordens in der Schlacht an der Sirgune (Sorge) öffnet den Weg zur Ostsee.
1235 Anschluß des Dobriner Ordens an den Deutschen Orden.
1235 Niederlage des livländischen Schwertbrüderordens an der Saule. Landmeister Hermann Balk eilt den bedrängten Brüdern mit einem Ordensheer zur Hilfe.
1236 Kreuzfahrerheer unter Markgraf Heinrich von Meißen hilft bei der Eroberung Pomesaniens.
1237 Vorstoß des Ordens erreicht das Frische Haff; dort wird Elbing gegründet.

1237 Vereinigung des livländischen Schwertbrüderordens mit dem Deutschen Orden.

1237 Beginn der Eroberung der Gaue Pogesanien, Warmien (Ermland) und Natangen.

1239 Eroberung der wichtigen pruss. Burg Honeda und Gründung der Ordensburg Balga.

1239 Hochmeister Hermann von Salza stirbt in Salerno und wird in Barletta beigesetzt.

1242 Beginn des ersten Preußenaufstands unter Beteiligung Herzog Swantopolks.

1243 Einteilung des Preußenlandes in 4 Bistümer Kulm, Pomesanien, Ermland und Samland.

1244 Verlustreiche Schlacht am Rensen-See (bei Graudenz).

1249 Niederlage eines Ordensheeres bei Krücken (nahe Kreuzburg).

1249 Christburger Friedensvertrag beendet Preußenaufstand. Der Vertrag sichert den bekehrten Prussen Freiheit und Besitz zu, solange sie sich zum Christentum bekennen.

1252 Burg und Stadt Memel am Eingang zum Kurischen Haff von Livland aus als Brücke zwischen beiden Ordensländern gegründet.

1253 Vorstöße des Deutschen Ordens nach Barten und Galinden.

1255 Eroberung des Samlands mit Unterstützung eines Kreuzheeres unter Führung des Königs Ottokar II. von Böhmen.

1255 Gründung der Stadt Königsberg am Pregel, die diesen Namen zu Ehren des Königs von Böhmen erhält.

1258 Teilung des Samlands zwischen dem Deutschen Orden und dem Bischof von Samland; der Teilungsvertrag wird alsbald mehrmals geändert.

1260 Niederlage des livländischen Ordenszweiges bei Durben löst einen allgemeinen großen Preußenaufstand aus.

1261 Niederlage des Ordens bei Pokarben gegen die Natanger unter Herkus Monte.

1263 Weitere Niederlagen des Deutschen Ordens bei Löbau und bei Dünamünde.

1271 Der Deutsche Orden verliert seine Burg Montfort in Palästina und wird aus dem Lande verdrängt.

1272 Sieg eines Ordensheeres unter Markgraf Dietrich von Meißen bei Pilzen (Kreuzburg).

1273 Ende des großen Preußenaufstandes von 1260.

1273 Eroberung der Gaue Nadrauen, Schalauen und Sudauen.

1276 Herzog Sambor schenkt dem Deutschen Orden das Land Mewe am Westufer der Weichsel.

1280 Beginn der Kolonisierung und Ansiedlung deutscher Zuwanderer.

1282 Herzog Mestwin II. tritt das Land Mewe an den Orden ab.

1283 Beginn der Kriegszüge gegen die heidnischen Litauer (»Litauerreisen«).

1291 Aufgabe von Akkon in Palästina; neue Hochmeisterresidenz in Venedig.

1309 Verlegung der Hochmeisterresidenz nach Marienburg unter Siegfried von Feuchtwangen (1303–1311).

1309 Nach Aussterben der Herzöge von Pommerellen entsteht ein Erbstreit zwischen Böhmen, Brandenburg, Polen und den pommerellischen Fürsten, den der Orden durch die Besetzung des Landes, einschl. Danzig, beendet.

1309 Der Orden erwirbt im Vertrag von Soldin die brandenburgischen Erbansprüche auf Pommerellen durch Kauf. Polen lehnt eine Geldentschädigung ab.

1311 Carl von Trier wird Hochmeister (1311–1324).

1311 Sieg eines Ordensheeres über die Litauer in der Schlacht von Woplauken.

1313 Kaiser Heinrich VII. bestätigt dem Orden den Besitz Pommerellens.

1321 Chronik des Peter von Dusburg erscheint in lateinischer Sprache.

1324 Werner von Orseln wird Hochmeister (1324–1330).
1327 Krieg um Pommerellen zwischen Polen, Litauen und Ungarn gegen den Orden.
1330 Herzog Luther von Braunschweig wird Hochmeister (1330–1335).
1331 Schlacht bei Plowcze zwischen dem Orden und Polen.
1335 Burggraf Dietrich von Altenburg wird Hochmeister (1335–1341).
1336 Litauerfürst Gedimin fällt im Kampf bei Georgenburg.
1340 Nikolaus von Jeroschin veröffentlicht die deutsche »Kronike von Pruzinland«.
1341 Ludolf König (von Weizau) wird Hochmeister (1341–1345).
1343 Im Frieden zu Kalisch erkennt König Kasimir von Polen den Besitz des Ordens des Kulmerlands und Pomerellens an und garantiert 60 Jahre Frieden.
1345 Heinrich Dusemer (von Arffberg) wird Hochmeister (1345–1351).
1346 Estland wird durch den Orden von Dänemark erworben.
1348 Sieg des Ordens über die Litauer in der Schlacht an der Strebe (bei Kauen).
1352 Winrich von Kniprode wird Hochmeister (1352–1382); längste und erfolgreichste Regentschaft im Ordensland.
1352 Teilung Nadrauens zwischen dem Orden und dem Bistum Samland.
1356 Deutsche Hanse entsteht unter Beteiligung preußischer Städte.
1360 Chronik des Preußenlandes durch Johannes von der Posilge begonnen.
1370 Sieg des Ordens über die Litauer in der Schlacht bei Rudau (Samland).
1370 Hanse erreicht im Frieden von Stralsund die völlige Handelsfreiheit.
1382 Konrad Zollner von Rothenstein wird Hochmeister (1382–1390).
1386 Vereinigung Polens mit Litauen durch die politische Heirat des litauischen Großfürsten Jagiello mit Königin Hedwig von Polen bringt Gefährdung für das Ordensland.
1391 Konrad von Wallenrode wird Hochmeister (1391–1393).
1393 Reimchronik des Ordensritters Wigand von Marburg veröffentlicht.
1394 Konrad von Jungingen wird Hochmeister (1394–1407).
1397 Vereinigung der drei nordischen Königreiche Dänemark, Schweden und Norwegen durch die Union von Kalmar bildet eine gefährliche Machtkonstellation für die Ostseeanrainer und insbesondere für den Deutschen Orden.
1398 Großes Flotten- und Landungsunternehmen gegen den Seeräuberstützpunkt der Vitalienbrüder auf Gotland, wobei der Orden die Insel besetzt.
1398 Im Vertrag von Sallinwerder verzichtet Litauen auf Schamaiten und Pleskau und regelt einvernehmlich die Grenze zum Ordensland.
1404 Erneutes Flottenunternehmen des Ordens gegen die Dänen vor und auf Gotland.
1407 Gotland wird vom Deutschen Orden gegen Geldentschädigung durch Dänemark geräumt.
1407 Ulrich von Jungingen wird Hochmeister (1407–1410).
1410 Entscheidende Niederlage des Deutschen Ordens in der Schlacht bei Tannenberg gegen ein vereinigtes polnisch-litauisches Heer. Der Hochmeister und viele Gebietiger und Ritter fallen im Kampf.
1410 Heinrich von Plauen rettet die Marienburg und das Land vor dem völligen Untergang. Er wird zum Hochmeister gewählt (1410–1413).
1411 Erster Thorner Frieden läßt das Ordensland territorial fast unversehrt, belastet es aber mit hohen Kontributionen und Lösegeldern.
1414 Der sogenannte »Hungerkrieg« zwischen Polen und dem Ordensland wird durch den Waffenstillstand von Strasburg beendet.

1414 Michael Küchmeister von Sternberg wird Hochmeister (1414–1422).

1422 Im Frieden von Melnosee muß der Orden auf Nessau und Schamaiten verzichten. Den preußischen Ständen wird ein Widerstandsrecht gegen den Orden eingeräumt.

1422 Paul von Rusdorf wird Hochmeister (1422–1441).

1435 »Ewiger Frieden« von Brest bestätigt die Abtretungen von 1422.

1440 »Preußischer Bund« in Marienwerder gegründet, dem zunächst 19 Städte angehören. Er gerät schon bald in Gegnerschaft zum Deutschen Orden.

1441 Konrad von Erlichshausen wird Hochmeister (1441–1449).

1450 Ludwig von Erlichshausen wird Hochmeister (1450–1467).

1454 Beginn des 13jährigen Städtekrieges zwischen dem mit Polen verbündeten Preußischen Bund und dem Deutschen Orden. Die aufständischen Bündner überfallen die Ordensburgen Thorn, Danzig, Elbing, Königsberg u. a. und zerstören sie.

1454 Sieg des Ordensheeres bei Richnau (Konitz) über die Polen.

1457 Ordenssöldner verkaufen die ihnen verpfändete Marienburg an Polen und vertreiben den Hochmeister unter entehrenden Umständen.

1457 Königsberg wird Hochmeisterresidenz und Haupthaus des Deutschen Ordens.

1460 Die belagerte Stadt Marienburg muß vor den Polen kapitulieren.

1462 Niederlage des Ordensheeres in der Schlacht bei Zarnowitz.

1466 Im Zweiten Thorner Frieden muß der Orden großen Gebietsabtretungen und hohen Reparationszahlungen zustimmen. Fast ganz Westpreußen wird der polnischen Krone unterstellt; Danzig, Thorn und Elbing werden teilautonome Städte; das Bistum Ermland wird selbständig. Der Hochmeister muß dem König von Polen einen persönlichen Treueid leisten. Niedergang der Ordensmacht.

1469 Heinrich Reuß von Plauen wird nach zweijähriger Statthalterschaft zum Hochmeister gewählt (1469–1470).

1470 Heinrich Reffle von Richtenberg wird Hochmeister (1470–1477).

1477 Martin Truchseß von Wetzhausen wird Hochmeister (1477–1489).

1478 Im »Pfaffenkrieg« kämpft das Bistum Ermland um freie Bischofswahl.

1479 Der 1. Vertrag von Petrikau bewahrt die Wahlfreiheit des ermländischen Domkapitels.

1489 Johann von Tiefen wird Hochmeister (1489–1497).

1498 Herzog Friedrich von Sachsen wird Hochmeister (1498–1510) und führt Reformen der Verfassung und der Verwaltung durch. Er verweigert dem Polenkönig dem Treueid.

1511 Markgraf Albrecht von Brandenburg-Ansbach wird letzter Hochmeister (1511–1525); er versucht die Unabhängigkeit des Ordensstaates wiederherzustellen.

1512 Im 2. Vertrag von Petrikau erlangt der König von Polen das beschränkte Nominationsrecht für die Wahl des Bischofs von Ermland.

1520 Als letzter Versuch gegen die polnische Vorherrschaft scheitert der Reiterkrieg an fehlender Unterstützung.

1521 Vierjähriger Waffenstillstand mit Polen in Thorn.

1525 Durch den Friedensvertrag von Krakau wird das Ordensland Preußen in ein erbliches, weltliches Herzogtum unter polnischer Lehnshoheit umgewandelt.

1525 Albrecht von Brandenburg scheidet aus dem Deutschen Orden aus, wird erster Herzog von Preußen (1525–1568) und führt in Preußen die Reformation ein.

1526 Herzog Albrecht heiratet Dorothea von Dänemark († 1547).

1544 Gründung der Universität zu Königsberg durch Herzog Albrecht (Albertina).

1550 Zweite Ehe Herzog Albrechts mit Maria Anna von Braunschweig.

1568 Herzog Albrecht stirbt am 20. März auf der Burg Tapiau; am selben Tag folgt ihm auf dem nahen Schloß Neuhausen seine Gemahlin im Tode.

1568 Albrecht Friedrich folgt seinem Vater als Herzog von Preußen (1568–1618), muß aber wegen Geisteskrankheit durch Regenten vertreten werden.

1618 Die Kurfürsten von Brandenburg aus dem Hause Hohenzollern erben das Herzogtum Preußen. Kurfürst Johann Sigismund von Brandenburg heiratet 1594 Albrecht Friedrichs Tochter Anna und folgt seinem Schwiegervater als Herzog von Preußen (1618–1619).

Anhang II

Erläuterung von Fachausdrücken

Abschnittsbefestigung: unter Ausnutzung des Geländes mit abschnittsweiser Gliederung angelegte Wehranlage, meist auf Bergkuppen, Höhenzügen oder Halbinseln. Grundriß der Bodenform angepaßt.
Ambon: erkerartiger Vorbau; Vorgänger der Kanzel
Apsis: Chorhaupt, Standort des Altars; Abschluß meist halbkreisförmig oder vieleckig.
Arkade: auf Säulen oder Pfeilern ruhende Bogenreihe.
Basis: Fuß einer Säule
Bastei: aus der Umwallung vorspringender Teil der Befestigung, z. T. besonders stark armiert und als Flankierungswerk gedacht.
Bergfried: Hauptturm einer Burg als Wehr- oder Wachtturm mit starkem Mauerwerk und hochliegendem Eingang.
Buchstabenfries: glasierte Tonplättchen mit Buchstaben (Majuskeln oder Minuskeln) als Umrandung von Fenstern und Türen oder als Mauerschmuck mit meist religiösen Inschriften. Ursprung aus dem arabischen Bereich: Im Ordensland z. B. in Birgelau, Brandenburg, Lochstedt, Thorn, Marienburg.
Chor: Altarraum in Kirchen, der der Geistlichkeit vorbehalten und nach Osten gelegen ist.
Corbisherr: Vorratsverwalter, zugleich Aufseher über Landwirtschaft und Vorwerk (lat. corbis = Korb)
Danzker: Abortanlage, die aus hygienischen Gründen außerhalb der Gebäude in einem Turm über Gewässern liegt und über einen gedeckten Gang erreichbar ist. Kleinere Anlagen sind Danzkererker an den Außenwänden der Burghäuser.
Denar: kleinste preuß. Ordensmünze; 720 Denar = 1 Mark
Dienste: Gewölbeanfänge an den Wänden, z. T. auf Konsolen
Dreipaß: kleeblattähnliches gotisches Maßwerkornament
Epitaph: Wanddenkmal, Grabmal
Fiale: Ziertürmchen auf senkrecht aufsteigenden Außengliedern, wie Strebepfeilern und Staffelgiebeln gotischer Bauten.
Firmarie: Alters- und Krankenheim in Ordensburgen
Gebietiger: höhere Ordensbeamte/-Ritter, z. B. Komture, Vögte, Pfleger
Gewände: Flanken eines Portals
Grisaille: Malerei in Graufarben
Großgebietiger: hohe, überregionale Ordensbeamte/-Ritter, wie Hochmeister, Großkomtur, Ordensmarschall, Oberst-Tressler, -Spittler und -Trapier.
Großkomtur: Hoher Ordensbeamter, Vertreter des Hochmeisters, zuständig für alle inneren Angelegenheiten, zugleich Komtur des Haupthauses.
Großschäffer: Ordensbeamte für den Großeinkauf und den Handel z. B. mit Getreide, Bernstein usw.
Gurte: das Gewölbe quer zwischen den Jochen überziehende Verstärkungsbogen.
Hackelwerk: Dornenhecke oder geflochtenes

Zweigwerk als Verhau; abgegrenzter Stadtbereich.
Hakengraben: hakenförmig verlaufender Burggraben
Hausgraben: Quergraben, der die Vorburg von der Hauptburg trennt.
Hauskomtur: Vertreter des Komturs und Verantwortlicher für den gesamten Betrieb des Konventshauses.
Hufe: mittelalterliches Flächenmaß, regional unterschiedlich. 1 kulmische Hufe = 16,8 ha oder 30 kulmische Morgen, entspricht 60 magdeburgischen Morgen.
Joch: gleichartiges Grundrißelement, Abschnitt von Gewölben
Kämpe: Burghof
Kämpfer: steinerne Auflage als Bauglied am Ansatz eines Bogens oder Gewölbes (Fensters)
Kapitell: Haupt einer Säule oder eines Pfeilers, vielfach mit Zierformen geschmückt.
Karwan: Zeughaus (Karawanserei)
Klimek: Bergfried (in Graudenz)
Klosterformat: großes Ziegelformat (9 × 15 × 32 cm), wie bei Ordensbauten allgemein verwendet.
Komtur: höherer Ordensbeamter/-Ritter, Vorstand eines Konvents, obere Militär- und Zivilbehörde im Komturei-Bezirk mit Gerichtshoheit (lat. commendator)
Konvent: Rittergemeinschaft aus 12 oder mehr Ordensbrüdern unter Vorsitz des Komturs nach dem Vorbilde Christi und seiner 12 Jünger. Der Konvent war das Beschlußgremium für die Komturei.
Konventshaus: Burgentyp der Ordensarchitektur, der sich am Ende des 13. Jahrhunderts als Muster der Komtursburg herausgebildet hatte. Rechteckiges/quadratisches Kastell mit umbautem Burghof; Dreiteilung des Haupthauses in Kapelle, Kapitelsaal/Konventsremter und kleinen Zwischenraum.
Kreuzgang: überwölbter, von einer Säulengalerie oder Pfeilern begrenzter Umgang in Kloster- bzw. Burghöfen.
Bei Ordensburgen auch Laubengang oder Hoflaube genannt.
Kreuzgewölbe: Durchdringung zweier rechtwinklig zueinander gestellten Tonnengewölbe.
Laterne: Turm- oder Kuppelaufsatz in Form einer großen Laterne.
Lettner: steinerne Schranke zwischen Altarraum und Kirchenraum für Laien
Lischke: Siedlung von Krügern und Gärtnern neben einer Burg (von pruss. Liskis = Lager)
Lisene: flach aufliegendes Gliederungselement an Wänden.
Lustration: Nachschau oder Revision bei Gebäuden, die als Bestandsaufnahme schriftlich niedergelegt wurde.
Marstall: Pferdestall
Maschikuli: aus dem Arabischen stammende Bezeichnung für einen auskragenden Wehrgang mit Wurfscharten.
Maßwerk: gotische Bauornamente in Fenstern, an Wandflächen, Giebeln oder Türmen, mit Zirkelschlägen geometrisch konstruiert (z. B. Vierpässe oder Fischblasen)
Meile: kulmische = 7776 m, unterteilt in 180 Seile zu je 10 Ruten.
Netzgewölbe: Gewölbe mit netzartiger Anordnung der Rippen ohne Rücksicht auf die Jocheinteilung.
Oberst-Marschall: (Ordensmarschall) Großgebietiger mit überregionaler Oberaufsicht über das gesamte Kriegswesen, nämlich Krieger, Waffen und Befestigung der Burgen (Kriegsminister). Als oberster Feldherr Führer des Heeres. Sitz in Königsberg, dessen Komturei er leitete.
Oberst-Spittler: Großgebietiger mit Oberaufsicht über das Medizinalwesen. Sitz in Elbing, dessen Komturei er leitete; später mehr als Ehrentitel verliehen.
Oberst-Trapier: Großgebietiger für die überregionale Beschaffung und Aufsicht im Versorgungswesen mit Gebrauchsgütern und Ausrüstungen aller Art, ausschließlich Waffen. Sitz in Christburg, dessen Komturei er leitete.
Oberst-Tressler: Großgebietiger für das Finanz- und Münzwesen des Ordens und oberster Schatzmeister (Tressel).
Oberaufsicht über das Wirtschafts- und Handelsressort, Kontrolle des Großschäffers beim

Außenhandel und Großeinkauf. Sitz in Marienburg.

Ofensteine: Konische Verschlüsse der Fußboden-Warmluftheizung.

Parcham: Wallgang und Waffenplatz zwischen den zwingerartigen Mauern der äußeren Befestigung (arabisch barbacane).

Pfeiler: eckige oder runde Gewölbe- oder Arkadenstütze

Pfeilerbündel: Zusammenfassung eines Pfeilers mit den Gewölbediensten zu einer Stütze.

Pilaster: Pfeilerförmige Wandvorlage

Pfleger: Ordensbeamte auf kleineren Burgen als Verwalter kleinerer Bezirke; sie gehörten als Ritter dem Konvent der vorgesetzten Komturei an.

Refektorium: Speisesaal in Klöstern

Remter: Speisesaal in Ordensburgen (Konventsremter)

Rippe: plastisches Steinband auf den Graten der Gewölbe mit unterschiedlichen Profilen (z. B. Birnstab), besitzt tragende Funktion.

Risalit: in voller Höhe des Gebäudes vortretender Bauteil

Rute: kulmische, Längenmaß = 4,32 m; 180 Ruten = 1 kulmische Meile

Säule: runde, senkrechte, nach oben etwas verjüngte Stütze, die auf einer Basis steht und als obere Verbindung das Kapitell trägt.

Scheffel: altes Hohlmaß für Schüttgut; 1 preuß. Scheffel = 54,96 Liter

Schiefelicht: rund

Schilling: preuß. Münze. 112–120 Schillinge = 1 kulmische Mark

Schlußstein: Formal ausgebildeter Schnittpunkt der Gewölberippen, verzierter Stein im Scheitel des Gewölbebogens.

Seil: Längenmaß = 43,20 m; 1 Seil = 10 Ruten

Spitzbogen: gotische Bogenform, aus zwei sich schneidenden Kreisabschnitten konstruiert.

Sterngewölbe: Kreuzrippengewölbe, das durch Einfügen des Rippendreistrahls weiterentwikkelt wurde; sternförmig angeordnete Rippen.

Tympanon: rund- oder spitzbogiges Feld über Portalen, meist mit Reliefdarstellungen ausgefüllt oder bemalt.

Verband: alter gotischer Verband: 2 Läufer und 1 Binder, neuer Verband: 1 Läufer und 1 Binder (Mauerverband aus Backsteinen).

Vierpaß: Kleeblattähnliche Formsteine im Maßwerk oder in Friesen.

Wighaus: vorspringende Mauerbefestigung als Flankierungswerk

Wimperg: Bekrönung über Fenstern und Giebeln mit Ziergiebeln und Schmuckleisten, die mit Krabben und einer Kreuzblume besetzt sind.

Windlöcher: Wanddurchbrüche in gotischen Zierwänden und Giebeln; ursprünglich zur Minderung des Winddrucks.

Witinge: freie pruss. Bauern als Dienstleute auf Ordensburgen

Zinsdorf: Dorf, dessen Einwohner an den Orden nur Zins zahlen, aber kein Scharwerk leisten.

Anhang III

Quellen- und Literaturverzeichnis (Auswahl)

A. Ambrassat, Die Provinz Ostpreußen, Handbuch der Heimatkunde, (Graudenz, 1912), Reprint-Verlag W. Weidlich, Frankfurt 1978

F. R. Barran, Städte-Atlas Ostpreußen, Verlag G. Rautenberg, Leer 1988

A. Boetticher, Die Bau- und Kunstdenkmäler der Provinz Ostpreußen, 9 Bände, Königsberg/Pr. 1891–1899

H. Bookmann, Der Deutsche Orden, Zwölf Kapitel aus seiner Geschichte, Verlag C. H. Beck, München 1981

W. Braunfels, Die Kunst im Heiligen Römischen Reich Deutscher Nation, Band V: Grenzstaaten im Osten und Norden, Verlag C. H. Beck, München 1985

K. H. Clasen, Die mittelalterliche Kunst im Gebiete des Deutschordensstaates Preußen, 1. Bd.: Die Burgbauten (Gräfe & Unzer, Königsberg 1927), Reprint W. Weidlich, Frankfurt/M. 1979

Dehio/Gall, Handbuch der deutschen Kunstdenkmäler – Deutschordensland Preußen, Deutscher Kunstverlag, München – Berlin 1952

P. v. Dusburg, Chronik des Preussenlandes (Hrg. K. Scholz/D. Wojtecki), Wissenschaftliche Buchgesellschaft, Darmstadt 1984

S. Ekdahl, Die Schlacht bei Tannenberg 1410, Quellenkritische Untersuchungen, Duncker & Humblot, Berlin 1982

B. Engel, Die mittelalterlichen Siegel des Thorner Rathsarchivs, Verlag Lambeck, Thorn, 1894

Chr. Hartknoch, Alt- und Neues Preussen oder Preussischer Historien zwei Theile, Frankfurt – Leipzig 1684

C. Hennenberger, Kurtze und warhafftige Beschreibung des Landes zu Preussen, Königsberg i. Pr. 1584

N. v. Holst, Der Deutsche Ritterorden und seine Bauten – Von Jerusalem bis Sevilla, von Thorn bis Narwa, Gebr. Mann, Berlin 1981

O. Hupp, Königreich Preußen – Wappen der Städte, Flecken und Dörfer – (Verlag H. Keller Frankfurt 1896/98), Reprint Kulturstiftung der deutschen Vertriebenen, Bonn 1985

Joachim, Das Marienburger Tresslerbuch der Jahre 1399–1409 (Thomas & Oppermann, Königsberg 1896), Reprint Knieß Archiv-Verlag, Bremerhaven 1973

A. v. Kotzebue, Preußens ältere Geschichte, Bibliothek der vorzüglichsten historischen Werke über die europäischen Staaten, Hamburg 1811

Kraus/Meynen/Mortensen/Schlenger (Hrg.), Atlas Östliches Mitteleuropa, Verlag Velhagen & Klasing, Bielefeld – Berlin – Hannover 1959

C. v. Lorck, Landschlösser und Gutshäuser in Ost- und Westpreußen (5. Auflage), Verlag W. Weidlich, Frankfurt a. M. 1983

J. v. d. Pusilie, Jahrbücher Johannes Lindenblatts oder Chronik Johannes von der Pusilie (Posilge), Hrg. J. Voigt/W. Schubert, Universitäts-Buchhandlung Königsberg 1823

M. Schlenke, Preußen-Ploetz – Eine historische Bilanz in Daten und Deutungen, Verlag Ploetz, Freiburg – Würzburg 1983

O. Schlicht, Das westliche Samland, Verlag Kolbe & Schlicht, Dresden 1922

B. Schmid, Bau- und Kunstdenkmäler der Ordenszeit in Preußen, I. Kulmerland und Pommerellen, II. Pomesanien, Oberland u. Gr. Werder, Ostdt. Verlagsanstalt Königsberg 1939/41
B. Schmid, Die Burgen des Deutschen Ritterordens in Preußen, Verwaltung der staatl. Schlösser u. Gärten, Berlin 1938
B. Schmid, Die Inschriften des deutschen Ordenslandes Preußen bis zum Jahre 1466 (in Schriften der Königsberger Gelehrten-Gesellschaft, geisteswissensch. Klasse 11.J.H.3)
B. Schumacher, Geschichte Ost- und Westpreußens (Göttinger Arbeitskreis) (6. Auflage), Holzner-Verlag, Würzburg 1977
C. Steinbrecht, Die Baukunst des Deutschen Ritterordens in Preußen, II. Preußen zur Zeit der Landmeister, Berlin 1888, IV. Die Ordensburg der Hochmeisterzeit in Preußen, 1920, Verlag Julius Springer, Berlin 1888 u. 1920
W. v. Tettau/J. Temme, Die Volkssagen Ostpreußens, Litthauens und Westpreußens (Nicolaische Buchhdlg. Berlin, 1837), Reprint G. Olms Verlag Hildesheim – New York 1974
H. v. Treitschke, Das deutsche Ordensland Preußen, Vandenhoeck & Ruprecht, Göttingen 1955
M. Tumler, Der Deutsche Orden im Werden, Wachsen und Wirken bis 1400, Panorama-Verlagsgesellschaft, Wien 1955
M. Tumler/U. Arnold, Der Deutsche Orden – Von seinem Ursprung bis zur Gegenwart, (4. Aufl.) Selbstverlag, Bad Münstereifel 1986
A. Ulbrich, Kunstgeschichte Ostpreußens von der Ordenszeit bis zur Gegenwart (Gräfe & Unzer, Königsberg 1932), Reprint-Verlag W. Weidlich, Frankfurt/M. 1976
J. Voigt, Namens-Codex der deutschen Ordensbeamten, Hochmeister, Landmeister usw., Gebr. Bornträger, Königsberg/Pr. 1843
F. A. Voßberg, Geschichte der preußischen Münzen und Siegel von frühester Zeit bis zum Ende der Herrschaft des Deutschen Ordens, Verlag G. Fincke, Berlin 1843
R. Wegner, Ein pommerellisches Herzogtum und eine deutsche Komturei – Kulturgeschichte des Schwetzer Kreises –, Verlag Louis Türk, Posen 1872
E. Weise, Handbuch der historischen Stätten – Ost- und Westpreußen – (Taschenausgabe Bd. 317), Alfred-Kröner-Verlag, Stuttgart 1966
A. Winnig, Der Deutsche Ritterorden und seine Burgen, Verlag Langenwiesche Nachfolger Hans Köster, Königstein/Ts. 1961

Anhang IV

Verzeichnis der polnischen bzw. russischen Ortsbezeichnungen

Allenburg	russ. Drushba
Althaus Kulm	poln. Starogrod
Angerburg	poln. Wegorzewo
Arnau	russ. Marino
Barten	poln. Barciany
Bartenstein	poln. Bartoszyce
Brandenburg	russ. Uschakowo
Christburg	poln. Dzierzgón
Deutsch Eylau	poln. Ilawa
Domnau	russ. Domnowo
Eckersberg	poln. Okartowo
Fischhausen	russ. Primorsk
Georgenburg	russ. Majewka
Gerdauen	russ. Shelesnodoroznyj
Germau	russ. Russkoje
Gilgenburg	poln. Dabrówno
Groß Wohnsdorf	russ. Kurortnoje
Insterburg	russ. Tschernjachowsk
Johannisburg	poln. Pisz
Kaimen	russ. Saretzje
Kauernick	poln. Kurzetnik
Kreuzburg	russ. Slawskoje
Labiau	russ. Polessk
Lamgarben	poln. Garbno
Leipe	poln. Lipienek
Leunenburg	poln. Satoczno
Liebstadt	poln. Milakowo
Löbau	poln. Lubawa
Lyck	poln. Elk
Medenau	russ. Logwino
Mehlsack	poln. Pieniezno
Memel	russ. Klaipéda
Mohrungen	poln. Morag
Neuenburg	poln. Nowe
Neuhausen	russ. Gurjewsk
Papau	poln. Papowo Biskupie
Passenheim	poln. Pasym
Preußisch Eylau	russ. Bagrationowsk
Preußisch Holland	poln. Paslek
Riesenburg	poln. Prabuty
Rudau	russ. Melinkowo
Saalau	russ. Kamenskoje
Schaaken	russ. Nekrassowo
Schönsee	poln. Kowalewo
Seeburg	poln. Jesiorany
Seehesten	poln. Szestno
Taplacken	russ. Taplaki
Thierenberg	russ. Dunlewka
Tilsit	russ. Sowjetsk
Waldau	russ. Nisowje
Wargen	russ. Kotolnikobo
Wartenburg	poln. Barczewo
Wehlau	russ. Snamensk
Wormditt	poln. Orneta
Ziegenberg	russ. Podgornoje

Anhang V

Verzeichnis der festen Plätze (Burgen, Wildhäuser, Schanzen) in Ost- und Westpreußen in chronologischer Reihung

(nach Prof. Dr. Koch, Tilsit, 1927)

1.	Vogelsang	1226
2.	Nessau	1228
3.	Alt-Thorn	1231
4.	Thorn	1231
5.	Althausen	1232
6.	Kulm	1232
7.	Birgelau	1232
8.	Marienwerder	1232
9.	Rehden	1234
10.	Graudenz	1234
11.	Alt-Christburg	1236
12.	Christburg	1236?
13.	Engelsburg	1236
14.	Elbing	1237
15.	Braunsberg	1239
16.	Bartenstein	1239
17.	Balga	1239
18.	Heilsberg	1239
19.	Kreuzburg	1239
20.	Schippenbeil	1239
21.	Rößel	1239
22.	Sartowitz	1242
23.	Zantir	1244
24.	Lenzenburg	1246
25.	Pien	1247
26.	Wissegrad	1247
27.	Tiefenau	1250
28.	Dirschau	1252
29.	Memel	1252
30.	Worienen	1254
31.	Brattian	1254
32.	Königsberg	1255
33.	Wehlau	1256
34.	Labiau	1258
35.	Laukischken	1258
36.	Löbau	1260
37.	Kaymen	1261
38.	Starkenberg	1263
39.	Wisenburg	1263
40.	Laptau	1264
41.	Pobethen	1264
42.	Kumehnen	1264
43.	Rudau	1264
44.	Medenau	1264
45.	Germau	1264
46.	Wargen	1264
47.	Waldau	1264
48.	Tapiau	1265
49.	Neuenburg	1266
50.	Brandenburg	1266
51.	Belchau	1267
52.	Fischhausen	1268
53.	Schaaken	1270
54.	Lochstädt	1270
55.	Thierenberg	1270
56.	Fischau	1271
57.	Posilge	1271
58.	Gilgenburg	1272
59.	Schönsee	1273
60.	Heimsoot	1273
61.	Beisleiden	1274
62.	Marienburg	1274
63.	Riesenburg	1276
64.	Sassau	1276
65.	Leipe	1277
66.	Plowenz Gr.	1277
67.	Villisass	1278
68.	Sonnenberg	1278
69.	Papau	1279
70.	Mohrungen	1280?
71.	Mewe	1281
72.	Potterberg	1282
73.	Neuhaus	1283
74.	Holland Pr.	1284
75.	Stangenberg	1285
76.	Lötzen	1285
77.	Unislaw	1285
78.	Roggenhausen	1285
79.	Bichau	1287
80.	Ragnit	1288
81.	Rossitten	1290?
82.	Neuhausen	1292
83.	Gollub	1293
84.	Chmelno	1300?
85.	Soldau	1300
86.	Osterode	1302
87.	Hohenstein	1303?
88.	Grunenberg	1305
89.	Eisenberg	1308
90.	Schwetz	1309
91.	Ziegenberg	1309
92.	Guttstadt	1310
93.	Sobbowitz	1310
94.	Strasburg	1310
95.	Herrengrebin	1310?
96.	Neidenburg	1310
97.	Mehlsack	1312
98.	Schlochau	1312
99.	Wormditt	1316?

100.	Kischau	1316
101.	Briesen	1321
102.	Arnau	1322
103.	Domnau	1324
104.	Plauten	1325?
105.	Wartenburg	1325
106.	Barten	1325
107.	Henriettenhof	1325
108.	Gerdauen	1325
109.	Leunenburg	1326
110.	Seeburg	1326
111.	Stuhm	1326
112.	Rinau	1327
113.	Bütow	1329
114.	Rastenburg	1329
115.	Pr. Mark	1329
116.	Kauernick	1330
117.	Tuchel	1330
118.	Allenstein	1334
119.	Danzig	1335
120.	Angerburg	1335
121.	Insterburg	1337
122.	Walkow	1337?
123.	Liebemühl	1337
124.	Tammow	1337?
125.	Johannisburg	1344
126.	Seehesten	1348
127.	Ortelsburg	1350
128.	Georgenburg	1350
129.	Liebstadt	1354
130.	Wenkischken	1358
131.	Neuhaus Schalauisch	1360
132.	Konitz	1360
133.	Windenburg	1360
134.	Eckersberg	1360
135.	Willenberg	1361
136.	Kl. und Gr. Grobienen (Grebin)	1363
137.	Gr. Sobrost (Rungenbrust)	1363
138.	Hirschberg	1364
139.	Splitter	1365
140.	Kaustritten	1365
141.	Nordenburg	1368
142.	Schöneck	1370?
143.	Gr. Wohnsdorf	1372
144.	Saalau	1376
145.	Taplacken	1376
146.	Jasnitz	1377
147.	Rhein	1377
148.	Schönberg	1378
149.	Norkitten	1380
150.	Allenburg	1384
151.	Passenheim	1386
152.	Kremitten	1391
153.	Hammerstein	1395
154.	Bischofsburg	1395
155.	Lyck	1399
156.	Bäslack	1399?
157.	Tilsit	1408
158.	Quedenau	1427
159.	Ossiek	1438
160.	Baldenburg	1443?
161.	Landeck	1447?
162.	Schanze bei Bischofsburg	?
163.	Groddeck	?
164.	Weisshof	?
165.	Leibitsch	?
166.	Menschikal	?
167.	Troop	?
168.	Kossbude	?
169.	Gallgarben	?
170.	Putzig	?
171.	Schwägerau	?
172.	Mortung	?
173.	Langendorf	?
174.	Muskendorf	?
175.	Powunden	?
176.	Mirchau	?
177.	Oczek	?
178.	Reetz	?
179.	Spittenberg	?
180.	Subkau	?
181.	Scharpau	?
182.	Montau	?
183.	Leske	?
184.	Lesewitz	?
185.	Mösland	?
186.	Morainen	?
187.	Kadinen	?
188.	Bordehnen	?
189.	Locken	?
190.	Kerschitten	?
191.	Laggarben	?
192.	Tolkemit	?
193.	Wöklitz	?
194.	Bönhof	?
195.	Tursnitz	?
196.	Gr. und Kl. Tuchen	?
197.	Czeplinken	?
198.	Lautenburg	?
199.	Schneckenberg	?
200.	Schwornigatz	?

Anhang VI

Verzeichnis der Orte mit Stadtrechten in chronologischer Reihung

(nach Prof. Dr. Koch, Tilsit, 1927)

1.	Thorn	1233
2.	Kulm	1233
3.	Marienwerder	1234
4.	Rehden	1234
5.	Elbing	1237
6.	Briesen	1246
7.	Kulmsee	1251
8.	Braunsberg	1254
9.	Memel	1257
10.	Königsberg	1258
11.	Dirschau	1260
12.	Löbau	1269
13.	Schönsee	1275
14.	Marienburg	1276
15.	Riesenburg	1276
16.	Frauenburg	1278
17.	Christburg	1288
18.	Pr. Holland	1290
19.	Graudenz	1291
20.	Gollub	1293
21.	Mewe	1297
22.	Fischhausen	1298
23.	Lessen	1298
24.	Strasburg	1298
25.	Garnsee	1300
26.	Heiligenbeil	1301
27.	Neuenburg	1301
28.	Deutsch Eylau	1305
29.	Saalfeld	1305
30.	Heilsberg	1308
31.	Pr. Stargard	1310
32.	Mehlsack	1312
33.	Friedland	1312
34.	Kreuzburg	1315
35.	Rosenberg	1315
36.	Liebstadt	1315
37.	Neuteich	1316
38.	Wormditt	1316
39.	Lautenburg	1320
40.	Wartenburg	1325
41.	Bischofswerder	1325
42.	Neumark	1325
43.	Gilgenburg	1326
44.	Mohrungen	1327
45.	Mühlhausen	1327
46.	Bütow	1329
47.	Osterode	1329
48.	Guttstadt	1329
49.	Tuchel	1330
50.	Kauernick	1330
51.	Freystadt	1331
52.	Bartenstein	1332
53.	Landsberg	1335
54.	Pr. Eylau	1336
55.	Rößel	1337
56.	Liebemühl	1337
57.	Schwetz	1338
58.	Seeburg	1338
59.	Wehlau	1339
60.	Danzig	1340
61.	Lauenburg	1341
62.	Schöneck	1341
63.	Soldau	1344
64.	Rastenburg	1345
65.	Konitz	1346
66.	Putzig	1348
67.	Schlochau	1348
68.	Allenstein	1348
69.	Tolkemit	1350
70.	Schippenbeil	1351
71.	Zinten	1352
72.	Pr. Friedland	1354
73.	Leba	1357
74.	Hohenstein	1359
75.	Barten	1359
76.	Hammerstein	1365
77.	Hela	1378
78.	Neidenburg	1381
79.	Bischofstein	1385
80.	Passenheim	1386
81.	Bischofsburg	1395
82.	Baldenburg	1395
83.	Gerdauen	1398
84.	Domnau	1400
85.	Allenburg	1400
86.	Drengfurt	1403
87.	Nordenburg	1405
88.	Sensburg	1407
89.	Stuhm	1416
90.	Berent	1437
91.	Lyck	1445
92.	Leunenburg	1450
93.	Tilsit	1552
94.	Marggrabowa (= Treuburg)	1560
95.	Goldap	1570
96.	Angerburg	1572
97.	Lötzen	1573
98.	Insterburg	1583

99.	Ortelsburg	1616	106.	Stallupöhnen	1722	113. Gumbinnen	1725
100.	Labiau	1642	107.	Tapiau	1722	114. Arys	1726
101.	Neustadt	1643	108.	Willenberg	1723	115. Rhein	1726
102.	Johannisburg	1645	109.	Darkehmen	1724	116. Tiegenhof	1880
103.	Bialla	1722	110.	Pillkallen	1724	117. Zoppot	1902
104.	Nikolaiken	1722	111.	Schirwindt	1725	118. Eydtkuhnen	1922
105.	Ragnit	1722	112.	Pillau	1725		

Alphabetisches Verzeichnis der behandelten Burgen und Städte

Allenburg	NO	Kreuzburg	NO	Schaaken	NO
Althaus Kulm	W	Labiau	NO	Schönsee	W
Angerburg	O	Lamgarben	O	Seeburg	O
Arnau	NO	Leipe	W	Seehesten	O
Barten	O	Leunenburg	O	Taplacken	NO
Bartenstein	O	Liebstadt	O	Thierenberg	NO
Brandenburg	NO	Löbau	W	Tilsit	NO
Christburg	W	Lyck	O	Waldau	NO
Deutsch Eylau	W	Medenau	NO	Wargen	NO
Domnau	NO	Mehlsack	O	Wartenburg	O
Eckersberg	O	Memel	NO	Wehlau	NO
Fischhausen	NO	Mohrungen	O	Wormditt	0
Georgenburg	NO	Neuenburg	W	Ziegenberg	NO
Gerdauen	NO	Neuhausen	NO		
Germau	NO	Papau	W		
Gilgenburg	O	Passenheim	O		
Groß Wohnsdorf	NO	Preußisch Eylau	NO		
Insterburg	NO	Preußisch Holland	O		
Johannisburg	O	Riesenburg	W		
Kaimen	NO	Rudau	NO		
Kauernick	W	Saalau	NO		

Lage der Burgen und Städte:

O = Ostpreußen
NO = Nordostpreußen (sowj. Teil)
W = Westpreußen

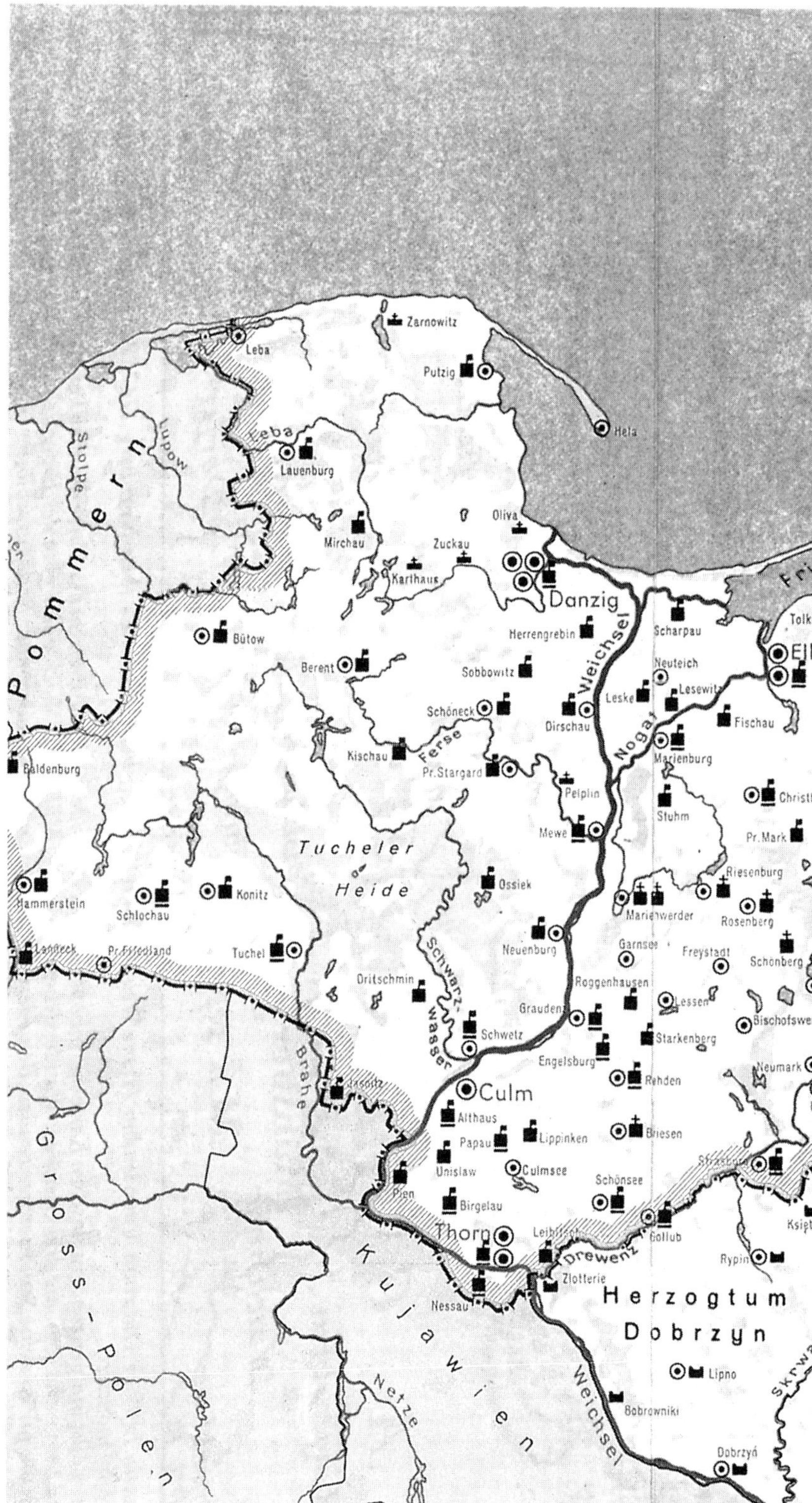

Übersichtskarte des Ordenslandes Preußen um 1400 mit sämtlichen Burgen des Deutschen Ordens, der Bischöfe und der Domkapitel (Zeichnung: Gertrud Mortensen, Bielefeld 1959)

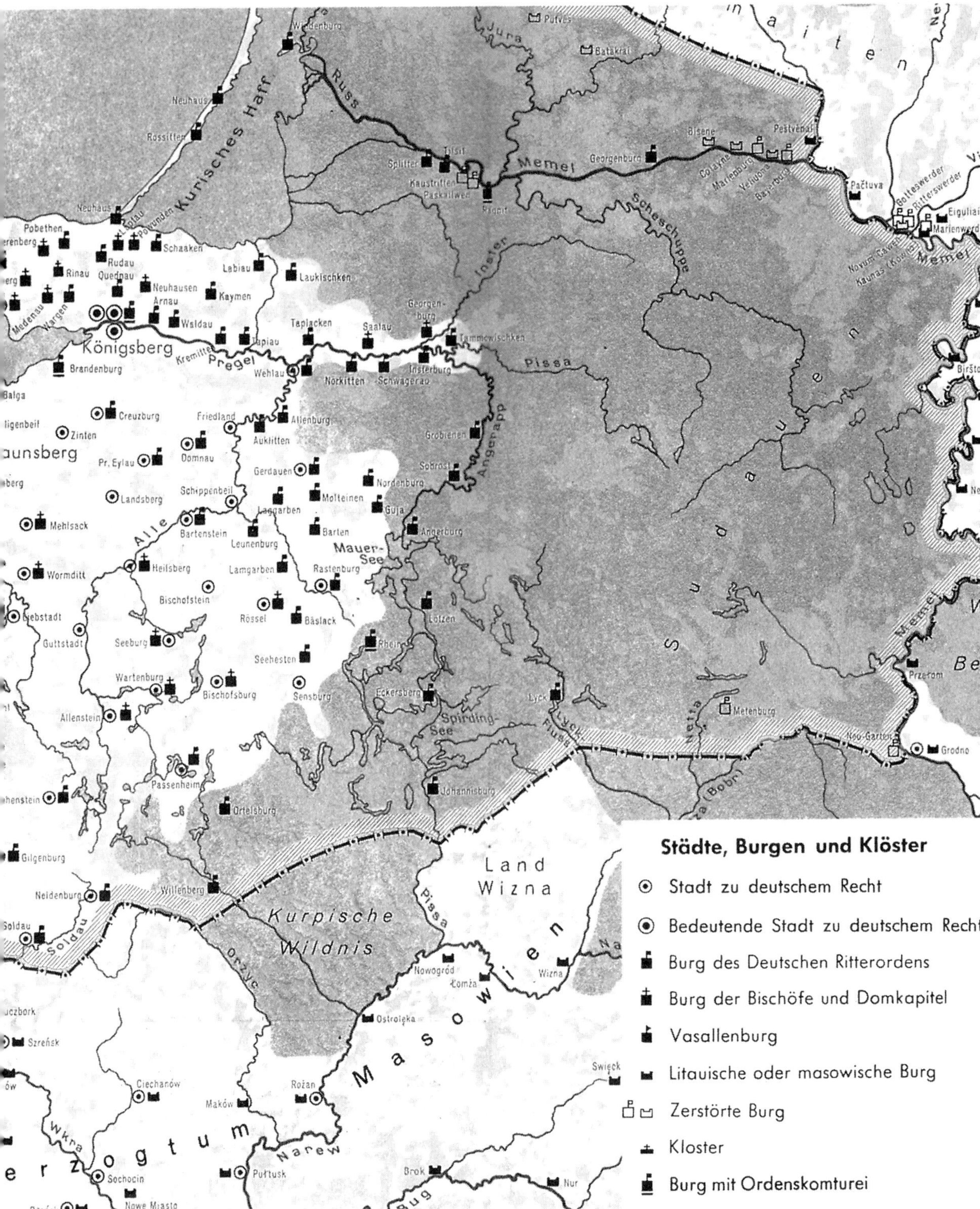
Städte, Burgen und Klöster
Stadt zu deutschem Recht
Bedeutende Stadt zu deutschem Recht
Burg des Deutschen Ritterordens
Burg der Bischöfe und Domkapitel
Vasallenburg
Litauische oder masowische Burg
Zerstörte Burg
Kloster
Burg mit Ordenskomturei
Kurisches Haff
Königsberg
Pregel
Memel
Russ
Jura
Inster
Angerapp
Pissa
Scheschuppe
Sudauen
Mauer-See
Spirding-See
Kurpische Wildnis
Land Wizna
Masowien
Herzogtum
Narew
Bug
Alle
Soldau
Lyck-Fluss
Netta
Wkra
Neuhaus
Rossitten
Tilsit
Splitter
Ragnit
Georgenburg
Labiau
Laukischken
Schaaken
Rudau
Quednau
Neuhausen
Kaymen
Arnau
Waldau
Taplacken
Saalau
Tapiau
Wehlau
Norkitten
Schwägerau
Insterburg
Tammowischken
Brandenburg
Balga
Creuzburg
Zinten
Friedland
Allenburg
Auklitten
Domnau
Pr. Eylau
Gerdauen
Nordenburg
Grobienen
Sobrost
Schippenbeil
Landsberg
Molteinen
Guja
Barten
Angerburg
Mehlsack
Bartenstein
Leunenburg
Heilsberg
Lamgarben
Rastenburg
Wormditt
Bischofstein
Rössel
Bäslack
Lötzen
Guttstadt
Seeburg
Rhein
Seehesten
Wartenburg
Bischofsburg
Sensburg
Eckersberg
Lyck
Allenstein
Passenheim
Ortelsburg
Johannisburg
Metenburg
Neu-Garten
Grodno
Przerom
Gilgenburg
Neidenburg
Willenberg
Soldau
Nowogród
Łomża
Wizna
Ostrołęka
Szreńsk
Ciechanów
Maków
Rożan
Pułtusk
Sochocin
Nowe Miasto
Brok
Nur
Pactuva
Eiguliai
Marienwerder
Gotteswerder
Ritterswerder
Birštonas
Putves
Batakai
Bisene
Pestvenai

Namens- und Sachregister

(Burgen mit Beschreibungen **fettgedruckt**; davon in Band »Burgenland Preußen« enthaltene mit Hinweis »**BP**«)

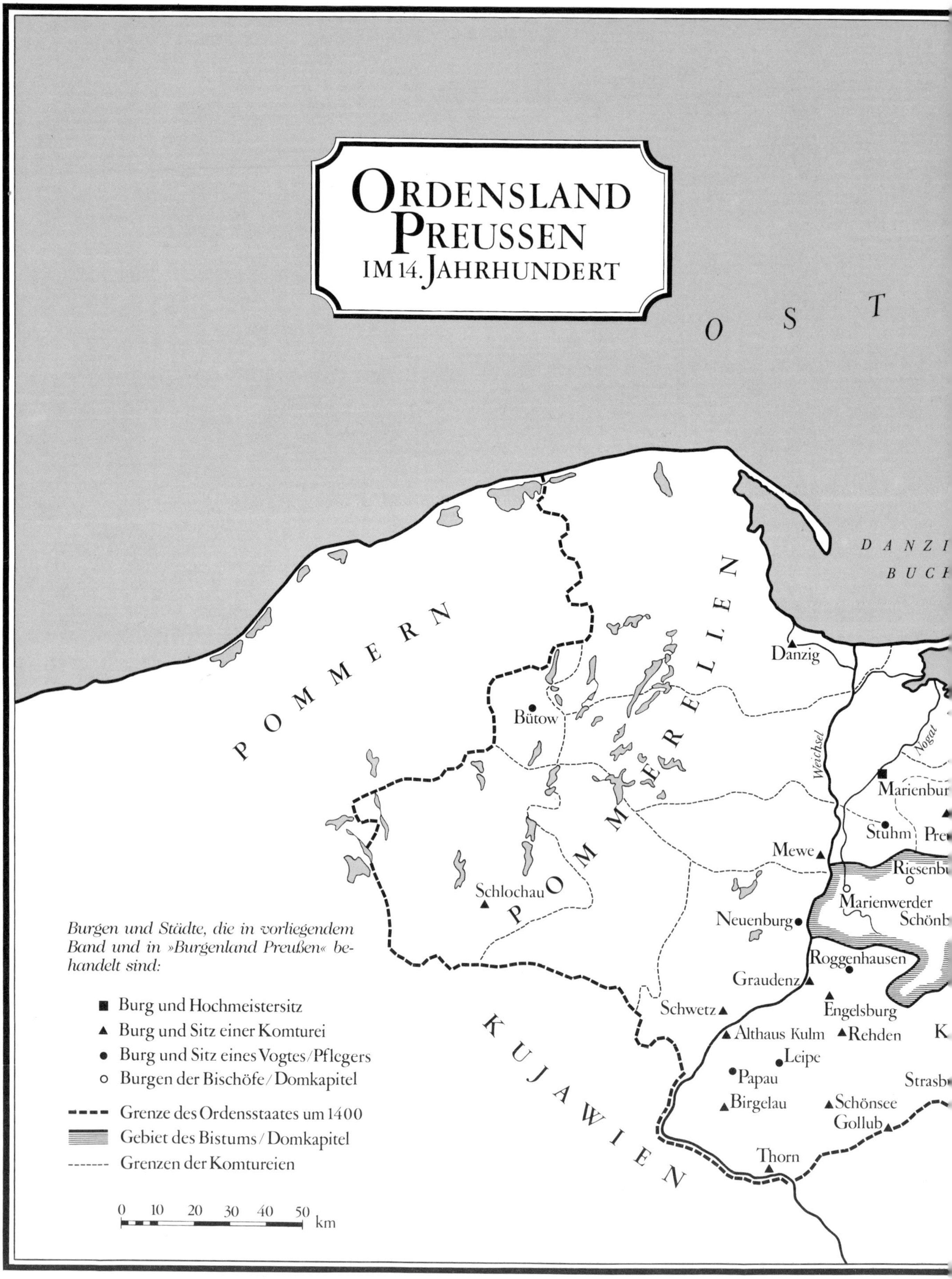
ORDENSLAND PREUSSEN IM 14. JAHRHUNDERT
OSTSEE
DANZIGER BUCHT
POMMERN
POMMERELLEN
KUJAWIEN
Weichsel
Nogat
Danzig
Bütow
Marienburg
Stuhm
Mewe
Riesenburg
Marienwerder
Schönberg
Schlochau
Neuenburg
Roggenhausen
Graudenz
Schwetz
Engelsburg
Althaus Kulm
Rehden
Leipe
Papau
Strasburg
Birgelau
Schönsee
Gollub
Thorn
Burgen und Städte, die in vorliegendem Band und in »Burgenland Preußen« behandelt sind:
Burg und Hochmeistersitz
Burg und Sitz einer Komturei
Burg und Sitz eines Vogtes/Pflegers
Burgen der Bischöfe/Domkapitel
Grenze des Ordensstaates um 1400
Gebiet des Bistums/Domkapitel
Grenzen der Komtureien
0 10 20 30 40 50 km